Kırmızı Kedi Yayınevi 419

Kırmızı Kedi Yayınevi: 419
Güncel: 21

Beraber Yürüttük Biz Bu Yollarda
Yılmaz Özdil

Yayın Yönetmeni: İlknur Özdemir

Editör: Tunca Arslan
Son Okuma: Sabiha Şensoy
Kapak Tasarımı: Füsun Turcan Elmasoğlu
Grafik: Yeşim Ercan Aydın

Birinci Basım: Şubat 2015, İstanbul
İkinci Basım: Şubat 2015, İstanbul
ISBN: 978-605-9908-46-7
Kırmızı Kedi Sertifika No: 13252

Baskı: Pasifik Ofset Ltd. Şti.
Cihangir Mah. Güvercin Cad. No: 3/1 Baha İş Merkezi A Blok Kat: 2
34310 Haramidere/İSTANBUL
Tel: 0212 412 17 77 Sertifika No: 12027

Kırmızı Kedi Yayınevi
kirmizikedi@kirmizikedikitap.com / www.kirmizikedikitap.com
www.facebook.com/kirmizikedikitap / twitter.com/krmzkedikitap
kirmizikediedebiyat.blogspot.com.tr
Ömer Avni M. Emektar S. No: 18 Gümüşsuyu 34427 İSTANBUL
T: 0212 244 89 82 F: 0212 244 09 48

Yılmaz Özdil

BERABER YÜRÜTTÜK BİZ BU YOLLARDA

KIRMIZIKEDİ

*Zekât hırsızlarını koruma altına alan bir güç var. Ben bu güce **"hırsızların imparatoru"** diyorum. Hem altında yer alan figüranlarını koruyor, hem de kendisine ulaşılmasını engelliyor. Anayasa'ya göre hukuki zeminde çalışması gereken tüm kurumları kontrol altında tutuyor. Soruşturma savcılarını görevden aldırıyor, delilleri yok ediyor, zekât hırsızlarını da kamuoyuna masum maskesiyle pompalıyor.*

*

Her şey apaçık ortada... Hani halk arasında tabir vardır, arife tarif gerekmez, damda gezer miyav der.

*

Bu ülkede hâlâ vicdanının sesini dinleyen yargıçlar var. Gün gelecek, hırsızlar imparatoru da adil yargılanmaya, hakkaniyete ihtiyaç duyacak. O gün geldiğinde, adalet kavramı hakkında söylediklerimiz çok daha iyi anlaşılacak.

Deniz Feneri soruşturmasında "savcıyken sanık" haline getirilen Cumhuriyet Savcısı Abdülvahap Yaren

17 Aralık 2013.
Şeb-i Arus'tu.
Günlerden salı.
Saatler 08.02'yi gösteriyordu.

Baba, kısık sesle konuşuyor...
Oğlu, uyku sersemi cevaplıyordu.

– Senin evde ne var ne yok, bunları çıkar, tamam mı?
– Bende ne olabilir babacığım, senin para var kasada.

– Tamamiyle sıfırladınız mı?
– 30 milyon avro gibi daha var, eritemedik henüz.

– Telefonlarla konuşmayın.
– Kim takip ediyor bizi babacığım?
– Oğlum, dinleniyorsunuz.

*

Senelerdir "beraber yürüdük biz bu yollarda"yı söyleyen AKP'yle Cemaat'in yolları ayrılmıştı, "beraberlik" buraya kadardı. İktidara yürürken, devleti "ortak"laşa paylaşmışlardı, şimdi artık "tek başına" sahip olmak istiyorlardı.

*

Ve, 17 Aralık sabahına gelmeden önce...
Makarayı az biraz geri sarmamız gerekiyordu.

*

2012'nin hemen başında, genelkurmay eski başkanı İlker Başbuğ "terör örgütü kurmak ve yönetmek"ten tutuklanmış, TSK'yı adeta tasfiye eden Ergenekon, Balyoz, Casusluk gibi davaların sonuna gelinmişti.

*

AKP hükümeti pek memnundu.
"Bağırsakların temizlendiği"ni düşünüyorlardı.
Suratlarında güller açıyordu.
Oysa, farkında değillerdi...
Sıra kendilerine gelmişti!

*

7 Şubat 2012, saat tam 17'de, MİT Müsteşarı Hakan Fidan'ın telefonu çaldı. Hattın diğer ucunda, özel yetkili savcı Sadrettin Sarıkaya vardı. İfadeye çağırıyordu. Aynı şekilde, MİT eski müsteşarı Emre Taner ve yardımcısı Afet Güneş de aranmıştı, ifadeye gelmezseniz, kolluk kuvveti göndereceğiz deniyordu.

*

Çünkü... BDP Diyarbakır İl Başkanlığı'na yapılan polis baskınında "mutabakat taslağı" bulunmuştu. Oslo'da masaya oturan MİT'le PKK'nın "mutabakat"ıydı. KCK soruşturmasını yürüten ve bu belgeyi gören savcı, söz konusu MİT'çileri "devlete ve anayasal düzene karşı anlaşma yapmak"tan ifadeye çağırmıştı.

*

Hemen birkaç saat sonra...

İstanbul Emniyeti'nde KCK operasyonlarını yürüten terörle mücadele müdürü'yle istihbarat müdürü görevden alındı. Bilek güreşi başlamıştı.

*

MİT'çiler ifade vermeye gitmedi. Yakalama kararı çıktı.

Yakalama kararı çıkınca, TBMM devreye sokuldu,

AKP oylarıyla jet hızıyla tek maddelik yasa çıkarıldı,

MİT mensuplarına ve Başbakan'ın özel temsilcilerine "dokunulmazlık zırhı" getirildi.

*

Tayyip Erdoğan "kozmik odası"nı yargıdan kaçırıyordu.

Cumhurbaşkanı Abdullah Gül, aynı gün jet hızıyla onayladı.

Hukuk dediğin, işte böyle olurdu!

*

Hakan Fidan ak'landı, savcıların elinden kurtarıldı.

24 saat sonra, savcı Sarıkaya görevden alındı.

Ve, aynı gün düğmeye basıldı, 2004'te AB'ye uyum ayaklarıyla AKP tarafından kurulan "özel yetkili" mahkemeler, gene AKP tarafından lağvedildi. Ama... Ergenekon, Balyoz, Askeri Casusluk davalarına bakmaya devam edecekler, bu davalar bittikten sonra kapatılacaklardı. Böylece "zaten bu davalar için kurulmuşlardı, işleri bitince kapatılacak" diyenler haklı çıktı.

*

MİT Müsteşarı'nın kurtarıldığı gün, Tayyip Erdoğan hastaneye yattı, sindirim sistemi ameliyatı oldu. Aslında, üç ay önce ameliyat olmuş, 8 Şubat'ta tamamlayıcı ameliyat planlanmıştı. Tam hastaneye yatacağı akşam, MİT Müsteşarı ifadeye çağrılmıştı. Zamanlama enteresandı. Tayyip Erdoğan, mecburen ikinci ameliyatını ertelemiş, krizi bizzat kendisi yönetmişti.

*

Ve, kuşkulanmıştı. Hastaneye bir gün önce yatmış olsaydı, krize müdahale edebilmesi imkânsızdı. Ameliyat olacağını yakın çevresi dışında kimse bilmediğine göre, MİT hamlesi neden şimdi yapılmıştı? Bu şüpheyle "böcek" araması yaptırdı. Çalışma ofisini didik didik arayan polisler "temiz" dedi. Polisler gitti, MİT arama yaptı, portatif prizde iki adet böcek bulundu. Nasıl olurdu? Polisler nasıl bulamazdı? Tayyip Erdoğan'la MİT'çiler durum değerlendirmesi yaptı, polise bilgi verilmemesi kararı alındı. Bir hafta sonra... Polisler gene çağırıldı, ofiste tekrar arama yaptırıldı, gene "temiz" bulundu. Polisler gitti, MİT aradı, bu defa dört adet böcek bulundu. Taraflar yüzleştirildi. Polisler kesinlikle böcek olmadığını, MİT'çilerin kendilerini suçlamak için ofise koymuş olabileceğini söyledi. Kırılma anıydı... Tayyip Erdoğan, tarafını seçti, MİT'çilere güvendi. Başbakanlık koruma ekibi, değiştirildi.

*

Başbakan taburcu oldu. MİT mevzusu taburcu olamadı, kanamaya devam ediyordu. Hükümetle cemaat arasında kavga olduğu yazılıyordu. Yargı'nın polis'in Gülen Cemaati tarafından ele geçirildiği öylesine kabullenilmişti ki, cemaatin isteği dışında böyle bir hamle yapılamayacağı varsayılıyordu. Israrla kurcalanıyor, deşiliyordu. Cemaate yakın olduğu söylenen AKP Genel Başkan Yardımcısı Hüseyin Çelik, "cemaat devleti ele geçirmiş, devlete sızmış, bu paranoyaları bırakalım, bunlar kargaları güldürür" dedi. Kargalar gülüyor muydu bilemeyiz ama, Tayyip Erdoğan'ın gülmediği kesindi.

*

Savaş başlamıştı.
Tayyip Erdoğan ilk hamlesini yaptı.
Para musluğunu kesme kararı aldı.
Dershaneleri kapatacaktı.

*

Dershane pazarında, senede 6 milyar lira vardı. Cemaat dershaneleri yarısından fazlasını alıyordu. Dershane defterini dürmek için yasa hazırlandığı ortaya çıkınca, cemaatin yayın organı *Zaman* gazetesi bombardımana başladı. "Eğitime darbe, böyle yasa darbe döneminde bile uygulanmadı" manşetleri atıyordu.

*

Aynı günlerde... Televizyonlarda, *Zaman* gazetesinin reklamı yayınlanıyordu. Kanadalı animasyon yönetmeni Norman McLaren'in 1952'de en iyi belgesel dalında Oscar kazanan *Neighbours* isimli kısa filminden uyarlanmıştı. Müstakil bahçeli evleri olan iki komşu, iki bahçenin tam sınırındaki çiçeği paylaşamadığı için kavgaya tutuşuyor, birbirine öldüresiye saldırıyor, neticede ikisinin de bahçesi tarumar oluyor, ikisinin de evi yıkılıyordu. Reklamın sonunda "bu dünya kimseye kalmaz, zaman, kardeşlik zamanı" sloganı kullanılıyordu. O zamanlar, alt tarafı gazete reklamı zannedilmişti. Oysa, cemaat, gayet açık mesaj veriyordu. Ayağını denk al, kapışırsak, sadece benim değil, ikimizin de evi yıkılır diyordu!

*

Şak... Balyoz davasında savcıya bavul'la iftira delillerini taşıyan gazeteci, yeniden sahneye çıktı. *Taraf* gazetesinde "Fethullah Gülen'i bitirme kararı 2004'te MGK'da alındı" manşeti patladı. Bavulcu Mehmet Baransu'nun yazdığı bu haberde, söz konusu toplantının "belge"si yayınlanmıştı. Cemaat'i imha etmek için alınan kararların altında, Tayyip Erdoğan ve Abdullah Gül'ün imzaları vardı.

*

"Fethullah Gülen'i bitirme planı hazırladılar" diye, Ergenekon davasında onlarca subayı hapse tıkmışlardı ama, orijinal belgede kendi imzaları yakalanmıştı!

*

Kabak gibi ortaya çıkmıştı... Bir taraftan, cemaati yok etmek için askerle uzlaşmışlar, öbür taraftan, askerin yok edilmesi için cemaatçilere yol vermişlerdi.

*

Tayyip Erdoğan'ın danışmanı Yalçın Akdoğan "2004 MGK kararları yok hükmündedir" filan dedi ama, bu saatten sonra kimseye yediremezlerdi.

*

Baktılar olacak gibi değil, Tayyip Erdoğan ürkütmeye çalıştı, MGK belgesini açıklamanın "vatan hainliği" olduğunu söyledi. Kaş yapayım derken göz çıkarmış, tehdit edeyim derken itiraf etmişti. Bizzat kendi ağzıyla "MGK belgesi" olduğunu söylüyordu. Belge gerçek olduğuna göre, haber doğruydu.

*

A-aa?

AKP milletvekili Hakan Şükür, AKP'den istifa etti.

Futbolcu şöhreti var diye, cemaat kontenjanından milletvekili yapılmıştı, maçın en kritik dakikasında Tayyip Erdoğan'a çalımı basıp, kendi kalesine doksana takmıştı.

*

Hakan voleyi vurdu...

48 saat sonra, gol oldu!

*

17 Aralık sabahı...

Türkiye, yepyeni bir Türkiye'ye uyandı.

*

Saat 05'te, İranlı işadamı Rıza Sarraf, Halkbank Genel Müdürü Süleyman Aslan, Fatih Belediye Başkanı Mustafa Demir, magazin sayfalarının ünlü müteahhiti Ali Ağaoğlu, hepsinden önemlisi, üç bakanın oğlu, İçişleri Bakanı Muammer Güler'in oğlu Barış, Ekonomi Bakanı Zafer Çağlayan'ın oğlu Kaan, Şehircilik Bakanı Erdoğan Bayraktar'ın oğlu Abdullah Oğuz, toplam 84 kişi gözaltına alındı.

*

Soruşturma, 2012 ve 2013'te yapılan üç ayrı ihbarla başlatılmıştı, iki yıldır teknik ve fiziki takip yapılıyordu, gözaltı talimatını savcı Celal Kara vermişti. Bakan çocukları, babalarının yetkilerini kullanarak yolsuzluk yapmakla suçlanıyordu. Dokunulmazlık nedeniyle babalarına henüz dokunulmamıştı. Ve, bir bakan daha vardı... Avrupa Birliği Bakanı Egemen Bağış'ın da rüşvet aldığı öne sürülüyordu.

*

Savcı Celal Kara, Balyoz davasında 102 subayın tutuklanmasını isteyen savcıydı. AKP, o zamanlar çok seviyordu bu savcıyı... Öve öve bitiremiyorlardı.

*

Soruşturmanın başında, İstanbul Cumhuriyet Başsavcıvekili Zekeriya Öz vardı. Ergenekon davasının savcısıydı. AKP'nin gözbebeğiydi! Tayyip Erdoğan, generalleri, profesörleri, gazetecileri içeri tıkan Zekeriya Öz'ün altına bizzat kendi makam Mercedesi'ni vermişti. Hatta, Ocak 2009'da, Zekeriya Öz'ü savunurken, aynen şunları söylemişti: "İtalya'da Temiz Eller Operasyonu olduğu zaman İtalya'yı örnek gösterenler, Türkiye'de Temiz Eller Operasyonu yapanlara saygı duysunlar! Bırakalım, bu işin sonu nereye varacaksa varsın. Abdestinden şüphesi olmayanın namazından şüphesi olmaz, mesele bu!"

*

E, şimdi... Keser dönmüş, sap dönmüştü.

*

Reza Zarrab, Türkçe meali Rıza Sarraf'tı, 29 yaşındaydı, Türkiye'nin altın ihracatının yüzde 46'sını tek başına yapıyordu! Tebriz doğumlu, Azeri kökenli, İranlı, TC vatandaşıydı. Türkiye'ye henüz 24 yaşındayken, Royal Denizcilik firmasıyla girmişti, 2014'te 10 farklı sektörde faaliyet gösteren Royal Holding'in sahibiydi, ailesi Dubai'de yaşıyordu. Şarkıcı Ebru Gündeş'le evliydi. Ekonomi sayfalarından çok, magazin sayfalarından tanınıyordu. Eşinin kapısına bir kamyon gül yaprağı filan döktürürdü. Güftekârdı, bestekârdı! Arabesk-fantezi şarkılara söz yazıyordu, Ebru Gündeş'e, İbrahim Tatlıses'e, Sibel Can'a şarkılar vermişti.

*

Mali Suçlar Araştırma Kurumu, MASAK'ın müdavimiydi. 2008'den beri düzenli olarak, kara para raporlarında adı geçiyordu. Halkbank üzerinden usulsüz para transferleri yaptığı, ABD'nin kara listesine girmemek için, ABD'de şubesi olmayan Halkbank'ı tercih ettiği öne sürülüyordu.

*

Buyrun burdan yakın...
MİT'in Tayyip Erdoğan'ı çok önceden uyardığı ortaya çıktı. Sekiz ay önce, Nisan 2013'te Başbakan'a sunulan üç sayfalık raporda, Rıza Sarraf'ın şaibeli para trafiği anlatılıyor, Zafer Çağlayan ve Muammer Güler'le akçeli ilişkiler içinde olduğu belirtiliyor, "bakanlarla ilişkisinin ortaya çıkması halinde, söz konusu hususlar hükümet aleyhinde kullanılabilir" deniyordu.

*

Yani aslında, bu adama dikkat et demiyordu.
Kendine dikkat et diyordu.
Bu adam enselenirse, sen de yanarsın diyordu.
"Milli" istihbarat teşkilatı, AKP'nin istihbaratıydı.
*
Rıza Sarraf'ın adı, Ocak 2013'te tuhaf bi hadiseye karışmıştı. O dönemki gazetelerin ekonomi sayfalarında yer alan habere göre... Gana'dan gelip, İstanbul Atatürk Havalimanı'na inen ULS Havayolları'na ait kargo uçağında 1,5 ton altın ele geçirilmişti. Taşıdığı yük, evrakta ibraz edilmemişti, kayıt dışıydı. Uçak mühürlenmişti. Sonra? Abra kadabra... Uçağın yükü, altın yerine doğaltaş olarak değiştirilmişti. "Yakıt ikmali için inmiştik, yoksa İstanbul'la işimiz yok" denilmişti. E hadi güle güle... Uçak pırrr, Dubai'ye gitmişti. 17 Aralık soruşturma dosyasında yer alan bilgilere göre, kayıt dışı altın Türkiye'ye sokulmuştu, uçak kurtarılmıştı ve Rıza Sarraf bu işi Zafer Çağlayan'ın desteğiyle halletmişti.
*
İddia buydu.
Somut gerçek ise, şuydu:
Altın taşıyan uçaktan sadece iki ay sonra, Meclis'te görüşülen torba yasaya ekleme yapılmış, altın kaçakçılığına verilen hapis cezası kaldırılmıştı! Ayrıca... Eskiden, yakalanan altının iki misli para cezası verilirken, şimdi, yakalanan altının 10'da birine düşürülmüştü.
*
Abra kadabra'yı öğrenmiştik, bu da hokus pokus'uydu.
*
MİT...
İşte bu hadiseden sonra Tayyip Erdoğan'ı uyarmıştı.
*
"Kişiye özel yasa" bardağı taşıran damlaydı.
Rıza Sarraf'ın Ankara'daki gücünü gösteriyordu.
*
Türkiye İran'dan doğalgaz alıyor, İran'a ambargo uygulandığı için parasını ödeyemiyor, para yerine altın'la ödeme yapıyordu, başka çare yoktu. Halkbank üzerinden bu kanal açılmıştı. Ve maalesef, her gayriresmi kanal gibi, bu kanala da paravan şirketler, ne idüğü belirsiz tipler, örtülü ticari faaliyetler üşüşmüştü.

*

Başımıza gelenin özeti buydu.

Türkiye, İran'ın off-shore bölgesi olmuştu.

*

Washington takipteydi.

İran, Türkiye'ye sattığı doğalgazın parasıyla Türkiye'den altın alıyor, sonra bunu Dubai'de simsarlara bozdurup, paraya çeviriyordu. Ancak, el değiştiren altın-para miktarı, doğalgaz alışverişinin çok çok üstündeydi. Belli ki, doğalgaz takasının dışında işler dönüyordu. İran'ın kendisine uygulanan ambargoyu, Türkiye üzerinden deldiği düşünülüyordu. ABD sırf bu yüzden yeni bir yaptırım yasası çıkarmış ve İran'ın değerli maden alımlarını da ambargoya bağlamıştı. Halkbank radardaydı... Hatta, Amerikan Kongresi'nin Temsilciler Meclisi kanadında imza kampanyası başlatılmış, 47 milletvekili imza atmış, Hazine Bakanı'na mektup gönderilmiş, Halkbank'ın kara listeye alınması istenmişti.

*

Washington'daki bu gelişmeleri, Türkiye'de sadece *Hürriyet* gazetesi yayımlamıştı. Süleyman Aslan çok sinirlenmiş ve Halkbank'ın *Hürriyet*'e verdiği reklamları geri çekmişti. Pohpohlarsan reklam veriyorlar, doğruları yazarsan, kesiyorlardı. Milletin parasını, kendi keyiflerine göre kullanıyorlardı.

*

17 Aralık'a dönersek...

Tayyip Erdoğan Konya'daydı.

Şeb-i Arus için gitmişti.

"Bakan çocukları gözaltına alındı, ne diyorsunuz?" diye soruldu. "İstedikleri kadar kirli ittifakların içine girsinler, söz milletindir, Allah bes, baki heves, bizim Allahımız var, o bize yeter, bayrakları bayrak yapan üstündeki kandır, toprak, uğrunda ölen varsa vatandır" dedi!

*

Ne diyeceğini şaşırmıştı.

Tutuşma emaresiydi.

Allah, bayrak, vatan, aklına geleni sıralıyordu.

*

Çünkü... Teee on ay sonra ortaya çıkacaktı ki, Tayyip Erdoğan o saatlerde, soruşturma dosyasını bütün detaylarıyla biliyordu, tutuşmakta haklıydı. Nerden biliyordu derseniz? 17 Aralık sabahı saat 10.30'da, İstanbul polisi tarafından hazırlanan, İstanbul Valiliği aracılığıyla iletilen, 23 sayfalık bilgi notu, kendisine sunulmuştu. Ordan biliyordu.

*

Bilgi notunda... Ekonomi bakanımız Zafer Çağlayan'ın, Rıza Sarraf'tan değişik tarihlerde 32 milyon euro ve 1,5 milyon dolar rüşvet aldığı iddia ediliyordu. Ekonomi bakanımızın saatleri ve mücevherleri için, Rıza Sarraf tarafından 200 bin euro ve 5,5 milyon dolar ödendiği belirtiliyordu.

*

Rıza Sarraf'ın içişleri bakanımız Muammer Güler'e 12 milyon lira, AB bakanımız Egemen Bağış'a da 1,5 milyon dolar rüşvet verdiği öne sürülüyordu.

*

Aynı bilgi notunda... Halkbank genel müdürü de, Rıza Sarraf'tan rüşvet almakla suçlanıyordu. Paraların 500'er bin dolarlık partiler halinde evine gönderildiği ve bu trafiğin hem teknik takip, hem de fiziki takiple tespit edildiği anlatılıyordu.

*

Çin, Dubai, Türkiye üçgeninde paravan şirketler kurulduğu, sahte belgelerle usulsüz ödemeler yapıldığı, gerçekte varolmayan ihracat bedellerinin Halkbank hesapları üzerinden aktarıldığı, somut örneklerle özetleniyordu.

*

23 sayfalık bilgi notunda, neredeyse 2300 suç unsuru vardı!

*

Rıza Sarraf'ın bakan çocuklarını aracı ederek, iş takip ettirdiği, kardeşine vatandaşlık aldırdığı, tekerine çomak sokan polisleri sürdürdüğü, gazetelerde haber sansürlettiği iddia ediliyor... Bu işleri yaparken, tam 14 aydır takip edildiği belirtiliyordu.

*

Tayyip Erdoğan, işte bu 23 sayfalık bilgi notunu okumuştu. Ve sonra da çıkıp, operasyonu yürüten savcılara-polislere "alçaklar, hainler, karanlık odaklar" filan diye saydırmıştı!

*

Peki, AKP'nin fişini çeken polisler, hakikaten cemaatçi miydi? Bu sorunun cevabı aranırken... Odatv davasından bir sene hapis yatırılan Nedim Şener, *Haliç'te Yaşayan Simonlar* kitabını yazdığı için hapse tıkılan eski emniyet müdürü Hanefi Avcı'yla röportaj yaptı. Hanefi Avcı, "bugünü anlamak isteyenler, kitabımı bir daha okusun, her şeyi arşivlediler, hepsini kullanacaklardır" diyordu.

*

Fethullah Gülen ise, avukatı aracılığıyla basın açıklaması yapıyor, "soruşturmaları yürüten kamu görevlileriyle en küçük bir ilgisi ve bilgisi bulunmadığı"nı, "kirli oyunlar gibi ithamların tamamen hayal mahsulü olduğu"nu duyuruyordu.

*

17 Aralık çooook uzun bir gündü.
Henüz akşam olmadan, İstanbul Emniyet Müdürlüğü'nde beş şube müdürü görevden alındı. Operasyonu yapan polislere operasyon yapılmıştı. Soruşturmayı yürüten savcıların yanına da, iki savcı ilave edildi.

*

Gezi Parkı'ndan beri Koç'lara kafayı takmışlardı.
Tofaş'a 67,5 milyon lira vergi cezası kesildi.

*

Birleşmiş Milletler rapor hazırlamış, Türkiye'nin Suriye'ye 47 ton silah-mühimmat gönderdiği ortaya çıkmıştı. Bizim milli savunma bakanı İsmet Yılmaz açıklama yaptı, "silah göndermedik, spor amaçlı kurusıkı gönderdik" dedi! 47 ton spor amaçlı kurusıkı, dünya spor tarihinde ilk defa duyuluyordu.

*

Sözde soykırım iftirasında, hükümetin vermesi gereken mücadeleyi, hapisteki Doğu Perinçek veriyordu. Soykırım yoktur demeyi yasaklayan İsviçre devletini, Avrupa İnsan Hakları Mahkemesi'nde resmen mahkûm ettirdi. Perinçek'in başvurusu üzerine emsal karar alan mahkeme, "ifade özgürlüğünü kısıtlayamazsınız" dedi.

*

Diyarbakır Büyükşehir Belediyesi'nin tabelasına, Kürtçe "Şaredariya Bajare Mezin Amede" yazısı eklendi. Tunceli Belediyesi ise, Türkçe, Dersim Belediyesi tabelası astı.

*

Yolsuzluk operasyonunun ikinci günü...
Fotoğraflar basına servis edildi.
Ayakkabı kutuları manşet oldu.

*

Halkbank genel müdürünün evinde, kütüphane raflarına saklanmış halde, ayakkabı kutuları bulunmuştu, dolar-euro doluydu. Polisin kameraya aldığı görüntüleri, Kanal D yayınladı. Gazetelerde yazılanlara göre, Halkbank genel müdürünün eşi, paralar eve getirildiği sırada dinlemeye takılmıştı. "Yeşiller geldi" demişti.

*

A'yakkabı
K'utusunda
P'ara olmuşlardı yani.

*

17 Aralık operasyonu boyunca, tüm haberlerde 4,5 milyon dolar diye geçti. Halbuki, ayakkabı kutularında 2,5 milyon dolar ve 2,5 milyon euro, o günkü pariteyle toplam 5 milyon 950 bin dolar çıkmıştı. Sayın basınımız, adeta sözleşmiş gibi, ayakkabı kutularında ele geçirilen paranın miktarını düşük göstermeye çalışıyordu. Bu matematik cinliğinin nedeni, yakında anlaşılacaktı.

*

İçişleri bakanının oğlunun evinde, yatak odasında, büyük boy yedi adet şifreli kasa ve para sayma makinesi bulunmuştu. Sosyal medyada "harama el sürmemek için, para sayma makinesi kullanmışlar" esprisi dolaşıyordu.

*

İçişleri Bakanı Muammer Güler, Gezi Parkı olayları sırasında gençlerimiz yaka paça götürülürken, "polis durup dururken kimseyi gözaltına almaz, polis niye beni gözaltına almıyor, çünkü sebepsiz yere almaz" diyordu. Şimdi... Yandım Allah diyordu!

*

Ekonomi bakanının oğlunun evi, aranamadı. Çünkü evin tapusu, ekonomi bakanının üstüneydi ve bakanın dokunulmazlığı vardı.

*

Polis, gölge gibi takip etmişti.
Rüşvetin belgesi değildi belki ama, fotoromanıydı.

*

Rıza Sarraf'ın adamları ayakkabı kutularıyla, çantalarla,

hatta bavullarla para taşırken fotoğraflanmıştı. Bakanlara, bürokratlara ait adreslere elleri dolu girip, elleri boş çıkıyorlardı. Polis enteresan bir taktik uygulamıştı... Rutin trafik kontrolü ayağıyla, kuryeler durduruluyor, kutular çantalar açılıyor, paralar görüntüleniyor, serbest bırakılıyor, gideceği yere kadar sivil ekiplerle takip ediliyor, dolu girip boş çıktıkları tescilleniyordu.

*

Ve, hadiseye Bilal'in adı karışmıştı!

Rıza Sarraf'ın kuryelerinden biri, elinde çantayla, Başbakan'ın oğlu Bilal Erdoğan'ın vakfı TÜRGEV'e girerken görüntülenmişti. Aynı kurye, Halkbank genel müdürünün evine ayakkabı kutusu götüren kuryeydi.

*

TÜRGEV, Türkiye Gençlik ve Eğitime Hizmet Vakfı'ydı. 1996'da, İstanbul Eğitim ve Gençliğe Hizmet Vakfı adıyla kurulmuştu, 2012'de TÜRGEV'e dönüşmüştü. TÜRGEV'in kurucuları arasında, Tayyip Erdoğan'ın oğlu Bilal, kızı Esra, damadının ağabeyi Serhat Albayrak, Bilal'in kayınvalidesi, kızının eltisi ve kendisinin eniştesiyle birlikte, Fatih Belediye Başkanı Mustafa Demir vardı.

*

TÜRGEV'e tanınan imkânlar ayyuka çıkmıştı, devletin malının mülkünün peşkeş çekildiği yazılıyordu. Mesela... TÜRGEV, İstanbul'da, İbn-i Haldun Vakıf Üniversitesi'ni kuruyordu. CHP milletvekili Nur Serter, TBMM'de soru önergesi verdi: "Üniversitenin arsası kime aittir? Vakıflar Genel Müdürlüğü'ne mi aittir? Arsa, TÜRGEV'e verilmiş midir? TÜRGEV bu arsayı kaç liraya almıştır?"

*

Rıza Sarraf'ın ekonomi bakanımıza kol saati taktığı ortaya çıktı! 300 bin İsviçre frangı, o günkü parayla 700 bin liralık, Patek Philippe marka saat hediye ettiği haberi patladı. Teknik takibe yakalanan bilgilere göre, ekonomi bakanımız pek beğendiği saati Rıza'dan istemiş, Rıza bir adamını Cenevre'ye göndererek satın aldırmış, ekonomi bakanımızın özel kalem müdürüne Ankara'da teslim edilmişti. Ekonomi bakanımız, söz konusu saati, hemen ertesi gün, Kosova'yla imzalanan ticaret anlaşması töreninde takmış, bu detay da polis tarafından fotoğraflanmıştı.

*

Aynı gün... Bir başka saat rezaleti patladı. Ankara'da düzenlenen Dünya Wushu Şampiyonası'nda milli sporcumuz Elif Akyüz, altın madalya kazandı. Dünya şampiyonu olan "ilk türbanlı sporcu"muzdu. Tarihi başarıya imza atan bu sporcumuz, Türkiye Wushu Federasyonu Başkanı Abdurrahman Akyüz'ün kızıydı. Bilahare... Şampiyonanın organizasyonunda görev yapan bir vatandaş, Spor Bakanlığı'na şikâyet dilekçesi yazdı. Federasyon Başkanı Abdurrahman Akyüz'ün, hakemlere yedi adet Rolex marka saat hediye ettiğini, 14 bin dolar para dağıttığını, kızının bu sayede altın madalya kazandığını öne sürdü!

*

Abdurrahman Akyüz, Necmettin Erbakan'ın 30 sene boyunca gönüllü korumalığını yapan Sakarya Grubu'ndandı. Abdest alırken Erbakan'ın ayaklarını ova ova yıkamış ve bu fotoğrafıyla siyaset tarihine geçmişti.

*

Çevik Bir tahliye edildi.

18 ay yatırılmıştı.

Başka yerde cezaevi yokmuş gibi, 28 Şubat'ta tankların yürütüldüğü Sincan'da cezaevine tıkılmıştı. Sırf bu durum bile, meselenin hukuki mesele olmadığının, rövanş olduğunun kanıtıydı. Çevik Bir çıktı, 28 Şubat davasında tutuklu kalmadı. O günlerde pek üzerinde durulmadı ama, 17 Aralık'ın ilk sonuçlarından biriydi. Ergenekon, Balyoz, Casusluk davası, çorap söküğü gibi gelecekti. Cemaati içeri tıkabilmek için, içeri tıkılanların dışarı çıkarılması gerekiyordu!

*

Yeni CHP direksiyonu sağa kırdı. Doğma büyüme MHP'li Mansur Yavaş, Ankara büyükşehir belediye başkan adayı yapıldı. İstanbul büyükşehir belediye başkan adayı ise, kafasına sandalye vurularak CHP'den kovulan Mustafa Sarıgül olmuştu.

*

Baklavamız bizden önce AB'ye girdi. Gaziantep Sanayi Odası'nın "Antep Baklavası" olarak yaptığı resmi başvuru, AB Komisyonu tarafından tescillendi. Türkiye'nin AB tarafından tescillenen ilk ürünüydü. Küçümsenmeyecek bi başarıydı, ilk defa bir ürünümüzü Yunanistan'a kaptırmamıştık!

*

Sayın ahalimiz baklavaya sevinirken... Boğaziçi Üniversitesi, Fener Rum Patriği'ne fahri doktor unvanı verdi. Törende "Ekümenik Patrik" olarak anons edildi. Teşekkür konuşması yapan Patrik, "tarihi bilinçten yoksun bazı tarafların menfi gayretlerine rağmen, tarihi makamımıza ait olan ekümeniklik unvanına sahip çıkan Boğaziçi Üniversitesi'ne takdirlerimizi ifade ederiz" dedi.

*

Boğaziçi Üniversitesi ne kadar gurur duysa azdı yani. Patriğin gözüne girmişlerdi!

*

Savcı Zekeriya Öz, gece vakti, İstanbul Emniyet Müdürlüğü'nü bastı. Gazeteciler "neden geldiniz" diye sordu, "neden geldiğim belli değil mi" diye tersledi. Bakan çocuklarını sorgulayan polislere siyasi baskı vardı, bu baskıyı önlemek için gelmişti. "Savcılığın sorularını değiştirmeyin, aynen sorun, soruları değiştiren polisleri tutuklarım" demişti.

*

Rıza Sarraf'ın malına mülküne tedbir kondu. Nelerdi bunlar? Challenger 300 tipi özel jet, El Ganador isimli İngiliz yarış atı, Nazmi Ziya imzalı "Kendi Evi" isimli tablo filan... Manşetler şatafat fışkırıyordu. Rıza Sarraf magazin haberlerinde boy göstermeyi seviyordu, tam magazinlik olmuştu.

*

Medyada da savaş başlamıştı. Senelerdir AKP'nin bir numaralı savunucularından olan Nazlı Ilıcak, yandaş gazete *Sabah*'tan kovuldu. Kutuplaşmada cemaatin tarafını tutmuş, çocukları gözaltına alınan bakanları istifaya çağırmıştı. *Sabah*'ın kapısından çıktı, cemaate yakınlığıyla tanınan Akın İpek'e ait *Bugün*'e geçti.

*

Yandaş medya, yolsuzluk operasyonunu örtmeye, çürütmeye çalışıyordu. Ergenekon, Balyoz davalarında yandaş medyayla omuz omuza saf tutan cemaat medyası, bu defa karşı taraftaydı. Halktv, Ulusal Kanal, *Sözcü*, *Cumhuriyet*, *Aydınlık* ve *Yurt*, özgür yayın yapıyordu. Doğuş Grubu, Ciner Grubu ve Demirören Grubu'na ait medya, AKP'nin yanındaydı. Aydın Doğan'a ait *Hürriyet* ve Kanal D ise, bütün çıplaklığıyla yolsuzluk haberlerini veriyor, Tayyip Erdoğan'ın hışmına uğruyordu.

*

İstanbul Emniyet Müdürü Hüseyin Çapkın görevden alındı. İzmir'den gelmişti, 4,5 senedir İstanbul'daydı. Bu göreve AKP tarafından getirilmiş, yaş sınırından emekli olmasın, görev süresi uzasın, illa İstanbul'da kalsın diye, vali bile yapılmıştı. 17 Aralık'ı engellemedi, hükümete haber vermedi diye, kötü polis olmuştu! 32 senedir gazetecilik yapan biri olarak, samimiyetle düşüncem o ki, su katılmamış polisti, İstanbul'a gelmiş geçmiş en iyi emniyet müdürüydü.

*

Çapkın'la beraber, iki yardımcısı ve 11 şube müdürü görevden alındı. İstanbul emniyetinde neredeyse polislikten anlayan polis bırakılmadı. Kim cemaatçi, kim değil, karışmıştı. 17 Aralık'a dahli olan herkese cemaatçi yaftası yapıştırılıyordu.

*

Hükümetin, özellikle İstanbul polisi'yle arası fena açılmıştı. Gezi olayları sırasında "polisimiz destan yazdı" deniyordu, maaş ikramiyeleri veriliyordu. Şimdi ise... Büyükşehir belediyesi, çevik kuvvet polislerine otobüs bile vermiyordu! Eskiden, toplu sevklerde otobüs tahsis ediliyordu, artık su yoktu.

*

Aksaray Valisi Selami Altınok, İstanbul Emniyet Müdürlüğü'ne atandı. Tayyip Erdoğan tarafından Ana uçağıyla Ankara'dan getirildi, makamına oturtuldu. Emniyet müdürlüğü tecrübesini boşverdik, polis bile değildi! "Kurumu tanımaya çalışıyorum, inşallah hayırlı olur" dedi.

*

17 milyon nüfuslu şehrin güvenliği için mi getirilmişti, yoksa 17 Aralık'ın güvenliği için mi... Cevabı herkes biliyordu.

*

Selami Altınok'un işbaşına gelmesiyle beraber, Efkan Ala ismi kulaklara üflenmeye başlanmıştı. Başbakanlık Müsteşarı Efkan Ala, Selami Altınok ve Antalya Valisi Sabahattin Öztürk üçlüsüne dikkat çekiliyordu. Üçü de siyasal mezunuydu, aynı yurtta kalmışlardı. Efkan Ala ve Selami Altınok, Erzurumluydu, Sabahattin Öztürk, Erzurum valiliği yapmıştı. Pek yakında... Efkan Ala, içişleri bakanı, Sabahattin Öztürk, içişleri bakanlığı müsteşarı olacaktı. Cemaatle mücadelenin başında, bu "Erzurum üçlüsü"nün olacağı konuşuluyordu.

*

Habire ağlamasıyla ünlü olan Bülent Arınç, suratında ağlamaklı bi ifadeyle konuştu, "bir içişleri bakanının, oğlunun gözaltına alınmasını basından öğrenmesi kadar acıklı ne olabilir ki" dedi. Bu laf üzerine, polis nasıl olur da hükümete haber vermez gibi, dünyanın en saçma sorusu tartışılmaya başlandı. Yandaş medya bunu köpürtüyordu. Sanki polisin hükümete haber vermemesi suçmuş gibi anlatılıyordu. Bunların mantığına göre, polis içişleri bakanına telefon etmeli ve oğlunuz hakkında iddialar var, soruşturalım mı diye izin istemeliydi!

*

Halbuki... Polis bu tür durumlarda üstlerine, amirlerine haber vermesin diye, bizzat AKP tarafından yasa çıkarılmıştı! 2004 senesinde çıkarılan yasaya göre, "soruşturmayı yürüten polis, sadece savcı'ya karşı sorumluydu, amirine bilgi verme yükümlülüğü yoktu, soruşturma başladıktan sonra amiri bile polise emir veremezdi, sadece savcı talimat verebilir"di.

*

Peki, 2004'te niye böyle bir yasa çıkarılmıştı?

Elbette, Ergenekon-Balyoz davalarına hazırlık için çıkarılmıştı. "Bizim haberimiz yok, savcı karar vermiş, polis uygulamış, biz ne yapabiliriz ki" demek için, işin içinden sıyrılmak için bu yasa çıkarılmıştı. Döndü dolaştı, kendilerini vurdu... Şimdi niye "bize haber verilmedi" diye ağlaşıyorlardı.

*

Deniz Feneri soruşturmasının en kritik aşamasında görevden alınan ve "sanık" haline getirilen savcı Abdülvahap Yaren, "zekât hırsızlarını koruma altına alan bir güç var, ben bu güce hırsızların imparatoru diyorum, hem altındaki figüranları koruyor, hem kendisine ulaşılmasını engelliyor, kim olduğu belli, halk arasında tabir vardır, arife tarif gerekmez, damda gezer, miyav der, isme gerek var mı" demişti... 17 Aralık savcısı görevden alınınca, Deniz Feneri savcısı Abdülvahap Yaren'e 17 Aralık hakkında ne düşündüğünü sordular. "Dosyanın savcının elinden alınması, soruşturmanın perdelendiği intibaını veriyor, yargıya müdahale edilince, yargıya olan güven azalıyor, garibanlara ceza veriliyor, güçlülere karşı çaresiz kalınıyor algısı doğuyor, güçlünün yargısı haline geliyor" dedi. Ders gibi sözlerdi.

*

ABD Büyükelçisi Ricciardone, elçilik rezidansındaki öğle yemeğinde Kemal Kılıçdaroğlu'nu ağırladı. Sohbet sırasında 17 Aralık hakkında fikir beyan etti. "Yakından izliyoruz, sorumlular dışarda aranmamalı, iddiaların üzerine gidilmeli" dedi. Büyükelçi, pek güzel Türkçe biliyordu, hem dilimizden, hem anladığımız dil'den konuşuyordu. ABD'deki Fethullah Gülen'i unut, önce hırsızları yakala demek istiyordu!

*

Henüz savaş su yüzüne çıkmadan önce, Tayyip Erdoğan ABD'ye resmi ziyarete gitmişti. Fethullah Gülen'le görüşüp görüşmeyeceği sorulmuştu. "Programımızda yok ama, gökten ne yağar ki, yer kabul etmez" cevabını vermişti. Yer kim, gök kim, anlaşılamamıştı. Şimdi... Herkul.org sitesinde yayınlanan son sohbetinde, Fethullah Gülen kim'in kim olduğunu gayet net anlatıyordu. "İnsanın haddini bilmesi çok önemlidir" diyordu.

*

Fethullah Gülen'in sohbetleri, artık çok daha dikkatle takip ediliyordu. Hatta, arşiv görüntülerine bakılıyor, savaşa dair detaylar aranıyordu. Mesela... 17 Aralık'tan sadece dokuz gün önce, çok enteresan bir mevzu anlatmıştı.

*

"Hiç unutmam, bana akşamüstü bir telefon geldi, Türkiye'de geceyarısıydı sanıyorum. Dediler ki, nefsine uyarak bir alüfte (iffetsiz kadın) ile buluşmaya gidiyor ve birilerinin de komplosu söz konusu olabilir. Türkiye'de onu tanıyan bir arkadaşa telefon ettim, kalk dedim, geceyarısı deme, evine koş... Bu bir komplo ise şayet, günümüzde geldiği konuma gelemezdi. O mevzudaki telefon sabit. Benim kendisine o ricada bulunduğum zat da, hâlâ hayatta... Ben bu zamana kadar bu meseleyi kimseye açmadım. Bize yakışan budur. Belki de, benim öyle bir ayıbını bildiğimden dolayı şimdilerde homurdanıyorsa şayet, keşke benim ayıbımı bilen bu insan nalları dikse de, ayıbımı bilen biri olmasa der."

*

Bayram değil seyran değil, dershane kavgasının tam ortasında, 17 Aralık'a günler kala, bunları anlatmıştı. Bir... "Ayıbını bildiğim kişi, şu anda benim hakkımda ileri geri konuşuyor" demek istiyordu. İki... "Türkiye'de olan biten her şeyden haberim var, sakın benim gücümü test etmeye kalkmayın" demeye getiriyordu.

*

Peki, Fethullah Gülen'in kurtardığı kişi kimdi?

Adeta alüfte-toto oynandı, onlarca isim ortaya atıldı.

*

Nazlı Ilıcak, CNNTürk'te canlı yayında açıkladı.

"O kişi, Kemalettin Özdemir'dir" dedi.

Eskiden "Ankara imamı" olduğu iddia edilen Kemalettin Özdemir'in, cemaatten koptuğu, MİT Müsteşarı Hakan Fidan'la çok yakın çalıştığı, hükümetin cemaat hakkındaki en önemli bilgi kaynağı olduğu öne sürülüyordu. Kemalettin Özdemir, yandaş gazete *Akşam*'a konuştu, "iftira" dedi. Nazlı Ilıcak'a manevi tazminat davası açtı. Fethullah Gülen'in tanık olarak dinlenmesini talep etti. Üstüne... "O bahsedilen kişinin aslında kim olduğunu biliyorum, açıklamak istemiyorum, nasıl olsa gerçekler mahkemede ortaya çıkacak" dedi.

*

Türkiye bu haldeydi.

Herkes birbirini ispiyonluyor, birbirini tehdit ediyordu.

*

Yarbay Ali Tatar'ın anma töreni yapıldı.

Amirallere suikast düzenleyecek diye tutuklanıp, bırakılmış, yeniden tutuklanma kararı çıkınca, kafasına sıkmıştı. Canına kıydığından bu yana, dört sene geçmişti. Yarbay'ın annesi, ablası, ağabeyi konuştu, ibret verici sözlerdi: "Hukuk bir gün size de lazım olacak demiştik, işte o günleri yaşıyoruz, rezillikleri hep beraber izliyoruz, bize bu tuzakları kuranlar şimdi birbirine düşmüş durumda, inanıyoruz ki, hem adalet, hem ilahi adalet yerini bulacak."

*

Eminiz, bulacaktı.

Ama daha çekilecek acılar vardı.

Hapisteki MHP milletvekili Engin Alan'ın annesi vefat etti.

*

Ergenekon, Balyoz kahrıyla giden kaçıncı anneydi?

Benim saydığım 12'nciydi.

*

Henüz Türkiye'nin gündeminde değildi, dış haberler

sayfalarında küçücük yer bulabilmişti. Uluslararası Af Örgütü, Suriye raporu hazırlamıştı, "Türk hükümeti, IŞİD'in silah ve adam temin etmek için topraklarını kullanmasını engellemeli" diyordu! IŞİD'in gazetecileri kaçırdığı, hunharca insan öldürdüğü anlatılıyor, Körfez ülkelerinin de bu korku örgütüne silah yardımı yaptığı belirtiliyordu.

*

Ve, Abdullah Öcalan'ın fotoğrafı twitter'dan servis edildi.
12 sene sonra ilk fotoğrafıydı. Saçı, bıyığı kırlaşmıştı. BDP Genel Başkanı Selahattin Demirtaş ve BDP milletvekili Pervin Buldan'la beraber poz vermişti. Apo, gülüyordu.

*

Sabah-atv, Kalyon İnşaat'a satıldı.
TMSF, bu gazete ve televizyona 2007'de el koymuş, Çalık Grubu'na satmıştı. Tayyip Erdoğan'ın damadı, Çalık Grubu'nda genel müdürdü. "Yandaş medya" denilen kavram, işte bu satıştan sonra resmen literatüre yerleşmişti.
Sabah-atv'nin yeni sahibi Kalyon İnşaat, metrobüs hattını, Taksim yayalaştırma projesini, Başakşehir stadını yapmıştı, üçüncü havalimanı inşaatının müteahhitleri arasındaydı. Bu satışın rezaleti, yakında patlayacaktı. Yandaş medya kavramı bile solda sıfır kalacaktı!

*

Sabah-atv'nin el değiştirdiği gün, Acun'a izin çıktı, TV8'in satışı Rekabet Kurulu tarafından onaylandı. Acun Ilıcalı, MNG Holding'in televizyon kanalını satın almıştı, 80 milyon dolara el sıkışıldığı konuşuluyordu. Acun, kısa süre önce "başbakanımızı çok beğeniyorum, kendisine ayrı bir sempatim var, Ak Parti'ye oy verdim, hayranlıkla izliyorum, çok mutluyum" demişti. Acun'un amcası, AKP eski milletvekiliydi, İstanbul Büyükşehir Belediyesi'nde de danışmandı.

*

Bu arada, yolsuzluk operasyonu "arkası yarın" gibiydi.
Her gün taze bilgiler, taze sürprizler ortalığa saçılıyordu.
"İşte Rıza'nın para üssü" manşetleri çıktı.
Kapalıçarşı'nın bitişiğindeki Rococo Center'da bulunan Durak Döviz, Rıza Sarraf'ın para trafiğinin merkeziydi. 17 Aralık'tan beri kapalıydı. Sadece altı metrekarelik bu ofiste, 118 milyar dolarlık iş yapıldığı söyleniyordu.

*

İran'la örtülü ilişkiler sorgulanırken, Türkiye'deki İran sermayeli şirket sayısı çığ gibi artıyordu. 2002'de kurulan İranlı şirket sayısı sadece 22'yken, 2012'de bu rakam 803'e çıkmıştı. İran'a ambargo 2010'da başlamıştı, Türkiye'de kurulan İranlı şirket sayısında da, özellikle 2010'dan itibaren patlama yaşanıyordu.

*

Halkbank genel müdürünün savcıya verdiği ifade basına sızdı, gül gül öldük yani... Ayakkabı kutularında bulunan 5 milyon 950 bin doların, imam hatip lisesi yaptırmak için toplanan bağış paraları olduğunu söylemişti. "Makedonya'da Balkan Üniversitesi, Çorum Osmancık'ta imam hatip lisesi yaptırılacaktı, hayırseverlerin paralarını oralara gönderecektim" dedi.

*

İmam mimam derken... CHP'nin müftü milletvekili İhsan Özkes, 17 Aralık yüzünden hutbelerin değiştirildiğini söyledi. 20 Aralık Cuma günü okutulacak olan "rüşvet ve yolsuzluk" konulu hutbenin, Diyanet tarafından apar topar engellendiğini, din görevlilerine 19 Aralık Perşembe günü cepten kısa mesaj atılarak, hutbenin değiştirildiğini iddia etti.

*

Diyanet İşleri Başkanı Mehmet Görmez, ipliğin pazara çıkmasına pek üzülüyordu, AKP'yle cemaatin arasını bulmaya çalışıyordu. "Herkesi, kin, öfke ateşini söndürmeye davet ediyorum" diyordu. Diyanet işleri başkanından çok, itfaiye müdürüne benziyordu!

*

İstanbul'daki polis kıyımı, Ankara'ya sıçramıştı. Emniyet Genel Müdürlüğü'nde 14 daire başkanı görevden alındı. En dikkat çekici isim, Teftiş Kurulu Başkanı Ramazan Akyürek'ti. AKP döneminde Trabzon Emniyet Müdürü yapılmıştı, AKP döneminde Emniyet Genel Müdürlüğü İstihbarat Daire Başkanı yapılmıştı, şimdi gene AKP döneminde "vay efendim cemaatçiymiş haberimiz yokmuş" deniyordu!

*

İşin ekstra rezalet tarafı... Emniyetteki tüm bu görevden almalar, sürgünler, oğlu tutuklu bulunan, kendisi hakkında fezleke hazırlanan İçişleri Bakanı'nın imzasıyla yapılıyordu.

*

17 Aralık'ın dördüncü günü, içişleri bakanının oğlu Barış Güler, ekonomi bakanının oğlu Kaan Çağlayan, Halkbank genel müdürü ve Rıza Sarraf'ın da aralarında bulunduğu 24 kişi tutuklandı. Şehircilik bakanının oğlu Abdullah Oğuz Bayraktar, müteahhit Ali Ağaoğlu ve Fatih belediye başkanı serbest bırakıldı. Oğuz Bayraktar, adliye çıkışında "biz zaten itikatlı insanlarız, Allah yardımcımız olsun" dedi.

*

Kaan Çağlayan ise, savcıya verdiği ifadede, "Rıza Sarraf'la aile dostluğumuz vardır, sekiz ay önce evlendim, sağolsun, düğünümde eşi gelip sahneye çıktı, sadece sahne masrafını talep ettiler, kendisi dostluğunun gereği olarak bana bir takım elbise almıştı, bir de beğendiğim valizi hediye etmişti, hepsi bu" demişti.

*

Halkbank Genel Müdürü Süleyman Aslan, tutuklandığı mahkemede, aylık kazancının 32 bin lira olduğunu söylemişti. Bu hesaba göre, ayakkabı kutularındaki parayı, hiç harcama yapmadan, anca 43 senede biriktirebilirdi!

*

Tutuklama kararlarını duyunca, Tayyip Erdoğan öfkeden köpürdü. "Devlete paralel yapı kurmak isteyenler, ininize gireceğiz, ininize" dedi. Aynı konuşmasında, isim vermeden ABD Büyükelçisi'ne "kovarım" demeye getirdi, "bazı büyükelçilerin provokatif eylemler içinde olduğunu, bu büyükelçileri ülkemizde tutmak zorunda olmadığımızı" söyledi.

*

Neydi bu tehdidin sebebi?

Neden, kovacak kadar kızmıştı ABD büyükelçisine?

Yandaş medya bangır bangır manşet yapıyordu. ABD Büyükelçisi Ricciardone'nin, tam 17 Aralık günü, AB büyükelçilerine yemek verdiğini, "Halkbank'ı engellemeye çalışmıştık, sonuç alamadık, şimdi imparatorluğun çöküşünü izleyeceksiniz" dediğini iddia ediyorlardı.

*

Peki, ABD Büyükelçisi neden böyle bir komplonun içindeydi? Yandaş medya kendince izah ediyordu. "Halkbank, İran petrollerinin dünya pazarlarına ulaşmasında etkin rol oynuyor, bu durum İsrail'i rahatsız ediyor, işte bu yüzden Halkbank hedef alındı" diyorlardı. "Derin ilişkilerin altından ABD çıktı, İsrail parmağı var, asıl hedef milli bankamız Halkbank" başlıkları atıyorlardı.

*

İyi de güzel kardeşim...
Ayakkabı kutularını İsrail mi koydu?
Yatak odasına para kasalarını İsrail mi yerleştirdi?
700 bin liralık kol saatini İsrail mi taktı?
Bu soruları dile getirenlere ateş püskürüyorlardı.
"Bunları soranlar Mossad ajanıdır, CIA maşasıdır" diyorlardı!

*

Hepsine inandık diyelim... ABD elçisiyle alakalı haberin kaynağı neydi? Kim yazmıştı? Hangi muhabir? Elbette, kaynak maynak yoktu. Üfürme bi haberdi. Hatta, yandaş medyanın tamamında, kelime kelime aynı metin yayımlanmıştı. Tek elden çıkmış, bütün AKP gazetelerine servis edilmişti, fotokopi gibiydi.

*

ABD yalanladı. Avrupa Birliği de yalanladı. Bahsedilen toplantı hiç olmamıştı. Ama istediğin kadar yalanla... Doğrular önemli değildi. Bi taraftan 12 senedir ABD ve İsrail'in her istediğini yapıyorlar, öbür taraftan ABD-İsrail düşmanlığıyla oy topluyorlardı.

*

Adli Kolluk Yönetmeliği değiştirildi.
17 Aralık'a kadar, soruşturmaların sızmaması için, polisler amirine, savcılar da başsavcıya bilgi vermiyordu. Bu yapılan değişiklikle, amire ve başsavcıya bilgi verme zorunluluğu getirildi. Dinlemeler dahil, atılacak her adım, atılmadan önce başsavcıya bildirilecekti. Kendilerinin yaptığı yasayı, kendilerinin yaptığı yönetmelikle deliyorlardı. Ergenekon'da, Balyoz'da subayları, profesörleri içeri tıkmak için eğilip bükülen hukuk, bu sefer, bakanları kurtarmak için eğilip bükülüyordu. AKP hukuku böyleydi, işine nasıl geliyorsa, hukuk oydu.

*

Dinleme'ye MİT el koydu.

Telekomünikasyon İletişim Başkanlığı'na Cemalettin Çelik atandı. Başbakanlıkta uzman olarak çalışıyordu, Hakan Fidan MİT Müsteşarı olur olmaz MİT'e geçmişti.

*

Fethullah Gülen, beddua yağdırdı!

Herkul.org'daki son sohbetinde çok sinirliydi. Hep sakin ses tonuyla konuşurdu, ilk defa böyle görülüyordu, adeta ağzından ateşler saçıyordu, ellerini kollarını hiddetle savuruyor, yerinde oturamıyordu, konuştuğu kamerayı kıracak gibiydi.

*

"Amme hakkı, Allah hakkıdır. Haramiliği Allah biliyor, hırsızlığı Allah biliyor, rüşveti Allah biliyor. Hiçbir zaman demek istemediğim bir şeyi demek geliyor içimden. Bedduaya amin dememek, genel şiarımızdır. Fakat, eğer bu olumsuz şeylerin üzerine giden arkadaşlar... Onları tanımıyorum, binde birini bile tanımıyorum. Dinin ruhuna aykırı bir şey yapmışlarsa, modern hukuka aykırıysa, Allah bizi de onları da yerlerin dibine batırsın, evlerine ateş salsın, yuvalarını başlarına yıksın. Ama öyle değilse, hırsızı görmeden hırsızı yakalayanın üzerine gidenler, cinayeti görmeyip masum insanları karalamaya çalışanlar... Allah onların evlerine ateşler salsın, yuvalarını yıksın, birliklerini bozsun, duygularını sinelerinde bıraksın, önlerini kessin, bir şey olmaya imkân vermesin."

*

Güler misin, ağlar mısın'dı.

Bir zamanlar Fethullah Gülen'e "muhterem hocaefendi" diyen, "okyanus ötesine teşekkür ediyorum" diyen Tayyip Erdoğan, şimdi "inine gireceğiz, inine" diyordu. Bir zamanlar Tayyip Erdoğan'a "rabbime her gün onun sağlığı için dua ediyorum" diyen Fethullah Gülen, şimdi "Allah yerin dibine batırsın" diyordu.

*

Hadi bakalım, beddua mı etti, mübahale mi yaptı, bu mevzu tartışılmaya başlandı. AKP'liler "beddua etti" derken, cemaatçiler "hayır, mübahale etti" diyordu. Âl-i İmran Suresi'nin 61'inci ayetinde "sana gelen bu bilgiden sonra, her kim bu konuda seninle tartışırsa, de ki, gelin, çocuklarımızı, çocuklarınızı, kadınlarımızı, kadınlarınızı çağırarak, bizlerle sizler bir araya gelelim ve sonra Allah'ın lanetinin yalancıların üzerine olması için lanetleşelim" deniyordu. Cemaatçiler, işte bu ayete dayanarak "beddua etmedi, lanetleşme yaptı" diyordu.

*

Hassas mevzuydu. Gülen'in bedduası, Gülencileri zor durumda bırakmıştı. AKP'liler "vaaay, beddua etti, günaha girdi, bu ne biçim Müslüman" diyerek, üste çıkıyor, mağduru oynuyordu.

*

Herkes Fethullah Gülen'in intizarını konuşurken... Şarkıcılar, İntizar, Gülben Ergen, Bedia Akartürk ve Burcu Güneş, umreye gitti. Medyum Memiş de ekipteydi. Sosyetemizden sonra, sanat dünyamız da hidayete ermişti.

*

İçişleri Bakanı Muammer Güler, 17 Aralık'la alakalı olarak ilk kez konuştu. "Tapelerde eklemeler var, veremeyecek hesabım yok" dedi. Telefon dinleme kayıtlarına, polis jargonunda tape deniyordu. Oğluyla konuşmalarına eklemeler yapıldığını, delil uydurulduğunu söylüyordu. İyiden iyiye merak uyandı... Bakan beyle oğlu ne konuşmuştu? Henüz bilmiyorduk. Neler konuştuklarını öğrenmek için, biraz daha beklememiz gerekiyordu. Fezlekeler meclise gelecek, tüm Türkiye neler konuştuklarını öğrenecekti.

*

Peki, oğlunun yatak odasındaki şifreli kasalarda bulunan para neyin nesiydi? Muammer Güler izah etti. "O paralar, oğlumun Bahçeşehir'deki villasının satışından elde edilen paralardır, satış sırasında ipotek sorunu doğmuş, ipotek çözülene kadar banka yerine evde tutulmuştur" dedi.

*

Ekonomi Bakanı Zafer Çağlayan konuştu.
"Alnımız ak" dedi.

*

Utanıp, istifa etmeye niyetleri yoktu.
Gayet pişkin, makamlarında oturuyorlardı.

*

Bülent Arınç'a "ayakkabı kutusundan çıkan paraları, bakan çocuklarının evinden çıkan paraları makul buluyor musunuz" diye soruldu. "Yedi kere yedi, 49, beş kere beş, elde var Ayten, hükümetle cemaati karşı karşıya getirecek bir anlam yüklemek doğru değildir" dedi.

*

Gerçi o şiirin orijinali "iki kere iki, dört, elde var Ayten"di ama, olsun... Meseleyi gargaraya getirmenin muhteşem bir örneğiydi.

*

Halkbank genel müdürü, mahkemede detaylı detaylı ifade vermişti. Rıza Sarraf'la ilişkisini anlatmıştı. "Rıza Sarraf hayırlara vesile olmak istediğini söyleyince, aklıma hemen, mezun olduğum Çorum Osmancık imam hatip lisesi geldi, ihtiyaçları anlattım, masrafları ödemeye hazırım dedi. Bağışlarla 7 milyon lira birikti. Teknik nedenlerle projeye başlayamadığımız için, hayır amaçlı verilen paraları kendi nezdimde tuttum. Bunun yanında bir de, Makedonya'da üniversite söz konusuydu. Uluslararası Balkan Üniversitesi'nin mütevelli heyeti başkanı olan H.B. isimli milletvekilimiz bana geldi, bağış var, Makedonya'ya iletmekte zorluk çekiyoruz dedi, benden yardım istedi. Oğlu vasıtasıyla 1 milyon 950 bin euroyu bana teslim ettiler. 950 bin euroyu zar zor gönderdik, gerisi evde duruyordu. Ayrıca, Rıza Sarraf da bu üniversiteye hayır için benden yardım istedi, göndermekte zorlandığı paraları bana teslim etti."

*

Medya, H.B.'nin peşine düştü.
Kimdi?
AKP milletvekili Hüseyin Bürge'ydi.
Refah Partisi, Fazilet Partisi ve AKP'den dört dönem Bayrampaşa belediye başkanlığı yapıp, 2011'de TBMM'ye girmişti. Halkbank genel müdürünün ifadeleri üzerine, twitter hesabından bir fotoğraf paylaştı. Bu fotoğrafta, Hüseyin Bürge, Üsküp'teki Halkbank şubesi önünde poz vermişti.

*

Paralar ayakkabı kutularına sığmıştı ama, minare kılıfa uymuyordu. Bir başka AKP milletvekili Ali Gültekin Kılınç, ayakkabı kutularındaki paraların Hakan Şükür'e ait olduğunu, Halkbank genel müdürüne Hakan Şükür aracılığıyla komplo kurulduğunu iddia etti. Nasıl yapmıştı bu işi Hakan Şükür? AKP milletvekili Kılınç anlattı: "16 Aralık akşam namazı sonrası, bütün bankalar kapanmış, Hakan Şükür'ün kardeşi Gökhan Şükür elinde 4,5 milyon dolar parayla Halkbank genel müdürünün evine gelmiş, Hakan Şükür aracı olmuş, para Yugoslavya'da yapılacak üniversite içinmiş, para ertesi gün transfer edilecekken, 17 Aralık sabahı, namaz vaktinde eve baskın yapılmış, sır olması gereken bilgiler basınla paylaşılmış, bu komploda maksat Türkiye'nin şaha kalkışını önlemekti."

*

Yersen'di!

*

Hakan Şükür cevaben tweet attı: "Parayı yamayacak yer bulamamışlar, iddianı ispatlamazsan namertsin, sizi önce adaletten, sonra Allah'tan kim kurtaracak?"

*

Neticede, üç ay sonra, sayın ahalimiz mevzuları unutunca... Ayakkabı kutularındaki paraların 1 milyon eurosu, mahkeme kararıyla, Üsküp Eğitim Kültür Vakfı'na iade edildi. Vakfın yönetim kurulu başkanı, Hüseyin Bürge'ydi. Güzel ama... Ayakkabı kutularında toplam 5 milyon 950 bin dolar ele geçirilmişti, 1 milyon eurosu iade edildi, ya gerisi? Amaaaan, boşver şekerim, nasıl olsa ahalimizin umurunda değildi, o kadar para kadı kızında da olurdu!

*

Ve Türkiye'de, siyasetçi çocuklarının servetiyle alakalı tuhaf bir durum vardı. Siyasetçiler malvarlıklarını düzenli olarak bildiriyor, 25 yaşından büyük çocuklarının servetini, kendi malvarlıkları arasında göstermiyorlardı. Hiç kimse de çıkıp, yahu bakan çocukları bu parayı nerden buldu diye soramıyordu. Niye soramıyordu? Çünkü, sorgulamayı engelleyen yasa vardı iyi mi... AKP iktidara gelir gelmez, 1 Ocak 2003'te, Vergi Usul Kanunu'nun 30/7'nci maddesi yürürlükten kaldırılmıştı. Bu madde, değirmenin suyu nereden geliyor maddesiydi. Yürürlükten kaldırıldığı için, artık hiç kimse, herhangi bir siyasetçinin çocuğuna, bu villayı nasıl aldın, bu paranın kaynağı ne diye soramıyordu.

*

Babek Zencani, gündeme oturdu.
İran basını, Rıza Sarraf'ın İran'daki ortağının, İranlı esrarengiz işadamı Babek Zencani olduğunu yazdı. Rıza Sarraf'la

eşzamanlı olarak gözaltına alınmıştı. 39 yaşındaydı, kariyerine koyun postu satarak başlamıştı, 15 milyar dolar serveti vardı! Ahmedinecad döneminde köşeyi dönmüştü, Ruhani cumhurbaşkanı olunca, mercek altına alınmıştı. İran'ın petrollerini satıyorum, sadece komisyon alıyorum ayağıyla, İran devletinin 2.7 milyar dolarını tokatladığı iddia ediliyordu. Dubai, Malezya, Endonezya, Tacikistan ve Türkiye'de kurulu 65 şirketten oluşan "örümcek ağı"nı yönetiyordu. ABD Hazine Bakanlığı, Zencani'nin ABD'deki varlıklarını dondurmuştu. *New York Times* gazetesi, profilini şöyle çizmişti: "İran'a uygulanan ambargoyu altına çeviren adam!"

*

Peki, bu Zencani denilen arkadaşın Türkiye aşkı nerden kaynaklanıyordu? Neden Türkiye'de şirket kurmuştu?
İran basınına konuştu, bizzat kendisi anlattı: "Rıza Sarraf'ı tanıyorum ama, patronu değilim, Tayyip Erdoğan'ın liderliğine olan güvenim nedeniyle Türkiye'de yatırım yaptım, bir Müslüman olarak Tayyip Erdoğan'la gurur duyuyorum!"

*

Miting meydanlarında "Türkiye seninle gurur duyuyor" diye bağıranlar eksik bağırıyordu yani... İranlı Babek Zencani de başbakanımızla gurur duyuyordu.

*

Ve Tayyip Erdoğan, mitinglerde kefenlerle karşılanmaya başlandı. Nerden çıktı bu iş derseniz... Trabzon icadıydı. İlk orada başladı. Trabzon havalimanına indiğinde, karşılayanlar arasında beyaz çarşaflara sarınmış 15 kişi vardı, Çarşıbaşı ilçesi AKP gençlik kolları üyesiydiler. "Kefenimizle geldik, ölümüne seninleyiz" pankartı açmışlardı. İlk'ti. Sonra diğer şehirlere örnek oldu, moda haline geldi.

*

Takdiri ilahi...
Tam o günlerde, camide içki içilmediği kanıtlandı.
Mahkeme, Gezi iddianamesini kabul etti, 255 şüpheliye 1 ila 11 sene hapis istenirken, "camide içki içildiğine dair tespitte bulunulamadı" denildi. Malum... Gezi olayları sırasında Dolmabahçe'deki Bezmiâlem Valide Sultan Camisi'ne sığınan gençlerin "içki içtiği" iddia edilmişti. İddianamedeki "içki miçki yok" tespitiyle, dini siyasete alet edenlerin, toplumu birbirine

düşman etmeye çalışanların, bir palavrası daha hukuken çökmüştü.

*

TMSF kontrolündeki Show TV, özellikle eğitimciler tarafından senelerdir beğeniyle izlenen Kelime Oyunu'nu zart diye yayından kaldırdı. Çünkü, programı hazırlayıp-sunan İhsan Varol, "halk ağzında rüşvet alan kişi" sorusunu sormuştu. Cevabı "yiyici"ydi. Sen misin soran... Programı anında yi'mişlerdi!

*

THY senelerdir ambargo uyguluyor, *Sözcü*, *Aydınlık*, *Yurt* gibi gazeteleri uçaklara almıyordu. 17 Aralık'tan itibaren sansür listesi uzamıştı. Artık, *Zaman*, *Bugün* gibi cemaat gazeteleri de THY'ye sokulmuyordu.

*

Medyada seviye sıfırın altına inmişti, küfürün bini bi paraydı. Mini bi özet geçersek... Hükümet gazetecileri cemaatçilere "ahlaksızlar, şerefsizler, alçaklar, kirli ittifak, karanlık odak, çete, hain, ajan, hastalıklı zihniyet" diyordu. Cemaat gazetecileri de hükümetçilere "asimetrik saldırgan, salya atıyorlar, harami, hırsız" diyordu. Zamanında "sevişerek" evlenmişlerdi. Şimdilerde ise, boşanınca üçüncü sayfa haberlerine konu olan, birbirini bıçaklayan karı-koca gibiydiler.

*

Tutuklanan Rıza Sarraf'ın eşi Ebru Gündeş, "O Ses Türkiye" şarkı yarışmasında jüri üyesiydi. Acun'un sunduğu programa devam edip etmeyeceği merak ediliyordu. Devam etti. Jüri koltuğuna oturdu, "karanlıktan geçiyoruz, çocuğumun incinmesini istemiyorum" dedi, gözyaşlarına boğuldu. İzlenme rekoru kırıldı.

*

DHKP-C üyeliğiyle suçlanarak, teee 11 ay önce tutuklanan Çağdaş Hukukçular Derneği üyesi dokuz avukat, teee 11 ay sonra ilk kez hâkim önüne çıkarıldı. Hukuk devleti dediğin, işte böyle olurdu. Mahkemeye çıkarmadan, 11 ay yatırıyorlardı. Kandıra Cezaevi'nde yatırıyorlar, Silivri Cezaevi'nde yargılıyorlardı, neden teee o cezaevinde yatırıyorlar, neden teee o mahkemede yargılıyorlar, cevabı yoktu. Sayın ahalimiz, Ebru Gündeş'e üzülüyordu.

*

İzmir Alaybey Tersanesi'nde bakımı yapılan Değirmendere römorkörü, alabora oldu, ikisi sivil, on personel şehit oldu. Donanmanın seçkin mühendislerini, subaylarını hapse tıkıyorlar, durduk yere gemi batırıyorlardı!

*

Türkiye pisi pisine giden şehitlerine ağlarken, ekonomi sayfalarımızda müjdeli bir haber manşetlere çekildi: Camilerimizde Alman teknolojisiyle kuru temizleme dönemi başlamıştı, Beyoğlu'nda 90 caminin halıları elden geçirilmişti, sayın ahalimiz artık hijyenik halıda secde edecekti.

*

Tayyip Erdoğan, Pakistan gezisinden döndü, Esenboğa'da gövde gösterisi yaptı, Zafer Çağlayan, Muammer Güler, Egemen Bağış ve Erdoğan Bayraktar'la beraber otobüsün üstüne çıktı, el ele tutuştular, ellerini hep birlikte havaya kaldırdılar, UEFA Kupası kazanmış takım gibi, ahaliyi selamladılar. Herkes istifalarını bekliyordu ama, onlar Tayyip Erdoğan'la beraber Rabia işareti yapıyordu.

*

Bakanlarının hayranlık dolu bakışları eşliğinde konuşma yapan Tayyip Erdoğan, vefa doluydu, şu çarpıcı sözleri söylüyordu: "Pakistan'a gidip Muhammed İkbal'i ziyaret etmeden olur mu, bakın Muhammed İkbal ne diyor, çok anlamlı, ben diyor, sana yol sormuyorum diyor, arkadaş soruyorum diyor, yol arkadaşı yoksa yol neye yarar, önce refik, sonra tarik, işte biz bu yola böyle çıktık!"

*

Bu laflar, arkadaşlarına sahip çıktığının kanıtıydı. Yedirmeyecekti, görünen oydu.

*

"Bize Bosna'nın duaları yeter, Şam'ın duaları yeter, Kahire'nin duaları yeter, Bağdat'ın duaları yeter, Myanmar'ın duaları yeter" dedi, duygulandı, devamını getiremedi, "dik dur eğilme, bu millet seninle" tezahüratı çın çın çınlıyordu.

*

Gel gör ki...
Sadece altı saat sonra, sabah oldu.
Zafer Çağlayan istifa etti.

Muammer Güler istifa etti.
Erdoğan Bayraktar istifa etti.
Egemen Bağış istifa etmedi ama, bakanlıktan alındı.

*

Takvimler, 25 Aralık'ı gösteriyordu.

*

Otobüsün üstünde "yol arkadaşı yoksa, yol neye yarar" diyen Tayyip Erdoğan, otobüsten inince, bakanları evine çağırmış ve "istifa edeceksiniz" demişti.

*

Televizyonlar flaş flaş flaş diye istifaları duyururken...
Aniden yayını kestiler.
Şok şok şok diye bir başka haberi duyurmaya başladılar.

*

Erdoğan Bayraktar, NTV'ye telefonla bağlanmış ve "Başbakan'ın da istifa etmesi lazım" demişti! Yıkmıştı perdeyi, eylemişti viran... Asrın canlı yayınıydı...

*

"Başbakan'ın istediği bakanları görevden alması en tabii hakkıdır. Fakat, rüşvet ve yolsuzluk ifadelerinin bulunduğu bir operasyon nedeniyle 'istifa ediniz ve beni rahatlatacak deklarasyon yayınlayınız' şeklinde, tarafıma baskı yapılmasını kabul etmiyorum. Soruşturma dosyasında var olan imar planlarının büyük bölümü Başbakan'ın talimatıyla yapıldı. Bu minvalde, bakanlıktan ve milletvekilliğinden istifa ettiğimi açıklıyorum. Başbakan'ın da istifa etmesi gerektiğine inanıyorum."

*

Asrın itirafıydı.
Ve, Erdoğan Bayraktar'ın ağzından dile getirildiği için "iki misli" önemliydi. Çünkü... Zafer Çağlayan, Muammer Güler ve Egemen Bağış, milli görüş geçmişi olmayan, AKP'ye sonradan monte olmuş tiplerdi. Erdoğan Bayraktar ise, Milli Selamet'ten beri Tayyip Erdoğan'la arkadaştı, belediye başkanlığından beri Tayyip Erdoğan'ın yanındaydı.

*

Vay sen misin itiraf eden...
Düne kadar "AKP mucizesinin mimarları"ndan biri olarak gösterilen Erdoğan Bayraktar, anında tukaka oldu. Yandaş

medyada linç ediliyordu, Tayyip Erdoğan'a laf söyledi diye, yerden yere vuruluyordu. AKP milletvekili Mehmet Metiner "namert, kalleş" olarak nitelendirdi, "koltuğunu muhafaza etmiş olsaydı, bu lafları eder miydi, etmezdi, ihanet etti, arkadan hançerledi" dedi. AKP milletvekili Şamil Tayyar da, twitter'dan "Bayraktar'lık koltuk gidince bayrak açarak değil, önüne evrak geldiğinde bayrak kaldırarak olur" mesajı attı.

*

25 Aralık günü bitmeden...

Apar topar kabine revizyonu yapıldı.

On bakan değişti.

Başbakanlık müsteşarı Efkan Ala, milletvekili bile değildi, İçişleri Bakanı yapıldı. Nihat Zeybekçi, ekonomi bakanı, İdris Güllüce, şehircilik bakanı oldu. Egemen Bağış uçtu, yerine Mevlüt Çavuşoğlu getirildi.

*

Spor Bakanı Suat Kılıç, kayınpederi durumundan gitmişti. Kayınpederinin sağlık bakanlığında bazı katakullili ihalelere karıştığı yazılıp çiziliyordu, Suat Kılıç'ın yerine Çağatay Kılıç geldi. Çağatay Kılıç'ın dedesi 20 sene CHP milletvekilliği yapmıştı, babası Tayyip Erdoğan'ın doktoruydu, amcası ise, MGK eski genel sekreteriydi, pek yakında Washington Büyükelçisi olacaktı.

*

Bilim Sanayi Teknoloji Bakanı Nihat Ergün'ün görevden alınması, en büyük sürprizdi. TÜBİTAK bu bakanlığa bağlıydı ve pek yakında TÜBİTAK'ta enteresan işler olacaktı. Nihat Ergün koltuğunda kalsaydı, TÜBİTAK'ta o enteresan işler olabilir miydi? Bu soru cevapsız kaldı. Nihat Ergün'ün yerine Fikri Işık gelmişti.

*

Emrullah İşler, başbakan yardımcısı oldu. Ulaştırma, adalet ve aile bakanları, belediye başkan adayı yapılmıştı, değiştirilmeleri mecburiydi. Bekir Bozdağ, adalet bakanlığına, Lütfi Elvan, ulaştırma bakanlığına getirildi.

*

Ayşenur İslam, aile bakanı olmuştu. Doktor eşi, İsrail tarafından basılan Mavi Marmara'daydı, plastik mermi yemişti. Ayrıca... 1999'da Refah Partisi'nden milletvekili seçilen, türbanlı olduğu için yemin etmeden meclisten çıkarılan, Amerikan vatandaşı olduğunu bildirmediği için, vatandaşlıktan atılan Merve Kavakçı, Ayşenur İslam'ın eltisiydi.

*

Yeni kabinede türbanlı bakan yoktu.
Halbuki, türbanlı bakanımızın olması bekleniyordu.
Çünkü artık, türbanlı milletvekillerimiz vardı.

*

1 Kasım 2013, Türk siyasetinde tarihi gündü. AKP'li dört kadın milletvekili, TBMM'ye türban takarak gelmişti. Denizli milletvekili Nurcan Dalbudak, Kahramanmaraş milletvekili Sevde Kaçar, Konya milletvekili Gülay Samancı ve Mardin milletvekili Gönül Şahkulubey'di. Neden o güne kadar türbanla gelmemişlerdi de, o gün türbanla gelmişlerdi? Bir ay önce, Ekim 2013'te, demokratikleşme paketi ayağıyla, kamu kurumlarında çalışanların kılık kıyafet yönetmeliği değiştirilmiş, türban serbest bırakılmıştı. Kamu kurumlarında serbestse, TBMM'de rahat rahat serbestti. CHP itiraz etmedi, sessiz kalarak onay verdi.

*

Ve, bakanlarını defterden silen Tayyip Erdoğan...
Ayakkabı kutusuna sahip çıktı.
Rıza Sarraf'a hayırsever dedi.

*

"Oğlumu hedef alarak, TÜRGEV ismini zikrediyorlar, TÜRGEV'den dolanıp, bana gelmeye çalışıyorlar, avuçlarını yalarlar. Halkbank genel müdürünün evinde çıkan şeyin bankayla ilgisi var mı? Böyle bahsedilmesi vatana ihanettir. Müdürün dürüstlüğünden en ufak şüphem yok, olsa olsa saflığının kurbanı olmuştur. Rıza Sarraf, ülke ekonomisine katkısı olan biridir. Hayır işlerine girdiğini de biliyorum. AB ofisine çantayla girdi, çantasız çıktı diyorlar, teslim edilirken görüntü var mı? Belki o çantayla kitap falan götürülmüştür. Milletin malına, devletin malına yönelik bir şey var mı? Varsa getirin, gereğini yapayım."

*

Gayet rahat görünüyordu.
Hiç istifini bozmuyordu ama...
25 Aralık da, 17 Aralık gibi uzuuuundu.

Gün bitmeden, Bilal'in dahil olduğu ikinci dalga patladı.

*

Savcı Muammer Akkaş'ın başlattığı soruşturma, 17 Aralık'tan çok daha kapsamlıydı, 41 şüpheli hakkında gözaltı kararı çıkarılmıştı. Başta hızlı tren, 50 milyar dolarlık, 24 mega ihale söz konusuydu. Bilal Erdoğan'ın, Ulaştırma Bakanı Binali Yıldırım'ın, Yasin el Kadı'nın isimleri geçiyordu.

*

Ancak... Türkiye tarihinde görülmemiş bi şey oldu. Polis, savcının talimatını yerine getirmedi, mahkemenin verdiği gözaltı kararını uygulamadı! Savcı "şunları şunları gözaltına al, getir" diyordu. Polis, yapmıyordu. Hukuk, bitmişti.

*

Tayyip Erdoğan'ın uçağıyla İstanbul'a getirilip, makamına oturtulan yeni emniyet müdürü, yasalara-anayasaya aykırı olarak, savcı'ya direniyordu. O gün... Soruşturmayı yürüten mali şube ve organize suçlar şubesi, komple boşaltıldı, 400 polis, tamamen dağıtıldı. Mali şubenin çaycısı bile gönderildi.

*

İstanbul Başsavcısı Turan Çolakkadı devreye girdi, soruşturma dosyasını, savcı Muammer Akkaş'ın elinden aldı. Savcı Akkaş, teslim olmadı, adliye binasının kapısına çıktı, tek sayfalık yazılı açıklamasını gazetecilere dağıttı.

*

Zehir zemberekti.

"Cumhuriyet Savcısı olarak, soruşturma yapmam engellenmiştir. Hem Başsavcılık, hem yargılama kararlarını uygulama durumunda olan adli kolluk üzerinden yargıya açıkça baskı yapılmış ve mahkeme kararlarının uygulanması önlenmiştir. Mahkeme kararlarını uygulamayarak, sıralı amirler suç işlemiştir. Şüphelilerin önlem alması, kaçması ve delil karartmasına imkân verilmiştir" diyordu.

*

Bir saat sonra, İstanbul Başsavcısı kameraların karşısına geçti, savcı Akkaş'ı suçladı, "elindeki bilgileri medyaya aktaranların soruşturması, ellerinden alınır, başka savcılara verilir, soruşturmayı medyaya aktarmak suç değil mi" dedi.

*

Yarım saat sonra, bu sefer HSYK açıklama yaptı, adli kolluk

yönetmeliğindeki değişikliğin anayasaya aykırı olduğunu söyledi. Yani... Polisin amirine, savcının başsavcıya bilgi vermesi, anayasaya aykırıdır diyordu. Aynı açıklamada, savcının talimatını yerine getirmeyen polisin, açıkça suç işlediği belirtiliyordu. 22 üyeli HSYK'nın 13 üyesi, bu açıklamaya imza koymuştu.

*

Bakan çocuklarının yatak odalarından para kasalarının çıktığı Türkiye'de... Başbakan'ın oğlunun soruşturmasının patladığı gün... Konya'da 40 günlük Ayaz bebek, camları kırık, naylonla örtülü, tek odalı kerpiç evde, zatürreeden öldü.

*

Gene 25 Aralık'ta...
İdris Naim Şahin, AKP'den istifa etti.
İmam hatipten beri Tayyip Erdoğan'ın arkadaşıydı. Muammer Güler'den önceki içişleri bakanıydı. Geçen sene görevden alındığı için zaten doluydu, 17/25 Aralık vesilesiyle patladı, başta Tayyip Erdoğan, AKP'yi ağır şekilde eleştirmeye başladı.

*

CHP otobüsünden inip, AKP otobüsüne binenler de, son durağa gelmişti. Milletvekilleri Ertuğrul Günay, Erdal Kalkan ve Haluk Özdalga, AKP'den istifa etti.

*

Tayyip Erdoğan köşeye sıkışmıştı.
Bilal enselenmek üzereydi.
En ücra köylerde bile bu mevzu konuşuluyordu.
Acilen çare bulunmalıydı.
Çareyi, başdanışmanı buldu.

*

Yalçın Akdoğan, *Star* gazetesindeki köşesinde, isim vermeden cemaati işaret etti, "milletin gönlünde taht kuran Tayyip Erdoğan, kendi ülkesinin milli ordusuna kumpas kuranların, bu ülkenin hayrına iş yapmayacağını çok iyi bilir" diye yazdı!

*

17/25 Aralık sayesinde itiraf edilmişti...
Ergenekon, Balyoz, Casusluk davaları kumpas'tı.

*

"Ergenekon davasının savcısıyım" diyenler...
"Türkiye bağırsaklarını temizliyor" diyenler...

"Bunlar darbeci, terörist" diyenler...
Şimdi "kumpas" diyordu.
"Cemaat yaptı, bizim hiç haberimiz yoktu" diyordu.
*
Halbuki... 2 Aralık 2013'te, ufak ufak dershane kavgası başladığında, savaş henüz kızışmamışken, AKP'nin adeta basın sözcüsü konumundaki *Yeni Şafak* gazetesi yazarı Abdülkadir Selvi, "ne istediniz de vermedik" konulu bir yazı kaleme almıştı. Tarihi yazının özeti şuydu:
*
"Sormak istiyorum...
2004'ten önce kaç valiniz vardı?
2004'ten bu yana kaç valiniz oldu?
2004'ten önce kaç milletvekiliniz vardı?
2004'ten bu yana kaç milletvekiliniz oldu?
2004'ten önce kaç bakanınız vardı?
2004'ten bu yana kaç bakanınız oldu?
2004'ten önce kaç üniversiteniz vardı?
2004'ten bu yana kaç üniversiteniz oldu?
2004'ten önce ticaret hacminiz neydi?
2004'ten bu yana ticaret hacminiz ne oldu?"
*
Gayet açıktı.
Cemaat ne istediyse, AKP vermişti.
Cemaati devlete AKP monte etmişti.
*
Şimdi utanmadan "safmışız, hiç haberimiz yoktu" diyorlardı.
*
Bu kumpas davalarında yargılananları TSK'dan ihraç eden Necdet bey... Kasaptaki ete soğan doğramam diyen Hilmi efendi... Pırıl pırıl subaylar uğradıkları iftiralar yüzünden canına kıyarken, çocukları tabut başında çığlık atarken, anaları-babaları kahırdan ölürken, o ahlaksız iftiraları ballandıra ballandıra kaleme alan yandaş medya... İnsan içine nasıl çıkacaktı?
*
Hükümete bir darbe de, Danıştay'dan geldi.
Eti Alüminyum, Kuşadası limanı, SEKA ve Tüpraş'ın yüzde 14'lük hisse satışı durduruldu. Yani... Hükümet, 2012'de

bakanlar kurulu kararı almış, "satılan satılmıştır, satıldıktan sonra çıkan yargı kararları geriye çalışmaz" demişti. Danıştay, işte bu kararı durdurmuştu. "Özelleştirme uygulamalarını kafana göre yapamazsın, yargı dışında bırakamazsın" demişti.

*

Tüpraş'ın yüzde 14'ü, henüz özelleştirme yapılmadan önce, gizlice, İsrailli işadamı Sami Ofer'e verilmişti. Eti Alüminyum, Oymapınar Barajı'yla beraber, yakında "miletin orasına koyacak" olan müteahhit Mehmet Cengiz'e verilmişti. Kuşadası limanı, gene Sami Ofer'e verilmişti. 51 milyon dolar değerindeki SEKA Balıkesir Kâğıt Fabrikası ise, sadece 1.1 milyon dolara *Yeni Şafak* gazetesinin sahibine verilmişti.

*

Danıştay'ın bu özelleştirmeleri durdurduğu gün... Yandaş işadamı Ethem Sancak, *Akşam* gazetesi ve Skytürk360 televizyonunu aldı. Yakında, BMC'yi de alacaktı. Mehmet Emin Karamehmet'in malları, ufak ufak Ethem Sancak'a geçiyordu.

*

Tayyip Erdoğan'ın 25 Aralık için ne diyeceği merakla bekleniyordu, fazla bekletmedi, 26 Aralık'ta konuştu. "Bu süreç, Yeni Türkiye'nin İstiklal Mücadelesi sürecidir" dedi.

*

"İstikbilal" mücadelesi deseydi, daha doğru olurdu!

*

Savcı Muammer Akkaş lehine açıklama yapan HSYK'ya saldırdı, "buradan suç duyurusunda bulunuyorum, HSYK suç işledi, yetkim olsa HSYK'yı anında yargılarım" dedi. Halbuki... 12 Eylül 2010'da "yetmez ama evet" referandumu yapılırken, HSYK pek ciciydi, AKP'nin en bayıldığı kurumdu.

*

Ergenekon davası başladığında "yargı bağımsızdır, bırakalım hukuk işlesin, hiç kimse hâkimleri-savcıları tehdit etmeye kalkmasın" diyordu. Şimdi "yetkim olsa hâkimleri savcıları yargılarım" diyordu!

*

O toz duman arasında, ekonomi sayfalarında tek sütun, küçücük bi haber vardı. Savunma sanayi icra komitesi, havuzlu çıkarma gemisi projesinde, Metin Kalkavan'a ait Sedef Tersanesi'nin seçildiğini duyurmuştu. Ekonomi sayfalarında tek sütun verilen bu haber, yakında, birinci sayfalarda dokuz sütun olacaktı.

*

Savcı'nın Bilal'i "şüpheli" sıfatıyla ifadeye çağırdığı ortaya çıktı. Savcı tarafından İstanbul Emniyeti'ne gönderilen 25.12.2013 tarihli yazıda, şöyle deniyordu: "Çıkar amaçlı suç örgütü kurmak ve kurulan örgüte üye olmak suçlarından Cumhuriyet Başsavcılığımızca şüpheli sıfatıyla ifadeniz alınacağından, çağrı kâğıdına ilişkin tebligatı aldığınızda, Cumhuriyet Başsavcılığımıza müracaat etmeniz, gelmediğiniz takdirde zorla getirileceğiniz tebliğ olunur."

*

Bilal'in savcılığa çağrıldığının ortaya çıktığı gün... Bilal'in babasını "Adam İzindeyiz" tişörtleri giyerek karşıladılar. AKP'lilerin yeni icadıydı. "Atam İzindeyiz"e karşılık "Adam İzindeyiz" diyorlardı. Yeni Türkiye'nin istiklal mücadelesi işte buydu!

*

Danıştay'dan bir darbe daha geldi.
Adli kolluk yönetmeliği durduruldu.
Polis amirine, savcı başsavcıya bilgi vermek zorunda değildi.
17 Aralık öncesine dönülmüştü.
Ama...
25 Aralık'çılar paçayı kurtarmıştı.

*

Adli kolluk yönetmeliğinde yapılan değişiklik düzeltilene kadar, en başta Bilal Erdoğan, 25 Aralık'ın şüphelileri sıyırmıştı.

*

Bütün yurtta ayakkabı kutusu protestoları başladı. Vatandaşlar ayakkabı kutularıyla yürüyüşler yapıyor, "hırsız vaaarrr" diye bağırıyordu.

*

Türkiye'de bir ilk daha yaşandı.
Ayakkabı kutusu göstermek suç oldu!

*

Akhisarlı emekli Nurhan Gül, Tayyip Erdoğan'ın mitingi sırasında balkona çıktı, ayakkabı kutusu salladı, şırrak, evini polis bastı, gözaltına alındı, karakola götürüldü. Bu hadise, ayakkabı kutusu eylemlerinde patlama yarattı. Öylesine talep vardı ki, ayakkabı kutusu sıkıntısı başgösterdi. Milli maç öncesinde bayrak satar gibi, çarşıda-pazarda ayakkabı kutusu satılmaya başlandı, balkonuna, penceresine, vitrinine, otomobilinin arka camına ayakkabı kutusu yerleştirenler vardı. Neticede... İki ay sonra, Nurhan Gül'ün ayakkabı kutusu sallaması, soruşturmayı yürüten savcı tarafından "ifade özgürlüğü" olarak değerlendirildi, dava açılmasına gerek görülmedi. Hukuken tescil edilmişti, başbakan dahil, herhangi birine ayakkabı kutusu göstermek, suç değildi, ifade özgürlüğüydü.

*

Aynı gün... "Kızlı-erkekli" kalmanın da suç olmadığı ortaya çıktı. Neydi bu hadise? Tayyip Erdoğan, 2013'te kafayı öğrenci yurtlarına takmıştı. "Milletin çocukları bize emanet, kızlarla erkeklerin devlet yurtlarında karışık kalmasına müsaade etmeyeceğiz" demişti. Birincisi, devlet yurtlarında zaten kızlı-erkekli kalınmıyordu. İkincisi, üniversite çağına gelmiş, 18 yaşını geçmiş gençlerin, nerede, kiminle kalacağına kimse karışamazdı. Bu hukuki gerçekle yola çıkan, biri kız biri erkek, İzmirli iki üniversite öğrencisi, Tayyip Erdoğan'ı madara etmek için, savcılığa gidip kendilerini ihbar etmişlerdi, "kızlı-erkekli aynı evde kalıyoruz" diyerek, kendileri hakkında suç duyurusunda bulunmuşlardı. Savcı incelemiş, Anayasa'ya ve TCK'ya göre suç teşkil etmediğini belirterek, "dava açılmasına gerek yok" kararı vermişti. Türkiye'yi tir tir titreten Tayyip Erdoğan, İzmir için eğlence vesilesiydi.

*

Cem Yılmaz boşandı.

Ayrıldığı eşi Ahu Yağtu nerede oturacak, oğlu Kemal'i hangi günlerde hangi saatler arasında görebilecek, kayınvalide ne dedi, baldız ne düşünüyor... En ince ayrıntılarına kadar birinci sayfalarda yeralıyordu. Sayın ahalimiz, Bilal'i, bakan çocuklarını boşvermiş, Cem Yılmaz'ın çocuğunun geleceğini merak ediyordu.

*

Bu defa bombayı, adalet eski bakanı Mehmet Ali Şahin patlattı. "Yargıtay'da cemaatin imamı var" dedi. İddiasına göre, önemli bir işadamı ceza davasında mahkûm olmuştu, Yargıtay imamı dosyanın özetini Pensilvanya'ya göndermiş, "hocaefendi, adalet neyi gerektiriyorsa, ona göre karar verin" demişti. Üstelik... Mehmet Ali Şahin bu imamı tanıdığını, isminin kendisinde olduğunu söylemişti.

*

Güzel taktikti.

Cemaat hakkında her gün yeni bir iddia patlatılıyordu, böylece, her gün patlayan yolsuzluk iddiaları perdeleniyordu.

*

Yolsuzluk ve yoksulluk artarken, lüks tüketim patlamıştı. Yoksul daha yoksul, zengin daha zengin oluyordu. Türkiye'ye Ferrari, Maserati, Porsche yetiştirilemiyordu. *Hürriyet*'te yayımlanan istatistiğe göre, tüm zamanların satış rekoru kırılmıştı, ithalatçı firmalar üretici firmalardan kota artışı istemişti.

*

Liyakat yerine "eşi türbanlı kriteri"yle göreve getirilen Merkez Bankası Başkanı Erdem Başçı, ağustos ayında açıklama yapmış, "doların belini kıracağız, yıl sonunda 1.92 lira olacak" demişti.

*

Yıl sonu geldi. Dolar 2.16 liraydı!

*

Sordular, hani 1.92 olacaktı?

"Yanılmışım" dedi, geçti.

İşte o kadardı...

Pardon deyip, gidiyorlardı.

Nasıl olsa parayı hükümet değil, millet ödüyordu.

E millet de hükümeti alkışladığına göre, sorun yoktu.

*

Bakanlar Kurulu, Ekim 2013'te askerlik süresini 15 aydan 12 aya indirmişti. Erken terhisler başladı. Seçime günler kalmıştı. Bir oy, bir oydu.

*

Şu ana kadar okuduğunuz satırlar, sadece 14 günün özetiydi. Türkiye işte böylesine başdöndürücü bir gündemle 2014'e giriyordu.

*

2013'ün şöhretli kayıplar listesi çok uzundu.

Nazmiye Demirel vefat etti, 12 Mart'ta evlenmişlerdi, 27 Mayıs'ta rahmetli oldu, demokrasi tarihi gibi first lady'ydi. Şu

Çılgın Türk, Turgut Özakman vefat etti. Gazeteciler Mehmet Ali Birand, Savaş Ay, Ümit Enginsoy vefat etti. Tiyatromuzun duayenleri Metin Serezli, Tuncel Kurtiz, Tekin Akmansoy, Tomris Oğuzalp, Macide Tanır, Alev Sururi vefat etti. Romantizm öksüz kaldı, Ferdi Özbeğen gitti. Arabesk yetim kaldı, Müslüm Gürses gitti. Yaşayan en pahalı Türk ressam Burhan Doğançay, pop müziğin unutulmazlarından Şenay, sanat müziğinin unutulmazlarından Adnan Şenses ve Nigâr Uluerer, ilk Avrupa güzelimiz Günseli Başar, edebiyatımızın önemli kalemleri Peride Celal, İsmet Kür, Bursaspor'u şampiyon yapan başkan İbrahim Yazıcı, Fenerbahçeli Selçuk Yula, Serkan Acar, sadece Türkiye'nin değil, Avrupa'nın ilk ve tek pilot-gazetecisi Murat Öztürk, deprem dede Profesör Ahmet Mete Işıkara, Profesör Toktamış Ateş, Adnan Menderes'in Yassıada avukatı Burhan Apaydın vefat etti. *Ağır Roman*'ın yazarı Metin Kaçan Boğaz Köprüsü'nden atladı, eski olağanüstü hal bölge valisi Hayri Kozakçıoğlu beylik tabancasıyla intihar etti.

*

Akdeniz rüzgârının sesi George Moustaki, romanları satış rekoru kıran Tom Clancy, yaşam boyu Oscar ödülü sahibi Arabistanlı Lawrence-Peter O'Toole, siyahi mücadelenin efsane lideri Nelson Mandela, Venezuela devlet başkanı Hugo Chavez, demir lady Margaret Thatcher, icat ettiği tüfekle atom bombasından bile fazla insanın ölümüne vesile olan Mikhail Kalaşnikov hayatını kaybetti.

*

Ve "ölümsüzlerimiz" vardı. Ali İsmail Korkmaz, Ethem Sarısülük, Abdullah Cömert, Mehmet Ayvalıtaş, Ahmet Atakan... Berkin komadaydı.

OCAK

• MİT TIR'ları • Dubai savcısı • Bacanak • Paralel • Haşhaşi • Urla villaları • Allah'ın vasıflarını üzerinde toplamış lider • Sazan Recepi • Ananas • Vatan haini TÜSİAD • 5 nolu harddisk

E, insan merak ediyordu tabii...
Memleketin altı üstüne gelmişken, yargı, emniyet, ordu allak bullakken, cumhurbaşkanı Abdullah Gül ne iş yapıyordu?

*

Bu sorunun cevabını first lady verdi.
"Egzersiz yapıyoruz.
Yüzüyoruz.
Hem bedenen, hem ruhen zinde kalıyoruz" dedi!

*

Evet... Hayrünnisa Gül, devletin adeta darmadağın olduğu günlerde, yılbaşı vesilesiyle *Hürriyet*'e röportaj vermiş ve Çankaya'da neler yaptıklarını anlatmıştı: "Yürüyüş yapmayı, yüzmeyi çok seviyoruz. Bizi hem bedenen hem ruhen zinde tutuyor. Eşimin yediklerinin doğal olmasına özen gösteriyorum. Çankaya Köşkü mutfaklarımız, gıda güvenliği belgesi almaya hak kazandı. Hem Çankaya'da hem Tarabya'da seramız var, hobi bahçemiz var, en büyük zevkim, bahçeyle uğraşmak bizi dinlendiriyor, ekinezya yetiştiriyoruz, kümesimiz var, taze yumurta alabiliyoruz. Allah bizlere sağlık sıhhat versin diye dua ediyoruz."

*

Ne demeliydi bilmem ki...
Amin bari.

*

Ve devletimiz, Zübük'ler tarafından işgal edilmişti.
Bunu, ben değil, Başbakanlık Kamu Görevlileri Etik Kurulu Başkanı Profesör Sedat Murat söylemişti. *Zübük*... Aziz Nesin tarafından 1961'de yazılan, dini siyasete alet ederek yükselen, rüşvetçi, yalancı, ahlaksız karakterin romanıydı. 1980'de

sinemaya aktarılmış, başrolünde Kemal Sunal oynamıştı. Rüşvet ve yolsuzluk üzerine konuşan Etik Kurulu Başkanı, işte bu Zübük'ten bahsediyordu. Ayıp ve utanma gibi kavramların yozlaştığına dikkat çekerek, "*Zübük* filmi defalarca izlenmeli, her kurumda, her makamda Zübük'ler var" diyordu.

*

Ayakkabı kutusuyla mücadele komediye dönmüştü. Antalya Devlet Senfoni Orkestrası'nın yılbaşı konserinde sahneye çıkan Vokaliz grubu, notaları ayakkabı kutusuna koydu. E tabii derhal, kültür bakanlığı tarafından soruşturma açıldı. Nafileydi. Vokaliz grubu devlet senfoni bünyesinden olmayıp, dışardan katılımcı olduğu için, "ayakkabı kutusunda nota"ya herhangi bi işlem yapılamadı.

*

Fırsat olarak değerlendirenler de vardı.
Uyanık bi girişimci mesela, "kumbara ayakkabı kutusu"nu marka olarak tescillemek için, Türk Patent Enstitüsü'ne başvurdu, patenti kaptı. "17 Aralık" markasını tescil ettirmek için yüzlerce başvuru yapıldı, ancak, "17 Aralık" markası tee 2006 senesinde tescil edilmişti. İlk hamleyi yapan girişimci "25 Aralık" markasını aldı. "Paralel" markası da Ocak 2014'te tescillendi.

*

Bilal'i unutturmak, gündemi saptırmak, faili meçhul şüpheliler yaratmak için büyük çaba vardı, taze içişleri bakanı Efkan Ala, bu çabalarda başı çekiyordu. TRT'ye çıktı, 17/25 Aralık yüzünden ekonominin 104 milyar dolar zarara uğradığını belirterek, "operasyonlardan önce piyasadan dolar çekildi, dolarları kim aldı? Bu tezgâhın kazançlıları kimlerdir? Bu nasıl bir ihanettir, yakında ortaya çıkacak" dedi.

*

Boru değil, "104 milyar dolar" diyordu, "elimizde belgeler var" diyordu, bekledik, bekledik, tıss, hiçbir şey çıkmadı. Merkez Bankası'nın verilerine göre, 17 Aralık öncesindeki döviz trafiğinde kayda değer değişiklik yoktu.

*

Sabah gazetesi, Hanefi Avcı'nın *Haliç'te Yaşayan Simonlar* kitabında "emniyet imamı" olarak tanıtılan Osman Hilmi Özdil'le alakalı manşetlere başladı. Hanefi Avcı'nın kitabı piyasaya çıktığında, Hanefi Avcı hapse tıkıldığında, *Sabah*'tan çıt çıkmıyordu. Şimdi cemaati hapse tıkmak için, Hanefi Avcı kıymete binmişti.

*

Sabah'ın birinci sayfasında, Osman Hilmi Özdil, *Zaman* gazetesine girerken görülüyordu. Bu fotoğrafın 17 Aralık'tan bir gün önce 16 Aralık'ta çekildiği yazılıyor, "zamanlama manidar" deniyor, şu bilgilere yer veriliyordu: "Adana Kozan doğumlu Osman Hilmi Özdil, Kozanlı Ömer lakabıyla tanınıyor, İstanbul'da yaşıyor, görünürdeki mesleği sigortacılık, sürekli elinde çantayla dolaşıyor, hep tek başına, korumasız, şoförsüz geziyor, çok sık gittiği işhanı, vaktiyle Fethullah Gülen'in ikamet ettiği Altunizade'de bulunuyor, bir yerden bir yere giderken aynı yolları kullanmıyor, takip edilme ihtimaline karşı yolunu değiştiriyor, Hanefi Avcı'nın kitabında anlattığına göre, 2007'de ABD'ye girerken, içinde kozmik bilgilerin bulunduğu laptop'la yakalandı, FBI el koydu, laptop'ta cemaatin devletteki örgütlenmesi, paralel devletin isim listesi vardı."

*

Osman Hilmi Özdil adına, avukatı açıklama yaptı, "emniyet imamı" iddialarını yalanladı, "gizemli şekilde Altunizade'de çok sık gittiği işhanı dediğiniz, lise son sınıfta okuyan oğlunun üniversiteye hazırlık dershanesi" dedi.

*

Yandaş gazetelerin tamamında "ortak manşet" atıldı. Ocak 2013'te Paris'te PKK'lı üç kadın öldürülmüştü. Bu cinayetlerin zanlısı olarak tutuklanan Ömer Güney'in, cinayet öncesinde Osman Hilmi Özdil'le buluştuğu iddia ediliyordu. AKP'lilere göre, bir zamanlar bütün suçların sorumlusu Ergenekonculardı, şimdi cemaatçilerdi.

*

"Paralel imamlar kaçtı" manşeti patladı.
Gene tüm yandaşlarda, fotokopi haberdi. Emniyet imamının, yargı imamının, MİT imamının, TSK imamının yurtdışına kaçtığı öne sürülüyordu. İsim isim, adres adres yazılıyordu, MİT'ten, TSK'dan tek kelime itiraz gelmiyordu.

*

Sorulmayan soru şuydu:
17 Aralık'a kadar, yargı imamına, emniyet imamına, MİT imamına, TSK imamına neden göz yumulmuştu?

*

"Fethullah Gülen'in paralel genelkurmay başkanı ABD'ye kaçtı" gibi başlıklar atılıyor, kumpaslarla demir parmaklıklar arkasına tıkılan generallerimiz, amirallerimiz, subaylarımız kahırdan ağlıyordu.

*

Osman Hilmi Özdil kaçınca, onun yerine, Abdülletif Tapkan'ın emniyet imamı olduğu iddia edildi. Tapkan'ın, tam 17 Aralık'ta ABD'ye Fethullah Gülen'in yanına gittiği, plakasının bile "FG" olduğu, MİT imamıyla kapı komşusu olduğu, aile bakanlığına bağlı çocuk yuvasında öğretmenmiş gibi göründüğü, emirleri gene Osman Hilmi Özdil'den aldığı öne sürülüyordu. Tüm bu haberler, *Sabah, Takvim, Star, Yeni Şafak, Akit* gibi gazetelerde, bunlara bağlı televizyon kanallarında birebir aynı cümlelerle yeralıyordu.

*

(Parantez açayım... Yandaş medya, fırsat bu fırsat, soyadım Özdil olduğu için bana da giydiriyordu, internette asılsız iddianın bini bi paraydı, cemaat imamıyla akraba olduğumu yazanlar bile oldu, "İşte Yılmaz Özdil'in cemaat bağlantısı" başlıkları atılıyordu, doğma büyüme İzmir çocuğuyum, Atatürk Lisesi mezunuyum, Adana Kozan'da cemaatin okulunda okuduğumu yazanlar oldu, güler misin ağlar mısın'dı, kapatayım parantezi.)

*

Yandaş medya, paralel imamları tek tek deşifre ederken... Başbakan imamdı, İstanbul'a getirilen yeni emniyet müdürü imamdı, ayakkabı kutusuyla yakalanan Halkbank genel müdürü imamdı, ayakkabı kutusu yakalanınca kabineyi değiştirdiler, yeni ekonomi bakanı imamdı, yeni bilim bakanı imamdı, yeni adalet bakanı imamdı, yeni başbakan yardımcısı imamdı, Yargıtay'da paralel imam var diyen eski adalet bakanı imamdı... Komple imam hatip mezunuydular. Dolayısıyla, paralel devlet'ten sözedilemezdi, olsa olsa, imamlara paralel imamlar'dan sözedilebilirdi!

*

Ergenekon davasında tutuksuz yargılanan, 7 sene 6 ay hapis cezası alan emekli orgeneral Kemal Yavuz, vefat etti. Mahkeme sırasında, cemaat hakkında çarpıcı örnekler vermiş, "irticai faaliyetlerde bulunan subay ve astsubayların dosyalarını inceledim, Fethullah Gülen adına rastladım, ben her zaman Fethullah Gülen'in halk ve devlet açısından tehlikeli biri olduğunu ifade ettim" demişti.

*

Emekli astsubaylar, imla kurallarına aykırı olduğu gerekçesiyle, unvanlarındaki "t" harfinin kaldırılması için TBMM Dilekçe Komisyonu'na başvurdu. İncelendi. Milli savunma bakanlığı tarafından reddedildi. Teğmeninden, genelkurmay başkanına kadar, TSK hapse tıkılmış... Bunlar hâlâ bunlarla uğraşıyordu.

*

Ve, 2014'ün ilk haber bombası, Hatay'da patladı. Kırıkhan'da jandarma tarafından durdurulan TIR'da çok sayıda roket, askeri mühimmat ve hücum yelekleri ele geçirildi. TIR'ın şoförüne eşlik eden bir kişi, MİT görevlisi olduğunu söylemiş, yükün aranmasına itiraz etmişti. N'ooluyor demeye kalmadı, TIR serbest bırakıldı, Kilis'e doğru yoluna devam etti.

*

Aslında ilk değildi. İki ay önce, Adana'da uyuşturucu ihbarıyla polis tarafından durdurulan TIR'da, 935 adet roket yakalanmıştı. Konya'da üretildiği, Adana'da yüklendiği, Suriye'ye götürülmeye çalışıldığı anlaşılmış, üç kişi tutuklanmıştı.

*

İşin özü... Gizli saklı iş yapayım derken, ellerine yüzlerine bulaştırmışlardı. Ortadoğu denilen coğrafya, CIA'di, FSB'ydi, Mossad'dı, El Muhaberat'tı, Savama'ydı, BND'ydi, MI6'ti. Bizimkiler ise, İETT teşkilatındandı! Olacağı buydu.

*

Tayyip Erdoğan, cepheyi genişletti, cemaate yakın işadamlarını hedefine aldı. Miting kürsülerine çıkıyor, "bunların maden ruhsatları ellerinden alınınca bas bas bağırıyorlar, altın ağalığı yaparken iyiydi, bunların hepsini açıklayacağım" diyordu. Koza Altın'ı, Akın İpek'i kastediyordu. Halbuki... Son on senede Türkiye'de keşfedilen, işletmeye dönüşmüş altın madeni yoktu. Koza Altın'ın işlettiği madenlerin tamamı, AKP öncesine aitti. Peki neydi? *Bugün* gazetesi, Bugün televizyonu ve Kanaltürk televizyonu Akın İpek'indi, yolsuzluk haberlerini sansürsüz yayınlıyorlardı, sorun buydu.

*

Şırrak... Koza Altın'ın madeni kapatıldı.

İzmir'deki Çukuralan işletmesinin faaliyetleri, çevre izin belgesi olmadığı gerekçesiyle durduruldu. Gazetesi-televizyonu hükümeti desteklerken, maden çevreye zarar vermiyordu, hükümeti eleştirince, maden çevreye zarar veriyordu! 472 işçi, işsiz kaldı. On gün sonra mahkeme kararıyla yeniden açıldı, belge melge eksik değildi, kapatma kararı hukuksuzdu. Üç ay sonra... İzmir'deki açılmıştı ama, Koza Altın'ın Eskişehir'deki madeni kapatıldı.

*

İstediğini açtırıyor, istediğini kapattırıyordu, hukuk, Tayyip Erdoğan'dı. Çünkü... Haziran 2013'te, memleket Gezi Parkı olaylarıyla çalkalanırken, o toz duman arasında, genelge çıkarılmış, madenlere ruhsat verme işi, Başbakan'a bağlanmıştı! Padişah fermanı gibiydi. Sanırsın memleketin yeraltı da yerüstü de Tayyip Erdoğan'ın tapulu malıydı, istediğine dağıtıyor, istediğinden geri alıyordu. Kömür, altın, bakır, çinko, mermer, dağ, ova, kıyı, canı nasıl isterse, öyle karar veriyordu.

*

"Son Osmanlı Padişahı 1'inci Recep Tayyip Erdoğan" pankartlarıyla karşılanan başbakanımıza, yeni uçak alındığı, ahali uyanmasın diye, seçimden sonra Türkiye'ye getirileceği konuşuluyordu... Ki, tam o günlerde, 2002'den beri New York belediye başkanı olan Michael Bloomberg'ün görev süresi sona erdi, personelle vedalaştı, belediye binasından çıktı, evine metroyla gitti!

*

Topluma örnek olmak için evine metroyla giden belediye başkanı, işadamıydı, 31 milyar dolarlık servetiyle dünyanın en zengin 13'üncü insanıydı, görev yaptığı 12 sene boyunca belediye başkanı maaşı almamış, 1 dolarlık sembolik maaşa çalışmıştı, hatta, bu 12 sene boyunca, New York halkı için, kendi cebinden 650 milyon dolar harcamıştı.

*

Kızımın mezuniyeti için gittiğim Koç Üniversitesi'nin diploma töreninde dinlemiştim Michael Bloomberg'ü... Rahmi Koç'un onur konuğu olarak davet edilmişti. Gençlere hitaben konuşma yapmış, şu tavsiyelerde bulunmuştu: "Kollarınızı sıvayın, ne kadar alt seviyede olursa olsun, çalışmaya başlayın, tecrübeme dayanarak söylüyorum, başarınızı belirleyecek yegâne etken, çok çalışmaktır, işe erken gidin, geç saatlere kadar kalın, herkesten çok çalışın, ne kadar çok çalışırsanız, o kadar fazla fırsat yakalarsınız."

*

Elâlemin siyasetçisi işte buydu.

İş yaparken çalmıyordu, çalışın diyordu.

*

Bizim toplumda ise, maalesef...

"Çalsın ama, iş yapsın" isteniyordu.

*

En başta Türkiye Gençlik Birliği, üniversite öğrencileri sokaklara dökülmüştü, 17/25 Aralık için mücadele veriyorlardı. Ama... Türkiye'de 75 hukuk fakültesi vardı, 75'inden de çıt çıkmıyordu. Bu 75 hukuk fakültesinde, 354 hukuk profesörü, 164 hukuk doçenti vardı, gıkları çıkmıyordu. Hukuksuzluklar ayyuka çıkmışken, gençlerimize hukuk öğretecek olan insanlar, dut yemiş bülbül gibiydi.

*

Adalet Bakanı Bekir Bozdağ, kendi kardeşini kendine müşavir yaptı. Memlekette müşavir olacak başka adam kalmamıştı demek ki... Kardeşini, Adalet Bakanlığı Yüksek Müşavirliği'ne atadı. Sonra da şahane bi izahatta bulunuldu: Bakanımızın kardeşi, bakanlıkta başka görevdeydi, laf olmasın diye pasif göreve alınmıştı!

*

Tam Gün Yasası değiştirildi, esnetildi. Tıp fakültesi öğretim üyelerine, saat 17'den sonra, kendi hastanelerinde veya özel hastanelerde muayene ve ameliyat yapabilme imkânı verildi. Yasaklamışlardı, çuvallayınca, izin vermişlerdi. Güya düzeltiyoruz diye attıkları her adım, sistemi biraz daha karmaşık hale getiriyordu, mecburen geri adım atıyorlardı. Uyarılara kulak asmıyor, neticede, sağlıkta-eğitimde devamlı duvara tosluyorlardı. Olan, vatandaşa oluyordu.

*

Hatay'da roket dolu TIR'ı yakalayan polisler, görevden alındı. Yahu o TIR'ı jandarma yakalamamış mıydı? Polisler görevden alınınca, ortaya çıktı ki, vaziyet zannedildiğinden çok daha vahimdi... TIR'ı önce jandarma durdurmuş, roketleri yakalamış, TIR'da bulunan kişiler MİT personeli olduğunu söylemiş ve yükün devlet sırrı olduğunu iddia etmişlerdi. Bunun üzerine jandarma, derhal savcıya haber vermiş, Kırıkhan savcısı Adana'daki özel yetkili savcıyı bilgilendirmiş, savcı olay yerine gelene kadar, il jandarma komutanı TIR'ı durduran yüzbaşıyı telefonla arayarak, TIR'ı bırakmasını istemiş, ancak, yüzbaşı TIR'ı bırakmamış, savcının beklenmesi gerektiğini söylemişti. Bu sefer, Hatay Valisi'nin yazılı emri yüzbaşıya iletilmiş ve TIR bıraktırılmıştı. Adana'dan yola çıkan savcı, TIR'ın bıraktırıldığını duyunca, Hatay Emniyet Müdürlüğü'ne talimat vermiş, aynı TIR, bu sefer polis tarafından Muratpaşa mevkiinde durdurulmuştu. Bölgedeki bir fabrikanın bahçesine park ettirilmişti. Özel yetkili savcı, TIR'ın yanına gelmiş, yükün boşaltılmasını istemişti. Ancak, gene Hatay Valisi'nden yazılı emir gelmiş, gene "arama yapılmasın" denilmişti. Özel yetkili savcı, tutanak tutmuş, mecburen, olay yerinden ayrılmıştı, TIR da yoluna devam etmişti. Ve şimdi, TIR'ı durduran terörle mücadele şubesindeki polisler, görevden alınmıştı.

*

İçişleri Bakanı Efkan Ala, durdurulan TIR'da roket değil, Suriye'deki Türkmenlere gönderilen gıda yardımı olduğunu söyledi. Türkmenlerden anında cevap geldi, Suriye Türkmen Meclisi Başkan Yardımcısı Hüseyin Abdullah, "bize Türkiye'den TIR falan gelmedi, Türkiye'den ne silah yardımı, ne gıda yardımı alabiliyoruz, Türkiye'den bize bir cent bile gönderilmedi" dedi.

*

Baktılar olacak gibi değil...
Bağımsız gazeteler kurcalıyor.
Mahkeme kararıyla yayın yasağı getirdiler.
TIR'la alakalı haber yapmak yasaklandı.

*

Gıda yardımıysa, yasak niyeydi?
İnsani yardım "devlet sırrı" olur muydu?

*

Bizim basının yazamadığını, bangır bangır dünya basını yazıyordu. Cümle âlem biliyordu ki, o silahlar, Esad'a karşı savaşan köktendinci militanlara veriliyordu. Ve bu silahların namlusu, pek yakında, IŞİD'in elinde bize doğrultulacaktı.

*

Gözden kaçırılan bir başka detay şuydu:

MİT Yasası gayet açıktı...

MİT'in yurtdışında operasyon yapma yetkisi yoktu.

Katmerli suç işleniyordu.

*

"Umre Air" ortaya çıktı.

Hayırsever Rıza Sarraf, ekonomi bakanımız Zafer Çağlayan'ı, TC-RZA tescilli özel uçağına bindirerek umreye götürmüştü. Bakanımızın eşi, oğlu, gelini, ailece gitmişlerdi. Hayırsever Rıza'yla eşi Ebru Gündeş de, Çağlayan ailesinin bu mübarek seyahatine eşlik etmişti.

*

Ebru Gündeş, TBMM'de soru önergesi oldu.

MHP milletvekili Lütfü Türkkan, adalet bakanının cevaplaması istemiyle sordu: "Yönetmeliğe göre, hükümlü ve tutuklular, aileleriyle haftada bir kez görüşebilir. Rıza Sarraf, eşi tarafından bir haftada üç kez ziyaret edildi. MHP milletvekili Engin Alan ve Balyoz tutuklularına bu kolaylık niye gösterilmiyor?"

*

Ne yapsak da, asrın iftirasına uğrayan Balyoz esirlerinin sesini duyurabilsek diye çabalıyorduk. Elimde televizyon kanalı yoktu, değerli ağabeyim Uğur Dündar'dan yardım istedim, tutuklu subayların eşlerini, çocuklarını Halk TV'de canlı yayına çıkardık. Deniz kurmay albay Baybars Küçükatay'ın henüz altı yaşındaki kızı Beray, babasıyla okula gitmek istediğini söylerken, pilot tuğgeneral Mustafa İlhan'ın oğlu Batuhan, "bizden aldıkları sadece vakit değil, hayatımızı aldılar" diyordu. Pilot kurmay albay İsmet Çınkı'nın kızı Ece, kahraman babasından şarkı dinlemeyi çok özlediğini anlatırken, deniz kurmay albay Derya Günergin'in kızı Rüya "hani birileri evinize girip eşyalarınızı çalsa ne hissedersiniz, onun gibi, birileri hayatımıza girdi, babalarımızı çaldı" diyordu. Emekli tümamiral Semih Çetin'in kızı Simay, ailece yemeğe çıkmanın neye benzediğini unuttuğunu anlatırken, pilot tümgeneral Ayhan Gümüş'ün kızı Selin "annem rahatsızdı, babam aileyi bana emanet etti, evin prensesiyken, evin babası rolüne geçmek kolay değil" diyordu. Geceye damgasını vuran küçük dev adam, Atahan'dı. Deniz kurmay albay Erdinç Altıner'in dokuz yaşındaki oğlu Atahan anlatıyor, anlattıkça Türkiye ağlıyordu: "Babamın tutuklandığını öğrendiğimde, şeref duyarım dedim, çünkü benim babam burada şerefiyle tutuklanıyor, vatan haini olmadığını herkes biliyor, ben de babam gibi subay olmak istiyorum ama, ben de babam gibi başarılı olursam, bana da bu darbeyi yaparlar diye biraz korkuyorum."

*

Kumpas itiraf edilmişti, paralel devlet itiraf edilmişti, artık lamı cimi yoktu. AKP hükümeti de 17/25 Aralık'tan çıkış arıyordu, atmosfer gayet müsaitti. Türkiye Barolar Birliği Başkanı Metin Feyzioğlu devreye girdi, Ergenekon-Balyoz davalarında "yeniden yargılama" için önerilerini açıkladı. "Diken, battığı yerden çıkarılır, tasfiye halindeki özel yetkili mahkemeler kesin olarak kaldırılmalı ve bunların verdiği mahkûmiyet kararları bozulmalı" dedi.

*

O anda... Fethullah Gülen'e yakınlığıyla tanınan *Zaman* gazetesi yazarı Hüseyin Gülerce, işaret fişeğini twitter mesajıyla fırlattı. "Herkes, cumhurbaşkanlığı seçimine kadar, bu topraklarda cumhuriyet tarihinde hiç yaşanmamış sıkıntılara ve savrulmalara hazır olsun" diye yazdı. Bir sonraki mesajı, adeta adres gösteriyordu: "Fırtınaya giriyoruz, fırtınanın habercisi ben değilim, operasyon yapılacağını altı ay önceden bilen yazarlara dikkat!"

*

"Altı ay önceden bilen yazarlar" kimlerdi? Kimleri kastediyordu? Gözler hemen, Emre Uslu ve Mehmet Baransu'ya döndü. *Taraf* gazetesi yazarı Emre Uslu, dört ay önce, ağustosta attığı tweet'te, "bakan çocuklarının adları yolsuzluklara karışmışsa, kim Güler kim ağlar" demişti. Güler kelimesinin başharfini büyük yazmıştı. Kehanet gibiydi. *Taraf* gazetesi muhabiri Mehmet Baransu'nun, sekiz ay önce, nisanda attığı tweet ise, şuydu: "İran'dan para nasıl çıkar, bir sanatçının eşi Rize'ye altınları gönderir, Kapalıçarşı'ya girer, para Dubai, İsveç'e dağılır."

*

Emre Uslu, aslında polisti, komiserdi, Kanada'ya lisan eğitimine gitmiş, bir sene Toronto'da kalmış, New York'ta John Jay College of Criminal Justice'de mastır yapmış, Utah Üniversitesi'nde doktora yapmış, Türkiye'ye dönünce emniyetten ayrılıp, gazeteciliğe geçmişti. AKP-cemaat kapışması başlayınca, paralel imamlarla beraber ABD'ye kaçtığı iddia edilmişti.

*

Abdullah Öcalan, basına sızan ve *Milliyet* gazetesinde yayımlanan İmralı tutanaklarında, Emre Uslu hakkında şunları söylemişti: "MİT'i düşürseydiler, Hakan Fidan tutuklansaydı, sıra Başbakan'a gelecekti. Bu darbeyi önledim, süreci başlattım. Hedeflenen, bizim geliştirdiğimiz diyalogdur. MİT Müsteşarı düşürülmek isteniyor. Emre Uslu, Mehmet Baransu, MİT'i hedef aldılar, arkalarında devasa bir güç var. Cemaatin merkezi ABD'dir. Benim buraya alınmamla birlikte, Fethullah da ABD'ye alındı. Fethullah Gülen ABD'de yaşıyor, 120 devlette okul açmış, para nereden? Florida kontrgerillanın merkezidir. Türkeş ve Latin Amerika'daki kontrgerilla, orada yetiştirildi. Yeni merkez ise, Utah'tadır. Emre Uslu vesaire, orada eğitildi."

*

Mehmet Baransu ise, *Akşam*'da, *Hürriyet*'te, 32. Gün programında çalışmıştı ama, adı sanı bilinen gazeteci değildi. Lisan eğitimi almak ve yüksek lisans yapmak için ABD'ye gitti, üç sene orada kaldı, 2007'de piyasaya çıkan *Taraf* gazetesinin kuruluşunda yeraldı, kariyer patlaması yaptı! Balyoz davasının temelini oluşturan "Fatih Camisi bombalanacaktı" haberini, o yazmıştı. Balyoz darbe planı olduğu iddia edilen belgeleri, bavul içinde savcıya götüren, Baransu'ydu.

*

Bavul'u kimden aldığını asla açıklamadı. Ancak... *Aydınlık* gazetesi, Ocak 2013'te "tertibin merkezindeki adam anlatıyor" başlığıyla yazı dizisi yayımladı. Orhan Aykut isimli kişi, bavul'un tanığı olduğunu belirterek, şu iddiaları sıralıyordu: "Ekim 2007'de, AKP milletvekili İhsan Arslan'la birlikte İstanbul Mövenpick Oteli'ne gittik, ordudan atılma İskender Pala, Amerikalı bir senatörle birlikte geldi, 2003 senesinde Birinci Ordu Komutanlığı'nda yapılan plan seminerine ait bavul dolusu dokümanı İhsan Arslan'a teslim etti, İhsan Arslan bu dokümanları Ankara'ya götürdü, belgelerin üstünde değişiklikler yapıldı, tertibe hazır hale getirildi, 2010'da *Taraf* muhabiri Mehmet Baransu'ya verildi."

*

Matkap operasyonu davasında çete lideri olmaktan beş sene hapis yatıp çıkan Orhan Aykut, aynı iddiaları, Tekirdağ Başsavcısı'na verdiği ifadede de anlatmıştı. AKP milletvekili İhsan Arslan ve dönemin emniyet istihbarat başkanı Ramazan Akyürek'le yaşadığı anlaşmazlık üzerine, Matkap operasyonuna dahil edilip, hapse tıkıldığını... Yasadışı telefon dinlemelerinin başında İhsan Arslan ve Ramazan Akyürek'in bulunduğunu öne sürmüştü.

*

İhsan Arslan, üniversite okurken TRT'de Kürtçe tercümanlık yapmış, *Zaman* gazetesinin kuruluşundaki üç ortaktan biri olmuş, Mazlum-Der genel başkanlığı yapmış, Fazilet Partisi'yle siyasete girmiş, AKP'nin ilk döneminde milletvekili seçilmişti. İhsan Arslan'ın oğlu Mücahit Arslan, Tayyip Erdoğan'ın en yakın danışmanlarından biriydi. CHP milletvekili Atilla Kart, Mücahit Arslan hakkında soru önergesi vermiş, şu dikkat çekici konulara cevap istemişti: "Tayyip Erdoğan'la Mücahit Arslan aynı cezaevinde kaldı mı? Mücahit Arslan hangi suçtan hüküm giydi? Mücahit Arslan'ın gerçek adı Ali İhsan Arslan mıdır? Ortak olduğu şirketler hangileridir? Hangi ihaleleri almıştır?"

*

İskender Pala ise, romanları çok satan, edebiyat profesörüydü. İstanbul Üniversitesi Edebiyat Fakültesi'ni bitirdikten sonra, sınava girmiş, Türk Silahlı Kuvvetleri'nde edebiyat öğretmeni olmuş, bu görevini 15 sene sürdürmüş, 1996'da irticai faaliyet gerekçesiyle ordudan ihraç edilmişti.

*

Askeriyede yaşadıklarını *İki Darbe Arasında* isimli kitabında anlatmıştı. Heybeliada Subay Gazinosu'na türbanlı eşiyle birlikte gitmiş, kendilerine servis yapılmamış, hatta, önlerindeki tabaklar toplanmıştı, hayatının travmasıydı.

*

Ordudan atılmasında, Tayyip Erdoğan'ın payı vardı. Dönemin Kuzey Deniz Saha Komutanı İlhami Erdil'le belediye başkanı Tayyip Erdoğan sohbet ederken, laf dönüp dolaşmış, Barbaros Türbesi'ne gelmişti. İlhami Erdil "bizde İskender Pala isimli bir binbaşı var, arşiv müdürü, eski yazıyı biliyor, Barbaros'un vasiyetini okumuş, türbenin aydınlatılmasını vasiyet ettiğini söylüyor" demişti, Tayyip Erdoğan da "haa, bizim İskender'den bahsediyorsunuz" demişti. Bunun üzerine, İlhami Erdil yanındaki subaya dönmüş, "nereden onların İskender'i oluyor, araştırın bakayım" demiş, İskender Pala bu mevzudan sonra ordudan atılmıştı.

*

İskender Pala, bavulun tanığı olduğunu söyleyen Orhan Aykut'un iddiaları için "tamamen iftira" diyordu.

*

Gezi Parkı iddianamesi, mahkeme tarafından kabul edildi, 36 kişi hakkında terör örgütü üyesi olmak suçundan 3 ila 58 sene arasında hapis istendi. Yandaş medya pek mutlu oldu. Ballandıra ballandıra "Geziciler terör örgütü" diye yazıyorlardı. Halbuki, Gezi Parkı iddianamesini yazan savcı, Muammer Akkaş'tı. Yani, Bilal'i içeri tıkmak isteyen 25 Aralık savcısıydı!

*

AKP'nin işine gelirse, hukuk kahramanı savcıydı.
AKP'nin işine gelmezse, paralel savcıydı.

*

Tayyip Erdoğan, yandaş gazetecileri Dolmabahçe'deki çalışma ofisinde topladı, Fethullah Gülen'den mektup geldiğini, ıslak imzalı bir mektup olduğunu, Fethullah Gülen'in uzlaşma istediğini söyledi. Ancak, asla taviz vermeyeceğini, pazarlık etmeyeceğini, paralelcilerle sonuna kadar mücadele edeceğini anlattı.

*

"Vaaay, cemaat af diliyor" yorumları yapıldı.

*

Acaba öyle miydi?
Gülen'e yakınlığıyla bilinen Gazeteciler ve Yazarlar Vakfı'ndan derhal açıklama geldi. "Hocaefendi tarafından gönderilen mektup, Başbakan Erdoğan'a hitaben yazılmadığı gibi, muhtevasında da hiçbir pazarlık söz konusu değildir" denildi.

*

Aynı gün, cemaatin yayın organı herkul.org sitesi, mektubu yayınladı. Hakikaten özür mözür yoktu. Fethullah Gülen söz konusu mektupta "operasyonlarla alakasının olmadığını, kendisine ve kendisini sevenlere yönelik hakaretlere üzüldüğünü" söylüyordu.

*

Peki neydi?

Gazeteci Fehmi Koru, Pensilvanya'ya "elçi" gitmişti. Kendi isteğiyle gittiğini söylüyordu. Ankara kulislerinde ise "Abdullah Gül tarafından gönderildi" deniyordu. Öyle veya böyle, neticede "elçi" gitmişti. Fehmi Koru, AKP-cemaat kavgasıyla alakalı endişelerini anlatmış, Fethullah Gülen de kendi görüşlerini ifade etmişti. Bunun üzerine, Fehmi Koru "bu görüşlerinizi kâğıda döker misiniz" demiş, Fethullah Gülen de söz konusu mektubu yazmıştı. Mektubun muhatabı, Abdullah Gül'dü. Bilahare, Tayyip Erdoğan da bu mektuptan haberdar edilmiş ve Tayyip Erdoğan çıkıp, "özür dilendi, pazarlık yapılmak isteniyor" imasında bulunmuştu.

*

Koru ailesinde elçiliğe karşı bi yetenek vardı! Fehmi Koru "gönüllü elçi" olmuştu ama, kardeşi Naci Koru, pek yakında bütün elçilerin başı olacak, Dışişleri Bakan Yardımcısı yapılacaktı. Naci Koru'nun eşi, Abdullah Gül'ün eşiyle kardeş çocuklarıydı.

*

Fehmi Koru, senelerin gazetecisiydi ama, AKP dönemiyle popüler olmuştu. Hem orijinal adıyla, hem de "Taha Kıvanç" takma adıyla yazılar yazıyordu. Aslına bakarsanız, *Zaman* gazetesinde Taha Kıvanç ve Bülent Şirin takma adlarıyla, *Yeni Asır* gazetesinde Faruk Yeni takma adıyla, *Milli Gazete*'de Fehmi Muzafferoğlu takma adıyla, *Yeni Devir* gazetesinde A. Akıncı takma adıyla yazılar yazmıştı.

*

İzmir'de doğup büyümüştü. Erbakan'ın adil düzen projesinin teorisyenleri, İzmir'deki meşhur Akevler Kooperatifi'nde otururdu, Akevler Kooperatifi'ni, Fehmi Koru'nun kayınpederi kurmuştu.

*

(Teee 1967'de İzmir'de kurulan Akevler'in, teee 2001 senesinde karşımıza Ak Parti olarak çıkması... Teee 1967'de İzmir Kestanepazarı'nda ilk adımlarını atmaya başlayan Fethullah Gülen'in, teee 2014'te Pensilvanya'ya dönüşmesi, tesadüf müydü, yoksa üzerine kitap yazılması gereken bi "paralel"lik miydi? Neyse, bakarsınız gün gelir, o kitabı da yazarız, şimdilik devam edelim.)

*

Fehmi Koru'nun adı, AKP kapatma davasına bile karışmıştı. *Aydınlık* gazetesi, Silivri'de tutukluyken vefat eden MİT'çi Kâşif Kozinoğlu'na dayanarak, "AKP'yi kapanmaktan Fehmi Koru kurtardı" manşeti atmıştı. İddiaya göre, elinde bazı kişisel belgeler bulunan Fehmi Koru, Anayasa Mahkemesi üyesi hâkim albaya şantaj yapmış, hâkim albay da "AKP kapatılmasın" yönünde oy kullanmıştı. Fehmi Koru, bu haber üzerine "vallahi iyi senaryo ama, tamamen yalan" demişti.

*

Tayyip Erdoğan, yandaş gazetecilere mektup'u anlattıktan sonra, yine Dolmabahçe'de, Barolar Birliği Başkanı Metin Feyzioğlu'nu kabul etti. "Yeniden yargılama"yı konuştular.

*

Tayyip Erdoğan aslında hiç hazzetmediği, normalde selam bile vermeyeceği Metin Feyzioğlu ile neden toplantı yapıyordu? Çünkü... Kamuoyunda iyice tırmanan vicdani tepkiyi minimize etmek için Balyoz ve Ergenekon'dan yatanları çıkarmak istiyordu, bu sayede "orduya bunlar kumpas kurdu" diyerek, cemaati suçlu ilan edecekti. Kendisinin sanki hiç haberi yokmuş gibi, zeytinyağı gibi üstte kalacaktı. Bunu yapabilmek için, laik kesimden, barolardan destek arıyordu.

*

17/25 Aralık'ın Ergenekon, Balyoz, Casusluk gibi iftira davalarından yatanlara faydası olmuştu. AKP-cemaat kapışmasaydı, mümkün değil çıkamazlardı.

*

Hapisteyken CHP milletvekili seçilen Profesör Mehmet Haberal, dört sene üç ay yatırıldıktan sonra... Hapisteyken CHP milletvekili seçilen Mustafa Balbay dört sene dokuz ay yatırıldıktan sonra bırakılmıştı. Hapisteyken milletvekili seçilen beş BDP milletvekili de, Anayasa Mahkemesi kararıyla serbest bırakıldı. Hapiste sadece, hapisteyken MHP milletvekili seçilen Engin Alan kalmıştı.

*

"Milli irade" konusunda atıp tutan AKP'liler, "milli irade"nin senelerdir hapiste tutulmasından hiç rahatsızlık duymuyordu. 2014'e gelmiştik, 2011'de seçilen milletvekili hâlâ demir parmaklıkların arkasındaydı. İşte tam o sırada... AKP milletvekili Mehmet Metiner, "demokrasi" konusunda ibretlik bi açıklama yaptı: "Biatsa biat, itaatsa itaat, ölümüne arkasında duruyoruz, biz biatçıyız, önderimiz Tayyip Erdoğan'ın sadakatle izinden gidiyoruz, kusursuz itaat ediyoruz."

*

İşin ekstra hazin tarafı... 2011'de aynı Mehmet Metiner'in ses kaydı YouTube'a düşmüştü. Bugün "biat" diyen arkadaş, o gün şunları söylüyordu: "Tayyip Erdoğan'la demokratik bir Türkiye inşa edilebileceği kanaatinde değilim, çünkü statüko sahiplerinden icazet alıyor, Tayyip Erdoğan'ın Kürt meselesinde çok geri ve antidemokratik bir konumda olduğunu biliyorum, Erbakan çok daha ileriydi, Tayyip Erdoğan'ın entelektüel birikimi o çapta değil!"

*

Mehmet Metiner "biat" deyince, kendisine bu konuşması hatırlatıldı. Şahane bi izahatta bulundu, "ses bana ait ama, ifadeler bana ait değil" dedi!

*

5 Ocak Adana'nın kurtuluş günü... Adana Valisi Hüseyin Avni Coş'un kurtuluş günü olarak kutlandı! Atatürk Anıtı'nın çevresi polis barikatıyla kapatıldı, vatandaşlar, hatta gaziler bile tören alanına sokulmadı. Çünkü... 10 Kasım törenlerinde protesto edilen Vali Coş, sinirlenip, bir vatandaşa "gavat" demişti. Benzer skandal yaşanmasın diye, bu defa, Vali bey önlem almıştı.

*

(Parantez açalım, biraz nostalji yapalım... 2003'te Bingöl'de deprem oldu, alt tarafı 6.4 şiddetindeydi, 176 insanımız can verdi. Bingöl valisi, vatandaşa gavat diyen valiydi. Çadır dağıtımı becerilemedi, çoluk çocuk sokakta kaldı, valilik binası taşlandı, hükümet istifa sloganları atıldı. Şırrak... Bingöl emniyet müdürü görevden alındı. Vali koltuğunda kaldı. O gün ortaya çıktı ki, meğer dokunulmayan vali, Tayyip Erdoğan'ın belediye başkanlığı dönemine ait yolsuzluk iddiasını araştırıp, yolsuzluk yok diyen, aklama raporu yazan mülkiye müfettişiydi, AKP iktidara gelir gelmez ilk kararnameyle Vali yapılmıştı. Aksaray, Kırklareli, Aydın, en son Adana valisi yapılmıştı, her gittiği yerde skandallarla anılmasına rağmen, hep yükselmişti, en son, vatandaşa "gavat" demişti.)

*

(Teee 2003'te görevden alınan Bingöl emniyet müdürü ise, bekledi, bekledi, bekledi, bi daha asla görev verilmedi, 2013'te rahmetli oldu. Şırrak diye görevden alınıp, meslek hayatı bitirilen emniyet müdürü kimdi biliyor musunuz? Tayyip Erdoğan minareli-süngülü şiiri okurken, Tayyip Erdoğan'ın konuşmasını kayda aldırıp, savcılığa teslim eden, dönemin Siirt emniyet müdürüydü!)

*

(Hapse girmesine vesile olan emniyet müdürü, bitirilirken... Yolsuzluktan aklayan müfettiş, vali olarak taltif edilmişti.)

*

Tayyip Erdoğan taptaze bir iddia ortaya attı. "Düşünebiliyor musunuz, bir savcı bir sene içinde 22 defa yurtdışına çıkıyor, turistik amaçlı, bir bakıyorsunuz deniz kıyısında, bir bakıyorsunuz kayakta, nasıl oluyor bu, kim veriyor bu seyahatlerin parasını?" diye sordu. Ertesi gün... O savcı "manşetlerde"ydi. Zekeriya Öz'dü.

*

Hiç kimse çıkıp, başbakana sormuyordu...
Madem biliyordun, niye 17/25'e kadar açıklamadın?

*

Bir zamanlar en sevdikleri savcı olan Zekeriya Öz'ü linç etmeye başlamışlardı. Sekiz kişilik ailesiyle birlikte Dubai'ye gittiği, süper lüks otelde bir hafta tatil yaptığı, krallara layık yemekler yediği, minibarı kullandığı, çölde safari yaptığı, 77 bin liralık faturayı ise, bir inşaat şirketinin ödediği yazılıyordu. Dün "kahraman" dediklerine, bugün "avantacı" diyorlardı.

*

Zekeriya Öz derhal yalanladı, Dubai tatilinin 4 bin 250 dolar tuttuğunu, uçak biletlerinin 5 bin 500 dolar tuttuğunu, hepsini kendisinin ödediğini, minibarı kullanmadığını, çölde safari yapmadığını, medyada yayınlanan fatura bilgilerinin sahte olduğunu söyledi.

*

Zekeriya Öz'den bir saat sonra, müteahhit Ali Ağaoğlu yandaş gazetelere konuştu, "Savcıyı Dubai'de biz ağırladık" dedi. Ali Ağaoğlu, 17 Aralık'ta savcı Zekeriya Öz'ün yönettiği operasyonla gözaltına alınmış ve serbest bırakılmıştı.

*

Zekeriya Öz, HSYK'ya savunma verdi, "Ali Ağaoğlu'na siyasi baskı yapıldığını, hükümeti karşısına almamak için, mecburen kendisini suçladığını" söyledi.

*

Yandaş medya yükleniyordu. Zekeriya Öz'ün son iki senede, 18'i yurtdışı olmak üzere, 36 seyahat yaptığı öne sürülüyordu. THY'yle Fransa'ya, İspanya'ya, Hollanda'ya, Bosna'ya, Tunus'a, Romanya'ya, Suudi Arabistan'a, Almanya'ya, Avusturya'ya uçtuğu yazılıyordu.

*

Zekeriya Öz, uçtu...
İstanbul Başsavcı Vekilliği'nden alındı.
Bakırköy'e atandı.
Oradan da Bolu'ya gönderilecekti.

*

Emniyet'te kıyım başlamıştı.
İstanbul'da teknik takip bölümünde polis bırakılmadı. Ankara'da 350 polis görevden alındı, terörle mücadele, istihbarat, mali şube, siber suçlarla mücadele, amirinden memuruna kadar dağıtılıyordu. Bursa, Sakarya, Çanakkale, Edirne, Elazığ, Yozgat, Samsun, Balıkesir, hava durumu yayınlar gibi, hangi şehirde kaç polisin sürüldüğü yayınlanıyordu. Cemaatçi diye ayıklıyorlardı ama, aralarında sosyal demokrat, milliyetçi polisler de vardı. Polis, polisi ispiyonluyordu.

*

Eskiden, en başta emniyet teşkilatı, devlet bürokrasisinde neredeyse herkes cemaate yakın olmakla övünürdü. Cemaatçi olmayanlar bile kendisini cemaatçiymiş gibi gösterirdi. Yükselmek, terfi etmek için etiket gibiydi. Şimdi devran dönmüştü. İstisnasız herkes, cemaatçi olmadığını kanıtlamaya çalışıyordu.

*

25 Aralık'tan anca 12 gün sonra, yedi işadamının malvarlığına tedbir kondu. Latif Topbaş, Cemal Kalyoncu, Mehmet Cengiz, Abdullah Tivnikli, hepsi ihale şampiyonuydu.

*

Aynı gün... Gaziantepli bi firma, memleketimizin en önemli

meselelerinden birine çözüm buldu: İki sene boyunca gül kokan seccade üretilmişti!

*

Kızılay, Türk'ü sildi.

Türk Kızılayı adıyla satılan maden sularının adı, sadece Kızılay oldu. Türk'ü neden silmişlerdi? Kızılay genel başkanı izah etti. Vatandaşımız bakkala gittiğinde "Kızılay maden suyu var mı?" diye soruyordu, "Türk Kızılayı var mı?" diye sormuyordu. Dolayısıyla, bu markada Türk'e gerek yoktu, işte o kadardı!

*

İmbat operasyonu patladı.

İzmir limanındaki rüşvet trafiği şakır şakır kameraya alınmıştı. Gözaltı listesinde şöhretli bi arkadaş vardı. Ulaştırma Bakanı Binali Yıldırım'ın bacanağı aranıyordu. Anında... İzmir emniyetinde bu operasyonu yürüten organize suçlar, mali suçlar, narkotik ve terörle mücadele şubeleri darmadağın edildi.

*

Bacanak lütfetti, üç gün sonra teslim oldu.

Mesai saatinin bitmesi beklendi.

Saat 17'den sonra adliyeye sevkedildi.

Nöbetçi mahkemeye çıkarıldı, serbest bırakıldı.

*

İzmir Emniyet Müdürü görevden alındı!

*

Yolsuzluk kokusu ayyuka çıkmışken, bacanak aranıyorken... Binali Yıldırım, AKP'nin İzmir büyükşehir belediye başkan adayıydı. Seçim gezileri yapıyor, her elini sıktığı vatandaşa özel parfüm hediye ediyordu. Parfümlerin üzerinde "Binali Yıldırım" yazıyordu, AKP logosu vardı. Binali Yıldırım kazanırsa... Denizi kız, kızı deniz, sokakları hem kız hem deniz kokan İzmirim, binali binali kokacaktı!

*

Van Yüzüncü Yıl Üniversitesi eski rektörü Profesör Yücel Aşkın, dokuz sene sonra beraat etti... Cihaz ihalelerinde yolsuzluk yapıyor diye, 2005 senesinde evi basılmış, kayıtlı-ruhsatlı tarihi eserlerine "kaçak" diye el konulmuş, tutuklanmış, hapse tıkılmış, 76 gün yatırılmış, tutuksuz yargılanmak üzere bırakılmıştı, iki bin sene hapis cezası isteniyordu! Bana sorarsanız, peş peşe gelecek Ergenekon hukuksuzluklarının miladıydı. Rektörle birlikte tutuklanan üniversite genel sekreter yardımcısı Enver Arpalı, bana nasıl böyle bir kara çalarlar diye kahrolmuş, cezaevi çamaşırhanesinde kendini asmıştı. İlk'ti. Ergenekon-Balyoz davalarında bu tür onur intiharlarının arkası gelecekti. Hatta TÜSİAD, Profesör Yücel Aşkın'a sahip çıkan açıklama yapmış, Tayyip Erdoğan sinirlenmiş, "TÜSİAD yargıya müdahale ediyor, devreye girilmelidir" diye bağırmış, Ankara Başsavcılığı da TÜSİAD Yüksek İstişare Konseyi Başkanı Mustafa Koç hakkında inceleme başlatmıştı. Herkes biliyordu ki, Profesör Yücel Aşkın'ın tek suçu, dinciler tarafından ele geçirilen üniversiteyi, yeniden laik yönetime çevirmesiydi. Dokuz sene sonra... İşte bu davadan beraat etmişti. Yolsuzluk filan yapmamıştı. Evindeki tarihi eserler kendisine iade edildi, kaçak maçak değillerdi, dedesinin İstiklal Madalyası'na bile "kaçak tarihi eser" diye el koymuşlardı. Pardon deyip geri vermişlerdi ama, rahmetli Enver Arpalı'yı geri getirebilmek imkânsızdı.

*

Profesör Aşkın'ın beraati, anca tek sütun haber oldu.
Pek çok gazete haber olarak vermedi bile.
Halbuki, tutuklandığında, sürmanşet yapmışlardı.
Basın tarihimizin koyu lekelerinden biriydi.

*

Savcı Zekeriya Öz, kolay teslim olmayacağını gösterdi. Tayyip Erdoğan'ın "yüksek yargı"dan iki kişiyi aracı olarak gönderdiğini, bu kişilerin kendisini tehdit ettiğini, "Başbakan çok öfkeli, başbakandan özür dileyen bir mektup yaz, hükümete yönelik soruşturmaları durdur, aksi halde zarar göreceksin" dediğini... Kendisinin de bu kişilere cevaben "başıma gelecek en kötü şey, ölüm olur, görev şehidi olacağım için, şeref olur" dediğini söyledi.

*

Bu buluşmadan hemen sonra, Zekeriya Öz'e tahsis edilen koruma aracı geri çekildi. Bir zamanlar, Tayyip Erdoğan'ın şahsi makam aracı tahsis edilirken, şimdi o makam aracı zaten gitmişti, artık, korumalarına bile araç verilmiyordu.

*

Yargıda herkes birbirine "acaba Zekeriya Öz'le görüşen

aracılar kim?" diye soruyordu. Ombudsman Nihat Ömeroğlu çıktı ortaya, "evladımız gibi bir arkadaşımızdı, çok samimi ilişkilerimiz vardı, kendisiyle görüşen bendim ama, tehdit etmedim" dedi. Peki nasıl olmuştu bu iş? Ombudsman anlattı: "Bursa'ya yılbaşı tatiline gidiyordum, Yargıtay üyesi bir arkadaşım aradı, Zekeriya Öz gene yurtdışına gidecek, siz onun abisisiniz, söyleyin, böyle bir ortamda gitmesin dedi. Ben de telefon açtım, ortamı biliyorsun, görevinin başında olmanda fayda var, ben Bursa'ya gidiyorum, sen de gel, kayak yaparsın dedim, kayağı çok sever, yanımıza geldi, sohbet ettik, hepsi bu, bir daha da görüşmem artık, bitti!"

*

Kalbi kırılan bu ombudsman kimdi?

2010 referandumuyla oluşturulmuş Kamu Denetçiliği Kurumu'ydu. Devletle vatandaş arasında uyuşmazlık olduğunda, yargıya intikal etmeden, arabulucuk yöntemiyle halledilmesini amaçlıyordu. TBMM'de yapılan oylamayla, Yargıtay üyesi Nihat Ömeroğlu, ilk ombudsman seçilmişti. O güne kadar ne işe yaradığını hiç görmemiştik, ilk kez haber oldu, o da bu mevzuydu.

*

Zekeriya Öz manşetlerdeyken... Başbakan yardımcısı Yalçın Akdoğan, *Yeni Şafak*'taki köşesinde "akrep-kurbağa" hikâyesi yazdı. "Akreple kurbağa dere kenarında karşılaşmış, akrep kurbağanın kendisini derenin karşısına geçirmesini istemiş, sırtında akrep taşımaktan endişe eden kurbağa, ya beni sokarsan demiş, akrep ikna etmiş, sokarsam, ikimiz de kaybederiz, ikimiz de boğuluruz demiş, kurbağa inanmış, derenin ortasına geldiklerinde, akrep kurbağayı sokmuş, kurbağa şaşkınlıkla neden diye sorunca da, bu benim karakterim demiş"ti.

*

Tayyip Erdoğan, o sırada Singapur'daydı. Botanik parkını gezdi. Kendisine jest yapıldı. Yeni bir tür orkideye "Dendrobium Tayyip Erdoğan" adı verildi.

*

Cumhurbaşkanımız Gül'dü.

Başbakanımız da orkide'ydi.

Mis gibi memleketti.

*

"Dünyanın en çok gezen başbakanı" unvanı, bizim başbakana aitti. Bu kitabın yazıldığı tarih itibariyle, 94 ülkeye 305 defa seyahat etmişti. ABD'ye 16 defa gitmişti. Sadece Antarktika kıtasına ayak basmamıştı, orada da zaten ülke yoktu, olsaydı oraya da giderdi. Her seyahat, ortalama üç gün desek, 915 gün yapar... 12 senedir ülkeyi yönetiyordu, 2,5 senesi yurtdışında geçmişti! Evliya Çelebi gibi seyahatnamesi vardı. Yurtdışı gezileri, Başbakanlık Kamu Diplomasisi Koordinatörlüğü tarafından *Bir Yolculuk Kitabı* adıyla kitaplaştırılmıştı.

*

Orkidesini kokladı, Singapur'dan Malezya'ya geçti. Malezya İslam Üniversitesi'nden "felsefe" alanında fahri doktor unvanı takdim edildi. Bu törende "felsefi" bi konuşma yaptı. "Bugün Malezya'dan yola çıkıp, develer üzerinde İspanya'ya gidemezsiniz, yollar güvenli değil, düşünün ki, 14'üncü yüzyılda İbni Batuta, Kurtuba'dan yola çıkıyor, deve sırtında Maldivler'e gidip, oradan Tunus'a dönebiliyordu" dedi. Alkışladılar.

*

24 şehrin emniyet müdürünü görevden aldılar. TIR'ları yakalayan Adana ve Hatay emniyet müdürleri gitmişti. Ergenekon operasyonlarını yöneten Sakarya emniyet müdürü gitmişti. Merkeze alınanlardan biri de, Diyarbakır emniyet müdürü Recep Güven'di, Ergenekon şemasını hazırlayan polis şefiydi.

*

Hukuk devletinin tabutuna son çiviyi çakmak için, yasa hazırlandı. HSYK'nın yapısını değiştirip, memleketteki tüm savcı ve hâkimleri, adalet bakanının iki dudağının arasına bağlamaya çalışıyorlardı. Adalet bakanı emir verecek, hangi savcıyı nereye isterse oraya sürecek, hangi hâkimi nereye isterse oraya gönderecekti. 12 Eylül darbesini yapanlar bile, bu kadarını akıl edememişti!

*

Yargı bağımsızlığı yok ediliyor, yargı, yürütmenin emrine sokuluyor, Anayasa çiğneniyordu. Kemal Kılıçdaroğlu, cumhurbaşkanı Gül'e çağrıda bulundu, "Anayasa'yı okumuşsunuzdur, Anayasa size yetki vermiş, bakanlar kurulunu toplayın ve hükümete başkanlık edin" dedi. İyi de... Yarın öbür gün Tayyip Erdoğan cumhurbaşkanı olunca, bu sefer "Anayasa'da yetkisi olsa bile, bakanlar kurulunu toplayıp, başkanlık edemez" diyeceklerdi. CHP'nin hafızası şahaneydi!

*

AKP milletvekili Gönül Şahkulubey, TBMM Dilekçe Komisyonu Başkanı seçildi, "ilk türbanlı komisyon başkanı" olarak Meclis tarihine geçti.

*

CHP milletvekili Süheyl Batum, adındaki "TC" ibaresini kaldıran Ziraat Bankası'nı protesto etti, bankanın milletvekillerine hediye ettiği 2014 Ajandası'nı iade etti.

*

Türk ve TC kavramları, bazı bünyelerde adeta alerji yapıyordu. TC ibaresi, Ziraat Bankası'nın adından, Sağlık Bakanlığı'nın logosundan, valiliklerin tabelasından, hatta devlet nişanından, cumhuriyet nişanından bile çıkarılmıştı. Devlet nişanından TC'yle birlikte, Atatürk silueti de silinmişti.

*

Kırmızı halı, turkuvaz olmuştu.
Başbakanlık binasının girişindeki merdivenlere serilen kırmızı protokol halısı, turkuvaz renkli halıyla değiştirilmişti. Turkuvaz sevdası peydah olmuştu. Milli takım formasını bile bi ara turkuvaz yapmışlardı. Tribünler "kırmızııı-beyaaaaz" diye tezahürat yapıyordu, forma maviydi! Müslüman mahallesinde salyangoz satmaya benziyordu. Hazin tarafı... Turkuvaz dediğin, aslında bir taş, firuze, Türkiye'de yok, Çin'de çıkarılıyor, İran'da çıkarılıyor, Türkiye üzerinden Avrupa'ya gittiği için, adını Fransızlar koymuştu, "Turquoise" demişlerdi.

*

HSYK yasa taslağının görüşüldüğü Meclis Adalet Komisyonu'nda kavga çıktı. AKP milletvekili Zeyid Aslan, yerinden sıçradı, Yargıçlar Sendikası Başkanı Ömer Faruk Eminağaoğlu'nun suratına tekme attı. Yasayı, döve döve geçirmeye çalışıyorlardı.

*

Zeyid Aslan kimdi? CHP milletvekili Kamer Genç'e, meclis çatısı altında "senin a..ına koyarım, orospu çocuğu, senin ananı s...rim" diye bağıran, bir başka tartışmada CHP milletvekili

Muharrem İnce'ye "senin ananı si..rim, kı..nı si..yim" diye bağıran milletvekiliydi.

*

Kâmil Koç'un eski sahibi olan CHP'li kadın milletvekili Sena Kaleli, "otogarda 33 sene çalıştım, böylesine küfürleri otogarda bile duymadım" demişti.

*

Bülent Ersoy, türban taktı!
Mevlid kandiline denk gelen akşam, Show TV'deki programına, türban takarak çıktı, tepeden tırnağa kara çarşaf giyinmişti, ilahiler okudu, semazenler döndürdü. Sosyal medyada trending topic oldu.

*

Siirt'te... 12 yaşında evlendirilen, 13 yaşında anne olan "Kader" isimli kız çocuğu, 14 yaşında canına kıydı. Babasına, kayınpederine dava açıldı. Bu nikâhı kıyan imam'a her zaman olduğu gibi gene dokunulmadı. Kader'in kaderi miydi çocuk gelin olmak? Türkiye'deki çocuk gelin dramında, imam nikâhlarını kıyan imamların hiç mi günahı yoktu? Resmi raporlara göre, Türkiye'de her üç evlilikten biri, çocuk gelin... Türkiye bu utançta Avrupa şampiyonu, Kongo, Afganistan, Uganda ve Nijer'in arkasından dünya beşincisi... Kadın sığınma evlerimizde barınanların üçte biri, çocuk gelin... İmam nikâhlarını kıyan imamların hiç mi vebali yoktu?

*

Adaletimiz Allahlıktı... Kader'in toprağa verildiği gün, Ankara 1'inci Ağır Ceza Mahkemesi'nde ibretlik bir dava vardı. Cinsel taciz suçundan 1,5 sene hapis cezası alan sanık, Yargıtay'a başvurmuş ve kararı bozdurmuştu. Sanık, ünlü bir gaz firmasının bölge müdürüydü. Verdiği hapis kararı bozulan hâkim, bir sanığın suratına baktı, bir de Yargıtay kararına baktı, ne desin, "seni Allah'a havale ediyorum" diyerek, beraat ettirdi.

*

İzmir'deki askeri casusluk davasında yargılanan astsubay Davut Yıldız, "beni içerde unuttular" başlığıyla *Hürriyet*'e manşet oldu. "2 ila 6 seneyle yargılanıyorum, 18 aydır tutukluyum, en üst seviyeden ceza verilse bile, yatacağım süre en fazla 16 ay, ben niye hâlâ tutukluyum?" diye soruyordu!

*

Bir gün sonra... Davut'u serbest bıraktılar.
Üç gün sonra... Davut'u TSK'dan ihraç ettiler.

*

"Kumpas itirafı" ortaya çıkınca, "delillerin toplanması" için İzmir'deki askeri casusluk davasına ara verilmişti, duruşmalar yeniden başladı. "Delil" denilen cd'lerin hepsi, buzdolabı arkasında siyah poşet içinde bulunmuştu, başka yere saklamayı akıl edememişlerdi demek ki, bütün sanıklar aynı yere, aynı renk poşet içinde saklamıştı! Aramalar polis kamerası tarafından kaydedilmişti ama, cd'lerin polis tarafından bulunduğu saniyeler, polis kaydında yoktu. Tüm cd'ler polisten başka şahit yokken bulunmuştu. Subaylardan belge sızdırdığı öne sürülen kızın evinde arama yapıldı, tutanak tutuldu, kızın babasına şahit olarak imza attırıldı, adamcağız görme engelli, bildiğin kör'dü. Sekiz bin dijital belge vardı, bunların beş bini, aynı gün aynı saatte kaydedilmişti, yani bu hesaba göre, yüzlerce casus(!) aynı gün aynı saatte, aynı bilgisayarın başında toplanmıştı! 2009'da şu şu isimli savaş gemisiyle alakalı belge sızdırıldı deniyordu, o savaş gemisi 2001'de jilet olmuştu. 1988'e ait denizaltı fotoğrafı vardı, o denizaltı 2004'te denize indirilmişti. Casusların şefi, herhalde pek unutkandı ki, casuslarının isimlerini, soyadlarını, hatta TC kimlik numaralarını kaydetmişti. Üstelik bu listeyi "by casus" isimli dosyaya kaydetmişti! 8 Mayıs'ta tutuklanan subayın, 18 Mayıs'ta belge sızdırdığı iddia ediliyordu.

*

Netice?
"Tutukluluğun devamına" karar verildi!

*

Aynı gün, bacanak serbest bırakılmıştı.
Burası Türkiye'ydi şekerim...
Kurmay olacağına, bacanak olmalıydın.

*

"Peygamber Ocağı"mız darbeci, terörist, casus filan diye hapiste tutulurken... Diyanet işleri başkanlığımız, memleketimizin hayati(!) meselesine el attı, safları bozan motifleri düzeltmek için, camilerdeki halıları yenileme kararı aldı. Nasıl mı? Pek çok camide, düz renk yerine, motifli halılar vardı, sayın ahalimiz saf tutarken aynı hizada duracağına, motiflere göre duruyordu, böylece saflar arasında boşluklar oluşuyordu, bunun mutlaka düzeltilmesi gerekiyordu!

*

Umreye götürülen öğrenci sayısı, üç senede dörde katlanmıştı. Diyanet işlerinin projesiyle 2011 senesinde 2 bin 600 öğrenci-veli umreye götürülmüştü, 2012'de 5 bin 500 olmuştu, 2013 itibariyle 10 bin 461'e yükselmişti.

*

9 Ocak'ta, Paris cinayetlerinin yıldönümünde "ses kaydı" piyasaya çıktı. PKK'lı üç kadını öldürdüğü gerekçesiyle Fransız polisi tarafından tutuklanan Ömer Güney'e ait olduğu iddia ediliyordu. İnternette dolaşan dokuz dakikalık ses kaydında, Ömer Güney'le telefonda konuşan kişinin MİT mensubu olduğu, suikastların MİT tarafından organize edildiği öne sürülüyordu.

*

O günlerde, kimse farkında değildi.
Pek yakında yağacak "sağanak ses kayıtları"nın ilk'iydi.

*

MİT'i suçlayan faili meçhul ses kaydının hemen peşinden, bavulcu Mehmet Baransu, bir başka mevzuda MİT'i suçladı. Aralık 2011'de, hava kuvvetlerine ait F16'lar, Şırnak Uludere'de PKK'lı grup diye, sınırı geçmeye çalışan kaçakçıları bombalamış, 35 vatandaşımız hayatını kaybetmişti. Mehmet Baransu, *Taraf* gazetesinde, bazı belgeler yayımladı. Bu belgelerin MİT'e ait raporlar olduğunu öne sürdü. Baransu'nun iddiasına göre, "MİT tarafından Genelkurmay'a yazı yazılmıştı, koordinat belirtilerek, PKK yöneticilerinden Fehman Hüseyin'in sınırı geçmek üzere olduğu bildirilmişti, ayrıca, üst düzey bir MİT görevlisi bizzat Genelkurmay'ı telefonla arayarak, Fehman Hüseyin'in Uludere'den sınırı geçmek üzere olduğunu söylemiş, bu telefon üzerine F16'lar havalanmış ve vurmuş"tu.

*

Buyrun burdan yakın...
Fethullah Gülen'in kaseti çıktı.

*

Yine faili meçhul şekilde internete yüklenmişti, beş farklı telefon konuşmasının kaydıydı. Fethullah Gülen'e Mustafa Koç,

Turgay Ciner, Ali Sabancı gibi, bazı işadamları hakkında bilgi veriliyor, hükümetin Bank Asya'yı batırmak için üstüne gittiği anlatılıyor, Fethullah Gülen de kendi görüşlerini söylüyordu.

*

Yandaş medya, kelimenin tam manasıyla, zevkten dört köşe olmuştu. Fethullah Gülen'in ses kayıtlarını "flaş, flaş, flaş, son dakika" diye bangır bangır duyuruyorlardı. "Yasadışı dinleme" olmasına rağmen, kelime kelime yayınlıyorlardı. Fethullah Gülen'in ses kayıtlarını kanıt olarak gösterip, 17/25 Aralık'ın cemaat ve işdünyası tarafından ortaklaşa organize edildiğini öne sürüyorlardı. Hiç kimseye cevap hakkı tanımadan, adı geçen işadamlarını linç ediyorlardı. Kendi başlarına ne geleceğinden habersizdiler.

*

Ki, hemen ertesi gün... Tayyip Erdoğan'ın kaseti çıktı. Ses kayıtlarına göre, Başbakan'ın yandaş bir işadamıyla telefonda konuştuğu, orman arazisine yapılacak inşaatla alakalı olarak, bazı güvenceler verdiği iddia ediliyordu.

*

Ses kayıtlarının peş peşe internete düşmesi, Gazeteciler ve Yazarlar Vakfı'nın 5 Aralık 2013'te yaptığı "sürpriz" açıklamayı akıllara getiriyordu. Ortada fol yok yumurta yokken, henüz 17 Aralık patlamamışken, cemaate yakınlığıyla bilinen bu vakıf ne demişti? "Önceki seçimler arifesinde denenmiş olan özel hayatın mahremiyetini ihlal edici ahlakdışı metotların, tekrar denenebileceğine dair endişe verici işaretler görülmektedir. Bu yöndeki her türlü art niyetli girişim, herkes tarafından şiddetle reddedilmeli, lanetlenmelidir" demişti.

*

AKP'nin yandaş gazetecileri, bu sürpriz açıklamanın üstüne atlamış, "cemaat kirli savaş başlatacak" diye yazmışlardı. Abdülkadir Selvi mesela, *Yeni Şafak*'taki köşesinde şu yorumu yapmıştı: "Gazeteciler ve Yazarlar Vakfı'nın açıklaması midemi bulandırdı, bu bir tehdit mi, uyarı mı, yoksa kasetler savaşı öncesinde ön alma mı? Bakalım bu savaş ne kadar kirli bir savaş olacak."

*

Ve, tam 17 Aralık günü... Yandaş gazeteci Rasim Ozan Kütahyalı'ya ait olduğu öne sürülen görüntüler internete sızdırılmıştı, yatak sahneleriydi. Kütahyalı, o kasetteki kişinin kendisi olmadığını belirterek, "operasyonun olduğu gün, garnitür olarak beni de araya sıkıştırmışlar, o kasettekinin benimle alakası yok, ben 70 kiloysam, o kasetteki 140 kilo filan, güldüm geçtim" demişti.

*

Ertesi gün, 18 Aralık'ta, bu sefer, AKP Genel Başkan Yardımcısı Numan Kurtulmuş'a ait olduğu iddia edilen "seks kaseti" internete düşmüştü. Hakikaten kepazelikti. Numan Kurtulmuş'la alakası yoktu, bildiğin porno filmden alınmıştı.

*

Ertesi gün, 19 Aralık'ta, yandaş gazeteci Abdurrahman Dilipak, daha büyük bir kepazeliğin haberini vermişti. "Cemaatin elinde kasetler var, hakkında kaset bulunan 40 milletvekilini şantajla kendi yanlarına alarak, Ak Parti'yi iktidardan düşürme planı yaptılar" diye yazmıştı. Hiç kimse çıkıp, "yahu Abdurrahman Dilipak, cemaatin elinde kaset olduğunu, hem de net rakam vererek, 40 milletvekili hakkında kaset olduğunu nereden biliyorsun?" diye sormamıştı.

*

Basın da sormamıştı.
Savcılar da sormamıştı.
Halbuki, ihbar kabul edilmesi gerekmiyor muydu?

*

Türkiye'de ses kayıtları ortalığa saçılmışken... ABD Ulusal Güvenlik Dairesi'nin, başta Almanya başbakanı olmak üzere, tüm Batılı ülkelerin liderlerini dinlediği ortaya çıktı. Dünya medyası, bu haberle çalkalanıyordu. Başkan Obama, Alman ZDF kanalına röportaj verdi. "Tayyip Erdoğan'ı da dinliyor musunuz?" diye sordular. "Hayır" demedi, "meseleyi ülke ülke tartışmak istemem" cevabını verdi.

*

Ses kaseti çıkan Tayyip Erdoğan, iyice keskinleşti, cemaate "Haşhaşiler" dedi. Böylece, Fethullah Gülen'e de "Hasan Sabbah" demek istemişti. Kimdi bu Haşhaşiler? Aslında, Haşhaşiyun'du. İnsanlık tarihinin en gizemli adamı Hasan Sabbah tarafından, 11'inci yüzyılda kurulan, siyasi-askeri figürlere yönelik suikastlarıyla devlet yönetimlerini dizayn etmeye çalışan tarikattı. Bugünkü İran, Irak ve Suriye topraklarında yaygındı. Büyük Selçuklu Devleti'nin en güçlü döneminde, ortaçağ İslam coğrafyasının belirleyici faktörlerinden biriydi. Rivayet o ki, Hasan Sabbah'ın fedaisi olarak seçilen kişiye, haşhaş veriliyor, uyuşturuluyor, fedai gözlerini cennette açıyordu! Rengârenk bitkiler, cıvıl cıvıl kuşlar, sarışın, esmer, kumral huriler... Fedai, istediği kızla birlikte oluyordu. Sonra yine haşhaşla uyutuluyor, bu defa gözlerini, odasında açıyor, cennete gidip geldiğini düşünüyordu. Hasan Sabbah, cennetin kapılarını açan adamdı. Fedailer, yeniden cennete gitmek için, gözünü budaktan sakınmıyor, bağımlısı haline geldikleri haşhaşın etkisiyle, Hasan Sabbah'ın suikast emirlerini yerine getiriyordu. Ve, o sahte cennet elbette, efsane Alamut Kalesi'nin arka bahçesinden başka bir yer değildi. Nesilden nesile aktarılan, muhtemelen palavralarla dolu bu öykülerde, tek gerçek vardı, suikast... Haşhaşiyun kelimesi, döndü dolaştı, başta İngilizce, hemen tüm Batı lisanlarında "assassin" yani "suikastçı" halini aldı. Tayyip Erdoğan, cemaati işte bunlara benzetmişti.

*

Altı şehirde El Kaide operasyonu yapıldı. Terörle mücadele şubesi ekipleri, İHH'nın, yani, İnsan Hak ve Hürriyetleri İnsani Yardım Vakfı'nın şubelerini, depolarını bastı, arama yaptı, bilgisayarlara, evraklara el koydu. İHH'nın basılan depolarında "Suriye'ye gönderilen yardımlar" vardı. İHH Başkanı Bülent Yıldırım, "İsrail'in ve yargıdaki cemaat yapılanmasının İHH'yı hedef aldığını" söyledi.

*

İHH detayı enteresandı. 2010'da Gazze'ye giderken İsrail komandoları tarafından basılan Mavi Marmara'nın seyahatini de İHH organize etmişti. AKP hükümeti, İsrail'e "haydut, korsan, eşkıya, katil, cani" diye bağırırken, Fethullah Gülen ilk defa Amerikan basınına demeç vermiş, *Wall Street Journal*'e konuşarak, "bunlar yararlı şeyler değil, kimin suçlu olduğunu tayin etme işi Birleşmiş Milletler'e bırakılmalı" demişti.

*

Urla villaları gündeme oturdu.

Tayyip Erdoğan, 2013'ün yaz aylarında, Urla Zeytineli Köyü'nün Hacılar Koyu'ndaki villalarda tatil yapmıştı. İzmirliler tarafından bile pek bilinmeyen, gözden ırak bi adresti.

Villalar, Latif Topbaş tarafından dikilmişti. Arazi, birinci derece SİT alanıydı, villa dikilebilmesi için, hokus pokusla üçüncü derece SİT alanına dönüştürülmüştü. Toplam sekiz villa vardı, ikisinin Tayyip Erdoğan'a ait olduğu öne sürülüyordu. Çevredeki köylerin yollarına sadece mıcır dökülürken, Zeytineli Köyü'ne giden yol, cillop gibi asfaltlanmıştı.

*

Şak... Tayyip Erdoğan'ın kızı Sümeyye'ye ait olduğu iddia edilen telefon kayıtları internete düştü. Sümeyye'nin "amca" diye hitap ettiği Latif Topbaş'a, havuzun etrafına set yapılsın filan gibi, bazı mimari siparişler verdiği öne sürülüyordu.

*

Urla villalarıyla alakalı olarak, altı ses kaydı yayınlandı. Hatta, sürpriz bir kararla Diyarbakır'a tayin edilen İzmir Valisi Cahit Kıraç'ın, bu villalar yüzünden uçtuğu iddia ediliyordu. Söylenen o ki, vali Kıraç, SİT alanındaki villaları yıktırmak istemiş, Latif Topbaş başbakana şikâyet etmiş, vali apar topar gönderilmişti.

*

Latif Topbaş, iddiaları yalanladı, "o villalar başbakana ait değil, 34 sene önce yedi arkadaşımla birlikte satın aldım, aynı sene inşaata başladık, başbakan sadece üç kez misafirim oldu, evin restorasyonu sırasında misafirlerimin isteklerini öğrenme inceliğim, farklı yorumlandı, üzüntü duyuyorum" dedi.

*

Google Earth de, Latif Topbaş'ı yalanladı... Latif Topbaş "34 sene önce inşaata başladık" diyordu ama, Google Earth'ün bir sene önceki, yani 2012'ye ait yeryüzü fotoğraflarında, Urla'daki arazide villa milla görünmüyordu, inşaat bile yoktu!

*

Latif Topbaş... *Forbes* dergisine göre, 1 milyar dolarlık servetiyle, Türkiye'nin en zengin 13'üncü işadamıydı. Market zinciri BİM'in büyük ortağıydı, faizsiz banka Albaraka'nın ortağıydı. AKP'ye adını verdiği iddia edilen Ak Gıda'nın sahibiydi. Ortalıkta görünmeyi sevmiyordu, gazete arşivlerinde fotoğrafı bile yoktu. Girin internete, arayın, hep aynı fotoğrafının kullanıldığını görürsünüz. Gizemli biriydi.

*

İzmir Urla'daki imara aykırı villalara toz kondurulmazken...

İzmir Selçuk'taki Şirince köyünü adeta yoktan var eden Sevan Nişanyan, hapse tıkıldı. SİT alanında ev yaptığı gerekçesiyle, iki sene hapis cezası verilmişti. Köy eviydi, sadece 60 metrekareydi. Dilbilimci, yazar Sevan Nişanyan, Torbalı cezaevine teslim olurken, "Türkiye maalesef ufuksuz, vizyonsuz, çapsız insanlar tarafından, cüceler tarafından yönetiliyor, bu memlekete yazıktır, hepimiz daha iyisine layıkız, Şirince'de yaptıklarımdan pişman değilim, gurur duyuyorum, hapisten çıkınca aynısını yapmaya devam edeceğim" diyordu.

*

Bugün Türkiye'de herkes Şirince'yi tanıyorsa, Şirince'de, hatta Selçuk'ta yüzlerce aile turizmden ekmek yiyorsa, bunu hiç şüphesiz Sevan Nişanyan'a borçluyduk. Teşekkürümüz, onu hapse atmak olmuştu.

*

Büyükelçiler Konferansı ayaklarıyla, dünyanın her yerindeki elçilerimiz Ankara'ya çağırıldı. Nerden çıktı bu konferans diye merak edilirken... Tayyip Erdoğan, elçilere konuştu, cemaatin dünya çapında imha edilmesi için talimat verdi, "bu örgütün yurtdışında mutlaka deşifre edilmesi gerekiyor" dedi. Türkçe meali... Cemaatin 160 ülkede okulu vardı, bu okulları kapatmaya çalışıyordu.

*

Halbuki... 2003 senesinde, AKP iktidara gelir gelmez, dışişleri bakanı Abdullah Gül tarafından, aynı büyükelçilerimize genelge gönderilmiş, "bu okulları ziyaret edecek olan bakanlara, milletvekillerine refakat edilmesini" istemişti. AKP o zamanlar cemaati pek seviyor, yurtdışındaki cemaat okullarını "milli" kabul ediyor, cemaat okullarıyla gurur duyulması için elinden geleni yapıyordu.

*

Ya şimdi?

AKP hükümetinin genelgesi, 11 sene sonra, gene AKP hükümeti tarafından iptal ediliyordu. Hatta, cemaat okulları, AKP iktidara geldiğinden beri, ilk defa, yurtdışı temsilciliklerimizdeki 23 Nisan törenlerine davet edilmiyordu.

*

HSYK zart diye kararname çıkardı.

Savcılar darmadağın edildi.

*

25 Aralık savcısı Muammer Akkaş, düz savcı olarak, Tekirdağ'a gönderildi. MİT Müsteşarı'nı ifadeye çağıran ve Ergenekon davasına bakan İstanbul Başsavcı Vekili Fikret Seçen, Gebze'ye gönderildi. Genelkurmay Başkanı İlker Başbuğ'u tutuklatan, Odatv davasına bakan İstanbul Başsavcı Vekili Cihan Kansız, Sakarya'ya gönderildi. Ergenekon, Poyrazköy, irticayla mücadele eylem planı soruşturmalarını yürüten İstanbul Başsavcı Vekili Ercan Şafak, Kocaeli'ye gönderildi. Zekeriya Öz'le birlikte Dubai'ye gittiği öne sürülen İstanbul Başsavcı Vekili Ali Güngör, İstanbul Anadolu yakasına düz savcı olarak gönderildi. İmbat operasyonunu başlatıp, bacanak'ı sorgulayan İzmir Başsavcı Vekili Ali Haydar, Karşıyaka'ya gönderildi. Balyoz davasının duruşma savcısı Savaş Kırbaş, Gaziosmanpaşa'ya gönderildi. Gezi olaylarının simgesi Kırmızılı Kadın'a biber gazı sıkan polis hakkında iddianame hazırlayan savcı Adnan Çimen, Büyükçekmece'ye gönderildi. Hatay'da MİT TIR'ını durduran Adana Savcısı Özcan Şişman, düz savcı olarak Mersin'e gönderildi. El Kaide operasyonunda İHH depolarını basan Van Savcısı Mustafa Alper, Malatya'ya gönderildi.

*

Ne kadar çok, şöhretli davamız vardı di mi?
Sayın hükümetimiz hepsini tertemiz etmişti.

*

AKP-cemaat kapışmamışken, savcılar cici savcıyken... Uzun tutukluluğa karşı çıkan Balyoz hâkimi görevden alınmıştı. Mehmet Haberal'a, Hurşit Tolon'a, Dursun Çiçek'e tahliye kararı veren hâkimler görevden alınmıştı. Bülent Arınç'a suikast palavrasıyla suçlanan subayları tutuklamayan hâkim görevden alınmıştı. Odatv'de tahliye kararı veren hâkim, istifaya zorlanmış, emekli edilmişti. Şimdi devran dönmüş... Bir dönemin cici savcıları, tukaka savcılar olmuştu.

*

AKP milletvekili Fevai Arslan, "Allahu tealanın bütün vasıflarını üzerinde toplamış bir lider Tayyip Erdoğan var, işte bunun önünü kesmek istediler" dedi.

*

E yuh be birader'di yani!

*

AKP Aydın il başkanı "Tayyip Erdoğan bizim için ikinci peygamber gibidir" demişti. Hazreti Muhammed'e AKP amblemiyle nüfus cüzdanı çıkarıp, peygamberimizin çocuklarının arasına "Tayyip" ismini sokuşturmuşlardı. AKP Bursa milletvekili "Tayyip Erdoğan'a dokunmanın bile ibadet olduğunu" söylemişti. AB Bakanı Egemen Bağış, Tayyip Erdoğan'ın doğmasına, büyümesine vesile olan Rize, İstanbul ve Siirt'i "mübarek şehirler" ilan etmişti. İstanbul'da "Helal gıda, Tayyip ürünler konferansı" düzenlenmişti. AKP Adıyaman milletvekili, Tayyip Erdoğan'ın cemaatle mücadelesini "Uhud savaşı"na benzetmişti. AKP Düzce milletvekili, bunların hepsini birden aşmış, "Allahu tealanın bütün vasıflarını üzerinde toplayan lider" demişti. Alenen şirk'ti.

*

AKP milletvekili İlhan İşbilen, partisinden istifa etti. Hakan Şükür, İdris Bal, İdris Naim Şahin, Ertuğrul Günay, Erdal Kalkan, Haluk Özdalga, Hami Yıldırım ve Muhammed Çetin, 17 Aralık'tan bu yana dokuzuncu fireydi. AKP'nin sandalye sayısı 318'e inmişti.

*

Yargıtay, şike davasındaki kararını açıkladı, Fenerbahçe başkanı Aziz Yıldırım'ın cezasını onadı. Bu karar, bir sene yatıp çıkan Aziz Yıldırım'ın bir sene daha hapse gireceği manasına geliyordu.

*

Aziz Yıldırım'la alakalı her gelişme "enteresanlıklar silsilesi"ydi... Deniz Feneri ayyuka çıkmıştı, gemicikler manşetlerdeydi, şak, Aziz Yıldırım hapse atılmıştı. Suriye savaş uçağımızı düşürmüş, AKP fena sıkışmıştı, şak, Aziz Yıldırım serbest bırakılmıştı. Ayakkabı kutusu, yatak odasında para sayma makinesi, şak, Aziz Yıldırım'ı gene hapse atıyorlardı. Futbol dedin mi, Fenerbahçe dedin mi, akan sular duruyordu, herkesin dikkati oraya yöneliyordu. Aziz Yıldırım, adeta, toplumun dikkatini dağıtmak için, joker gibi kullanılıyordu.

*

Yerel seçime günler kalmıştı, CHP İstanbul büyükşehir belediye başkan adayı Mustafa Sarıgül'ün banka hesaplarına, gayrimenkullerine TMSF tarafından el konuldu. Niye? Mustafa Sarıgül'ün teee 1988'de Korkmaz Yiğit'e ait Bank Ekspres'ten 3,5 milyon dolar kredi çektiği, bilahare, Bank Ekspres'e TMSF tarafından el konulduğu, Mustafa Sarıgül'ün kredi borcunu ödemediği öne sürülüyordu. Mustafa Sarıgül "borcum falan yok, siyasi saldırı yapılıyor" dedi. Zaten, borç varsa bile, teee 16 sene sonra, seçime günler kala mı akıllarına gelmişti? Neden teee 16 senedir herhangi bi işlem yapılmamıştı?

*

Haşırt, Tüpraş'a 412 milyon lira rekabet cezası kesildi. Sebebi gayet açıktı... Yandaş medya bu haberi "Fethullah Gülen'in Koç'una ağır ceza" başlıklarıyla veriyordu. Çünkü, Fethullah Gülen'in internete düşen ses kayıtlarında, Mustafa Koç'a ananas hediye edildiği, Mustafa Koç'un da teşekkür ettiği öne sürülüyordu. Görünen o ki, dünyanın en pahalı ananas faturası ödetilmişti!

*

Ergenekon, Balyoz, Askeri Casusluk davalarının mimarlarından biri olarak gösterilen Ali Fuat Yılmazer, emeklilik dilekçesi verdi. İstanbul istihbarat şube müdürüydü, Odatv davasında gazeteciler Nedim Şener ve Ahmet Şık tutuklanınca, bu görevinden alınmış, kızağa çekilmişti.

*

Hanefi Avcı, *Haliç'te Yaşayan Simonlar* kitabında, Ali Fuat Yılmazer'i şöyle tarif etmişti: "Hrant Dink cinayetinden sonra, Ahmet İlhan Güler görevden alındı, onun yerine, normalde asla bu göreve gelemeyecek, gerekli niteliklere sahip olmayan, hatta, sosyal ve psikolojik açıdan sorunlu olduğunu değerlendirdiğim Ali Fuat Yılmazer atandı."

*

Yılmazer, en son, Hrant Dink cinayetinin kilit ismi Erhan Tuncel'in itiraflarıyla gündeme gelmişti. Polis muhbiri Erhan Tuncel, savcıya verdiği ifadede, "karşımızda polis yok, cinayet şebekesi var, Ali Fuat ve Ramazan Akyürek çetenin üzerindedir, Odatv, şike davası, KCK davası, Hanefi Avcı, hepsi suçsuz, bunları yapan cemaat değil, bu ikisidir" demişti.

*

Sanki yeteri kadar derdimiz yokmuş gibi...
Başımıza bir de kimyasal füze işi çıktı!

Ağustos 2013'te Şam'ın banliyösüne füze saldırısı düzenlenmiş, 1300 kişi ölmüştü. Muhalifler, Esad'ın kimyasal silah kullandığını öne sürmüştü. Dünya, bu katliamın failini ararken... Milli İstihbarat Teşkilatı bir rapor hazırlamış, Tayyip Erdoğan da Rusya ziyareti sırasında bu raporu Putin'in önüne koymuştu. Henüz dünyadan hiçbir uzman bölgeye gidip, inceleme yapmamıştı ama, MİT'in raporunda "füzenin nereden, hangi açıdan fırlatıldığı" bile bütün detaylarıyla anlatılıyordu. MİT'in raporuna göre, kimyasal silahı kesinlikle Esad kullanmıştı.

*

Ocak 2014'te bu hadiseye dair, çok çarpıcı bir gelişme yaşandı. ABD'nin en prestijli üniversitelerinden biri olan Massachusetts Institute of Technology, kısaca MIT'nin profesörleri, tüm verileri toplayarak, rapor hazırladı. Kesin sonuç şuydu: Kimyasal silah füzesi, muhalif gruplar tarafından fırlatılmıştı.

*

Bizim MİT, Esad yaptı diyordu.
ABD'nin MIT'si, muhalifler yaptı diyordu.

*

Amerikalı profesörlerin tespitine göre, söz konusu füze, kısa menzilliydi, menzili iki kilometreydi. Düştüğü yeri merkez olarak belirleyip, iki kilometre çapında daire çizmişlerdi. O dairenin içinde Esad güçleri yoktu! Sadece muhalif güçler vardı.

*

Hükümetin başımıza ördüğü çorap, sadece bununla sınırlı değildi. Pulitzer ödüllü Amerikalı gazeteci Seymour Hersh, London Review of Books isimli internet sitesindeki makalesinde, Türkiye'yi suçladı, "kimyasal füze saldırısını El Nusra'nın yaptığını, El Nusra'ya bu silahları Ankara'nın verdiğini" yazdı!

*

Hersh'ün iddiasına göre, Libya'dan getirilen silahlar, Türkiye üzerinden Suriye'deki köktendinci gruplara iletiliyordu. Türkiye bu tür saldırıları organize edip tırmandırarak, ABD'nin Suriye'ye müdahale etmesini sağlamaya çalışıyordu.

*

Bunları okuyan herkesin zihnini iki soru kurcalıyordu. Tayyip Erdoğan'ın Beyaz Saray ziyaretinin arifesinde,

Reyhanlı'daki patlamayı da El Nusra mı yapmıştı? Yakalanan TIR'larda ne taşınıyordu?

*

Demeye kalmadı kardeşim...
Adana'da yedi TIR daha yakalandı!
Jandarma durdurmuştu.
MİT gene TIR'lara eskortluk yapıyordu.
TIR'ları görüntüleyen gazeteciler bile gözaltına alınmıştı.

*

Peki orada neler olmuştu?
Yandaş medya, pek yakında, fotoroman gibi kare kare görüntülerle yayımlayacaktı. İhbar yapılmıştı, Adana savcısı Aziz Takçı'nın talimatıyla jandarma harekete geçmişti, Adana il jandarma komutanı kurmay albay Özkan Çokay emir vermiş, TIR'lar durdurulmuş, TIR'lara eskortluk eden MİT'çiler silah zoruyla yere yatırılmış, kelepçe takılmıştı. TIR'lar, arama yapmak üzere Seyhan jandarma komutanlığına çekilmişti. Bu sefer, Adana valisinin emriyle, Adana emniyet müdürlüğü özel harekât şubesi devreye girmiş, 50 kadar özel harekâtçı polis, Seyhan jandarma komutanlığını kuşatmış, "TIR'ları bırakın, aksi takdirde çatışmaya girmek zorunda kalacağız" demişlerdi. Jandarma TIR'ları bırakmıştı.

*

Uluslararası teröre destek veren ülke durumuna düşürüldüğümüz yetmiyormuş gibi, askerimizle-polisimiz namlu namluya gelmişti. Koskoca MİT, kurye şirketi haline getirilmişti.

*

O gün... Kemal Kılıçdaroğlu, partisinin meclisteki grup toplantısında "dehşet verici bir belge açıklayacağım" dedi. İzmir Başsavcısı'nın hazırladığı tutanağı okudu. "İmbat operasyonu patlayınca, bacanak aranırken, Adalet Bakanlığı Müsteşarı, İzmir Başsavcısı'na telefon etmiş, soruşturmanın derhal durdurulmasını, operasyonu yürüten savcının derhal değiştirilmesini istemiş, eğer bunları yapmazsanız, sonuçlarına katlanırsınız diye tehdit etmiş, İzmir Başsavcısı da hukuk dışı işlem yapamayacağını belirterek, telefonu kapatmış ve yaşadıklarını tutanak haline getirmiş"ti.

*

Kılıçdaroğlu açıkladı.
Sadece iki saat sonra...
İzmir Başsavcısı uçtu.
Samsun'a gönderildi.

*

Adalet Bakanı Bekir Bozdağ hakkında fezleke hazırlandığı ortaya çıktı. Çünkü... İzmir Başsavcısı'nı sadece Adalet Bakanlığı Müsteşarı aramamıştı, bizzat Adalet Bakanı da aramıştı iyi mi! Adalet Bakanı, Başsavcı'ya baskı yapmış, "soruşturma dosyasını derhal o savcının elinden al" demişti. İzmir Başsavcılığı da "yargı görevi yapanı etkilemeye teşebbüs"ten, fezleke hazırlamıştı.

*

Üstelik, Adalet Bakanı hakkında bir değil, iki fezleke vardı. İzmir Başsavcısı'na telefon ettiği gibi, TIR'lar yüzünden de Adana Başsavcısı'na telefon etmişti, bir fezleke de Adana Başsavcılığı tarafından hazırlanmıştı.

*

İçişleri, ekonomi, şehircilik, AB derken, şimdi de adalet... Hakkında fezleke hazırlanan bakan sayısı 5'e yükselmişti.
Dünyada böyle hükümet...
Ne duyulmuştu, ne görülmüştü!

*

Adana'da TIR'ları yakalayan savcı, uçtu.
Trabzon'a gönderildi.
Adana'da TIR'ları yakalayan albay, uçtu.
Ankara'ya gönderildi.

*

TÜSİAD Başkanı Muharrem Yılmaz, olağan genel kurulda kürsüye çıktı, "hukukun üstünlüğüne riayet edilmeyen, yargı mekanizması AB normlarında çalışmayan, düzenleyici kurumlarının bağımsızlığına gölge düşen, vergi cezaları veya başka tür cezalarla şirketler üzerinde baskı kurulan, ihale kanunu onlarca kez değiştirilen bir ülkeye, yabancı sermayenin gelmesi mümkün değildir" dedi.

*

Vay sen misin bunu diyen...

*

Tayyip Erdoğan bağıra bağıra çıktı ortaya, TÜSİAD Başkanı'nı "vatan haini" ilan etti. "Paralel yapıyla mücadele etmemizden rahatsız oluyorlar, utanmadan küresel sermaye gelmez diyorlar, TÜSİAD Başkanı böyle bir ifade kullanamaz, eğer kullanıyorsa, ülkeye ihanettir. Biz bu makamlara TÜSİAD'la gelmedik, TÜSİAD'a rağmen geldik, kendi hükümetini tehdit ediyorsun, öyle mi? Cevabını alacaksın" dedi.

*

Cevabın ne olduğunu...

Hem TÜSİAD, hem Türkiye pek yakında öğrenecekti.

*

Asrın keşfi yapıldı!

Recep Tayyip Erdoğan Üniversitesi Su Ürünleri Fakültesi, Fırat Nehri'nde, bugüne kadar bilim literatürüne girmemiş üç yeni sazan türü keşfetti. Sazanlardan birine "Recepi" adını verdiler, öbürüne "Emineae" adını verdiler. Bilim dediğin, işte böyle olurdu... Saçma sapan politikalar yüzünden, Türkiye'de balıkçılık öldürülmüştü. Üç tarafımız denizlerle çevriliyken, karada, havuzlarda balık yetiştirmeye çalışıyorduk. Barbun Senegal'den, kalamar Hindistan'dan, kalkan Romanya'dan, sinarit Gana'dan, orfoz Fas'tan, ıstakoz ABD'den, sardalya Yunanistan'dan ithal ediliyordu. Karadeniz'de 26 balık türünün neslini tüketmiştik, Marmara'da 125 balık türünün neslini kurutmuştuk. Bula bula, Fırat'ta sazan bulmuşlardı, onun da adını "Recepi" koymuşlardı.

*

Benzin beş lirayı geçti.

Dünyanın en pahalı benzinini kullanıyorduk.

Bazen ikinciliğe düşüyor, hemen zam yapıyorduk.

Şampiyonluğu kaptırmamaya kararlıydık.

*

Ve... Ergenekon, Balyoz, Casusluk.

Tüm kumpas davaları aynı anda çöktü.

*

Çünkü TÜBİTAK, bu davaların omurgasını oluşturan 5 no'lu harddiskin tarihiyle oynandığını açıkladı. 2003'te hazırlandığı iddia ediliyordu, oysa 2009'da kumpas montajları yapılmıştı. Aralık 2010'da Donanma Komutanlığı'ndaki aramada ele geçirilen harddisk, güya temel delildi ama, sahteydi.

*

AKP'yle cemaat cankuşken...
Aynı TÜBİTAK, harddiskte oynama yok demişti.

*

5 no'lu harddisk, anında, ilk meyvesini verdi.
Poyrazköy davasında herkes tahliye edildi.
Polis, elindeki krokilerle Poyrazköy'de kazılar yapmış, eliyle koymuş gibi silahlar bulmuş, SAT subaylarının, denizci subayların çete kurduğu, bu subayların amirallere suikast düzenleyeceği iddia edilmiş, şakır şakır tutuklamalar yapılmış, Yarbay Ali Tatar canına kıymış, Poyrazköy davası, Ergenekon davasıyla birleştirilmişti, dört senedir hapis yatıyorlardı. Şimdi "pardon" deniyordu, "5 no'lu hardisk sahteymiş, çıkabilirsiniz" deniyordu.

*

PKK'nın Suriye'deki kolu PYD'nin lideri Salih Müslim, *Hürriyet*'e konuştu. Türkçesi gayet güzeldi, İstanbul Teknik Üniversitesi'nde okumuştu, kimya mühendisliği diploması vardı. "Katar'ın selefi örgütlere gönderdiği silahlar, Türkiye üzerinden geliyor. Türkiye'nin kendisinin gönderdiği silahlar da var. Burada savaşan İslamcılar, Bolu'da eğitildiklerini söylüyor, Sarıkamış'ta kampları var. El Nusra'nın yemeği bile Türkiye'den, Ceylanpınar'dan geliyor" diyordu.

*

Hiç kimse çıkıp "yalan" diyemiyordu.

*

MHP'nin İstanbul Esenyurt seçim bürosuna ateş açıldı.
Partinin basın danışmanı Cengiz Akyıldız, öldü.
AKP hiç vakit kaybetmedi...
Cinayeti cemaat'e bağladı.
Eskiden bütün suçları Ergenekon'a yıkarlardı.
Şimdi moda, Fethullah'tı.

*

Fethullah Gülen BBC'ye konuştu, 16 sene sonra ilk defa bir televizyona röportaj veriyordu. "Yolsuzluk olduğu muhakkak, bunu herkes kabul ediyor, değiştirmeye kimsenin gücü yetmez" diyordu.

*

Diyanet İşleri Başkanlığı, merak edilen konulara yönelik fetvalar verdi, lades oyununun kumar sayıldığını, haram olduğunu izah etti. Ayakkabı kutuları, yatak odasında para sayma makineleri, 700 bin liralık kol saatleri sorun değildi, lades haramdı!

*

Maliye Bakanı Mehmet Şimşek'in ikiz bebekleri oldu. Azra Esma ve Sane Nur isimlerini koydu. Kabinenin toplam çocuk sayısı, 74'e yükseldi. Milli Eğitim Bakanı Nabi Avcı ile Şehircilik Bakanı İdris Güllüce'nin beşer çocuğu vardı, rekor onlardaydı.

*

Levent Kırca, İşçi Partisi'nden İstanbul büyükşehir belediye başkan adayı oldu. Elbette kazanmak için hiçbir şansı yoktu ama, dönemin dik duran sanatçılarından biriydi, sanat'ın teslim olmadığını göstermek için aday olmuştu. Müjdat Gezen, Fazıl Say, Tarık Akan, İlhan İrem, Ferhan Şensoy, Edip Akbayram, saymadıklarım kırılmasın ama, hakikaten parmakla gösterilecek kadardılar.

*

Kemal Kılıçdaroğlu, TÜRGEV'e 100 milyon dolar yatırıldığını açıkladı... Meclis grup toplantısında, TÜRGEV'e ait banka hesap numarasını okudu, "bu hesap numarasına 26 Nisan 2012'de 99 milyon 999 bin 990 dolar yatırıldığını" söyledi. "Bu para neyin parasıdır, rüşvet parası mıdır, kim yatırmıştır?" diye sordu.

*

Hemen peşinden "havuz"u açıkladı.
Sabah-atv için müteahhitlerden 630 milyon dolar toplandığını, bu para karşılığında bu müteahhitlere 87 milyar euroluk ihale dağıtıldığını, organizasyonun başında Binali Yıldırım'ın bulunduğunu söyledi.

*

Bunların açıklandığı gün... Kahramanmaraş'ta bakkalın penceresinden kolunu uzatıp, çekmecedeki 27 lirayı çalan 16 yaşındaki çocuğa, 27 ay hapis cezası verildi. Her bir liraya bir ay hapis yapıştırılmıştı.

*

Tayyip Erdoğan, "özel yetkili mahkemeleri kesinlikle kaldıracağız" dedi... AKP iktidara gelir gelmez, demokratikleşiyoruz dümeniyle, devlet güvenlik mahkemeleri kaldırılmış, onun yerine, özel yetkili mahkemeler getirilmişti.

2012'de, özel yetkili savcı, MİT Müsteşarı'nın ensesine binince, özel yetkili mahkemeler apar topar lağvedilmişti, ancak, Ergenekon, Balyoz, Casusluk davalarına devam etmelerine izin verilmişti. Yani, MİT'e dokunma, askerlere istediğin kadar dokunabilirsin denmişti. Neticede, özel yetkili savcılar 17/25 Aralık'ta hükümetin ensenine binince, bıçak kemiğe dayanmıştı, Tayyip Erdoğan'ın tahammülü kalmamıştı.

*

Çağlayan Adliyesi'nde adeta deprem oldu. Hadi Salihoğlu, İstanbul Başsavcılığı'na atanmıştı. Koltuğa oturur oturmaz 90 savcının yerini değiştirdi, baktıkları dosyalar ellerinden alındı. Ertesi gün... Rıza Sarraf'ın malvarlığı üzerindeki tedbir kararı kaldırıldı.

*

Yargıtay, Deniz Feneri davasında yargılanan İstanbul 10'uncu Noteri İsmet Büyükkılıç'la alakalı beraat kararını bozdu. Bu noter, Deniz Feneri'nden hapis cezası alan birine, yurtdışındayken, sanki İstanbul'daymış gibi vekâletname düzenlemişti. "Resmi belgede sahtecilik"ten yargılanan noter'e, 15 sene hapis isteniyordu. Mahkemede beraat etmişti, Yargıtay ise, beraat edemez diyordu.

*

İstediğin kadar örtmeye çalış, istediğin kadar oyala, devlette hukuki işlem başladı mı, illa ki peşinden geliyordu. Kim olursan ol, kurtuluşun yoktu. AKP'nin yüreğini hop oturtup hop kaldıran, geceleri uykularını kaçıran gerçek, buydu.

*

Tayyip Erdoğan "dev tesis"leri hizmete soktu.
Ankara'da taksi durağı açılışı yaptı!
Otopark açılışı yaptı!
Laf olsun torba dolsun cinsinden açılışlar, sanırsın fabrika açılıyor, "dev tesisler hizmete giriyor" reklamıyla anons ediliyordu.

*

Bakanlarımız arasında, pastane açılışı yapan, market açılışı yapan, halı saha açılışı yapan, kermes açılışı yapan, dönerci açılışı yapan, lokumcu açılışı yapan bile vardı. Bakanlarımızın dev tesis(!) açılışlarına, valiler, kaymakamlar, garnizon komutanları filan katılıyordu.

*

Ocak ayında... Türk arkeolojisinin duayen ismi Profesör Halet Çambel, aramızdan ayrılmıştı; Türkiye'yi olimpiyatlarda temsil eden ilk kadın sporcumuzdu. Yeşilçam'ın en iyi kötü adamlarından Süheyl Eğriboz, unutulmaz dizi Bizimkiler'in Davut Usta'sı Selçuk Uluergüven, Semahat Arsel'in eşi Nusret Arsel vefat etmişti. Fellini'nin ilham kaynağı, paparazzilik mesleğinin miladı, Ermeni asıllı Türk vatandaşı, efsane dansöz Ayşe Nana, Roma'da gözlerini yummuştu.

*

Portekiz'in ve dünya futbolunun en pırıltılı yıldızlarından "Kara Panter" lakaplı Eusebio, gitmişti.

*

Ariel Şaron ölmüştü.

"Kasap" olarak anılan İsrail başbakanı, beyin kanaması geçirmişti, sekiz senedir komadaydı. Cenaze törenine Türkiye'den resmi katılım olmadı, taziye mesajı da yayınlanmadı. Halbuki... Tayyip Erdoğan 2005'te İsrail'e gitmiş, "kasap"la görüşmüştü. Hatta o kadar yakınlık göstermişti ki, Şaron bile "Tayyip Erdoğan'dan öyle enteresan şeyler duydum ki, şaşırdım, Tayyip Erdoğan'ın yeteneklerinden faydalanabileceğimi söylemek isterim" demişti. Bu ziyaretten kısa süre sonra Şaron beyin kanaması geçirmiş, ilk geçmiş olsun telefonunu açan Tayyip Erdoğan olmuştu. Şaron'un sesini duymaktan mutlu olduğunu belirten Tayyip Erdoğan, "bir an önce işinin başına dönmesi için temennide" bulunmuştu. Şimdi... Aynı Tayyip Erdoğan hükümeti, "hiç tanışmıyoruz ki, bize ne, ölürse ölsün" ayağına yatıyordu. Nasıl olsa ahali hatırlamaz diye düşünüyorlardı.

ŞUBAT

• Tape • Başçalan • Haramzadeler • Fuat Avni • Milletin orasına koyacağız • Alo Fatih • Uzun adam • Yasin el Kadı • Benim başörtülü bacıma saldırdılar • Paraları sıfırladın mı? • Anlamadım babacım • TÜRGEV • Kucağa oturacaklar • Dombıra

Melih Gökçek, Ankara'ya kapı yaptı!
Başkent'in beş ayrı girişine beş kapı dikildi.
25 milyon lira harcandı.
"Dev tesis" diye işte buna denirdi.

*

BDP milletvekili Sırrı Sakık, "yolsuzluklar çok da umurumuzda değil, hazine'nin bekçisi değiliz, çalınmasın da F16 mı alınsın" dedi. AKP'yle BDP arasındaki gizli kapaklı sözleşmenin itirafıydı. Sen bana dokunma, ben de sana dokunmayayım'dı.

*

Tayyip Erdoğan'ın adeta üzerine titrediği Çamlıca Camisi'nde, sakınan göze çöp battı. İnşaatı yapan iki şirketten biri, Özkar İnşaat, iflas erteleme için başvuruda bulundu, caminin inşaatından çekildi. Bu camiyle alakalı her mevzunun adeta ofsayt bi tarafı vardı. Proje yarışması açılmış, birinciliğe layık eser bulunamamıştı. Sultanahmet Camisi'nin taklidiydi. Zorlama sembollerle doluydu, resmi açıklamalara göre, 72,5 metre yüksekliğindeki kubbesi, İstanbul'da yaşayan 72,5 milleti, 34 metrelik ana kubbe çapı, İstanbul'un plakasını, 107.1 metre yüksekliğindeki minareleri 1071'i simgeliyordu filan... 72 buçuk millet göndermesindeki, buçuk, hangi millete aitti? İstanbul'un plakası 01 olsa, kubbenin çapı 1 metre mi olacaktı? Proje, tel tel dökülüyordu. Yetmedi... CHP'nin müftü milletvekili İhsan Özkes, mecliste soru önergesi verdi. "Tayyip Erdoğan'ın, vefat edince, Çamlıca Camisi'nin avlusuna defnedilmesini vasiyet ettiği doğru mu? 100 milyon liradan fazla masraf edilen bu cami, Tayyip Erdoğan'ın türbesine zemin hazırlamak için mi yapılıyor?" diye sordu.

*

Suriyeliler akın akın gelmeye devam ediyordu, ne pasaport, ne kimlik, yürüye yürüye sınırı geçiyor, canları nereye isterse, oraya yerleşiyorlardı. *Hürriyet*'in ekonomi yazarı Vahap Munyar, Gaziantep'e gitti, işadamlarıyla sohbet ederken, Gaziantep Büyükşehir Belediye Başkanı Fatma Şahin aynen şöyle dedi: "Suriyelilerin suça karışma oranı çok düşük, sokakta dilenene rastlayamazsınız, fabrikaların eleman açığı vardı, Suriyeliler Gaziantep'e ilaç gibi geldi."

*

Pek yakında, Gaziantep ahalisi, şehirdeki Suriyelilere saldıracak, otomobillerini ateşe verecek, dükkânlarının camını çerçevesini indirecekti, silahlar konuşacak, bıçaklamalar olacaktı. "İlaç gibi geldiler" dedikleri, buydu.

*

Abdurrahman Dağdelen isimli vatandaşımız, başağrısı şikâyetiyle tomografi çektirdi, kafatasında mermi bulunduğu ortaya çıktı! Meğer... Askerliğini 1993'te Şırnak'ta yapmıştı, çatışmada yaralanmıştı, hastaneye yatırılmış, tedavisi yapılmış, artık iyileştin denilerek, evine gönderilmişti. 20 sene sonra tomografi çektirince, 20 senedir çektiği başağrısının, çatışmada yediği ve 20 senedir kafasında taşıdığı mermiden kaynaklandığı anlaşılmıştı. Burası Türkiye'ydi... Bazı şeylerin kafamıza dank etmesi için, 20 sene geçmesi gerekiyordu!

*

Fethullah Gülen'in bedduasından sonra, beddua moda olmuştu, Bülent Arınç da beddua etti, "yolsuzluk yapanın Allah cezasını versin" dedi. Hem fezlekeleri meclis'ten uzak tutmak için, milletin gözünden kaçırmak için ellerinden geleni yapıyorlardı, hem de "Allah cezalarını versin" falan diyerek, milletin gözünü boyuyorlardı.

*

Necati Şahin, CHP'nin Bursa Büyükşehir Belediyesi başkan adayı oldu. Her aday kendi fotoğrafıyla seçim kampanyası yürütürken, CHP'nin Bursa adayı, eşiyle birlikte çekilmiş fotoğrafını kullanıyordu. Çünkü, eşi türbanlıydı. CHP, adaya değil, türbana oy istiyordu. CHP'nin Elazığ Kovancılar ilçesi adayının ise, eşi değil, bizzat kendisi türbanlıydı. Ve bu CHP, Bursa'da AKP'nin anca yarısı kadar oy alabilirken,

Kovancılar'da sadece yüzde bir oy alabilecekti, yüzde bir!

*

Kürdistan Eşekler Partisi, kendini feshetti. Eşşek şakası değil... Kuzey Irak'ta hakikaten böyle bir parti vardı. Dokuz sene önce, eşeklere saygı gösterilmesini savunmak için kurulmuştu. Süleymaniye'ye, kravatlı, takım elbiseli eşek büstü dikmişlerdi. Partinin kurucusu Ömer Kalol, gereken ilgiyi görmedikleri ve alay konusu oldukları için, kendilerini feshettiklerini söyledi.

*

Asrın "U dönüşü" gerçekleşti.
25 Aralık'ta "ne yaptıysam başbakanın talimatıyla yaptım, başbakanın da istifa etmesi lazım" diyen şehircilik eski bakanı Erdoğan Bayraktar, 40 gün sonra çark etti, "sayın başbakan benim davamın lideridir, istifa kelimesini maksadımı aşan bir şekilde kullandım, liderimden ve dava arkadaşlarımdan özür diliyorum" dedi. 40 gün içinde neler döndü, hangi pazarlıklar yapıldı? Erdoğan Bayraktar bi daha çark edip, itiraf edinceye kadar muamma olarak kalacaktı, bu kitabın yazıldığı Ocak 2015 itibariyle Erdoğan Bayraktar henüz itiraf etmemişti.

*

Gezi olayları sırasında, Eskişehir'de polis ve polis yardakçıları tarafından sopalarla dövüle dövüle öldürülen Ali İsmail Korkmaz'ın davası, Kayseri'de başladı. Anne Emel Korkmaz, sanıklara oğlunun fotoğrafını göstererek, "gözlerime bakın, katiller, nasıl kıydınız Alişime?" diye bağırdı.

*

Anne'nin bu soruyu haykırdığı dakikalarda, Ali İsmail'in katledildiği Eskişehir'de, Diyanet İşleri başkanımız Mehmet Görmez, konferans veriyordu. AKP'yle cemaat arasındaki savaşa çok üzülüyordu, "dindarların kavgası dinimize zarar veriyor, gençleri dinden soğutuyor" diyordu. İyi de... İslam tarihi boyunca, herhangi bi dindarın yatak odasında yedi adet kasa ve para sayma makinesi bulunmuş muydu? Din-iman deyip, dolarları ayakkabı kutusuna doldurmak caiz miydi? Karapara şüphelisinin uçağıyla umreye gitmek, gençlerimizi dinden soğutmuyor muydu? Vakıfçı oğlan, villacı kız, bacanak, enişte, dünür, damat... Niye gıkı çıkmıyordu diyanet'in? Niye bu mevzularda tek satır hutbe okunmuyordu?

*

Diyanet hutbe okutmuyordu ama...
Muammer Güler dua okuttu!
Oğlu tutuklu bulunan içişleri eski bakanı, Mardin'e gitti, "dik dur eğilme, Mardin seninle" sloganlarıyla karşılandı, "bize karşı yapılan bu organize olaylar, ikinci gezi vakasıdır, hepinizi, hepimiz için duaya davet ediyorum" dedi.

*

"Tape"ler yağmaya başladı.
Telefon dinlemeleriyle elde edilmiş ses kayıtlarına, polis jargonunda "tape" deniyordu. İlerleyen sayfalarda detaylarını okuyacağınız kaynağı belirsiz tapeler, 30 Mart yerel seçimine kadar, her gece, twitter'da YouTube'da yayınlandı. Hangi tapenin yayınlanacağı twitter'dan anonslanıyor, sonra YouTube'a yükleniyordu.

*

Hükümet aleyhindeki tapeler, "Başçalan" ve "Haramzadeler" isimli hesaplardan yayılıyordu. Hassas bi dağılım vardı, mahkeme kararıyla yapılmış resmi dinlemeler "Haramzadeler" hesabından... İllegal dinlemeler "Başçalan"dan servis ediliyordu. Fethullah Gülen ve cemaatçilere ait olduğu öne sürülen ses kayıtları, "Mehmet Özçelik" hesabından yayınlanıyordu. MİT'i suikastla suçlayan ses kayıtları "pariste üç fidan cinayeti" hesabından yayınlanırken, Türkiye'yi savaşın eşiğine getiren ses kayıtları "seçim güdümü" isimli hesaptan çıkacaktı.

*

29 Mart gecesine kadar, toplam 84 tape ortalığa saçıldı. 42'si Başçalan, 22'si Haramzadeler, 17'si Mehmet Özçelik hesabından duyuruldu. Bir ses kaydı "pariste üç fidan cinayeti" isimli hesaptan, iki ses kaydı "seçim güdümü"nden yayıldı. Son tweet, Başçalan'dan 29 Mart gecesi saat 22.09'da atılacaktı.

*

Tapeler 20 milyondan fazla defa tıklandı. Genelde saat 22-23 sularında internete yükleniyordu. Herkes işini gücünü bırakıyor, bilgisayar başına geçiyor, televizyon dizisi izler gibi, o gece gelecek ses kaydını bekliyordu.

*

Velev ki, AKP'lilerin telefonlarını cemaatçiler kaydetmişti. Peki, Fethullah Gülen'in telefonlarını kaydedip internete koyanlar kimdi? İnandırıcı olmak için kendi kendilerine mi kayıt sızdırıyorlardı? Yoksa, başka birileri mi vardı?

*

Tarih boyunca böyle propaganda savaşı görülmemişti. Dini siyasete alet eden politikacılar, devlete hâkim olmaya çalışan dinciler, rüşvete doymayan tipler, gözünü para hırsı bürümüş işadamları ve kamu görevini yapmayan basın yüzünden, hangi gizli servislerin oyuncağı olmuştuk, belli değildi.

*

Türkiye "Fuat Avni"yi konuşuyordu.

Twitter fenomeniydi, kim veya kimler olduğu bilinmiyordu, 17/25 Aralık'tan itibaren peydah olmuştu, hem yayınlanacak tapelerle alakalı bilgi veriyordu, hem hükümetin atacağı karşı adımlarla alakalı bilgi veriyordu, kâhin gibiydi. Mesajları bütün olarak değerlendirildiğinde "AKP bünyesinde, hükümetin burnunun dibinde, farkına varılamayan, cemaate yakın" gibi bi profil çıkıyordu. Duyurduğu bazı bilgiler, ancak telefon veya ortam dinlemesiyle elde edilebilecek türdendi.

*

Medya üçe bölünmüştü. Yandaşlar tapeleri asla yayınlamıyor, hiç bahsetmiyordu. Bağımsız yayın yapanlar, şakır şakır yazıyordu. İki arada bi derede olanlar, yeni tape çıktığını duyuruyor, "etik davranıyoruz, ilkeli davranıyoruz" ayağıyla içeriğine hiç girmiyordu. Korkuyoruz diyemiyor, etik'iz diyorlardı.

*

Kemal Kılıçdaroğlu, meclis grup toplantısında kürsüye çıktı, Binali Yıldırım'la alakalı tapeleri satır satır okudu. "Nerden bu tapeler?" diye soruldu, "Binali Yıldırım'ın fezlekesinden" dedi. O anda öğrenmiştik... İçişleri, ekonomi, şehircilik, AB, adalet zannederken, ulaştırma bakanının da fezlekesi vardı, hükümetin fezlekeli bakan sayısı altı'ya yükselmişti, rezaletin daniskasıydı.

*

Kılıçdaroğlu tapeleri okumaya başladı.

Şırrak, TRT yayını kesti!

*

Binali Yıldırım'ın koordinasyonuyla "havuz" oluşturulduğunu, ihaleler verilen müteahhitlerden havuz'a 630 milyon dolar toplandığını, bu 630 milyon dolarla *Sabah*-atv'nin satın alındığını belirten Kılıçdaroğlu, isim isim anlattı:

*

"Binali sekiz işadamını Ahlatlıbel'de PTT'nin sosyal tesislerinde topluyor, iki ay içinde 630 milyon dolar vereceksiniz diyor. Mehmet Cengiz 100 milyon dolar veririm diyor, Celal Koloğlu 100 milyon dolar veririm diyor, Nihat Özdemir 100 milyon dolar, İbrahim Çeçen 100 milyon dolar diyor, ama beni üçüncü havalimanı ihalesine dahil ederseniz, 150 veririm diyor. Kimin talimatıyla veriliyor bu paralar? Beyefendi'nin talimatıyla... Kod adı orada beyefendi olarak geçiyor."

*

"Birisi 30 milyon dolar ödüyor. Birisi cumaya veririm diyor. 20 milyon dolar veren, çok para, nasıl vereceğim, dün gece uyuyamadım, iki hap aldım diyor. Birisi itiraz ediyor, sen verdin ama ihale aldın, ben ihale almadım, niye para veriyorum diye soruyor. Öbürü, biz de keriz değiliz, verilmesi gerekiyor ki, veriyoruz diyor. Mehmet Cengiz 'Binali kalırsa yaşadık' diyor."

*

Hem komik, hem trajikti.
Binali Yıldırım'a mikrofon uzatıldı.
"Üzerime alınmıyorum" dedi.

*

Ki... Kılıçdaroğlu'nun okuduğu tapeler internete de düşmüştü. Mehmet Cengiz sadece "Binali kalırsa yaşadık" demiyordu, aynı zamanda gevrek gevrek gülerek, "milletin a..na koyacağız, sen merak etme" diyordu, öbür müteahhit de "inşallah" diyordu.

*

87 milyar liralık ihaleler, havuza akıtılan 100 milyon dolarlar, asgari ücretle yaşamaya çalışan vatandaşın "algılama sınırı"nı aşıyordu. Günde 14 saat didinip, anca 20 lira yevmiye alabilen insanlarımız, tiko para ödenen 100 milyon doların ebatını kavrayamıyordu. İşte tam bu ortamda, herkesin anlayabileceği ebatta bir örnek yaşandı. İzmir'deki İmbat operasyonunun soruşturmasında ortaya çıktı ki... Rüşveti alan kişi, rüşveti dağıtan kişiye "hani 10 bin lira olacaktı, hesaba 9 bin 995 lira gelmiş" diye sitem ediyordu. Rüşveti dağıtan kişi de, "beş lirayı

herhalde havale ücreti olarak banka kesmiş, sen hiç merak etme, ben şimdi 10 bine tamamlarım" diyordu. Rüşveti alan kişi de "Allah razı olsun" diyordu.

*

Rüşvetçi beş liranın bile hesabını soruyor...

"Orasına koyulacağı" söylenen ahalimizden çıt çıkmıyordu.

*

Pir Sultan Abdal, örgüt lideri oldu!

Kırıkkale cezaevinde, mahkûmlar tarafından boncukla yapılan Pir Sultan Abdal tablosuna, örgüt lideri denilerek el kondu. Türkiye iyiden iyiye tuhaflaşmıştı. Odatv davasında, bir telefon konuşmasında geçen Zeus'u şüpheli şahıs olarak iddianameye koymuşlardı. Başsavcı İlhan Cihaner'in evi basıldığında, kızına ait olan Garfield, Bugs Bunny, Temel Reis, Kırmızı Başlıklı Kız, Cinderella çizgi filmleri "delil" listesine yazılmıştı. Okul kitaplarında Yunus Emre sansürlenmiş, *Fareler ve İnsanlar* sakıncalı bulunmuş, *Şeker Portakalı* erotik kabul edilmişti. Hayyam'a ait sözler yüzünden, Fazıl Say'a hapis cezası verilmişti. Mübarek üç aylar Recep, Şaban, Ramazan'a lakaplar takmak suretiyle, dini değerleri aşağıladığı öne sürülen İnek Şaban, savcılığa şikâyet edilmişti!

*

Urla villaları dallanıp budaklanıyordu. İşin içine "tuvalet" bile karışmıştı. İnternete sızan yeni ses kayıtlarında, Latif Topbaş'ın Tayyip Erdoğan'a "alafranga tuvaletlerin yanında bide olsun mu?" diye sorduğu, Tayyip Erdoğan'ın bide'yi anlamayıp "o ne?" diye sorduğu, Latif Topbaş'ın "tuvaletten kalkıp fıskiyeyle yıkamak için, taharet almak için" diye izahat verdiği, Tayyip Erdoğan'ın nihayet anlayıp "yok, istemez, normali olsun" dediği öne sürülüyordu. Hatta, bu tuvalet mevzusu, TBMM'de soru önergesi bile oldu. CHP milletvekili Umut Oran, başbakanın cevaplaması istemiyle verdiği önergede, "bu villalar size ait değilse, tuvaletindeki bide'ye kadar talimat vermenizin sebebi nedir?" diye sordu.

*

"Alo Fatih" tapesi çıktı.

Gezi Parkı olayları sırasında Tayyip Erdoğan, Fas'a gitmişti. Habertürk televizyonu, MHP lideri Devlet Bahçeli'nin grup toplantısını yayınlarken, Tayyip Erdoğan tee Fas'tan telefonu kaldırmış, Habertürk yöneticisi Fatih Saraç'ı fırçalamış, Fatih Saraç da apar topar yayını kestirmişti.

*

Fatih Saraç, Mekke Üniversitesi mezunuydu, BİM'in ortağıydı. 2012 senesinde madenci-medyacı Turgay Ciner'in yardımcısı olmuştu. CHP, bu Fatih Saraç hakkında, 2006 senesinde savcılığa suç duyurusunda bulunmuş, "Yasin el Kadı ve Cüneyd Zapsu'yla birlikte kara para aklamaktan" yargılanmasını istemişti.

*

Tayyip Erdoğan, Alo Fatih tapesinden dokuz ay sonra, Alo Fatih'in kardeşi profesör Yekta Saraç'ı YÖK Başkanlığı'na atayacaktı.

*

"Ses kayıtları" gündemine kısa bi mola verildi.
Araya "görüntü kayıtları" girdi.
İşçi Partisi genel başkanvekili Hasan Basri Özbey, Abdullah Öcalan'ın 1999'da yakalanır yakalanmaz yapılan sorgu görüntülerini kamuoyuna açıkladı. İmralı'daki sorguyu, beş senedir Ergenekon'dan hapiste tutulan albay Hasan Atilla Uğur yapmıştı. Öcalan, basın toplantısıyla izlettirilen kamera kayıtlarında, "biz taşeronuz, bana işaret edin, Ortadoğu'da Avrupa'da şu şu ülke deyin, benim için çocuk oyuncağıdır, bütün güçle Türkiye'nin emrine vereceğiz" diyordu. "Devlet bana hizmet imkânı versin, gel şunu yap desin, benim için emirdir, bunun karşılığında rütbe istemiyorum, devletin akıllı bir eri gibi çalışacağım" diyordu.

*

Oral Çalışlar gibi AKP borazanı gazeteciler, fotokopi gibi benzer cümlelerle, İşçi Partisi'ni yerden yere vurmaya başladı. Bu görüntüleri yayınlayarak "açılımı sekteye uğratmaya çalıştıklarını, Öcalan'ı itibarsızlaştırmaya çalıştıklarını" yazıyorlardı. Oral Çalışlar gibilerine göre, Öcalan itibarlı bi adamdı.

*

Zaman gazetesi yaklaşan yerel seçim için kamuoyu anketi yaptırmış, AKP oylarının yüzde 36'ya indiğini de manşet yapmıştı. Tayyip Erdoğan'a bu sonuç hakkında ne düşündüğü soruldu. "Paralel yapı firmasının anketidir, bunlar uydurur" cevabını verdi.

*

"Sonuçları uyduran anketler" hakkında var bi bildiği herhalde demeye kalmadı... Gene "Alo Fatih" tapesi patladı. Aslında "Alo Fatihler" tapesi demek daha doğruydu. Çünkü, bu sefer bir değil, iki Fatih vardı!

*

İnternete düşen ses kaydı, Fatih Saraç'la, *Habertürk* Genel Yayın Yönetmeni Fatih Altaylı arasında geçiyordu. *Habertürk* gazetesi, Konsensus şirketine anket yaptırmıştı. Fatih Altaylı "ankette BDP oylarını 2 puan yüksek göstersek, ne dersin?" diye soruyordu, Fatih Saraç "MHP'den alın, oraya koyun" diyordu, bunun üzerine Fatih Altaylı "biraz kararsızlardan aktarırım, biraz MHP'den aktarırım, manipülasyon yapayım" diyordu. Hazindi.

*

Fatih Altaylı televizyona çıktı, "ankette oynamadık, aynen yayınladık, ses kayıtlarını montajlamışlar, kayıtları kesip birleştirmişler" dedi. Bütün Türkiye biliyordu ki, açılım'a zarar gelmesin diye BDP'yi yüksek, MHP'yi düşük göstermeye çalışıyorlardı. AKP'nin hedefi, hiçbir zaman CHP seçmeni olmamıştı, CHP'den asla oy alamayacağını biliyordu, daima MHP oylarına göz dikmişti. AKP'den kaçan MHP'ye gidiyordu, bunu önlemeye çabalıyorlardı.

*

Ve, sorulmayan soru şuydu:
Ankette bunu yapan, sandıkta ne yapmazdı?

*

Alo Fatih gibi tipler sayesinde gazeteleri, televizyonları susturmak, hükümetin istediği gibi yönlendirmek kolaydı ama, internetle başa çıkamıyorlardı. Düşündüler, taşındılar, tık diye yasa çıkardılar, Telekomünikasyon İletişim Başkanı'na, mahkeme kararı olmadan, erişim engelleme yetkisi verdiler. Hükümetin canını sıkan görüntü veya yazı, TİB Başkanı tarafından, mahkeme kararı olmadan, tık diye kapatılacaktı. Bildiğin sansürdü.

*

TÜSİAD bu yasayla alakalı olarak, cumhurbaşkanı Gül'e mektup yazdı, ifade özgürlüğüne dair endişelerini dile getirdi. "Veto et" demeye getirmişlerdi. İşte bu mektup, bardağı taşıran hamleydi. TÜSİAD başkanı artık çok oluyordu! Tayyip Erdoğan açıkça tehdit etti, "TÜSİAD'a bak yav, sen işine bak be... Bakkal dükkânı nasıl kontrol ediliyorsa, sen de öyle kontrol edileceksin, bundan önce vergilerde defterlerini kontrol etmiyor olabilirler, artık kontrol edileceksin" dedi.

*

İnternete yasak getiren yasa tartışılırken, *Today's Zaman* muhabiri, Azerbaycan vatandaşı Mahir Zeylanov, "savcılar polise El Kaide bağlantılı kişileri tutuklama emri verdi, Erdoğan'ın atadığı polis şefleri buna uymadı" diye tweet attı. Twitter'ını boşver, pasaportu kapatıldı... Anında sınır dışı edildi.

*

Gözler bir anda Yunanistan'a çevrildi.
Sabancı suikastı zanlısı İsmail Akkol ve Dursun Karataş'ın ölümünden sonra DHKP-C'nin lideri kabul edilen Hüseyin Fevzi Tekin, Atina'da yakalandı. İsmail Akkol, Ocak 1996'da Sabancı Center'ın 25'inci katında Özdemir Sabancı, Toyotasa genel müdürü Haluk Görgün ve Nilgün Hasefe'yi öldüren iki tetikçiden biriydi. Sabancı Center'da çaycı olarak çalışan Fehriye Erdal'la birlikte yurtdışına kaçmıştı. DHKP-C'nin Yunanistan'da cirit attığı, herkesin bildiği sırdı. Ancak... Şubat 2013'te ABD Ankara Büyükelçiliği'ne canlı bomba saldırısı yapılmıştı, canlı bomba Yunanistan üzerinden gelmişti, bu saldırı Yunan istihbaratının DHKP-C'ye bakışını mecburen değiştirmişti.

*

Kenya'da yakalanıp Türkiye'ye getirilişinin yıldönümünde, Diyarbakır caddelerindeki bilboardlara Abdullah Öcalan posterleri asıldı. Savcılık tarafından derhal toplatma kararı çıkarıldı, polis tarafından söküldü. Halbuki... BDP tarafından poster yapılarak bilboardlara yapıştırılan o fotoğraf, bizzat MİT tarafından çekilip, internette servis edilen fotoğraftı. MİT marifetiyle internete koyduran hükümetimiz, caddelere yapıştırılmasını kanuna aykırı bulmuştu!

*

CHP'nin meclis grup toplantıları, gişe rekorları kıran filmler gibi soluk soluğa takip ediliyordu. Kılıçdaroğlu gene kürsüye çıktı, bu sefer, İçişleri Bakanı Muammer Güler'le oğlu Barış arasında geçen telefon konuşmalarını okudu. 17 Aralık sabahı evi basılan Barış Güler, derhal babasını aramıştı. Babası "ne var oğlum senin evinde?" diye sormuş, oğlu "hiçbir şey yok baba" demişti, babası üsteleyip "para ne var?" diye sormuş, oğlu "üç beş kuruş" demiş, babası gene üsteleyip "kaç lira oğlum?" diye sormuş, oğlu "bir trilyon civarı" demişti.

*

Bir trilyon lira, üç beş kuruş'tu.

*

Baba-oğul konuşması böyle bitmemişti... Muammer Güler, telefonu kapatmadan önce oğluna akıl öğretmişti: "Rıza Sarraf'la rüşvet ilişkisinden bahsediyorlar, diyeceksin ki, danışmanlık işim var, gayriresmi danışmanlık yapıyorum, benim alacaklı olduğum dayımın oğlu, akrabam bunların yanında çalışıyor, onun bana borcu var, onun şeyini yapıyorum diyeceksin."

*

Güzel akıl vermişti ama...
Aynı Muammer Güler, oğlunun evi basıldığında, yatak odasındaki kasalarda para bulunduğunda, basın toplantısı düzenleyip, "o paralar, oğlumun Bahçeşehir'deki villasının satışından elde edilen paralardır, satış sırasında ipotek sorunu doğmuş, ipotek çözülene kadar banka yerine evde tutulmuştur" dememiş miydi?

*

Villa mı satılmıştı, akrabanın borcu mu vardı?
Bakan bey'in bi karar vermesi gerekmiyor muydu!

*

O gece...
Türkiye bi başka baba-oğul'a kilitlendi.
Muhteşem Yüzyıl dizisinde, Kanuni Sultan Süleyman, oğlu şehzade Mustafa'yı boğdurdu. Twitter adeta yıkıldı. Sayın ahalimiz, 461 sene sonra, saygıyla andığı padişahımızın öz evladını öldürdüğünü öğrenmişti! İnanamayanlar vardı, senaryo gereği öldürüldüğünü düşünenler vardı, kimisi Osmanlı hanedanına küfür ediyor, kimisi senaristlere hakaret ediyordu.

*

Ertesi sabah... Şehzade Mustafa'nın Bursa'daki türbesine akın edildi. 461 sene sonra yas tutuluyordu. İstanbul'dan, çevre şehirlerden Bursa'ya gelenler olmuştu. Kimisi dua ediyor, kimisi "keşke o çadıra girmeseydi" diye ağlıyordu. Aslında, şehzadenin türbesinin bulunduğu Muradiye Külliyesi'nde restorasyon vardı, ziyarete kapalıydı, ama baktılar ki sayın ahalimiz zabıtalara saldıracak, mecburen külliyeyi açıp, ziyarete izin vermişlerdi.

*

Sultan Abdülhamid'in torunu Harun Abdülkerim Efendi, El Cezire televizyonuna konuştu. Dizi biter bitmez telefonunun çalmaya başladığını, hakaretler yağdığını, en yakın dostlarından bile rencide edici mesajlar aldığını söyledi. "Hürrem'in tohumları diye mesajlar geldi, gece boyunca gözümü kırpmadım, 461 sene önce yaşanmış bir olay, nasıl olur da bugün böylesine patlamaya yol açar, anlamış değilim" dedi.

*

Bursa'da bir vatandaşımız, Kanuni Sultan Süleyman, Hürrem Sultan ve Rüstem Paşa hakkında savcılığa suç duyurusunda bulundu. Şehzade Mustafa'ya otopsi yapılmasını, katillerinin cezalandırılmasını istedi. Şikâyet dilekçesinde, şüphelilerin adresini "Topkapı Sarayı, İstanbul" olarak göstermişti.

*

"Havuz" tapeleri çıkalı 12 gün olmuştu. Adı geçen müteahhitlerden Nihat Özdemir düşündü taşındı, 12 gün sonra izah etti, "100 milyon dolar verdim ama, *Sabah*-atv'yi satın alan arkadaşıma borç olarak verdim" dedi.

*

Ne arkadaşlar vardı be.
Tiko para 100 milyon dolar borç vermişti!
Sağolsun Nihat Özdemir...
O kasvetli günlerde hakikaten çok güldürmüştü bizi.

*

Tayyip Erdoğan, El Cezire televizyonuna konuştu, dünya yolsuzluk tarihi literatürüne girecek bir cümle kurdu. "Ayakkabı kutularında bulunan paralar, Halkbank'ın parası değil, yolsuzluk dendiğinde ben şunu anlarım, devletin kasası soyuluyor mu, soyulmuyor mu? Devletin kasasından çalınan bi şey yok" dedi.

*

Bu mantığa göre, rüşvet yolsuzluk değildi.

*

"Başörtülü bacıma saldırdılar" iddiası, balon çıktı.

*

Tayyip Erdoğan, Gezi olaylarından beri her yerde "benim başörtülü bacıma saldırdılar" diyordu. Miting meydanlarında "benim başörtülü bacımı başörtüsünden tutarak yerlerde süründürdüler, bebeğini taciz ettiler, görüntüler elimizde" diye bağırıyordu. AKP'li Bahçelievler belediye başkanının gelini Zehra Develioğlu'nun, Kabataş'ta, bebeğiyle birlikte saldırıya uğradığı öne sürülüyordu.

*

Zehra Develioğlu, polise şu dehşet ifadeyi vermişti: "Erkeklerin üstü çıplaktı, kafalarında siyah bantlar vardı, mavi kot pantolonlu bir bayan şahıs aniden yanıma geldi, başörtümü tutarak yukarı kaldırdı, Tayyip'in or..pusunu buldum beyler, gelin si..n diye bağırdı, bir erkek sol yanağıma tokat attı, sırtüstü yere düştüm, etrafımı sarıp tükürmeye, tekmelemeye başladılar, eşarplı kaltak diye bağırıyorlardı, geniş burunlu biri bebek arabasını sallıyordu, kızım arabanın içinde aşağı yukarı zıplıyordu, üç dört kişi benim üzerime idrarlarını yaptılar, bir kadın, başörtüsüne işeyin diye bağırıyordu, tam bu esnada bir şahıs benim başıma doğru erkeklik organıyla sürtünmeye başladı, başka bir şahıs benim arkama geçerek cinsel bölgesiyle sürtünüyordu, vücudumun değişik yerlerinden cinsel saldırıda bulunanlar vardı, İnönü stadında araba yakıyoruz diye bağırma sesi duydum, bu sesten sonra İnönü stadına doğru yürümeye başladılar, bebek arabasının yanına gittim, altı aylık kızım ağlıyordu, sol dizinde sıyrık vardı, sol kolunda morluk vardı, bana cinsel saldırıda bulunan şahısların arkasından baktığımda, ellerinde bira şişeleri olduğunu, karşılıklı tokuşturarak içtiklerini, kahkahalar atarak güldüklerini gördüm, evime gelince temizlenme hissiyle duşa girdim, bacaklarımda morluklar olduğunu gördüm, bebeğimi emziremedim, sütüm kesildi."

*

Sekiz aydır bu korkunç saldırı konuşuluyordu. Tayyip Erdoğan sekiz aydır "başörtülü bacıma saldırdılar, görüntüler elimizde" diyordu.

*

Sekiz ay sonra, görüntüler ortaya çıktı.

*

Kabataş tramvay durağının 1 Haziran 2013'e ait güvenlik kamerası kayıtları, Kanal D televizyonunda yayınlandı. Zehra Develioğlu bebek arabasıyla birlikte saat 19.42'de kameranın görüş açısına giriyordu, 19.43'te yanından 8-10 kişilik bir grup geçiyordu, saldırı maldırı yoktu, olağandışı herhangi bir durum söz konusu değildi, 19.48'de 10-15 kişilik bir başka grup geçiyordu, gene saldırı maldırı yoktu, olağandışı herhangi bir durum söz konusu değildi, Kabataş iskelesinin güvenlik görevlileri gayet normal işlerine devam ediyorlardı, 19.58'de Zeynep Develioğlu'nun eşi geliyor, yolun karşısına geçiyorlar ve gidiyorlardı. Kabataş bölgesindeki 73 ayrı kamera kayıtları incelenmişti. Görüntüler aynen buydu.

*

Ayrıca... Baz istasyonlarından tarama yapılmış, o zaman diliminde orada bulunan herkesin cep numaraları tespit edilmiş, hepsinin tek tek ifadeleri alınmıştı, olağandışı bi olaya şahit oldum diyen yoktu. O zaman diliminde orada bulunan herkes, Zehra Develioğlu'yla yüzleştirilmişti, ifadelerinde ayrıntılı eşkaller veren Zehra Develioğlu hiç kimseyi teşhis edememişti.

*

Saldırı yoktu, a'dan z'ye yalandı.

*

Bu korkunç yalanın ortaya çıkması, gazeteci kılığındaki pek çok tipin foyasını da meydana çıkarmıştı. Çünkü, yalan ortaya çıkmadan önce, milleti "doğru" olduğuna inandırmak için, alenen şahitlik etmişlerdi. Mesela... *Hürriyet* yazarı İsmet Berkan, twitter'da "maalesef gerçek, mobese görüntüleri dahil, pek çok şey var" diye yazmıştı. Bir takipçisinin "siz izlediniz mi?" sorusuna da "evet" yanıtını vermişti. Bilahare, CNNTürk'e çıkmış, "gören çok kişi var, bebek arabasının devrildiği görülüyor" demişti.

*

Habertürk yazarı Nihal Bengisu Karaca, twitter'da "Gezicilerin başörtülü anneye saldırı görüntüleri var, izledim" diye yazmıştı.

*

Radikal yazarı Eyüp Can, köşesinde, "Kemal Kılıçdaroğlu bu mağdur anneyi ispata çağırdı, bir kadını sırf başörtülü olduğu için uğradığı tacizden dolayı ispata çağırmak ne demek? Başı açık olsa, yine ispat et der miydi Kemal bey? Vicdanı olan herkes, o genç anneye yapılanları lanetliyor" diye yazmıştı.

*

Habertürk televizyonunda program yapan, *Türkiye* gazetesi yazarı Balçiçek İlter "morluklarını da gördüm, ille de meraklıysanız raporu var zaten" diye yazmıştı.

*

Milliyet yazarı Aslı Aydıntaşbaş "taciz vakası olduğuna şüphe etmemiştim, haklıymışım, taciz edilen başörtülü kadın hepimizin kardeşidir" diye yazmıştı.

*

Medyanın hali işte buydu.
a'dan z'ye yalana... a'dan z'ye şahitlik etmişlerdi.

*

Peki sonra ne oldu? Yalan olduğu kamera kayıtlarıyla tescillendiğinde bu yukardaki tipler ne yaptı? Balçiçek İlter "kimseden gazetecilik dersi alacak değilim" diye yazdı. İsmet Berkan "kendimden o kadar da emin konuşmamalıydım" diye yazdı. Ve, bu arkadaşlar bu kitabın yazıldığı 2015 itibariyle hâlâ gazetecilik yapmaya devam ediyordu, televizyon programı filan yapıyorlardı.

*

Kabataş gerçekleri ortaya çıkınca, AKP plağı değiştirdi.
Enerji Bakanı Taner Yıldız, "üç senedir uzun adamın ölmesini bekleyenler var" dedi. Cemaatin, Tayyip Erdoğan'ın ölmesi için beddua ettiğini ima ediyordu. Yandaş medyada, Başbakan'ın sağlığı için dua edenlerin, hatim indirenlerin haberleri yapılmaya başlandı. Duygu sömürüsüyle oy devşirmeye çalışıyorlardı.

*

Akşam gazetesinin yandaş yazarı Murat Kelkitlioğlu, somut örnek verdi, "Cemaatin Suudi Arabistan'daki okulunda, 15 gün önce, çocuklara yarım saat boyunca hep bir ağızdan, Tayyip Erdoğan'a beddua okuttuklarını" yazdı. Küçük bi pürüz vardı... Suudi Arabistan'da cemaat okulu yoktu!

*

Bilal'in gizlice adliyeye giderek, savcıya ifade verdiği ortaya çıktı. İfadeden basına tek kelime sızmasın diye, uyap sistemine bile girilmemişti. Türkiye bu sürpriz gelişmeyi, gazetecilerden değil, müteahhit Ali Ağaoğlu'ndan öğrenmişti. Ali Ağaoğlu, *Hürriyet* yazarı Ertuğrul Özkök'le yemek yerken, "bir hafta önce Bilal ifade verdi" demişti, basınımızın jetonu böyle düşmüştü.

*

Peki, savcılıkta Bilal'e ne sorulmuştu?

Yasin el Kadı sorulmuştu.

Bilal'le Yasin el Kadı'nın bir otelin lobisinde sohbet ederlerken çekilmiş fotoğrafları internete düşmüştü. Bilal'e o lobide neler konuştukları sorulmuştu.

*

Yasin el Kadı, Suudi Arabistanlı işadamıydı, New York'taki 11 Eylül saldırılarından sonra ABD tarafından mimlenmişti, kara para akladığı, Hamas'a fon sağladığı iddia ediliyordu. 2001'de ABD ve AB'deki malvarlığı dondurulmuştu, Türkiye de bu karara uymuş ve Yasin el Kadı'yı kara listeye almıştı. 2010'da Yasin el Kadı hakkında ABD'de görülen tüm davalar beraatle sonuçlanmış, Türkiye de 2012 itibariyle Yasin el Kadı'yı kara listeden çıkarmıştı. Tayyip Erdoğan, 2006'da Yasin el Kadı'nın yasaklı olduğu dönemde, "Yasin beyi tanırım, kendim kadar inanırım, Türkiye'yi seven bir hayırseverdir" demişti.

*

Yasin el Kadı, hayırseverdi.

Rıza Sarraf, hayırseverdi.

*

Ayakkabı kutucu genel müdür, serbest bırakıldı.

Sadece 57 günde çıkmıştı.

*

Fazıl Say isyan etti... Çünkü, Halkbank genel müdürüne tahliye kararı veren hâkim, Fazıl Say'a twitter mesajı yüzünden 10 ay hapis cezası veren hâkimdi.

*

Cumhurbaşkanı Abdullah Gül, noterden farksız olduğunu bir kez daha kanıtladı, internete sansür getiren yasayı onayladı. Hem komik, hem hazin tarafı... İnternete yasak getiren yasayı onayladığını, internetten, twitter'dan duyurdu!

*

MHP milletvekili Engin Alan, hapiste üçüncü acıyı yaşadı, damadı ve annesinden sonra, kayınvalidesini kaybetti.

*

Tayyip Erdoğan, Gezi olaylarının arkasında cemaatin olduğunu ima etti. Daha önce Gezi olaylarının arkasında "faiz lobisi"nin olduğunu, "Ergenekon"un olduğunu, "Esad"ın olduğunu, "DHKP-C"nin olduğunu, "CHP"nin olduğunu ima etmişti, şimdi "cemaat" diyordu.

*

Sarıgül tapesi yayınlandı.
Tayyip Erdoğan'ın "Mustafa Sarıgül haberlerine yer verdikleri" için Alo Fatih'i fırçaladığı öne sürülüyordu. İnternete düşen bu ses kaydı, Tayyip Erdoğan'ın 25 Aralık'tan sonra da "güncel" olarak dinlenmeye devam edildiğinin göstergesiydi.

*

Kılıçdaroğlu, meclis grubunda gene kürsüye çıktı.
Enteresan bir "terfi"yi anlattı:
"Sene 1998, 11 Mayıs, Şişli Abide-i Hürriyet caddesinde bir kadın, yaya geçidinden karşıya geçiyor, araba geliyor çarpıyor, 35 metre sürüklüyor, yaralanan Sevim Tanürek, şarkıcı, 34 ABR 93 plakalı arabayı kullanan Burak Erdoğan, Tayyip Erdoğan'ın oğlu, Tayyip Erdoğan o sırada İstanbul büyükşehir belediye başkanı, itfaiye geliyor, yerleri yıkıyor, bütün delilleri yok ediyor, siz hiç itfaiyenin kazaya müdahalesini duydunuz mu? Sevim Tanürek ölüyor, ilk rapor, sekize üç yaya kusurludur diyor, savcı iddianame hazırlıyor, ölüme sebebiyet verildiği için 2 yıldan 5 yıla kadar hapis istiyor, dava açılıyor, Burak Erdoğan mahkemeye gitmiyor, İngiltere'ye dil öğrenmeye gidiyor, duruşmaya katılmıyor, her ne hikmetse, mahkeme bir daha rapor istiyor, gelen ikinci rapor sekizde sekiz yaya kusurludur diyor... İşte o ikinci raporu veren ihtisas dairesinin başkanı, şimdi, Türkiye Denizcilik İşletmeleri'ne genel müdür yardımcısı oldu!"

*

Burak, ailenin en gizemli üyesiydi. Bilal, Esra, Sümeyye hep ortalardayken, Tayyip Erdoğan'ın en büyük çocuğu Burak hiç görünmüyordu. Gazetelerin arşivinde, düğün fotoğrafı haricinde fotoğrafı bile yoktu. Ne başbakanlık yemin töreni, ne seçim zaferi, ne bayram ne seyran, hiç görünmüyordu.

*

Ve...

Baba-oğul kasedi patladı.

*

Cumhuriyet tarihinin dönüm noktalarından biriydi.

*

Tayyip Erdoğan'la küçük oğlu Bilal arasında geçtiği iddia ediliyordu, telefon konuşmalarıydı, YouTube'a yüklenmişti. Kemal Kılıçdaroğlu tarafından, grup toplantısında meclis kürsüsüne taşındı, baştan sona dinletildi, Türkiye şoktaydı.

*

17 Aralık 2013 sabahı, 08.02'ydi.

Baba, kısık sesle konuşuyordu.

Oğlu, uyku sersemi cevaplıyordu.

*

Baba, oğluna haber veriyor, "operasyon yapıldığını, Rıza Sarraf'ın evinde, Zafer Çağlayan'ın, Erdoğan Bayraktar'ın, Muammer Güler'in oğullarının evinde arama yapıldığını" anlatıyor, "senin evinde ne var?" diye soruyordu. Oğlu telaşlanıyor, "bende ne olabilir baba, senin para var kasada" diyordu. Bunun üzerine baba, kızkardeşini yanına gönderdiğini belirtiyor, abisiyle, eniştesiyle, amcasıyla konuşmasını tembihliyor, "ne var ne yok, evden çıkar" diyordu.

*

Saat 11.17'de kaydedildiği öne sürülen ikinci konuşmada... Oğlu, paraları nasıl ve kimlere dağıttığını anlatıyor, babası "tamamiyle sıfırlamanızda fayda var" diyordu. Konuşmalar selamünaleyküm'le başlıyor, inşallah'la bitiyordu.

*

Saat 15.39'da kaydedildiği öne sürülen üçüncü konuşmada... Oğlu, bir kısmını hallettiklerini, bir kısmını hava karanlık olunca halledeceklerini anlatıyor, babası "telefonlarla konuşmayın" diye tembihliyordu.

*

Saat 23.15'te kaydedildiği öne sürülen dördüncü konuşmada... Baba "sıfırladınız mı?" diye soruyor, oğlu "sıfırlamadım henüz babacığım, 30 milyon avro gibi bir miktar daha var, eritemedik henüz" diyordu.

*

Ertesi sabah, 18 Aralık, saat 10.58'de kaydedildiği öne sürülen beşinci konuşmada... Oğlu "bitirdik Allah'ın izniyle, güncel olarak takip edildiğimi düşünüyorum" diyor, babası sinirleniyor "biz sana ne diyoruz, taa en başından beri" diyor, oğlu "kim takip ediyor bizi babacığım?" diye soruyor, babası "oğlum dinleniyorsunuz" diyordu.

*

Şu an okurken ne hissediyorsunuz bilmiyorum ama, kendi payıma o anki duygum, üzüntüydü. Ne öfke, ne de yakalandılar sevinci... Memleketin içine düşürüldüğü durum, yurttaş olarak bende sadece üzüntü duygusu yaratmıştı.

*

Başbakanlık'tan derhal yazılı açıklama yapıldı.
"İnternet aracılığıyla servis edilmiş olan ses kayıtları, ahlaksızca bir montaj ürünü olup, tümüyle gerçek dışıdır" denildi.

*

Tayyip Erdoğan ertesi gün konuştu. "Kendilerinin kurguladığı, dublajını da kendilerinin yaptığı piyesi servis ettiler, alçakça montaj" dedi.

*

Sonra da, adeta itiraf gibi bir cümle kurdu...
"Şu anda TÜBİTAK'ta yeni yapılanmaya gidiyoruz, çünkü, devletin kriptolu telefonlarını bile oradan dinliyorlar" dedi.

*

Montaj diyor, dublaj diyor, piyes diyordu ama...
"Kriptolu telefonları dinlemişler" diyordu!

*

Bilal tapesi çıkınca, Tayyip Erdoğan'ın bütün çocukları manşet oldu. Özgeçmişleri, işleri, ilişkileri didik didik ediliyordu.

*

Necmettin Bilal Erdoğan, imam hatip lisesini bitirdikten sonra, eğitimine ABD'de devam etmiş, kamu yönetimi yüksek lisansını Harvard'da, stajını Dünya Bankası'nda tamamlamıştı. Askerliğini, dövizli, 21 gün yapmıştı. Reyyan Uzuner'le evliydi. Bilal'in nikâh şahidi, İtalya Başbakanı Silvio Berlusconi'ydi, damada saat, geline kolye takmış, Eminanım'a bilezik hediye etmişti. Guinness Rekorlar Kitabı, el sıkma rekoru kırılacağı beklentisiyle düğüne ekip göndermiş, Tayyip Erdoğan 4 bin 815 davetliyle tek tek tokalaşmış, dünya rekorunu kıramamış ama, Türkiye rekorunu kırmıştı. Bilal sadece TÜRGEV'in kurucusu değildi, başka vakıfları da vardı. 2013'te İnsan ve İrfan Vakfı'nı kurmuştu. 2012'de Okçuluk Vakfı'nı kurmuştu. Hem hayırsever, hem vakıfsever bi çocuktu... Ağabeyi gibi gemicikleri vardı.

*

Tayyip Erdoğan'ın oğullarının gemi aldığı, 2007'de ortaya çıkmıştı. "Gemi var, gemicik var, oğlumun aldığı gemicik" demişti. Gemiciğin boyu 96 metreydi. Bu kitabın yayımlandığı 2015 itibariyle, Burak'ın filosunda altı gemicik vardı. Bilal'in kaç gemiciği olduğu net olarak bilinmiyordu, en son 2014'te petrol tankerciği aldığı ortaya çıkmıştı, 35 milyon dolarcıktı.

*

Burak Erdoğan, ailenin en büyük çocuğuydu, kardeşleri gibi imam hatip lisesi bitirmişti, İngiltere'de ekonomi okuduğu söyleniyordu ama, hangi üniversiteden mezun olduğu belli değildi. Kasımpaşa Askeri Hastanesi'nden aldığı raporla, askerikten muaf tutulmuştu. Babasının şirketiyle Ülker ürünlerinin dağıtımını yaparken, armatör olmuştu. 2001'de, imam hatipten okul arkadaşı Sema Ketenci'yle evlenmişti, eşi Sema da Burak gibi hiçbir zaman Erdoğan ailesiyle birlikte görünmüyordu.

*

Sümeyye Erdoğan, ailenin en küçük çocuğuydu, imam hatip lisesini bitirmiş, ABD'ye gitmiş, Indiana Üniversitesi'nde sosyoloji, siyaset eğitimi almış, London School of Economics'te ekonomi alanında yüksek lisans yapmıştı. AKP genel başkanının, yani babasının dış ilişkiler danışmanıydı, başbakanın resmi seyahatlerine, resmi toplantılarına katılıyordu.

*

Esra Albayrak, kardeşleri gibi imam hatip lisesini bitirdikten sonra, ABD'ye gitmiş, Indiana Üniversitesi'nde sosyoloji okumuş, Berkeley Üniversitesi'nde yüksek lisans yapmıştı. 2007'de Berat Albayrak'la evlenmişti.

*

Damat, Berat Albayrak, Çalık Grubu'nda genel müdürdü. Gazeteci Sadık Albayrak'ın oğluydu. Sadık Albayrak, Milli Görüş'ün en önemli kalemlerinden biriydi. 1994 senesinde,

Tayyip Erdoğan'ın faaliyetleri için "Refah Partisi'nin bilgisayarına girmiş virüs" benzetmesi yapmıştı. Şimdi dünür olmuşlardı. Oğlu Berat, Tayyip Erdoğan'ın kızıyla evlenince, *Yeni Şafak*'taki yazılarını bıraktı, köşesine çekildi. Kadere bakın ki, Tayyip Erdoğan'ın dünürü Sadık Albayrak, 12 Eylül darbesinde, kumpas mağdurlarıyla aynı adreste, Silivri'de cezaevine tıkılmıştı.

*

"Kucağa oturtma" tapesi çıktı.

*

İnternete düşen yeni ses kayıtlarının, gene Tayyip Erdoğan'la oğlu Bilal arasında geçtiği iddia ediliyordu. Oğlan, "Sıtkı beyin getire getire anca 10 milyon dolar getirdiğini" söylüyor, baba sinirleniyor, "sakın alma, ne söz verdiyse onu getirsin, başkaları getiriyor da, o niye getiremiyor, kucağımıza düşecekler merak etme" diyor... Yüreğine su serpilen oğlan da "peki babacığım" diyordu.

*

E, herkes Sıtkı beyin kim olduğunu merak etti tabii... Neticede, bütün gazetelerde "Sıtkı Ayan" olduğu yazıldı. AKP döneminde yıldızı parlayan işadamlarındandı, İran'la yapılan doğalgaz anlaşmalarıyla tanınıyordu. İmam hatip lisesi ve ilahiyat fakültesi mezunuydu ama, her ne hikmetse, petrol ve doğalgaz uzmanıydı! Som Petrol'ün sahibiydi, şirketinin merkezi Londra'daydı. Wikileaks belgelerinde, ABD Ankara Büyükelçiliği'nin kriptolu mesajlarında adı geçmişti.

*

Profesör Fatih Hilmioğlu, tahliye edildi.

İnönü Üniversitesi'nin eski rektörü, Ergenekon'dan beş senedir hapisteydi. Kanser hastasıydı. "Cezaevinde kalması uygun değildir, hastane şartlarında kalmak zorundadır" diye sağlık raporu vardı, buna rağmen hapiste tutuluyordu. Anayasa Mahkemesi'ne bireysel başvuru yapmıştı. Anayasa Mahkemesi, söz konusu sağlık raporunu dikkate alarak "Silivri'nin kapısını açın" kararı verdi.

*

Atatürkçü, saygın bilim adamıydı.

İnönü Üniversitesi'ni dincilerin, tarikatların, cemaatlerin esiri olmaktan kurtarmıştı, herkes biliyordu ki, suçu buydu!

*

Hapisteyken oğlunu kaybetmişti. 21 yaşındaki Emir, Ankara'da trafik kazasında ölmüştü. Hayatının en zor anını yaşayan babaya, güya dört gün cenaze izni vermişlerdi ama, acısını evinde yaşamasına izin vermemişlerdi. Gündüzleri evinde taziyeleri kabul ediyor, akşam Sincan Cezaevi'ne gitmek zorunda kalıyordu. İşkenceden farksızdı. Bu nedenle... Gece geç vakit tahliye olur olmaz, ilk iş, evladının kabrine gitti, karanlıkta ağlaya ağlaya mezar taşına sarıldı.

*

Kimi baba-oğul öyleydi.
Kimi baba-oğul böyleydi.

*

"Milletin orasına koyacağını" ifade eden müteahhit Mehmet Cengiz'in, Marmara Üniversitesi'ne ilahiyat fakültesi binası yapıp, hibe ettiği ortaya çıktı. İlahiyat fakültesinin tabelasına kocaman puntolarla adını yazmışlardı. Öğretim üyeleri, Mehmet Cengiz'in etrafına sıralanarak, tabelanın önünde poz vermiş, hep birlikte hatıra fotoğrafı çektirmişlerdi. Ne diyelim... Allah kabul etsin'di. "Çalıyor ama çalışıyor" misali, "milletin orasına koyuyor ama, dini bütün adam"dı!

*

Bacanak operasyonu yüzünden İzmir emniyet müdürü görevden alınmış, onun yerine Kastamonu emniyet müdürü getirilmişti, sadece 32 gün sonra, İzmir'e getirilen yeni emniyet müdürü de görevden alındı, onun yerine emniyet genel müdür yardımcısı getirildi, çocuk oyuncağına dönmüştü. İzmir'de 17/25 Aralık'tan beri yerinden sökülen, sürülen polis sayısı bin'i geçmişti.

*

Türkiye genelinde sürülen polis sayısı, 15 bin'di.

*

Tayyip Erdoğan "Türk Silahlı Kuvvetleri'nin nezih yapısı farklı ama, bunlar oraya da sızmalarını yapmış durumda" dedi. Cemaatçilerin orduya sızdığını söylüyordu. Belli ki, emniyet'teki tasfiyenin bir benzeri, genelkurmay'da da yapılacaktı. İyi ama... Senelerdir irtica'ya bulaştıkları için YAŞ kararıyla ordudan atılanlara "şerh" koyan, bizzat Tayyip Erdoğan değil miydi?

*

CHP'nin yerel seçim adayları netleşti, hakikaten evlere şenlikti, ne ararsan vardı. MHP'li Mansur Yavaş, CHP adayı olmuştu. Milli Görüş'ün lideri Necmettin Erbakan'ın yeğeni Sabri Erbakan, CHP adayı olmuştu. Hatay'ın AKP'li belediye başkanı, CHP adayı olmuştu, hayaldi, gerçek olmuştu! "Fethullah Gülen fenomendir, saygıyla selamlıyorum" diyen kişi, CHP adayı olmuştu. Eski BDP'liler, eski DYP'liler, eski ANAP'lılar, eski Demokrat Partililer, CHP adayı olmuştu. Hatta... DYP'den milletvekili adayı olan, sonra Demokrat Parti'den belediye başkan adayı olan, sonra HAS Parti'nin kurucusu olan, sonra AKP'den milletvekili aday adayı olan, sonra Demokrat Parti'de genel başkan yardımcısı olan kişi... Şimdi CHP'den aday olmuştu.

*

"Promosyonlu oy" dönemi başlamıştı.

Kol saati, bisiklet, bebek bezi, seçmene hediye yağıyordu. İzmit belediyesi 4 bin bisiklet almak için ihale açarken, Altındağ belediyesi 60 bin çakmak dağıtmak için hazırlık yapıyordu, Tuzla belediyesi 144 bin liralık kol saati hazırlamıştı. Ankara büyükşehir belediyesi, 4 bin kadın iççamaşırı, bin 250 kot etek, bin yelek, bin kemer, bin kadın pantolonu, 500 erkek pantolonu, 5 bin çanta dağıtacaktı. Keçiören belediyesi, 28 bin pide, 28 bin ayran verecekti. Çayırova belediyesi, bebek bezi dağıtma kararı almıştı. Çekmeköy belediyesi, 2 bin duvar saati, 2 bin kalem, 16 bin kravat, bin fular, bin atkı, bin şemsiye hazırlamıştı. AKP'li belediyelerin gıda kolisi dağıtımı, zaten tam gaz devamdı.

*

AKP'nin seçim şarkısı dombıra'ydı.

Nogay Türkleri'nin efsane ozanı Aslanbek Sultanbekov'un eseriydi. Anonim değildi, kendisinden izin alınmamıştı. Sözleri silinmiş, müziğin üstüne yeni sözler yazılmış, Uğur Işılak tarafından seslendirilmişti.

*

Orijinal dombıra'da "kara kış köyüme gelende / lapa lapa kar yere düşende / dombıramı alırım, yürek sazımı çalarım, kaygılarımı hiç söylenmem" deniyordu.

*

AKP dombırasında "göründüğü gibi olan / gücünü milletten

alan / mazlumlara sırdaş olan / gariplere yoldaş olan / Recep Tayyip Erdoğan" deniyordu.

*

Özel yetkili mahkemeler tarih oldu.

*

TBMM, 2012'de kısmen kaldırılan özel yetkili mahkemeleri, kökünden lağvetti. AKP tarafından 2004'te devlet güvenlik mahkemeleri'nin yerine kurulan özel yetkili mahkemeler, 10 senedir, baktığı her davada tartışma konusu olmuştu. Özel yetkili mahkemelerin lağvedilmesiyle birlikte, 5 bin 600 davanın seyri değişecekti, bu davalar ağır ceza mahkemelerine devredilecekti.

*

Özel yetkili mahkemelerin görev alanına giren suçlarda, azami tutukluluk süresi 10 seneydi. Özel yetkili mahkemeler kaldırılırken, azami tutukluluk süresi 5 seneye indirildi.

*

"Şefkat Tepe" tapesi çıktı.
İnternete düşen telefon kaydında, Şefkat Tepe senaryosunun Fethullah Gülen'e danışıldığı, Fethullah Gülen'in onaylamasından sonra çekimlerin yapıldığı öne sürülüyordu. Şefkat Tepe, Samanyolu televizyonunda yayınlanan, öyküleri güneydoğuda geçen, komplolar üzerine kurulu, askeri, aksiyon dizisiydi, çok izleniyordu. Çekimleri Konya'da yapılıyordu. Konya Valiliği, tape çıktıktan sonra dizinin Konya'da çekilmesini yasakladı. Çekimlere Eskişehir'de devam edildi.

*

Tayyip Erdoğan, yerel seçim mitinglerine Sivas'tan başladı. "Neden Sivas?" diye sordular. "Gazi Mustafa Kemal, Sivas Kongresi'nde kurtuluş savaşımızın yolunu açtı, onun için seçimin startını buradan veriyorum" dedi.

*

Aniden Atatürkçü olmuştu... Bi kalpağı eksikti!

*

Ve, o Sivas mitinginde, Devlet Bahçeli'yi eleştirirken, "aile nedir, çoluk çocuk nedir bilmez, onun böyle bir derdi yok, çocuk nedir biz biliriz" dedi.

*

Aniden Atatürkçü olmuştu ama, çocuğu yok lafının Atatürk'e

gittiğini elbette herkes biliyordu... MHP, o lafı Tayyip Erdoğan'a iade etti: "Sizin zihniyetinize göre, Türkiye Cumhuriyeti'ni gençliğe emanet eden ve her Türk gencini evlat hükmünde gören Mustafa Kemal Atatürk de insan sevgisinden mahrum mudur?"

*

Tayyip Erdoğan, bir sonraki mitinginde Devlet Bahçeli'den vazgeçti, aynı lafı Fethullah Gülen için kullandı. "Bugün kendi ülkesine tuzaklar kuran zatın da evladı yok, bizi anlayamaz" dedi.

*

Çocuk sahibi olamayan aileleri rencide ediyor, kahrediyordu. Umurunda bile değildi.

*

Fethullah Gülen, neden çocuk sahibi olmadığını, neden hiç evlenmediğini herkul.org sitesinde yayınlanan sohbetinde anlattı. "Bir dikili taşım, çoluğum çocuğum olmadı, ben bunları, gönlümü verdiğim davama aykırı saydım" dedi. Gazetelere manşet oldu. "Hocaefendi özel hayatını anlattı" başlıkları atıldı.

*

Burası Türkiye'ydi.
Memleket sarsılırken bile, her hadise magazinleşirdi.

*

"Atatürk'e dil uzattı" şeklindeki eleştiriler artınca, Tayyip Erdoğan güya laflarını düzeltti. "Çoluk çocuk bilmez demiştim ya, MHP'nin başındaki zat rahatsız olmuş, bana kalkıyor başka yerden örnek veriyor, Gazi Mustafa Kemal'i örnek veriyor, Gazi Mustafa Kemal çocuk sahibi olmamıştı ama, çoluk sahibi olmuştu, onu git iyi öğren" dedi. Alkışladılar.

*

Halbuki, Türk Dil Kurumu'nun sözlüğüne göre "çoluk, hindi" demekti. Bazı yörelerimizde ise, "öküzleri bağlamak için boyunlarına geçirilen U şeklindeki ağaç dalı"ydı. Cümle içinde kullanırsak... Atatürk çocuk sahibi olmamıştı ama, hindi sahibi olmuştu!

*

Ukrayna'da iç savaş çıktı.
Devlet Başkanı Yanukoviç, Moskova'ya kaçtı. Avrupa Birliği yanlılarıyla, Rusya yanlıları arasındaki çatışmalar, ülkeyi

bölünmenin eşiğine getirmişti. Rusya tankla topla daldı, Kırım'ı işgal etti. Kırım Türkleri iki ateş arasında kalmıştı. Babası Kırım doğumlu olan Ülker'in sahibi Murat Ülker, twitter'da "babamın memleketini, Kırım'ı izliyorum hüzünle, Altınordu Devleti geliyor aklıma" diye yazdı. Bizim dünya lideri asrın hükümetimizden(!) çıt çıkmıyordu.

*

Esrarengiz kazanın tapeleri yayınlandı.
Yasin el Kadı'nın içinde bulunduğu otomobil, Şubat 2013'te İstanbul Merter'de trafik kazasına karışmıştı, Yasin el Kadı yaralanmış, hastaneye kaldırılmıştı. O dönemde dile getirilen ama doğrulanamayan iddialara göre, Yasin el Kadı'nın yanında başbakanlık koruması İbrahim Yıldız da vardı.

*

"Susurluk kazası"nı andırıyordu.

*

İnternete düşen telefon kayıtları, işte bu kazayla alakalıydı. Yasin el Kadı'nın yardımcısı Usame Kutub'la Tayyip Erdoğan arasında geçtiği öne sürülüyordu. Usame Kutub, başbakanı cepten aramış ve "bir araba bize vurdu, Yasin abi yaralandı, kafası yarıldı, İbrahim de bizim koruma da çok yaralı" diye haber vermişti. Tayyip Erdoğan da "oraya en yakın Bağcılar Memorial var, yeni açıldı, oraya gidin" diye yönlendirmiş, oğlu Bilal'i derhal hastaneye göndermişti.

*

"Alo 112" gibi başbakanımız vardı.

*

Gündeme "Selam Tevhid Örgütü" düştü.
Gündeme düşürüldü desek, daha doğru olur. Çünkü, yandaş gazeteler yandaş televizyonlar, fotokopi gibi cümlelerle manşete çekmişti, yolsuzluk haberlerini perdelemek için canhıraş şekilde köpürtüyorlardı. Özel yetkili iki savcının, "Selam Tevhid Örgütü'nü takip edeceğiz" diyerek mahkeme kararı çıkartıp, alakasız insanların telefonunu dinlediği iddia ediliyordu.

*

Yedi bin kişinin... Milletvekillerinin, gazetecilerin, hatta MİT Müsteşarı'nın bile dinlendiği öne sürülüyordu.

*

Özel yetkili savcıları illegal iş yapmakla suçlayarak, hepsinin böyle olduğunu... Dolayısıyla "17/25 Aralık savcılarının da illegal iş yaptığını" anlatmaya çalışıyorlardı.

*

Peki bu örgüt neyin nesiydi? Var mıydı böyle bir örgüt?
Vardı... 2000 senesinde Hizbullah lideri Hüseyin Velioğlu'nun öldürüldüğü baskında belgeler ele geçirilmiş, bu belgelerden yola çıkarak, örgütün yönetici kadrolarına, cephaneliklerine ulaşılmıştı. İran yanlısı örgüt, Uğur Mumcu, Bahriye Üçok, Ahmet Taner Kışlalı suikastlarından sorumlu tutulmuştu. Molla rejiminden etkilenen Türk vatandaşlarını İran'da eğitip, Türkiye'de kullanıyorlardı.

*

HSYK'yı Adalet Bakanı'nın memuru haline getirecek olan yasa, zart diye çıkarıldı, Cumhurbaşkanı Abdullah Gül, zurt diye onayladı.

*

Bin kişi görevden alındı. Teftiş kurulu başkanı, yardımcıları, teftiş kurulu müfettişleri, tetkik hâkimleri, komple uçtu. 17/25 Aralık'tan sonra tek tek yapmaya çalıştıklarını, tek kalemde topluca yapıvermişlerdi. Adalet bakanı Bekir Bozdağ, görevden alınanların yerine jet hızıyla atamalar yaptı, koltuklar hemen dolduruldu.

*

CHP bu yasanın iptali için Anayasa Mahkemesi'ne gidecekti ama, iş işten geçmişti. Çünkü, Anayasa Mahkemesi yasayı iptal bile etse, kararları geriye yürümüyordu, görevden alınanlar geri dönemeyecekti. Tarafsız olması gereken Abdullah Gül, tüm vatandaşların değil, AKP'nin cumhurbaşkanıydı. Bu onay, son kanıtıydı.

*

Tayyip Erdoğan, boykot çağrısı yaptı.
"Bırakın o dershaneleri, çocuğunuzu göndermeyin" dedi.
Devlet okullarında haftasonları takviye dersler verileceğini, takviye derslerin ücretsiz olacağını söyledi. Cemaat dershaneleriyle savaşayım derken, dershane sektöründe çalışan binlerce öğretmenin ekmeğiyle oynuyordu, hiç umursamıyordu. Dershanelerin yarısı cemaatinse, yarısı değildi. Ataması yapılmayan binlerce öğretmen vardı, bu

işsiz öğretmenler dershanelerde üç beş kuruş kazanmaya çalışıyordu. Üstelik, dershane kavramı, devlet okullarındaki eğitimin yetersizliği yüzünden ortaya çıkmıştı. Devlet okullarını düzelteceğine, dershaneleri de kapatmaya çalışıyordu.

*

Aydın Doğan gene hedefe oturtulmuştu.
Deniz Feneri haberlerini yayınladığı için, maliye müfettişlerinin saldırısına uğrayan ve bir milyar dolar ceza kesilen Doğan Grubu, 17/25 Aralık haberlerini yayınladığı için "cemaatçi" ilan edilmişti.

*

Yandaş *Sabah*'ın yandaş yazarı Rasim Ozan Kütahyalı, neredeyse her gün Aydın Doğan'ı yazıyordu. "*Hürriyet* gazetesi, paralel örgütün istediği şekilde yayın yapıyor" diyordu.

*

Aydın Doğan, Rasim Ozan Kütahyalı hakkında suç duyurusunda bulundu, Rasim Ozan Kütahyalı da Aydın Doğan'ı mahkemeye verdi. Halbuki, Kütahyalı'nın eşi Nagehan Alçı, Aydın Doğan'ın televizyonunda program yapıyor, Aydın Doğan'dan para kazanıyor, kısa süre öncesine kadar birbirlerine ev gezmesine gidiyorlardı.

*

Hürriyet'ten Ahmet Hakan, Aydın Doğan adına Rasim Ozan Kütahyalı aleyhinde yazılar yazmaya başlamıştı, "şebelek" diyor, "sen önce paralel yapı'nın bankasından kaptığın 3.7 milyon liralık kredinin hesabını ver" diyordu.

*

AKP gazetecileri Rasim Ozan Kütahyalı ve Nagehan Alçı, Çengelköy'de yedi milyon dolara süper lüks villa satın almışlardı, bu villa için Bank Asya'dan kredi çekmişlerdi. Ahmet Hakan bunu hatırlatıyordu.

*

Nagehan Alçı cevap verdi, "kendi gazetesi Deniz Feneri'nin üzerine giderken, niye acaba Deniz Feneri savcılarını belaltı yazılarla linç etti, soruşturmanın kendisine uzanmasından korkmuş olabilir mi?" diye yazdı. Buyrun burdan yakın...
Ahmet Hakan, Deniz Feneri'nden ifade vermişti, Nagehan Alçı bunu hatırlatıyordu.

*

AKP'yle cemaat'in kapışması, memleket adına gayet faydalı olmuştu, gazeteciler birbirleri hakkında eski defterleri açıyor, ahali de neler olup bitmiş, öğreniyordu.

*

AKP milletvekili Burhan Kuzu, hukuk profesörüydü, aynı zamanda TBMM anayasa komisyonu başkanı'ydı, hukuk tarihine geçecek şu lafı etti: "Ses kayıtları doğru bile olsa, kimse inanmaz, millet iktidardan memnun."

*

Kendisine hukukçu diyen arkadaşların hali buydu.

*

Kara çarşaflı yazar Emine Şenlikoğlu, şu yorumu yaptı: "Bugün biri sordu, kaset doğru olsa ne derdin? Dedim ki, dindarlar zekâtını yoksullara ulaştırmak için başbakana vermiş olabilirler."

*

Kendisine dindar diyen arkadaşların hali buydu.

*

Bilim ve Teknoloji Bakanı Fikri Işık, ses kayıtlarını TÜBİTAK'ın incelemesine gerek bile olmadığını, olayı "hissederek" çözdüğünü belirterek, şu bilimsel izahatı yaptı: "Ses kayıtlarını dinlediğimde, çok açık montaj olduğunu hissettim."

*

Kendisine devlet adamı diyenlerin hali de, işte buydu.

*

Bunlar böyle derken, dünya basını ne diyordu?
Wall Street Journal'dan CNN'e, El Cezire'den BBC'ye, *Financial Times*'dan *Le Monde*'a, *Bild*'den *La Republica*'ya... Avustralya'dan Arjantin'e, Güney Afrika'dan Japonya'ya, herkes ses kayıtlarını yazıyordu. Kıbrıs Barış Harekâtı'ndan beri, Türkiye'yle alakalı hiçbir haber, dünya basınında bu kadar geniş yer bulmamıştı.

*

AKP milletvekili Cuma İçten, twitter hesabında, Sümeyye Erdoğan'ın bir fotoğrafını yayınlayarak, "Sümeyye hanımefendi aynı anda Konya'da, aynı anda İstanbul'da, sazan olmak bir ayrıcalık" mesajı yazdı.

*

Ne demek istiyordu?

Tayyip Erdoğan'la Bilal arasında geçtiği iddia edilen telefon kaydında, Tayyip Erdoğan "Sümeyye geldi mi?" diye soruyor, Bilal de "yanımda" diyordu. AKP milletvekili Cuma İçten'in twitter'da yayınladığı fotoğrafta ise, Sümeyye Erdoğan Konya'da Şeb-i Arus töreninde görülüyordu. Dolayısıyla, AKP milletvekili Cuma İçten, ses kayıtlarına inananların "sazan" olduğunu söylüyordu.

*

Gerçek, üç saniye sonra ortaya çıktı... Tayyip Erdoğan'ın 17 Aralık günü Konya'da çekilen fotoğraflarının hiçbirinde kızı Sümeyye yoktu. Sümeyye'yi Konya'da gösteren fotoğraf, iki sene öncesine aitti, *Yeni Şafak* gazetesinde 10 Aralık 2012'de yayınlanmıştı. Sümeyye, operasyon günü Konya'da değildi.

*

Yandaş gazeteler *Star* ve *Sabah,* "işte böyle montajladılar" manşetleriyle çıktı. ABD'den alınmış iki rapor açıklamışlardı. Raporlardan biri, Kaleidoscope Sound isimli şirkete aitti, diğeri John Marshall Media isimli şirkete aitti. Merkezleri New York'ta bulunan, ses analizi konusunda otorite kabul edilen, uzman şirketlerdi. Ve bu raporlarda, Tayyip Erdoğan'la Bilal arasında geçtiği iddia edilen ses kayıtlarının "bariz montaj" olduğu belirtiliyordu.

*

Ertesi gün... John Marshall Media şirketinin CEO'su, facebook üzerinden yalanlama yayınladı, "biz herhangi bir Türkçe ses kaydı hakkında görüş beyan etmedik, kendinizden utanın, bu sahtecilik hakkında yasal işlem başlatacağız" dedi!

*

Peki, manşete konulan rapor neydi?
Sahteydi.

*

John Marshall Media şirketinin resmi antetli kâğıdı değildi, alelade bir kâğıttı. Kâğıdın üzerine John Marshall Media şirketinin "kartviziti" zımbalanmıştı iyi mi... John Marshall Media, söz konusu ses kaydının analizini "asla" yapmamıştı. Şirketlerinin ismi Türkiye'de manşet olunca, hadiseden haberleri olmuştu.

*

Kaleidoscope Sound şirketine gelince... Onlar da derhal

açıklama yaptı. Beş parçadan oluşan telefon kayıtlarını Kaleidoscope Sound şirketine göndermişler ve "bu kayıt bütün müdür, kesintisiz midir, yoksa parçalar halinde midir?" diye sormuşlardı. Şirket de "zaten beş parçadan oluşuyor" cevabını vermişti. Hepsi buydu. Ses analizi filan yapmamışlardı. Yapmaları da mümkün değildi. Niye derseniz... Kaleidoscope Sound şirketinin resmi yalanlamasında, "içerik konusunda görüş beyan edemeyiz, çünkü söylenenleri anlamıyoruz, bize gönderilen kaydın ne kaydı olduğunu bile bilmiyoruz, tespitlerde bulunmak için anadili Türkçe olan birinin analizi gerekir" denilmişti!

*

Bir yalan daha böyle çökmüştü.

Gerçekler, kabak gibi ortadaydı.

*

Şubat ayı geride kalırken...

Ömrünü işçi sınıfı mücadelesine adayan Memet Ertürk, aramızdan ayrılmıştı. Maden-İş'in, DİSK'in tüm faaliyetlerinde etkin rol oynamış, 1976-77'deki tarihi 1 Mayıs kutlamalarını organize eden üç kişilik komitede yeralmıştı.

*

Flamenco efsanesi Paco de Lucia, kalp krizinden hayatını kaybetmişti. 2008-2009 sezonunda Fenerbahçe'yi çalıştıran İspanyol teknik direktör Luis Aragones ölmüştü. Oscar ödüllü Amerikalı aktör Philip Seymour Hoffman ise, 46 yaşında, aşırı dozdan gitmişti.

MART

• Pensilvanya • Evlatlarıma helal lokma yedirmedim • Önüne yatarım • Günah işleme özgürlüğü • Orospu bahşişi • Soyuyorsa beni soyuyor • Ergenekon'dan çıkış • Berkin • Namuslu Teoman • Rabia • Bakara makara • Twitter • YouTube • IŞİD • Süleyman Şah Türbesi • Attırıveririm iki füze • Trafoya kedi girdi

1 Mart gazeteleri şu manşetle çıktı:
"Rıza Sarraf ve bakan çocukları serbest bırakıldı."

*

17 Aralık'tan sadece 74 gün sonra, tutuklu kalmamıştı.

*

Sıfırlamışlardı!

*

Kaderin cilvesi, tahliye kararı tam 28 Şubat'ta verilmişti.

*

Tayyip Erdoğan keyifliydi.
"Adaletin yerini bulacağını biliyordum" dedi.

*

Mahkemenin esas hâkimi senelik izindeydi. Tahliye kararını nöbetçi hâkim vermişti. Nöbetçi hâkim İslam Çiçek, "uzun adam" hayranıydı, facebook sayfasında Tayyip Erdoğan'ın fotoğrafı vardı, "Allah uzun ömür versin uzun adam" yazıyordu.

*

Rıza Sarraf "kaçma şüphesi yok" denilerek, serbest bırakıldığında, genelkurmay eski başkanı İlker Başbuğ "kaçma şüphesiyle" hapiste tutuluyordu. Muammer Güler'in Zafer Çağlayan'ın oğulları kaçmazdı ama, Balyoz'dan tutuklanan kuvvet komutanları, generaller, amiraller, kurmay albaylar kaçabilirdi! Ayakkabı kutusu'nun kaçma şüphesi yoktu ama, Doğu Perinçek'in, Tuncay Özkan'ın, Hanefi Avcı'nın, Profesör Yalçın Küçük'ün kaçma şüphesi vardı öyle mi? İnsan yazarken bile üzülüyor ama... Hukuk'a adalet'e inancımızı yitirmeye başladığımız günlerdi.

*

Gizli tanık, hâkim oldu!

Ergenekon'dan yargılanan CHP milletvekili İlhan Cihaner'in avukatı Turgut Kazan, "Efe" kod adıyla gizli tanık olan kişinin, farklı bir kimlikle, HSYK tarafından hâkim olarak atandığını açıkladı. Böyle rezalet olur mu demeyin... Oluyordu.

*

Hâkkari Emniyet Müdürü Tufan Ergüder, istifa etti. "17 Aralık'tan beri emniyet teşkilatının itilip kakıldığını, sürgün edildiğini, hak, adalet, liyakat, yeterlilik gibi ilkelerin geri plana atıldığını, biat kültürünün ön plana çıktığını" söyledi. Tufan Ergüder, Ergenekon ve Balyoz operasyonlarını yürüten ekiptendi. Pek yakında "parelel terör örgütü üyesi olduğu" gerekçesiyle tutuklanacaktı.

*

CHP genel merkezi, tüm örgütlerine genelge gönderdi, "Recep Tayyip Erdoğan'a bundan böyle sayın veya başbakan olarak hitap edilmeyecek" denildi. Peki nasıl hitap edilecekti? Kılıçdaroğlu izah etti, "o benim gözümde Başçalan" dedi.

*

CHP genelgesinin haber olduğu gün... Tayyip Erdoğan Denizli'de mitingdeydi, mitinge katılan 100 hafız, bölüm bölüm paylaşarak Kuran-ı Kerim'i hatmetti. Dinin siyasete alet edilmesi çok görülmüştü ama, böylesi ilk defa görülüyordu.

*

AKP mitingleri artık haremlik-selamlık'tı. Kürsüye yakın bölüm kadınlara ayrılıyor, erkekler arka tarafta duruyordu. Cumhurbaşkanlığı mitingleri yapılırken, haremlik-selamlık bile hafif kalacak, kadınlarla erkeklerin arasına bariyer konulacaktı.

*

Jet Fadıl gene piyasaya çıkmıştı.
Gazetelere televizyonlara reklamlar veriyor...
Maldivler'de devremülk satıyordu.

*

E, tabii iki üç ay sonra hiç şaşırmadık... Jet Fadıl'ın "Caprice Gold Maldives Ebu Eyyub El Ensari House" projesi, başlamadan bitti. Maldivler'deki adanın sahibi olan şirket, Jet Fadıl'ın söz verdiği parayı ödemediğini, sözleşmeyi feshettiklerini, Jet Fadıl hakkında dolandırıcılıktan dava açacaklarını söyledi. Jet Fadıl'ın Maldiv ayağıyla 170 milyon dolar topladığı öne sürülüyordu.

*

17 Aralık operasyonunda tutuklu kalmamıştı ama, iddiaların ardı arkası kesilmiyordu. Muammer Güler'le Rıza Sarraf'ın telefon konuşmaları *Karşı* gazetesinde haber oldu. Soruşturma dosyasından sızmıştı. Rıza Sarraf, mali şube tarafından takip edildiğinden huylanıyor, böyle bir takip olup olmadığını Muammer Güler'e soruyor, Muammer Güler de "abicim sen rahat ol, vallahi öyle bir şey varsa, senin önüne yatarım" diyerek, Sarraf'ın gönlünü ferahlatıyordu.

*

Soruşturma dosyasından gazetelere sızan bir başka iddiada ise... Bir emniyet müdürünün Rıza Sarraf'ı MASAK'a ihbar ettiği anlaşılıyor, bunun üzerine Muammer Güler sinirleniyor, "defterini düreceğim o pezevengin" diyordu.

*

Gezi olaylarından beri her platformda Tayyip Erdoğan tarafından kıyasıya eleştirilen Koç Grubu, sessizliğini bozdu. Yönetim Kurulu Başkanı Mustafa Koç, *Hürriyet*'e konuştu. "Başbakan'la oğlu arasında geçtiği iddia edilen ses kayıtları hakkında ne düşünüyorsunuz?" sorusuna, şu çarpıcı cevabı veriyordu: "Geçen hafta haberleri takip ettik, eski Alman cumhurbaşkanı aklanmış, almış olduğu düşük faizli krediden dolayı istifa etmek zorunda kalmıştı, bir oradaki duruma bakın, bir de buradaki duruma bakın, arada dağlar kadar fark var."

*

Fethullah Gülen'in ses kayıtlarında "Mustafa Koç'a ananas gönderildiği" yolunda konuşmalar geçiyor ve "ananas" kelimesinin aslında şifreli mesaj olduğu öne sürülüyordu. Mustafa Koç bu konuda ne diyordu? "Bana Türkiye'nin dört bir yanından, bayilerimizden, yörelerine özgü yoğurt-baklava pek çok şey gelir, yok ananas değilmiş de, elmasmış, yok şifreymiş... Bana ananas yollandı, ben de teşekkür ettim, gayet de lezzetliydi" diyordu.

*

Tayyip Erdoğan bir zamanlar "muhterem hocaefendi" diye hitap ettiği Fethullah Gülen'in, şimdi artık adını bile anmıyordu, kısaca "Pensilvanya" diyordu. Esad'ın aniden Esed oluvermesi gibiydi. Dilimize yabancılaştırıyordu.

*

Peki bu "Pensilvanya" neydi? Fethullah Gülen'in ABD'deki adresiydi. 1999'dan beri orada yaşıyordu. 110 dönüm üzerine kurulu çiftlikti. Küçük bir göleti vardı. Dokuz müstakil binası vardı. Resmi kayıtlarda "Altın Nesil İbadet ve Dinlenme Merkezi" olarak görülüyordu. 1993'te Hüseyin Çopur tarafından 230 bin dolara satın alınmış, Golden Generation Vakfı'na devredilmişti.

*

17/25 Aralık'tan önce "liboş" tabir edilen gazetecilerin uğrak yeriydi. Bunları uçağa doldurup doldurup Pensilvanya'ya götürüyorlardı, hem ABD'ye turistik seyahat yapmış oluyorlardı, hem de Fethullah Gülen'i ne kadar sevdiklerini göstermiş oluyorlardı. 17/25 Aralık'tan sonra seyahatler bıçak gibi kesildi.

*

Her seçim öncesinde olduğu gibi, gene "demokratikleşme paketi" çıkarıldı. PKK'yla İmralı üzerinden pazarlık halinde olan AKP hükümeti, her seçim sandığı yaklaştığında "demokratikleşme" adı altında, biraz daha taviz veriyordu.

*

TBMM'de kabul edilen yasaya göre, bundan böyle, özel okullarda Kürtçe eğitim serbestti, köylere eski isimleri verilecekti, Kürtçe seçim propagandası artık yasak değildi, yüzde 3 oy alan partilere, yani BDP'ye hazine yardımı yapılacaktı.

*

Açılım, durmak yok, yola devam ediyordu. Yolsuzluk gündemi PKK'ya yarıyordu. Başı sıkışan AKP, bir de ekstra PKK sorunu çıkmasın diye, verdikçe veriyordu. "Özerklik" kavramı iyiden iyiye normalleşmişti.

*

"Fenerbahçe" tapesi çıktı.

Tayyip Erdoğan'la Bilal arasında geçtiği iddia ediliyordu. Mevzu, Fenerbahçe kongresiydi. Baba, oğluna taktikler veriyordu. Aziz Yıldırım'ın yerine Mehmet Ali Aydınlar'ın başkan seçilmesi için neler yapılması gerektiğini sıralıyordu.

*

"Öbür türlü zekât" tapesi çıktı.

Alo Fatih'le Bilal arasında geçtiği iddia ediliyordu. Mevzu, TÜRGEV'di. Alo Fatih, Bilal'i arıyor, hayırsever bi işadamının 1 milyon lira yatıracağını belirterek, TÜRGEV'in hesap numarasını istiyordu. Bilal de "zekât mı, öbür türlü mü?" diye soruyordu. Anlaşılan bi "hayır işi" vardı, bi de "öbür türlü hayır işi" vardı.

*

"Aydın Doğan" tapesi çıktı.

Tayyip Erdoğan'la Adalet Bakanı Sadullah Ergin arasında geçtiği iddia ediliyordu. Tayyip Erdoğan, Aydın Doğan aleyhinde açılan SPK davasının nasıl oluyor da beraatle sonuçlanabildiğini sorguluyordu. Sadullah Ergin de cevap olarak, beraat kararını veren hâkimin "Alevi" olduğunu söylüyordu. Adalet Bakanı, işin henüz bitmediğini, davanın Yargıtay'da görüleceğini hatırlatıyor, Başbakan da "yakından takip edilmesi" talimatını veriyordu.

*

Hukuk terazisiyle karar verecek olan bir hâkimin, Alevi-Sünni, Hanefi-Şafi, Türk-Kürt, imanlı-imansız olmasının bir önemi var mıydı? AKP'de vardı. Ekstra hazin tarafı... Hâkimin "Alevi" olduğuna dikkat çeken Sadullah Ergin, Alevilerin-Sünnilerin, Ermenilerin-Arapların, Katoliklerin-Musevilerin huzurla iç içe yaşadığı Hatay'dan belediye başkan adayı olmuştu!

*

Tayyip Erdoğan, Aydın Doğan'ın davası hakkında Sadullah Ergin'le konuştuğunu inkâr etmedi, doğruladı, "dönen dolapları biliyoruz, adalet bakanıma bunu yakından takip et dememden daha doğal ne olabilir, ben bunu milletim için istiyorum" dedi.

*

"Danıştay" tapesi çıktı.

Gene Tayyip Erdoğan'la Adalet Bakanı Sadullah Ergin arasında geçtiği iddia ediliyordu. Danıştay'da hangi dairenin başında kimin olması gerektiğini, isim isim konuşuyorlar, en kritik dairenin "imtiyaz sözleşmelerine bakan daire" olduğunu söylüyorlar, "Zerrin hanım"ın Danıştay Başkanı seçilebilmesi için, kimlerin adaylıktan çekilmesi gerektiğini organize ediyorlardı.

*

"Milgem" tapesi çıktı.
Tayyip Erdoğan'la, deniz ticaret odası başkanı, armatör Metin Kalkavan arasında geçtiği iddia ediliyordu. Tayyip Erdoğan, Koç Grubu tarafından kazanılan Milli Gemi İhalesi'nin iptal edilmesi için Metin Kalkavan'a yol gösteriyor, Başbakanlık Teftiş Kurulu'na "haksızlık var" diye itiraz etmesini söylüyor... Neticede, Koç'un kazandığı ihale iptal ediliyor, Kalkavan'a veriliyordu.

*

Tayyip Erdoğan, Milgem ihalesinin iptali hakkında Metin Kalkavan'la konuştuğunu inkâr etmedi, doğruladı. "İhalede saf dışı bırakılmış, şahsıma müracaatı olmuş, neticede o ihalenin iptali çıkıyor, devletin 100-200 milyon dolar kazancı oluyor, bunlar bu telefon konuşmasını dinleyecek kadar seviyesiz, milletin menfaatini hiçe sayan tipler" dedi.

*

"Çatalca" tapesi çıktı.
Tayyip Erdoğan'la dünürü Osman Ketenci arasında geçtiği iddia ediliyordu. Osman Ketenci "çim makinesini, dal budama makinesini, havuz motorlarını aldığını" söylüyor, Tayyip Erdoğan "jeneratör de almamız lazım" diyordu. İnternete düşen Çatalca'yla alakalı bir başka ses kaydının da, Tayyip Erdoğan'la Bilal arasında geçtiği öne sürülüyordu. Bilal "banyo, mutfak, parke, boya"dan bahsediyor, "iç mimar getireceğini" söylüyor, Tayyip Erdoğan "çit"leri soruyor, "icabında prekast kalıplarla etrafını dönmek lazım" diyordu. Bu ses kayıtları, gazetelerde "Urla'dan sonra, Çatalca villaları çıktı" başlığıyla duyuruluyordu.

*

"Etiler Polis Okulu" tapesi çıktı.
İstanbul Etiler'deki polis meslek yüksekokulunun kapatılacağı, 1 milyar dolar değerindeki arazisine alışveriş merkezi yapılacağı, bu arazinin Bosphorus 360 isimli şirkete devredileceği iddia ediliyordu. İnternete düşen ses kayıtlarında, Tayyip Erdoğan'ın "bu araziyi çok yakından takip ettiği" öne sürülüyordu.

*

Ses kayıtlarının neredeyse tamamı "selamünaleyküm"le başlıyor, "inşallah"la devam ediyor, "Allah razı olsun"la bitiyordu. Allah'ın adının bu şekilde kullanılması, dinimizin bu işlere böylesine alet edilmesi, dehşet vericiydi.

*

Tayyip Erdoğan TRT'ye çıktı.

"Beni dinlemişler, ailemi dinlemişler, oğlumu, kızımı dinlemişler, bir Müslüman bir Müslüman'ı dinleyebilir mi? Bizim dinimizde böyle bir şey var mı?" dedi... Bi yandan "montaj, dublaj" diyordu, beri yandan "dinlemişler" diyordu. Hadiseyi İslam'a bağlıyor, telefon dinlemenin dinimizde yerinin olmadığını söylüyordu!

*

"Demirören" tapesi çıktı.

Tayyip Erdoğan'la *Milliyet* gazetesinin sahibi Erdoğan Demirören arasında geçtiği iddia ediliyordu. Abdullah Öcalan'ın BDP heyetiyle yaptığı görüşmelerin dökümü "İmralı zabıtları" manşetiyle *Milliyet*'te yayımlanmıştı. Tayyip Erdoğan bu zabıtları yayımladıkları için Erdoğan Demirören'i azarlıyor, "rezillik, alçaklık, kepazelik, adilik, ahlaksızlık, namussuzluk" diyordu. Erdoğan Demirören de "nasıl girdim bu işe, kim için" diyerek, ağlıyordu. Mecazi manada söylemiyorum, bildiğin, hüngür hüngür ağlıyordu. Medya tarihine geçen, ibret vesikasıydı.

*

Erdoğan Demirören, Türkiye'nin en zengin insanlarından biriydi, Milangaz'ın sahibiydi, *Milliyet-Vatan* gazetelerinin sahibiydi, dolar milyarderiydi, 76 yaşındaydı... Tayyip Erdoğan'a "patron" diye hitap ediyordu.

*

Dünya basını olan bitenin izahını yapamıyordu ama, mizahını yapıyordu. ABD'den Yunanistan'a, İngiltere'den Almanya'ya kadar, Tayyip Erdoğanlı karikatürlerde patlama yaşanıyordu. Kimisi "halının altına para süpürürken" çiziyordu, kimisi "patlak ampul önünde poz verirken" çiziyordu, kimisi de "sırtında para çuvalıyla, sus işareti yaparken" çiziyordu.

*

"Efkan Ala" tapesi çıktı.

İçişleri Bakanı Efkan Ala'yla İstanbul Emniyet Müdürü Selami Altınok arasında geçtiği iddia ediliyordu. 17 Aralık savcısı, gözaltı talimatları vermiş, talimatını yerine getirmeyen istihbarat müdürünü ifadeye çağırmıştı. Selami Altınok bu konuyu anlatıyor, ne yapması gerektiğini Efkan Ala'ya danışıyordu. Efkan Ala da "hiç kimseyi ifadeye gönderme, evrakı çöpe at, gerekirse sen o savcıyı emniyete getir, çete kurdunuz de" diyordu.

*

"Sayıştay" tapesi çıktı.

2013 senesi bütçe görüşmelerine Sayıştay krizi damga vurmuştu. Sayıştay raporları meclise getirilmemiş, CHP bangır bangır sebebini sormuş, cevap alamamıştı. İnternete düşen telefon kayıtları, bu mevzuyla alakalıydı. AKP grup başkanvekili Nurettin Canikli'yle Başbakanın özel kalem müdürü Hasan Doğan arasında geçtiği iddia ediliyordu. Nurettin Canikli "raporlar iyi ki gelmedi, çok berbat" diyordu. Hasan Doğan da "bizi mecliste duman ederlerdi" diyordu.

*

Eskişehir mitinginde Tayyip Erdoğan'ın dili sürçtü, "evlatlarıma helal lokma yedirmediğim halde, evlatlarıma haramdan bahsedecek kalitede değilsiniz" dedi. Sosyal medyada günün konusu oldu... "Allah söyletti" deniliyordu.

*

"Yaşar Nuri Öztürk" tapesi çıktı.

Tayyip Erdoğan'la Alo Fatih arasında geçtiği iddia ediliyordu. Din bezirgânlarının ipliğini pazara çıkaran Profesör Yaşar Nuri Öztürk, AKP'liler tarafından en sevilmeyen insanların başında geliyordu. Tayyip Erdoğan, Profesör Yaşar Nuri Öztürk'ü Habertürk ekranında görmekten duyduğu rahatsızlığı dile getiriyor, Alo Fatih de "özür dilerim efendim, mahcubum" diyordu. Bu telefon konuşmasından sonra, Profesör Yaşar Nuri Öztürk'ün Habertürk'teki işine son veriliyordu.

*

"THY" tapesi çıktı.

Tayyip Erdoğan'ın danışmanı Mustafa Varank'la THY Özel Kalem Müdürü Mehmet Karakaş arasında geçtiği iddia ediliyordu. Mustafa Varank "Nijerya'ya sevkıyatı yapılan malzeme"yi soruyor, Mehmet Karakaş da endişesini dile getiriyor, "Müslümanları mı öldürecek, Hıristiyanları mı öldürecek, vebal altındayım" diyordu.

*

"Ada" tapesi çıktı.
Bilal'le üniversiteden arkadaşı Murat Yelkenci arasında geçtiği iddia ediliyordu. Bilal'in rüzgâr santrali kurmak için, Çanakkale açıklarındaki dört adanın pazarlığını yaptığı, Yelkenci'nin fiyat araştırması yaptığı, adaların toplam 20 milyon dolar olduğu öne sürülüyordu. Pırasa adası, Tavşan adası, Yılan adası ve Orak adasıydı. Kelepirdi.

*

Her gün tape, her gün tape, Tayyip Erdoğan'ın iyice asabı bozulmuştu, önünü alamıyordu, yandaş kanal atv'ye çıktı, "30 Mart'tan sonra atacağımız adımlar var, bu milleti YouTube'a facebook'a yedirmeyiz" dedi. Belli olmuştu... Kapatacaktı.

*

AKP milletvekili Metin Külünk, hem demokrasi tarihine, hem hukuk tarihine, hem de İslam tarihine geçecek bir açıklamada bulundu, 17 Aralık operasyonuyla "günah işleme özgürlüğüne darbe vurulduğunu" söyledi!

*

Diyanet'i göreve çağıran Külünk, "Allah insana günah işleme özgürlüğü vermiştir, insana günahsızlık talep etme hakkı vermemiştir, af dileme hakkı vermiştir, 17 Aralık'ın felsefi boyutu hiç konuşulmadı, bu operasyon insanların günah işleme özgürlüğüne darbedir, Diyanet'e büyük görev düşüyor" dedi.

*

Pişkinlikte nirvana'ydı.

*

Tayyip Erdoğan'ın Osmaniye mitinginde, işsiz bir vatandaş "hırsız var" pankartı açtı. Başbakanlık korumaları tarafından gözaltına alındı, kelepçelendi, minibüse bindirildi, bir saat kadar coplarla dövüldü, kafasına silah dayandı.

*

AKP, 12 yıldır iktidardaydı.
Oscar ödülleri dağıtıldı.
Kaderin cilvesi...
En iyi film Oscarını *12 Yıllık Esaret* aldı!

*

İlker Başbuğ, Silivri'den çıktı.
Ergenekon davasından "müebbet" almıştı, gerekçeli karar bir türlü açıklanmıyordu, gerekçeli karar açıklanmadığı için

Yargıtay'a temyiz başvurusu yapamıyordu, son çare olarak, Anayasa Mahkemesi'ne başvurmuştu. Anayasa Mahkemesi "haklarının ihlal edildiğine" hükmetti, İlker Başbuğ tahliye edildi.

*

Tutuklandığı gün "Türkiye Cumhuriyeti'nin 26'ncı genelkurmay başkanı, terör örgütü kurmak ve yönetmek suçundan tutuklandı, takdir yüce Türk milletinindir" demişti. Takdire bakın ki, tam 26 ay yatırmışlardı.

*

Silivri kapısında yaptığı özgürlük konuşması çarpıcıydı. "Ben ne kadar suçsuz isem, geride bıraktığım Tuncer Kılınç, Hurşit Tolon, Bilgin Balanlı, Hasan Iğsız, diğer tarafta Tuncay Özkanlar, Doğu Perinçekler de suçsuzdur, son arkadaş buradan çıkıncaya kadar mücadeleme devam edeceğim" dedi.

*

İlker Başbuğ'un adını saydıkları arasında, Doğu Perinçek de vardı. Ömrünün neredeyse yarısını hapislerde geçiren İşçi Partisi genel başkanı Doğu Perinçek, ömrü boyunca TSK'yla sorunlu olmuştu. İlker Başbuğ'un Perinçek'in adını telaffuz etmesi, Türk siyasi ve askeri tarihi açısından ilk'ti. Zıt kutupların birbirini çekmesi gibi, bir araya gelmesi mümkün olmayan insanlar, Ergenekon Balyoz davalarında, birbirine yakınlaşmıştı. Türkiye Gençlik Birliği, *Aydınlık* gazetesi, Ulusal Kanal, kumpas davaları boyunca sessiz çoğunluğun sesi olmuştu. Meydanlarda, Silivri duvarlarında hukuk ve özgürlük için boğuşmuşlardı. Hapisteki Perinçek, dışardaki CHP ve MHP'den daha etkili muhalefet yapıyordu.

*

İlker Başbuğ'a müebbet verildiğinde, *Sabah, Star, Yeni Şafak* gibi yandaş gazeteler alkışlamıştı, "darbecilere müebbet, derin devlete müebbet, cuntaya ceza yağdı" gibi manşetler atmışlardı. İlker Başbuğ serbest bırakıldığında, aynı gazeteler gene alkışladı, "orduya kumpas kuranlar yargılanacak" manşetleri attı.

*

AKP dönünce... Yandaş medya döne döne pervane oluyordu!

*

Tayyip Erdoğan, İlker Başbuğ'a telefon etti, "geçmiş olsun"

dileklerini iletti. İyi de... "Ben Ergenekon'un savcısıyım, bunlar millet iradesiyle iktidara gelmiş hükümete darbe tezgâhladılar, aaah ah, ne karanlık dolaplar dönmüş, ne kirli ittifaklar kurulmuş" diyen, Tayyip Erdoğan değil miydi? "Türkiye bağırsaklarını temizliyor" diyen Bülent Arınç, Tayyip Erdoğan'ın yardımcısı değil miydi?

*

İlker Başbuğ özgürlüğünün ilk gününde sembolik adreslere gitti. Birincisi, esir subayların eşleri tarafından 76 haftadır her cumartesi günü gerçekleştirilen "Sessiz Çığlık" eylemiydi. İkincisi ise, *Er Mektubu Görülmüştür* isimli kitabın imza günüydü. Bu kitap, Maltepe Askeri Cezaevi'nde yatan, hava kurmay albay İsmet Çınkı, deniz kurmay albaylar Ender Kahya, Cem Okyay, Yavuz Uras ve Erdinç Altıner tarafından derlenmişti, Balyoz esirlerine gönderilen 1 milyon 300 mektuptan örneklerdi. Tüm geliri Çağdaş Yaşamı Destekleme Derneği'ne bağışlanan kitabın imza gününe, tüm Balyoz esirleri adına, Uğur Dündar, Müjdat Gezen, Profesör Aysel Çelikel, Profesör Metin Feyzioğlu, Nasuh Mahruki, Sinan Meydan, Tarık Akan, Rutkay Aziz, Levent Kırca, Ayşenur Arslan, Ruhat Mengi, Atilla Sertel, Ümit Zileli, Soner Yalçın, Nedim Şener, Yazgülü Aldoğan ve ben katılmıştık. İlker Başbuğ'la birlikte, asrın iftirasına, asrın imzası atılmıştı.

*

Kılıçdaroğlu, 17 Aralık sabahı Bilal'in evinde "1 milyar dolar" olduğunu öne sürdü. "Bakan çocuklarının yatak odalarındaki kasaları paralel devlet mi koydu, banka genel müdürünün evindeki ayakkabı kutusunu paralel devlet mi koydu, başbakanın oğlunun evine 1 milyar doları paralel devlet mi koydu?" dedi.

*

"1 milyar dolar" lafı, ilk defa dile getirilmiyordu. Tee 2001 senesinde Rahmi Koç tarafından söylenmişti. CNNTürk'te Taha Akyol'un sorularını cevaplayan Rahmi Koç, "siyaset artık para işidir, Tayyip Erdoğan'da çok para olduğunu radyolardan dinledik, nasıl biriktirdilerse, 1 milyar dolar biriktirmişler" demişti.

*

Rahmi Koç'tan bir ay önce de, Tuncay Özkan, *Milliyet*'teki

köşesinde şunları yazmıştı: "DGM savcılığının soruşturmasına kaynak teşkil eden müfettiş raporuna göre, İstanbul'da bütün yollar Albayrak şirketine ve Tayyip Erdoğan'a çıkıyor. Tayyip Erdoğan'ın İstanbul Büyükşehir Belediye Başkanı olmasıyla birlikte, bütün ihaleler onlara akıyor. Şimdi 1990'dan 2000'e bir milyar dolara yakın servetin sahibi olarak, sahipsiz kent İstanbul'a hükmediyorlar."

*

Gel zaman git zaman, 2010'da Wikileaks belgeleri patlamıştı. Dönemin ABD Ankara Büyükelçisi Eric Edelman'ın 2004'te Washington'a gönderdiği raporda, "iki kaynağımızdan duyduğumuz kadarıyla Tayyip Erdoğan'ın İsviçre bankalarında sekiz hesabı var" dediği, öne sürülmüştü. Bu iddia ortaya çıkınca, Tayyip Erdoğan öfkeden köpürmüş, "benim İsviçre bankalarında bir Allah kuruşu param yok, belediye başkanlığım döneminde Tayyip Erdoğan'ın 1 milyar doları var diyen kişi, bugün Ergenekon'dan içerde" demişti.

*

Tuncay Özkan'ı kastediyordu...
Böylece, Tuncay'ın içerde neden yattığı belli olmuştu!

*

Erhan Tuncel serbest bırakıldı.
Hrant Dink suikastında azmettirici olduğu iddiasıyla yargılanıyordu. Polis muhbiriydi. Özel yetkili mahkemeler lağvedilince, azami tutukluluk süresi 10 seneden 5 seneye indirilmişti, bundan ilk faydalanan kişi, Erhan Tuncel'di.

*

Zafer Çağlayan, milletvekili olduğu Mersin'e gitti, 17/25 Aralık'ı şikâyet etti, "bunları bize bir Yahudi, bir ateist, bir Zerdüşt yapsa anlarım ama, bunları bize yapan Müslümanım diye geçiniyor" dedi.

*

Bu nefret söyleminin dile getirildiği gün... Yedi sene önce Malatya'da Zirve Yayınevi katliamını gerçekleştiren beş sanık, serbest bırakıldı. Biri Alman, üç kişiyi "Hıristiyan oldukları" ve "yayınevinde İncil bastıkları" gerekçesiyle, boğazlarını keserek öldürmüşlerdi.

*

Zirve Yayınevi'nde katledilen Alman vatandaşı Tilman

Geske'nin eşi Susanne, çok sevdiği Türkiye'den ayrılmamıştı, iki çocuğuyla beraber Malatya'da yaşamaya devam ediyordu. Ancak... Kocasını katleden sanıklar Malatya sokaklarına geri dönünce, Susanne bavulunu topladı, Türkiye'den ayrıldı.

*

Kurbanların otopsi raporuna göre... Birini, çamaşır ipiyle boğmuşlar, ölmeyince bıçaklamışlardı, gırtlağında boydan boya V biçiminde kesik vardı, ensesinde, kulağında, sırtında 16 bıçak darbesi tespit edilmişti. Öbürünü, önce dövmüşlerdi, suratında, ayaklarında, dirseklerinde kırıklar vardı, sonra göğüs kafesinden 16 defa bıçaklamışlardı. Sonuncusuna da, uzun uzun işkence etmişlerdi, kalçası, anüsü, beli, sırtı doğranmıştı, elinin parmakları uzunlamasına kemiğine kadar soyulmuştu, boğazı deşilmiş, yemek borusu, soluk borusu kesilmişti.

*

Bu vahşeti gerçekleştirenleri sokağa salmışlardı ama... Aynı davadan yargılanan Birinci Ordu Komutanı Orgeneral Hurşit Tolon'u bırakmıyorlardı! Üstün cesaret ve feragat madalyalı komutanı, gizli tanık ifadesiyle, hem Ergenekon'a, hem Balyoz'a, hem de Zirve Yayınevi davasına dahil etmişlerdi. Katiller, ellerini kollarını sallaya sallaya geziyor, Hurşit Tolon Silivri'de yatıyordu.

*

"Orospu bahşişi" tapesi çıktı.

İnternete düşen telefon kaydının, Rıza Sarraf'la yardımcısı Rüçhan Bayar arasında geçtiği iddia ediliyordu. Rüçhan Bayar "işlerini halledecek birine, iş halolduktan sonra 30-40 bin dolarlık Rolex saat alalım mı?" diye akıl danışıyor, Rıza Sarraf da, hemen alınmasını tavsiye ediyordu: "Benim rahmetli annemin babası derdi ki, orospu ile memurun bahşişini başında verin derdi."

*

Gayet netti.

Kimisi, milletin orasına koyuyordu.

Kimisi, orospu bahşişi veriyordu.

*

Tam o günlerde... Türkiye'nin halini özetleyen bi video kaydı, internete düştü. İstanbul metrosunda, cep telefonuyla çekilmişti. Üniversite öğrencileri, Tayyip Erdoğan'ın "sağlam irade" yazılı seçim afişlerinin üstüne "sağlam ayakkabı kutusu" yazısını yapıştırıyor, bir vatandaş da canhıraş şekilde engellemeye çalışıyordu. Üniversiteliler "yolsuzluk yapılıyor" deyince, "soyuyorsa beni soyuyor, sana ne" diye bağırıyordu!

*

AKP Genel Başkan Yardımcısı Numan Kurtulmuş "camide seçim propagandası yapan ilk siyasetçi" olarak tarihe geçti. Namaz çıkışında cami kapısında filan değil, bildiğin caminin içinde, imamın cemaate namaz kıldırdığı yerde, elinde mikrofon, anlatıyordu. İmam, hemen yanında duruyordu. Tarihe geçen cami, Pendik Yenişehir Mahallesi'ndeki Ulu Cami'ydi.

*

İngiliz haber ajansı Reuters, 8 Mart Dünya Kadınlar Günü vesilesiyle, dünyanın çeşitli ülkelerinden "anne-kız" örneklerini haberleştirdi. Türkiye'den anne-kız olarak, Mardin'in Zeytinpınar köyünden Tahsiye Özyılmaz'la kızı Halime'yi seçmişlerdi. Tahsiye "öğretmen olmak isterdim, 17 yaşımda evlendirildim" derken... 14 yaşındaki Halime "okul uzakta olduğu için eğitimimi yarıda bırakmak zorunda kaldım, 17 yaşıma gelince annem gibi evlendirileceğimi düşünüyorum" diyordu.

*

Ergenekon bir günde bitti!

Azami tutukluluk süresinin on seneden beş seneye indirilmesi, Silivri'nin kapılarını ardına kadar açmıştı. Doğu Perinçek, Tuncay Özkan, Profesör Yalçın Küçük, avukat Kemal Kerinçsiz, gazi-avukat Serdar Öztürk, Muzaffer Tekin, gazeteci Merdan Yanardağ, teğmen Mehmet Ali Çelebi, tuğgeneral Veli Küçük, orgeneral Hasan Iğsız, yazar Ergün Poyraz, Profesör Kemal Alemdaroğlu serbest bırakıldı.

*

Yedi senedir devam eden işkence, nihayete ermişti.

*

Bu kadar basitti...

Tayyip Erdoğan'ın ağzından çıkan, kanundu.

Tutukluluk süresi on sene olsun diyordu.

İnsanlar on sene yatıyordu.

Beş seneye indirdim diyordu.

Beş senede çıkılıyordu.

*

"Evrak imha" tapesi çıktı.

Tayyip Erdoğan'ın damadı Berat Albayrak'la şoförü arasında geçtiği iddia ediliyordu. Mevzu, evrak öğütücü cihazdı. Şoför telefon edip, "öğütücü aldığımız yerdeyim" diyordu, damat da "aynı marka alma, bir kere kazık yedim, bir daha yemeyeyim, adam gibi kaliteli bir şey al, yabancı marka al" diyordu. Şoförün daha önce ucuza yerli malı öğütücü aldığı, damadın memnun kalmadığı anlaşılıyordu.

*

"Ampul" tapesi çıktı.

Tayyip Erdoğan'ın danışmanı İbrahim Kalın'la işadamı Abdullah Tivnikli arasında geçtiği iddia ediliyordu. Özelleştirmeyle Güneydoğu'daki elektrik dağıtım işini alan Tivnikli'nin "kaçak elektrik kullanımı"ndan şikâyet ettiği, bunun üzerine, Ağustos 2014'e kadarki kaçak elektrik zararının devlet kesesinden ödendiği öne sürülüyordu. CHP milletvekili Umut Oran, bu mevzuda soru önergesi verdi. "Abdullah Tivnikli'nin abonelerinden tahsil edemediği kaçak elektrik meblağı kaç liradır? Tayyip Erdoğan'ın talimatı üzerine, Abdullah Tivnikli dışında zararı karşılanan başka işadamı var mıdır? Ağustos 2014 tarihinin belirlenmesinde, o tarihte yeni cumhurbaşkanının görevine başlayacak olması ve seçim süreci etkili olmuş mudur?" diye sordu.

*

"Okul taksidi" tapesi çıktı.

Gene, Tayyip Erdoğan'ın danışmanı İbrahim Kalın'la işadamı Abdullah Tivnikli arasında geçtiği iddia ediliyordu. Danışman, ampul tapesi'nden hatırladığımız işadamına "benim kızın okul taksitleri var, himmetinizi beklerim" diyordu.

*

Tayyip Erdoğan, tapeler çıktıkça daha da sertleşiyor, ağzındaki baklayla beraber, aklındaki baklayı da çıkarıyordu. "Bunlarda takiye var, yalan var, iftira var, fitne var, fesat var, bunlar Şia'yı geçmiş vaziyette, Şia bunların eline su dökemez" dedi... Mezhep ayrımcılığının bu kadarı görülmemişti. CHP milletvekili Hüseyin Aygün, nefret suçu işlediği gerekçesiyle, başbakan hakkında suç duyurusunda bulundu. Türkiye Caferileri Vakfı "kınıyoruz, özür bekliyoruz" açıklaması yaptı.

*

"Hesap-kitap" tapesi çıktı.

Rıza Sarraf'la adamlarından Abdullah Happani arasında geçtiği iddia ediliyordu. Rıza Sarraf "senin verdiğin raporu incelemiş, euro olarak 10 kâğıt fark olduğunu söylüyor, 10 kâğıt daha aşağı almış" diyor... Happani de "olur mu abi yav, hesabı kitabı belli, hangi tarihte ne verdiğimiz belli, önüne koyarız" diyordu.

*

"Özgür medya" tapesi çıktı.

Tayyip Erdoğan'la Bilal arasında geçtiği iddia ediliyordu. Babası "ciddi medya desteği lazım" diyor... Oğlu da anlatıyordu: "Manşetleri göreceksin inşallah, *Takvim* gazetesi Vaiz Lobisi diye manşet attı, *Sabah* gazetesi Kaset Olmadı Dosya Verelim diye manşet attı, şu an sizin talimatlarınızı bekliyorlar, hele biraz da MİT'ten malzeme gelse diyorlar, en tepeden vurmaya başlayacaklar."

*

Yandaş gazeteler bunları yazarken...

Fethullah Gülen, *Financial Times*'a makale yazıyordu.

"Hükümetin yürütme kanadındaki küçük bir grup, ülkeyi rehin tutuyor, askeri vesayetin yerini, yürütme hegemonyası almış gibi görünüyor" diyordu.

*

Berkin'i kaybettik.

*

Gezi olayları sırasında, İstanbul Okmeydanı'nda, ekmek almak için evinden çıktığı sırada, kafasından bibergazı fişeğiyle vurulan 14 yaşındaki Berkin Elvan, 269 gün dayanabilmişti.

*

Komada yatarken 16 kiloya düşmüştü.

Türkiye tarihinin gördüğü, vebali en ağır 16 kiloydu.

*

Ömrünün son beş gününde, epilepsi krizi geçirmişti, kalbi durmuştu, makineye bağlanmıştı, akciğerinde hava deliği oluşmuştu, beyin fonksiyonları çalışamaz hale gelmişti, iç organlarındaki hasar büyümüştü. Vurulduğunda yaz mevsimiydi, sonbahar'da dayanmıştı, üç mevsim direnmişti ama, kış'ın artık tutunamamıştı.

*

O kara kaşlı çocuğun gülümseyen gözleri, memleketin yüreğini dağlamıştı. Vicdanlar ayağa kalktı. Türkiye'nin hemen her şehrinde protesto gösterileri yapıldı. Polis her yerde saldırdı. Acımıza bile bibergazı sıkılıyordu.

*

Gezi olaylarında 6'ncı çocuğumuzu kaybetmiştik. Ali İsmail Korkmaz polis tekmeleriyle can vermişti, Alevi'ydi. Ethem Sarısülük polis kurşunuyla can vermişti, Alevi'ydi. Abdullah Cömert polisin bibergazı fişeğiyle can vermişti, Alevi'ydi. Ahmet Atakan polis müdahalesi sırasında şüpheli şekilde can vermişti, Alevi'ydi. Berkin Elvan polisin bibergazı fişeğiyle can vermişti, Alevi'ydi. Trafik kazasında can veren Mehmet Ayvalıtaş da Alevi'ydi. Gezi direnişi mezhepsel bir direniş olmadığına göre, her mezhepten, her etnik kökenden, her yaş grubundan, her sosyal statüden insanlarımız katıldığına göre... Can kayıplarının tamamının Alevi olması tesadüf müydü? Yoksa, tesadüfün bu kadarı fazla mıydı?

*

AKP'liler hep ne derdi? "Elit semtlerde oturanlar bizi sevmez, seçkinci sınıflar, belli zümreler, imtiyazlı çevreler bize karşıdır" derdi. Gezi direnişi için ne demişlerdi? "Bir avuç kaymak tabaka" demişlerdi. Ethem'i öldürdüler, kaynak işçisiydi. Abdocan'ı öldürdüler, narenciye paketleme tesisinde asgari ücretle çalışıyordu. Ali İsmail'i öldürdüler, babası inşaat işçisiydi, ben oğlumu tuğla taşıyarak okuttum diyordu. Mehmet Ayvalıtaş öldü, garsondu, babası pazarcıydı. Ahmet'i öldürdüler, üniversite mezunu işsizdi, inşaatlarda çalışıyordu. Berkin'i öldürdüler, babası işsizdi. Kendi çocuklarının gemicik filoları vardı, yatak odalarından para kasaları çıkıyordu, Gezi şehitlerine "kaymak tabaka" diyorlardı.

*

Berkin, vurulmadan iki gün önce, ilköğretim okulundan mezun olmuştu, Hasköy Lisesi'ne devam edecekti. Sınıf arkadaşları Hasköy Lisesi'ne kaydolmuştu. Ve, Hasköy Lisesi'ni bikaç ay sonra imam hatip lisesine dönüştüreceklerdi.

*

Berkin'in cenaze töreni mahşeri kalabalıktı. Okmeydanı Cemevi'ndeki törenin ardından, Feriköy mezarlığında toprağa verildi. Ve maalesef, Berkin'in defnedildiği akşam, kan aktı.

Kasımpaşa Kulaksız'da silahlar konuştu, 22 yaşındaki Burak Can Karamanoğlu başından vurularak, hayatını kaybetti.

*

Tetiği kim çekti, belirsizdi. Olayın yaşandığı bölgede elektrikler kesikti, niye kesilmişti, kim kesmişti, belli değildi. Bangır bangır provokasyondu. Burak Can'ın babası "yazık bu çocuklara, bedava ölüm, bedava" diye haykırıyordu.

*

Burak Can, üç ay önce askerden gelmişti, bir lokantada çalışıyordu. "Kasımpaşa 1453" taraftar grubunun üyesiydi. Bu grup, milliyetçi gençlerden oluşuyordu, son dört beş senedir, adeta AKP gençlik kolları gibi hareket ediyordu.

*

Burak Can'ın cenazesi, baba ocağı Giresun Alucra'ya götürüldü. Tabutuna Türk bayrağı sarılmıştı. Şehitlik'te toprağa verildi. Burak Can'ın dayısı, AKP'nin Alucra belediye başkan adayıydı, 30 Mart'ta yüzde 55 oyla başkan seçilecekti.

*

Berkin'in babası, Burak Can'ın babasını telefonla aradı, başsağlığı diledi, "senin evladın, benim evladımdır" dedi. Burak Can'ın babası da, İstanbul'a döner dönmez Berkin'in babasını ziyaret edeceğini söyledi. İki baba "evlatlarımızın siyasete alet edilmesine izin vermeyelim" diyor, ibret dersi veriyorlardı.

*

Burak Can'ı kaybettiğimiz akşam... Tunceli'de Ahmet Küçükdağ isimli 30 yaşındaki polis, devriye aracında bibergazından etkilenerek kalp krizi geçirdi, öldü. Berkin Elvan protestolarında polise molotof atılmış, polis bibergazı fırlatmış, o sırada Ahmet canından olmuştu. Sekiz ay önce evlenmişti, üç senelik polisti, Elazığ'da toprağa verildi. Ahmet'in babası, örnek insandı, o acısına rağmen sağduyu çağrısı yaptı, "Berkin de, Burak Can da bizim evladımız, ikisi de benim evladım, bu sokak olayları olmasın, Ahmetler şehit olmasın" dedi.

*

Kaybettiğimiz çocukların babaları böylesine insancıl mesajlar verirken... Egemen Bağış, twitter'dan "ölü seviciler" mesajı attı, "nekrofillere gereken cevabı milletimiz 30 Mart'ta verecek" dedi.

*

Berkin'in toprağa verildiği saatlerde... Tayyip Erdoğan, Mardin mitingindeydi. "30 Mart akşamı alınacak sonuç, inanıyorum ki, Kahire'de şehit edilen 18 yaşındaki Esma kızımızın ruhunu şad edecektir" dedi iyi mi... 14 yaşındaki evladımız Berkin polisler tarafından öldürülüyor, Tayyip Erdoğan hâlâ, Mısır askerleri tarafından öldürülen Mısırlılara ağlıyordu.

*

Ve, haklı çıkacaktı.

30 Mart seçimi, Berkinlerin değil, Mısırlı Esmaların, Mısırlı Rabiaların, Mısırlı Mursilerin zaferi olacaktı. Kendi yurttaşlarının ölümüne üzülmeyen sayın ahalimiz, Mısırlıların ruhu şad olsun diye oy kullanacaktı!

*

Tayyip Erdoğan, Mardin'den Ankara'ya döndü, yandaş televizyon Kanal 24'e çıktı. Yandaş *Star* gazetesinin yazarı Mustafa Karaalioğlu "Berkin Elvan'ın ölümü üzerine piyasada kur hareketi oldu, ekonomide kırılganlık bekliyor musunuz?" diye sordu. Tayyip Erdoğan "bunlar ani rüzgâr gibidir, gelip geçer, piyasa kendini topladı, borsa akşama doğru yükselmeye başladı, faiz yerine oturdu" dedi.

*

Çocuk öldürdüler, çocuk...

Hâlâ endeksi merak ediyorlardı.

*

Menkul kıymetler borsası denemezdi.

Olsa olsa "menfur" kıymetler borsasıydı!

*

Tayyip Erdoğan, bununla yetinmedi.

Berkin'in annesini yuhlattı.

*

Gaziantep mitinginde kürsüye çıktı, "çok enteresan, annesi beni suçluyor, evladımın katili başbakandır diyor, ben evlada sevgiyi bilirim ama, evladının mezarına karanfil ve demir bilyeler atışını pek anlamadım, o demir bilyeleri niçin atıyorsun mezarına, neyin mesajını veriyorsun" dedi.

*

Meydanı dolduranlar yuuuuhhh diye bağırdı.

*

Yetmedi... Berkin'i terörist ilan etti. "Terör örgütlerinin içine aldığı, terör örgütlerinin içinde, yüzü poşulu, eline sapan verilmiş, cebinde demir bilyelerle bir çocuk, bibergazına muhatap oluyor, polis orada yüzü poşulu, elinde sapanla demir bilyeleri savuran kişinin kaç yaşında olduğunu nereden bilecek?" dedi.

*

Yetmedi... Acıları yarıştırdı, cenazeleri böldü. "Burak Can'ın elinde sapan yoktu, Burak Can'ın elinde silah yoktu, bu yavrumuzu evinin önünde şehit ettiler, teröristlerle iş tutuyorlar, Burak Can yavrumuzu öldürenler Kılıçdaroğlu'nun cellatlarıdır" dedi.

*

Peki, o bahsettiği "mezara atılan demir bilyeler" neydi? Berkin'in babası Sami Elvan anlattı. "Çocuğum misket oynayacak yaşta vefat etti. Annesi misket oynasın diye renkli cam misketler koydu mezarına... Burak Can'ın babasıyla kol kola girip, bu adamı utandıracağız" dedi.

*

Peki, o bahsettiği "poşu-sapan" neydi?
Sosyal medyaya servis edilen bir fotoğraftı. Yüzü atkıyla sarılı, elinde sapan olan, zafer işareti yapan birinin fotoğrafıydı. "İşte Berkin" diyorlardı. Tapelerin "montaj" olduğunu söyleyenler, bu fotoğrafın "kesinlikle gerçek" olduğunu iddia ediyordu. Bana sorarsanız, sapan montajdı. Poşu yoktu, atkı vardı, muhtemelen gazdan korunmak için örtmüştü. Berkin olup olmadığı belli değildi. O bile olsa, 14 yaşındaki çocuğun polis fişeğiyle öldürülmesi nasıl savunulabilirdi?

*

Ve imam n'aparsa, cemaat n'apar misali...
Başbakan böyle derse, polisi ne derdi?
İstanbul emniyetinde görevli bir polis memuru, facebook sayfasında Berkin hakkında şunları yazdı: "Kafana sıkan çeviğin ellerinden öperim!"

*

Tayyip Erdoğan, Gezi olayları sırasında "polisimiz kahramanlık destanı yazdı, gönülden tebrik ediyorum, şükranlarımı sunuyorum" demişti. Tayyip Erdoğan'ın "destansı kahraman" ilan ettiği polis tipi... İşte bu polis tipiydi.

*
Kırım'da referandum yapıldı, yüzde 95 destekle, Rusya ile birleşme kararı çıktı. Kırım Türkleri boykot etmiş, sandığa gitmemişti. Kırım Tatar Milli Meclisi Başkanı Cemil Kırımoğlu'yla birlikte basın toplantısı düzenleyen Dışişleri Bakanı Ahmet Davutoğlu, "bu referandum gayrimeşrudur, tanımıyoruz" dedi.
*
Sayın ahalimiz "Kırım"la alakalı gelişmeleri, Star televizyonunda başlayan "Kurt Seyit ve Şura" dizisinden takip ediyordu. Kırımlı Türk ailenin oğlunu canlandıran Kıvanç Tatlıtuğ'la, soylu bir Rus kızını canlandıran Farah Zeynep Abdullah'ın aşkları, Ahmet Davutoğlu'nu seyretmekten iyiydi.
*
Sağlık Bakanı Mehmet Müezzinoğlu, cumhurbaşkanlığı seçimine değindi, eskisi gibi TBMM'nin değil, doğrudan halkın seçeceğini belirterek, "milletin önüne Ahmet Necdet Sezer diye bir saksı koyarız, siz de seçersiniz dediler, artık yok öyle yağma, artık millet var" dedi.
*
Mehmet Müezzinoğlu, Gümülcineliydi. Mehmet Alioğlu adıyla Türkiye'de okumuştu, Cerrahpaşa Tıp Fakültesi'nden mezun olmuştu, Yunanistan'da hekimlik yapmasına izin vermemişlerdi, Meriç nehrini kaçak olarak geçip, Türkiye'ye iltica etmişti, Yunan vatandaşlığından çıkarılmış, Türk vatandaşlığına geçmişti, Müezzinoğlu soyadını almıştı, Türkiye Cumhuriyeti'nin imkânlarıyla hekim olmuştu, milletvekili olmuştu, bakan olmuştu. Türkiye Cumhuriyeti'nin TBMM tarafından seçilmiş cumhurbaşkanlarına "saksı" diyordu.
*
Aynı "saksı" lafını, cumhurbaşkanlığı mitinglerinde Tayyip Erdoğan da kullanacaktı. Patenti, Mehmet Müezzinoğlu'na aitti.
*
"Fezleke" tapesi çıktı.
Dört bakanla alakalı fezlekeler Meclis'e gelmişti, ancak, oyalanıyordu. Genel kurulda okutulmuyor, milletvekillerinin incelemesine izin verilmiyor, vatandaşın gözünden kaçırılıyordu. İşte tam bu ortamda, bakanlarla alakalı 17 Aralık fezlekeleri Haramzadeler333 isimli twitter hesabından yayınlandı.

*

"Namuslu Teoman" tapesi çıktı.

Fezlekelerin deşifre edilmesi, ortaya bir "kahraman" çıkarmıştı. Rıza Sarraf'la yardımcısı Rüçhan Bayar'a ait olduğu iddia edilen çarpıcı bir telefon konuşması vardı. "Memur Teoman" diye birinin, üstlerinin talimatına rağmen usulsüz işlemlere izin vermediği anlaşılıyordu. Rüçhan Bayar, memur Teoman'ı Rıza Sarraf'a anlatırken, "neler yaptım, ne vaatler, yok, adam almıyor" diyordu.

*

E tabii herkes "kim bu namuslu Teoman?" diye merak ediyordu. Teoman Coşkun Dudak'tı. Fezlekedeki telefon konuşması yapıldığı sırada İstanbul Gümrük Müdür Yardımcısı'yken, şırrak, Gaziantep'e gönderilmişti.

*

Türkiye, tüm bu kepazeliklere rağmen hâlâ ayakta durabiliyorsa, memur Teoman gibilerin sırtında duruyordu.

*

Tayyip Erdoğan, her gittiği yerde Rabia işareti yapıyordu, parmaklarıyla "dört" gösteriyordu. Neydi bu işaretin manası? Mısır'daki Müslüman Kardeşler örgütünün sembolüydü. Askeri darbeyle devrilen dinci cumhurbaşkanı Mursi'nin taraftarları, Rabiatü'l Adeviyye Meydanı'nda toplanıyordu. Rabia, 1200 sene önce Basra'da yaşamış kadın sufiydi, hayatını dine adamıştı. Ailesinin dördüncü çocuğuydu ve Rabia kelimesi, Arapça dördüncü manasına geliyordu. Mursi'ye karşı olanlar ise, Tahrir Meydanı'nda toplanıyor, iki parmaklarıyla zafer işareti yapıyorlardı. Tayyip Erdoğan, hem Müslüman Kardeşler taraftarıydı, hem de Mısır'daki askeri darbeye karşı çıkıyorum ayağıyla, demokrat pozu veriyordu.

*

El işaretleri Türk siyasetinin geleneğinde vardı. Devrimciler sol yumruklarını havaya kaldırırken, ülkücüler bozkurt işareti yapıyordu. Kürtçüler zafer işaretini benimsemişti. Turgut Özal, kollarını kaldırarak, başının üstünde birleştirirdi. Erbakan, başparmağıyla, pilotların "tamam" işaretini yapardı. AKP'nin işareti yoktu. 2011'den itibaren Rabia'yı kullanıyorlardı.

*

İzmir'deki "el işareti" gündeme bomba gibi düştü!

Tayyip Erdoğan, miting için Gündoğdu meydanına giderken, seçim otobüsünü zınk diye durdurdu, korumalarına bir balkonu işaret etti, korumalar koşturdu, o balkondaki kadını "kol işareti" yaptığı iddiasıyla gözaltına aldı.

*

AKP konvoyu biraz ilerledi, gene zınk diye durdu, Tayyip Erdoğan bu defa bir kafede oturan kadını işaret etti, korumalar koştu, kafede oturan kadını "kol işareti" yaptığı iddiasıyla gözaltına aldı.

*

2002'den beri hep aynı manzaraydı.
İzmir, Tayyip Erdoğan'ı asla sevmedi.
Kol işareti yapanları tek tek toplamaya devam etseydi, mitinge yetişebilmesi mümkün değildi!

*

İzmir emniyeti devreye girdi.
Alsancak'ta yol boyunca balkonlara tazyikli su sıkıldı.
6'ncı 7'nci katlara bile TOMA'lardan su sıktılar.

*

Tayyip Erdoğan'ın İzmir mitingi baştan sona komedi filmi gibiydi. AKP'liler mitingin ne kadar kalabalık olduğunu göstermek için, internette bir fotoğraf yayınladılar, "İşte Kordon, işte İzmir" yazdılar, hakikaten mahşeri kalabalıktı. Küçük bi pürüz vardı... Orası İzmir değildi. Rod Steward'ın Rio Copacabana plajındaki yılbaşı konserinin fotoğrafıydı.

*

AKP'nin İzmir büyükşehir adayı Binali Yıldırım, twitter hesabından mitingin fotoğrafını yayınladı, hakikaten mahşeri kalabalıktı. Küçük bi pürüz vardı... Orası İzmir'di ama, 2007 senesinde çekilmişti, Cumhuriyet Mitingi'nin fotoğrafıydı.

*

Binali Yıldırım kısa süre önce de, CHP'li İzmir büyükşehir belediyesinin ne kadar başarısız olduğunu göstermek için, İzmir'den sel fotoğrafı yayınlamıştı. Küçük bi pürüz vardı... O fotoğraf Çin'de çekilmişti.

*

Miting için başka şehirlerden otobüslerle şakşakçı taşımışlardı, otobüslerin üstüne Ankara-1, Ankara-2 gibi levhalar konulmuştu, hacı kafilesi gibi, kaybolmasınlar diye, dönüşte hangi otobüse binecekleri yazılmıştı. Binali Yıldırım konuşurken, Melih Gökçek fotoğraflı AKP bayrakları sallıyorlardı.

*

Komedi kadar, trajedi de vardı...

Manisa Soma'dan doldurup doldurup maden işçilerini getirmişlerdi. Kafalarında baretlerle miting alanındaydılar. Hatta, bu mevzu TBMM'de tartışılmıştı. CHP'liler "parayla adam taşıyıp kendinizi alkışlatıyorsunuz" deyince, AKP'li çalışma bakanı gayet pişkin şekilde "bir vatandaş bir partiye gönül vermişse, işçinin ücretini ödeyip mitinge götüremez mi" demişti. İzmir'e taşıdıkları işçilerin bir bölümü, maalesef, Soma'daki tarihi faciada hayatını kaybedecekti.

*

İzmir'den Aydın'a geçen Tayyip Erdoğan, bu defa Atatürk posteri sallayanlara sinirlendi. Miting kürsüsüne çıktı, "şimdi gelirken bana Atatürk posteri salladılar, bana niye Atatürk posteri sallıyorsun, büyük ihtimalle CHP'li" dedi. Atatürk'ün kalpaklı fotoğrafının bulunduğu Türk bayrakları, Tayyip Erdoğan'ı çok rahatsız ediyordu.

*

AKP'nin seçim reklamları başladı.

Tüm televizyonlarda aynı anda yayınlanıyordu.

Karanlık bir tip gizlice yaklaşarak, gönderdeki Türk bayrağının ipini kesiyor, Türk bayrağı yavaş yavaş yere düşmeye başlıyor, o sırada, gençler birbirlerinin omuzlarının üstüne çıkarak bayrağı yakalıyor, yeniden göndere çekiyordu. Bunlar olurken, Tayyip Erdoğan fonda İstiklal Marşı'nı okuyordu.

*

PKK'yla masaya oturuyor.

TC'yi siliyor.

Andımızı kaldırıyor.

Atatürk heykellerine çelenk bırakmayı yasaklıyor.

Seçim vakti gelince bayrağa, marşa sarılıyordu.

*

Yüksek Seçim Kurulu reklamı durdurdu.

Türk bayrağının propaganda için kullanılması yasaktı.

Kanunen yasaktı.

*

AKP yasak olduğunu bilmiyor muydu?
Elbette biliyordu.
Reklam güya yenilendi, Türk bayrağının yerine "millet eğilmez, Türkiye yenilmez" yazılı flama konuldu. Amaca ulaşılmıştı. Reklamı seyredenler o flamanın aslında Türk bayrağı olduğunu biliyordu, o gözle seyrediliyordu.

*

"Sıfırlama" trafiği belgelendi.
CHP milletvekili Umut Oran, 17 Aralık günü, Tayyip Erdoğan'la kızı Sümeyye ve oğlu Bilal arasında yapılan cep telefonu görüşmelerinin "sinyal kayıtlarını" ortaya çıkardı. TBMM'de önerge vererek, sordu: "Tayyip Erdoğan, paraların sıfırlanmasına yardımcı olması için, kızı Sümeyye'yi acilen İstanbul'a gönderdi mi? Sümeyye Erdoğan, koruma polisiyle birlikte THY uçağıyla İstanbul'a gitti mi? İstanbul Başsavcılığı, 15 Aralık 2013 ve sonrasındaki telefon dinleme-izleme-sinyal kayıtlarını yok etme talimatını neden verdi? Türkiye İletişim Başkanlığı üzerinden üç GSM şirketine sinyal kayıtlarının silinmesi talimatı verildi mi?"

*

CHP bu soruların cevaplarını beklerken... Diyanet İşleri Başkanlığı "helal hayvanlar" fetvası verdi. Kanguru etinin sakıncası olmadığını, çekirge'nin helal olduğunu, porsuk yemenin ise, caiz olmadığını açıkladı. Çünkü... Milletin orasına koymuşlar, orospu bahşişi vermişler, memleketi yiye yiye bitirmişler filan, hikâyeydi. Sayın ahalimiz hâlâ "porsuk eti helal mi?" diye merak ediyordu.

*

Ali Fuat Yılmazer konuştu, Ankara karıştı.
Bugün televizyonunda canlı yayına çıkan İstanbul emniyetinin istihbarat şubesi eski müdürü, "Ergenekon, Balyoz, KCK, Şike gibi soruşturmaların her aşamasında Tayyip Erdoğan'a bilgi verildi, hepsinden haberi vardı" diyordu.

*

Tutuklamaların Başbakan'ın talimatıyla yapıldığını, "Genelkurmay Başkanı İlker Başbuğ'un tutuklanmasını bizzat Tayyip Erdoğan'ın istediğini" söylüyordu.

*

Abdullah Öcalan'ın elyazısıyla yazdığı "karakol baskını

talimatı"nı Kandil'e MİT görevlilerinin götürdüğünü, bunu tespit ettiklerini ve bu bilgiyi Tayyip Erdoğan'a ilettiklerini... Bazı MİT'çilerin "ölümlü eylemlere karıştığını" iddia ediyordu.

*

Tayyip Erdoğan öfkeden köpükler saçtı.
"A'dan Z'ye yalan" dedi.
"Ahlaksız, adi, seviyesiz" dedi.
"Bunlar yalanı, iftirayı, leblebi gibi yer" dedi.
"Bedelini ödeyecek" dedi.

*

Tayyip Erdoğan bunları söyleyince...
Ali Fuat Yılmazer tekrar ekrana çıktı.
Başbakan'la 2008'den itibaren en az 30-40 defa görüştüklerini, başbakanlık korumalarının şahit olduğunu, hatta bir defasında görüşme uzadığı için başbakanın uçağı beklettiğini söyledi. "Ne yaptıysam, Başbakan'ın bilgisi ve talimatlarıyla yaptım" dedi.

*

Peki "genelkurmay başkanının tutuklanmasını bizzat Tayyip Erdoğan istedi" lafına, İlker Başbuğ ne diyordu? "İnanmıyorum" diyordu. Star televizyonuna konuşan İlker Başbuğ, kendisi genelkurmay başkanıyken, Tayyip Erdoğan'a cemaat yapılanmasıyla alakalı liste verdiğini, o listenin başında Ali Fuat Yılmazer'in olduğunu söylüyordu.

*

TÜİK'in Kars bürosunda katliam yaşandı. Kurumda sosyolog olarak çalışan Veysi Erim, mesai arkadaşlarını kalaşnikov'la taradı, altı kişiyi öldürdü, intihar etti. Cinnet vakaları, sıradan vakalar haline gelmişti.

*

İstanbul'dan havalanan THY uçağı, Bodrum havalimanında pist yerine, piste paralel yer alan, apronla pisti birbirine bağlayan yan yola iniş yaptı. Faciadan dönülmüştü. Pilot, Rumen'di... Türk Hava Yolları'nda 48 ülkeden 770 yabancı pilot çalışıyordu. AKP, kokpitin kapılarını ardına kadar açmıştı. Yunan pilot, Malezyalı pilot, Sırp pilot, Japon pilot, Brezilyalı pilot... Surinamlı pilot bile vardı.

*

Bilmiyorum, Pitcairn Adaları diye bi ülke duydunuz mu? Pasifik okyanusunda, volkanik bir ada... Nüfus bakımından dünyanın en küçük devleti, sadece 56 vatandaşı var. Ve, bu 56 vatandaşın 6'sı THY'de pilottu iyi mi!

*

Türkiye'ye giren Suriyeli sayısı iki milyona ulaşmıştı. Hatay Reyhanlı'da, uyanık bi Suriyelinin kurduğu ekmek fabrikasında "Tayyib" markasıyla üretime geçildi. Suriyelilerin damak tadına uygun, bol kepekliydi Tayyib.

*

TBMM genel kurulu, dört bakan hakkındaki fezlekeleri görüşmek üzere olağanüstü toplandı. Olağanüstü hiç bi şey olmadı. Fezlekeler okutulmadı. Soruşturma komisyonu kurulmasına karar verildi. 30 Mart'ın sonrasına, seçim sonrasına bırakılmıştı. Maksat, vatandaş uyanmasındı.

*

"Kapısını kırın" tapesi çıktı.

İçişleri Bakanı Efkan Ala'yla İstanbul Valisi Avni Mutlu arasında geçtiği iddia ediliyordu. *Taraf* gazetesi yazarı Mehmet Baransu'nun gözaltına alınmasını isteyen Efkan Ala, "mahkeme kararına gerek yok, kapısını kırın, alın o adamı" diyordu. Hatta, hızını alamayarak "savcıyı da alın" diyordu.

*

"Kupon arazi" tapesi çıktı.

Tayyip Erdoğan'la TOKİ başkanı Ahmet Haluk Karabel arasında geçtiği iddia ediliyordu. Ataşehir'deki bir arsanın kendisine haber verilmeden satılmasına sinirlenen Tayyip Erdoğan'ın TOKİ başkanını fırçaladığı, "kupon arazileri benden habersiz satmayacaksınız" dediği öne sürülüyordu.

*

Bir ay sonra...

TOKİ başkanı görevden alındı.

*

"Silikon maske" haberleri başladı.

Yandaş gazetelerde, fotokopi gibi aynı cümlelerle "cemaatin Hollywood yöntemine başvuracağı, silikon maskeyle birilerinin kılığına girileceği, video çekileceği ve itibar suikastı yapılacağı" yazılıyordu. Belli ki "birilerinin" kaydedilmiş görüntüsü vardı. Minareye kılıf aranıyor, daha yayınlanmadan "sahte" diye pozisyon alınıyordu. "Kaset çıkarsa sakın inanmayın" demeye getiriyorlardı.

*

Ulaştırma Bakanı Lütfi Elvan, CNNTürk'te twitter yasağının tartışıldığı programa canlı yayında telefonla bağlandı. Konuklardan biri olan ve yasağı eleştiren Samanyolu televizyonunun Ankara temsilcisi Abdullah Abdülkadiroğlu'na özel bir soru sormak istediğini söyledi. "Eğer evliyse, eşinin adı-soyadı kullanılarak, evli değilse, kızkardeşinin adı-soyadı kullanılarak, twitter hesabı açılsa, bu hesaba pornografik görüntüler konulsa, o pornografik görüntülerin üzerine eşinin veya kız kardeşinin adı yazılsa, kendisi nasıl karşılar?" diye sordu.

*

Cevap bile verilmeyecek kadar çirkindi. Kendi aileleri söz konusu olunca ahlakı dillerinden düşürmeyenler, başkalarının aileleri hakkında bu kadar hoyrat sorular sorabiliyordu. Ancak... Silikon maske telaşıyla örtüşüyordu. Hem yandaş gazetelerde, hem AKP'li bakanlarda bir endişe hâkimdi. Sosyal medyada herkes "acaba kimin yatak odası görüntüsü patlayacak" diye tartışıyordu.

*

"Bayram çikolatası" tapesi çıktı.

Rıza Sarraf'la yardımcısı Abdullah Happani arasında geçtiği iddia ediliyordu. Rıza Sarraf talimat veriyor, "gümüş tabak al, çikolata dizdir, 500 bin yerleştir, E'ye gidiyor, kısaya, daha önce de göndermiştik ya hani 500, 500" diyordu.

*

"Bakara makara" tapesi çıktı.

AB bakanı Egemen Bağış'la *Hürriyet* yazarı Metehan Demir arasında geçtiği iddia ediliyordu. Yandaş olmayan tüm gazetelerde satır satır yayınlandı. Egemen Bağış her gün twitter hesabından bir ayet paylaşıyordu. Bu ayetlerle alakalı olarak telefon açan Metehan Demir, önce "ve la entüm ma ağbüd" falan diyor, sonra "güne nurla başladım, duayla başladım" diyordu. Egemen Bağış da gülerek "oğlum, her cuma bi tane ayet sallıyorum, google'a gir, Kuran'da, atıyorum kardeşlik, Kuran'da nankörlük bilmem ne diye search yap, hepsi çıkıyor, oradan beğen bi tane, salla gitsin" diyordu. Metehan Demir "her kim ki, zor gününde Aydın Bey'in yanında olur, o Allah'tan her istediğini alır, Bakara 165, bu bakara iyi yav" diyordu, Egemen Bağış da "makara iyi" diyordu.

*

Hazindi.

*

"Dindar nesil yetiştireceğiz" diyenlerin hali buydu.

*

Tayyip Erdoğan açısından bıçak kemiğe dayanmıştı, Bursa mitinginde bağıra bağıra meydan okudu: "Uluslararası camia şöyle der, böyle der, beni hiç ilgilendirmiyor, twitter falan var ya, hepsinin kökünü kazıyacağız!"

*

Twitter o gece kapatıldı.

*

Dünya haber ajansları "acil" koduyla duyurdu. Türkiye maalesef, sosyal medyayı yasaklayan Kuzey Kore'yle, İran'la aynı lige düşürülmüştü.

*

Gel gör ki... Yasaklanan twitter'a rekor sayıda giriş oldu. Normalde günde 5 milyon civarında tweet atılırken, 7,5 milyon tweet'e yükseldi. Bağımsız gazeteler, internet ayarlarında oynanarak twitter'a giriş yapmanın yollarını anlatıyordu. Hatta, twitter'ın kurucusu Jack Dorsey bile, yasağı delebilmemiz için Türkçe mesaj yazıp, taktik vermişti. Bu tablo... İnternet denilen kavramın ne kadar gerisinde olduklarının, bu çağda sansürün mümkün olmadığının kanıtıydı.

*

Bizim kuşağımızın en önemli hatıralarından biri, elektriksiz gecelerdi. Çocukluğumuzda zırt pırt elektrik kesilirdi, karanlıkta kalırdık. Bu dönemin çocukları ise, büyüdüklerinde "amblemi ampul olan AKP varken twitter bile kesilmişti" diye anlatacaktı.

*

"İsviçreli" tapesi çıktı.
Twitter yasaklıydı ama, tapelerin twitter'dan yayınlanması tam gaz devam ediyordu. Bu defaki telefon kayıtlarının, Tayyip Erdoğan'ın büyük oğlu Burak'la, İsviçreli sevgilisi arasında geçtiği iddia ediliyordu. Diyaloglar İngilizceydi. Burak Erdoğan'ın önce canımlı cicimli konuştuğu, sonra küfürler ettiği, tehdit ettiği, kadının da ağladığı öne sürülüyordu.

*

Ses kayıtları bağışıklık yaratmıştı, ne kadar büyük skandal yayınlanırsa yayınlansın, daha büyüğü bekleniyordu. İnternette yayılan söylentiye göre, 25 Mart gecesi çok çok önemli bir ses kaydının çıkacağı konuşuluyordu. Böyle bir beklenti yaratılmıştı. Halbuki "paraları sıfırla"dan daha büyük ne çıkabilirdi ki?

*

Kimbilir... Belki de bu ses kayıtlarını yayınlayanların hesap edemediği Türkiye gerçeği buydu. İstediğin kadar yayınla... Sayın ahalimiz alışmıştı, hiç etkilenmiyordu, umursamıyordu. Neticede, 25 Mart'ta hiç bi şey yayınlanmadı.

*

Osmanlı padişahı Abdülmecid'in İsviçre'de yaşayan torununun torunu Nilüfer sultan, İstanbul asliye hukuk mahkemesinde dava açtı, "Osmanoğlu" soyadını kullanabilmesi için izin istedi. Şahit olarak, İslam İşbirliği Teşkilatı eski genel sekreteri Ekmeleddin İhsanoğlu'nu gösterdi. İhsanoğlu, "evet şahidim, Nilüfer sultan, padişah Abdülmecid'in torununun torunudur, şehzade Burhanettin Cem'in kızıdır" dedi. Neticede, Nilüfer sultan, Nilüfer Osmanoğlu oldu.

*

Bu haber yayınlandığında, herkes Nilüfer sultanın kim olduğuyla ilgilenmişti ama... Aslında bu haberde ilgilenmemiz gereken başka biri vardı. Osmanlı'nın şahidi, pek yakında Cumhuriyet'e talip olacaktı!

*

Suriye savaşı, bize sıçradı.

Niğde Ulukışla'da jandarmanın trafik kontrolünde çatışma çıktı, bir astsubayla, bir kamyonet şoförü öldürüldü, beş asker yaralandı. Uzun namlulu silahlarla ateş açan, el bombası fırlatan saldırganlar, üç kişiydi, biri yaralanmıştı, şoförünü öldürdükleri kamyonetle kaçtılar, beş kilometre uzaktaki sağlık ocağına gittiler, belli ki bölgeyi biliyorlardı, çalışanları rehin aldılar, yaralının tedavi edilmesini istediler. Polis etrafı sardı, gene çatışma çıktı, bir polis hayatını kaybetti. Saldırganların ikisi yakalandı, biri kaçmayı başardı. İzini kaybettiren saldırgan, ertesi sabah, Köşkönü köyünün camisinde namaz kılarken yakalandı. Arapça konuşuyorlardı ama, ikisi Arnavut, biri Kosovalıydı. Hatay plakalı bir taksiyle İstanbul'a gidiyorlardı. Olay yerinde bıraktıkları taksinin bagajından, el bombaları, uzun namlulu silahlar, telsizler, kamuflaj kıyafetleri çıktı.

*

Türkiye, IŞİD'le böyle tanışmıştı.

*

Suriye savaş uçağı düşürüldü!

*

Sınırımızı ihlal ettiği gerekçesiyle, F16'larımız tarafından füzeyle vurulmuştu. Tayyip Erdoğan "benim hava sahamı ihlal edecek olursan, tokadımız işte böyle ağır olur" dedi. Breh breh breh.

*

AKP'nin yüksek seçim kurulu tarafından yasaklanan "bayrak indirme" reklamıyla gayet uyumluydu. Ne tesadüftü di mi? Suriye tarafından düşürülen ve iki şehit verdiğimiz Fantom'un intikamı alınmış oluyordu. Fantomumuz teee iki sene önce düşürülmüştü, beklenmiş, beklenmiş, seçime bir hafta kala "kahramanlık destanı" yaratılmıştı.

*

Yandaş medya, Niğde ve Hatay sınırında peş peşe yaşanan bu iki hadiseyi köpürtüyor, "bakın Suriye'den bize düşmanlar geliyor" mesajı veriyordu.

*

Yargıtay, şarkıcı Deniz Seki'ye uyuşturucu ticareti yapmak suçundan verilen 6 sene 3 ay hapis cezasını onadı. Daha önce 7 ay yatmıştı, yeniden hapse girecekti. Bunca meselenin arasında, sanki birileri Deniz Seki'ye kafayı takmış gibiydi. Kulaktan kulağa söylenen dedikodu şuydu... Deniz Seki'nin başına gelenler, senin de başına gelir, ayağını denk al denilerek, diğer sanatçılar sindiriliyor, baskı altında tutuluyordu. Uyuşturucu kullanan veya uyuşturucu iftirasından korkan sanatçılar, memleket sorunları hakkında sesini çıkarmaktan çekiniyordu. Elbette iddiaydı, dedikoduydu... Ama, mantıksız değildi.

*

Tayyip Erdoğan, kestirip attı, bundan böyle Türkiye'de Türkçe Olimpiyatı düzenlenmeyeceğini açıkladı. "Artık bitti, o defter kapandı" dedi... TRT aracılığıyla 23 Nisan Çocuk Şenliği yapılırdı, bunun cemaat versiyonu, Türkçe Olimpiyatı'ydı.

Dünyanın dört bir yanındaki cemaat okullarında okuyan çocukları getirip, gesi bağlarında dolanıyorum'u filan söyletiyorlardı. AKP iktidara geldikten sonra başlanmıştı. İlk defa 2003'te TBMM Başkanı Bülent Arınç'ın himayesinde düzenlenmişti. Seneler içinde büyümüş, stadyumlarda düzenlenir hale gelmişti. Tayyip Erdoğan ve bakanları, daima seyretmeye gider, ayakta alkışlarlardı. Şimdi... "O defter kapandı" diyordu.

*

Kapattığı defterlerden biri de, çocukluğundan beri arkadaşı olan İçişleri eski bakanı İdris Naim Şahin'di. AKP'den istifa edince "kötü adam" olmuştu. Tayyip Erdoğan, İdris Naim Şahin'in memleketi Ordu'da konuştu, "buradan büyükşehir belediye başkan adayı olmak istedi, olamayınca istifa etti, aslında niye istifa etti biliyor musunuz, şantaj kasetleri var, açıklayacaklar diye korkarak gitti" dedi.

*

Hiç kimse çıkıp sormuyordu:
O şantaj kasetinin varlığını nereden biliyorsun?

*

Ve, seçime dört gün kala...
"Deniz Baykal" tapesi çıktı.

*

Diğerleri gibi Başçalan veya Haramzadeler hesaplarından değil, YouTube'da "dlmhack" isimli hesaptan yayınlanmıştı. Ses kayıtlarıydı ama, telefondan değil, ortam dinlemesiyle elde edildiği anlaşılıyordu.

*

Ses kayıtlarının sonunda, bir de fotoğraf vardı. Tayyip Erdoğan gözlüğünü takmış, bilgisayar ekranında bir şeyler seyrederken görülüyordu. Bilgisayarın üstündeki kameradan kaydedilmişti. Fotoğraf, o açıyla çekilmiş bir fotoğraftı. Görüntüleri seyrettiren her kimse, seyredeni de kaydetmişti.

*

Tayyip Erdoğan'a ait olduğu iddia edilen ses... "Burada bir müdahale olması lazım, CHP şirazesinden çıktı, elimizde bu tarz şeyler var, yayınlanabilecek belge, bunu versem nasıl yaparsınız? İnternet sitelerine mi pas ediyorsunuz? Türlü türlü görüntü var. Ben şimdi bunu koyayım harddiske... Bunun hemen bilinmesi lazım, hemen başlayın, hemen şeye yükleyin, videonun devamını da verelim. Dediğim gibi, web sitelerinden dünyaya, gerekiyorsa televizyonlardan, belki onlar görüntü vermese de konuşmaları filan verir. CHP bitiyor. Kılıçdaroğlu için de çalışma yapılabilir. Ev içi çekim yapabiliyor musunuz?" diyordu.

*

Kılıçdaroğlu, bu ses kayıtları hakkında "sürpriz" bir açıklama yaptı. "Ben gözlerimle gördüm, gözlüğünü takıp o kasetleri izlediğini gözlerimle gördüm, bir değil, birden fazla kaseti izlediğini gördüm" dedi.

*

"Nerede gördünüz?" diye sordular.
"Açıklayamam" cevabını verdi.

*

Bu mesele, sadece Deniz Baykal meselesi değildi. Bahsedilen görüntülerle birlikte, sadece Deniz Baykal tasfiye olmamıştı, CHP'deki ulusalcılar da tasfiye olmuştu. CHP'nin yönetim kadroları tamamen değişmiş, o güne kadar CHP'ye üye bile olmamış tipler, genel başkan yardımcısı olmuş, Kürtçü kimliğiyle tanınanlar, açılım'cı fikirleriyle tanınanlar, hatta siyasal İslamcılar, partiye doluşmuştu. CHP'nin adı, bahsedilen kasetten itibaren "Yeni CHP" olmuştu.

*

Ve, seçime 24 saat kala...
"Suriye" tapesi patladı.

*

Devletin bittiği an'dı.

*

Dışişleri Bakanı Ahmet Davutoğlu, MİT Müsteşarı Hakan Fidan, Dışişleri Müsteşarı Feridun Sinirlioğlu ve Genelkurmay 2'nci Başkanı Orgeneral Yaşar Güler, "hükümetin savaş planları" hakkında konuşurlarken, ortam dinlemesi yoluyla kaydedilmişlerdi. YouTube'da "secimgudumu" adresinde yayınlanmıştı.

*

Katmerli rezaletti.
Hem konuşulanlar bakımından.
Hem kaydedilmesi bakımından.

*

Dünya lideriyiz diyenlere mikrofon takmışlar...
Dünyadan haberleri yoktu.

*

Anında, yayın yasağı getirildi.

*

Anında, YouTube kapatıldı.

*

Hukuken içeriğine girmiyorum. Ancak... Mustafa Kemal Atatürk'ün "yurtta sulh, cihanda sulh" vizyonundan, seçim arifesinde oy devşirmek için "savaş tamtamları" noktasına gelinmesi, Türkiye Cumhuriyeti adına utanç vericiydi.

*

Ahmet Davutoğlu'nun "komşularla sıfır sorun" adını verdiği politika "sıfır komşu, sırf sorun"du.

*

Tayyip Erdoğan'ın sesi kısıldı.
Bağıra bağıra ses telleri rahatsızlanmıştı.
Ara verip dinlenmiyor, mitinglere devam ediyordu.
Bir oy bir oydur diyordu, her oya ihtiyacı vardı.
Van mitinginde tiz tiz, çocuk sesi gibiydi, Diyarbakır mitinginde korkunçlaşmıştı. Çünkü, kullandığı mikrofona ses kalınlaştırıcı mikser yerleştirilmişti.

*

Hakikaten acınası durumdu.
Tayyip Erdoğan'ı sevmeyenler, sosyal medyada sesiyle alay ediyor, kahkahalar atıyordu ama, Tayyip Erdoğan'ı sevenler, fedakârlığı nedeniyle ağlıyordu.

*

Bu şartlarda yerel seçime girildi.
30 Mart 2014.
Sandıklar açıldı.
Gene ampul çıktı.

*

Dört temel sonucu vardı.

*

Bir, bunca kepazelik nafileydi.
Sayın ahalimiz bana mısın dememişti.

*

İki, cemaat kaybetmişti.
Seçmen gücü olmadığı anlaşılmıştı.
*
Üç, CHP'nin oy sayısı artmamıştı.
Sağ'a açılım işe yaramamıştı.
*
Dört?
*
Tayyip Erdoğan, her seçim zaferi sonrasında yanına Eminanım'ı alır, AKP genel merkezinin balkonuna çıkar, konuşurdu. Bu defa balkona, sadece Eminanım'la çıkmadı; oğlu Bilal'i, kızları Sümeyye'yi, Esra'yı ve damadı Berat'ı da alıp, çıktı.
*
Seçimin dördüncü sonucu buydu.
Bilal, Sümeyye, Esra ve Berat da kazanmıştı.
*
Erdoğan ailesi balkondayken... Aile Bakanlığı'nın verilerine göre, Türkiye'de 11 milyon 454 bin "muhtaç insan"a yardım yapılıyordu. 30 milyar lira dağıtılıyordu. 3 milyon 100 bin aileye, yaşlı maaşı, engelli maaşı gibi, direkt para veriliyordu. Eşi vefat eden, geliri olmayan kadınlara para ödeniyordu. 2 milyon 600 bin aileye, kömür veriliyordu. Bunlar, devletin yardımlarıydı. Belediyelerin verdiği hariçti. 2 milyon 100 bin aileye gıda kolisi dağıtılıyordu. TÜİK verilerine göre, Türkiye'de her 5 kişiden 1'i yoksuldu, her 5 gençten 1'i işsizdi. OECD verilerine göre, Türkiye'de her 4 çocuktan 1'i açlık sınırında yaşıyordu.
*
Tarihin en şaibeli seçimiydi.
Oylar çalınmıştı.
Oyların çalındığının kanıtı da bizzat AKP'ydi. Çünkü, sadece CHP ve MHP adayları değil, AKP adayları da pek çok şehir ve ilçede oyların çalındığı iddiasıyla itirazda bulunmuştu. Yalova ve Ağrı'da seçimler komple iptal edildi, tekrarlandı.
*
Sayım sırasında pek çok şehirde elektrikler kesilmişti. Enerji Bakanı Taner Yıldız "trafoya kedi girdi, o yüzden elektrikler kesildi" dedi. Halbuki, Keban Barajı'na bile kedi girse, bu kadar çok sayıda şehirde aynı anda elektrik kesilmezdi!

*

Ankara seçimi tam rezillikti.
100 lira karşılığında AKP mühürlü oyları insanlara dağıtırken yakalananlar oldu. Seçmenle birlikte oy kabinine giren sandık başkanları vardı. Sayıma alınmayan sandık müşahitleri vardı. Geçersiz oylar, geçerli sayıldı, geçerli oylar, geçersiz yazıldı. Oy vermeye gittiğinde, kendi yerine imza atılmış olduğunu, yani, kendi yerine başkasının oy verdiğini görenler oldu. Her tutanağın mühürlenmiş olması gerekirken, iki binden fazla mühürlenmemiş tutanak vardı. İki bine yakın tutanakta, kaydırma veya toplam hatası tespit edildi. CHP sonuçlara itiraz etti. Anayasa Mahkemesi'ne bile gidildi. Sonuç değişmedi. Melih Gökçek kazandı. 1994, 1999, 2004, 2009, 2014, beşinci defa kazandı, rekor kırdı.

*

İstanbul'da Kadir Topbaş üçüncü defa kazandı, 2004'te Sefa Sirmen'i, 2009'da Kemal Kılıçdaroğlu'nu yenmişti, 2014'te Mustafa Sarıgül'ü yendi.

*

AKP, İzmir'i gene kazanamadı.
Gene fark yedi.
İzmir Büyükşehir Belediye Başkanı Aziz Kocaoğlu, üç dönem üst üste kazanarak, 1895-1907 arasında başkanlık yapan efsane Eşref Paşa'nın rekorunu kırdı.

*

Bazı sonuçlar, Türkiye demokrasi tarihi açısından, üzerinde düşünülmesi gereken ipuçlarıyla doluydu.
AKP'nin yanlış politikaları sonucu Hatay Reyhanlı'da gelmiş geçmiş en büyük terör saldırısı oldu, 53 kişi hayatını kaybetti, Reyhanlı'da AKP kazandı.
Ali İsmail Korkmaz, Abdullah Cömert, Ahmet Atakan hayatlarının baharında katledildiler, Antakya'da toprağa verildiler, Antakya'da AKP kazandı.
Öğretmen Metin Lokumcu, Hopa'nın dereleri peşkeş çekilmesin, ağaçlarına zarar gelmesin diye hayatını hiçe saydı, bibergazıyla öldürüldü, Hopa'da AKP kazandı.
İstanbul Zeytinburnu Davutpaşa'da ruhsatsız maytap fabrikası patladı, AKP'li belediyenin sorumsuzluğuyla 21 insanımız öldü, Zeytinburnu'nda AKP kazandı.

Alışveriş merkezleri ve çarpık yapılaşmayla sıkıştırılan Ayamama deresi taştı, Küçükçekmece'ye bağlı İkitelli Halkalı'da 31 vatandaşımız boğularak can verdi, Küçükçekmece'de AKP kazandı.
Elazığ Kovancılar'da alt tarafı 6 şiddetinde deprem oldu, 21'inci yüzyılda hâlâ kerpiçte oturuluyordu, 51 insanımız enkazda öldü, Kovancılar'da AKP kazandı.
Çin'den sarmısak ithal ediyoruz, Kastamonu Taşköprü'de AKP kazandı. GDO'lu ithal pirinçleri millete yedirdiler, Kastamonu Tosya'da AKP kazandı.
Bir yandan van münüts ayağına yatıp, beri yandan İsrail'i korumak için Malatya Akçadağ Kürecik'e radar kondurdular, Akçadağ'da AKP kazandı.
AKP'li bakan Erzurum Pasinler'de vatandaşa "beni görünce sevindiğini göstermek için takla at" dedi, Pasinler'de AKP kazandı.
Ölüm madencinin kaderi dediler, güzel öldüler dediler, taşeron katliamlarının sembollerinden Zonguldak Kozlu'da AKP kazandı. Balıkesir Dursunbey'de grizu patladı, 17 işçimiz öldü, Dursunbey'de AKP kazandı.
Samsun Canik'te sel oldu, insanlarımız dere yatağına kurulan TOKİ binalarında boğuldu, 13 kişi hayatını kaybetti, Canik'te AKP kazandı.
Konya Taşkent'e bağlı Balcılar beldesindeki, ruhsatı olmayan, deprem raporu olmayan, itfaiye raporu olmayan, eğitim izni olmayan, yurt izni olmayan, komple kaçak Kuran kursu binası çöktü, 17'si kız çocuğu 18 insanımız hayatını kaybetti, Taşkent'te AKP kazandı.
Kütahya Simav'da deprem fırtınası yaşandı, Suriyelilere verdikleri için çadır kalmamıştı, 35 bin insanımız haftalarca sokaklarda sefil oldu, Simav'da AKP kazandı.
Kocaeli Dilovası'nda sanayi atıkları nedeniyle kanser oranı patladı, AKP'li belediye başkanı, kanser gerçeğini bilimsel olarak ortaya koyan profesöre şarlatan dedi, profesörü hapse tıkmaya çalıştılar, Dilovası'nda AKP kazandı.

*

Türkiye Komünist Partisi, tarihte ilk defa belediye kazandı, 25 sene sağlık memurluğu yapan Mehmet Maçoğlu, Tunceli Ovacık belediye başkanı oldu. Ovacık'ta çok matrak bi isim benzerliği vardı. Belediye başkanlığı TKP'den önce CHP'deydi, başkanın ismi "Mustafa Sarıgül"dü. Mustafa Sarıgül, CHP'yle anlaşamamış, BDP'den aday olmuştu. Yani TKP... Hem CHP'yi, hem BDP'yi, hem de Türkiye'nin en şöhretli politikacılarından Mustafa Sarıgül'ün adaşını yenmişti!

*

Mart ayı geride kalırken... Yeşilçam'ın usta oyuncusu Altan Günbay aramızdan ayrılmıştı. Türkiye'nin ilk kadın polis muhabiri Vasfiye Özkoçak vefat etmişti.

*

Malezya'dan Çin'e giden Malezya Havayolları'na ait uçak, Güney Çin Denizi üzerindeyken, kaybolmuştu. 12'si mürettebat, 239 kişi taşıyordu. Bu kitabın yayınlandığı tarih itibariyle, bulunamamıştı. Kaçırıldığı iddia edildi. Pilotun kasıtlı olarak uçağı düşürdüğü iddia edildi. İngiliz basını, uçaktaki 20 yolcunun "askeri radar uzmanı" olduğunu, Amerikan savunma teknolojileri şirketi Freescale Semiconductor'de çalıştıklarını, bu şirketin kısa süre önce "askeri uçakları radarda tamamen görünmez hale getiren bir cihaz geliştirdiği"ni yazdı.

NİSAN

• Türbanlı rektör • MİT yasası • Tapeleri dinlemek caiz değil • Ateizm derneği • Passolig • Soykırıma taziye • Sehven sanık

Anayasa Mahkemesi, "engellenmesi hak ihlalidir" dedi.
Twitter açıldı.
Tayyip Erdoğan da bayramlık ağzını açtı.
"Bu karara saygı duymuyorum, milli bulmuyorum" dedi.

*

Anayasa Mahkemesi'ni "gayrimilli" ilan etmişti!

*

Kılıçdaroğlu'na yumruk atıldı.
Hakkında uyuşturucu dahil 6 sabıkası, 55 suç dosyası bulunan Orhan Övet diye biri, TBMM'ye geldi, milletvekili kulisine girdi, bekledi, tam yanından geçerken saldırdı, CHP Genel Başkanı Kemal Kılıçdaroğlu'nun suratına yumruk vurdu.

*

"Niye saldırdın?" diye sordular.
"Başbakan aleyhinde konuşuyor, gıcık oldum" dedi.

*

Kılıçdaroğlu şikâyetçi olmadı.
Saldırgan serbest bırakıldı.
E yuh be birader denilince...
Apar topar yakalandı, tutuklandı.

*

TBMM'de belki bin tane polis vardı ama, güvenlik denilen kavram sıfırdı. Kılıçdaroğlu'nun göz altı şişmiş, gözlüğü kırılmış, ceketi yırtılmıştı. Müftü milletvekili İhsan Özkes'in ceketini ödünç aldı, grup toplantısına o ceketle çıktı.

*

Yandaş medya, saldırganın Alperen ocaklarından olduğunu, BBP'li olduğunu yazdı. MHP'liler tarafından TBMM'ye sokulduğunu iddia edenler oldu. Elbette hepsi palavraydı. Yumrukçu, AKP üyesiydi.

*
Gayet de pişkindi.
Polise ifade verirken, "beni yakalamaya çalışırken suratıma yumruk attılar, dövdüler, hepsinden şikâyetçiyim" dedi.
*
Orhan Övet, dört ay sonra tahliye edildi.
Vurduğunda sürmanşetti.
Çıktığında tek sütun haber bile yapılmadı.
*
İstanbul Veliefendi Hipodromu'nda "İstanbul Emniyet Müdürlüğü Koşusu" yapıldı. Yarışan atlar arasında Rıza Sarraf'ın tayı El Ganador da vardı, üçüncü oldu. 10 bin 500 lira ödül kazandı. Böylece... Rıza Sarraf'ı tutukladıktan sonra adeta darmadağın edilen, emniyet müdüründen bekçisine kadar alayı harcanan İstanbul Emniyet Müdürlüğü'nün adıyla, Rıza Sarraf'a ödül verilmişti!
*
Boşuna dememişlerdi...
At koşar, baht kazanır.
Adalet bekleyen, nah kazanır!
*
Taraf gazetesi yazarı Mehmet Baransu hakkında, İçişleri Bakanı Efkan Ala'ya iftira attığı gerekçesiyle iddianame hazırlandı, dört sene hapsi isteniyordu. Rüzgâr dönmüştü... Balyoz bavulu'nu savcıya taşıdığı zamanlarda AKP'nin en birinci gazetecilerinden olan Baransu, şimdi "cemaatçi" diye içeri tıkılmaya çalışılıyordu.
*
Adana'da altı polis "yasadışı dinleme yaptıkları" iddiasıyla tutuklandı. İtiraz üzerine altı gün sonra serbest bırakıldılar ama, işaret fişeğiydi... Cemaatçi denilen polislere operasyon başlamıştı.
*
Adana'da MİT'e ait TIR'ların durdurulması ve aranmasıyla alakalı olarak "casusluk" soruşturması açılmıştı. Jandarma istihbarat yüzbaşı Hakan Gençer, tutuklandı. Bilahare... Jandarma istihbarat astsubayı Gültekin Menge tutuklandı. Yandaş medya, bu iki askerin illegal şekilde MİT'çilerin telefonunu dinlediğini, sonra da sıradan vatandaş gibi ihbarda bulunduklarını yazıyordu.

*

Tarihte ilk defa, kuru fasulye ithal edildi.
"Milli yemeğimizi" artık dışardan getiriyorduk.
O kadar muhteşem yönetiliyorduk ki, "kendi kendine yeten yedi ülkeden biri" olan Türkiye, artık saman bile ithal ediyor, kendi kendine ineklerini bile doyuramıyordu.

*

Hal böyleyken, tarımı desteklemekle görevli olan Ziraat Bankası'nın yönetimine kim atandı biliyor musunuz? Ayakkabı kutusu atandı! 17 Aralık'ta tutuklanan, sadece 57 gün sonra serbest bırakılan Halkbank eski genel müdürü Süleyman Aslan, Ziraat Bankası yönetim kurulu üyesi oldu.

*

Aynı gün... İstanbul Şişli'deki özel bir bankanın gişe memuru, 9 lira 25 kuruşu zimmetine geçirdiği iddiasıyla mahkemeye verildi, 12 sene hapis isteniyordu!

*

AKP'li mali müşavir Nurten Ertuğrul, Bingöl'de birinci sıradan belediye meclis üyeliğine seçilmişti. AKP'li Bingöl Belediye Başkanı Yücel Barakazi "başkan vekilliği ve yardımcılığı için kadınlara görev vermeyeceğiz" dedi. Kadınsan, koltuk moltuk yoktu, ikinci sınıf insandın. Sene 2014, zihniyet buydu.

*

FIBA Kadınlar Avrupa Ligi'nin finalini, iki Türk takımı, Galatasaray ve Fenerbahçe oynadı. Galatasaray şampiyon oldu. Türk kadın basketbolu adına tarihi gündü. Kadını ikinci sınıf insan gören zihniyet tırmandıkça, inadına, kadınlarımızın başarısı tırmanıyordu.

*

Bolu Mengen'de belediye başkanlığı AKP'den CHP'ye geçmişti. AKP Mengen Gençlik Kolları, CHP'ye destek veren esnafın listesini facebook'ta yayınladı, "Mengen Ak Parti camiası olarak bu firmalardan alışveriş etmiyoruz" çağrısı yaptı. İleri demokrasi dedikleri işte buydu... Ya onlardandın, ya da iflas edecektin.

*

İstanbul Sancaktepe'de yapılan stadyuma AKP milletvekili Hakan Şükür'ün adı verilmişti. AKP'den istifa edince, tabela indirildi, adı silindi. Aynı şekilde, İstanbul Esenyurt'ta yapılan stadyuma adı verilmişti. AKP'den istifa edince, tabela indirildi, adı silindi. AKP'liysen gol'dün, AKP'den ayrıldıysan aut'tun!

*

AKP milletvekili İdris Naim Şahin'in adı, içişleri bakanıyken, Ünye Otogarı'na verilmişti. AKP'den istifa edince, tabela indirildi, adı silindi. Aynı şekilde, 900 senelik tarihi olan Aybastı Perşembe Yaylası güreş alanına adı verilmişti, istifa edince, adı silindi. AKP'liysen başpehlivan'dın, AKP'den ayrıldıysan tuş'tun!

*

Milletvekilleri ekonomi sınıfı bilet alıyor, business uçuyordu, THY bu kolaylığı sağlıyordu. AKP'den istifa eden milletvekili Muhammed Çetin, Türkçe Olimpiyatı için Pakistan'a giderken, aynı uygulamadan faydalanmak istedi, ekonomi bileti aldı, business koltuklara oturdu. Pilot, polis çağırdı! Milletvekili mecburen, ekonomi sınıfındaki koltuğuna döndü. Bir süre sonra... Gene Türkçe Olimpiyatı için ABD'ye giderken, ekonomi bileti aldı, businnes'ı zorlamadı, ekonomi sınıfındaki yerine oturdu. Business bölümünde oturan cemaatçi biri, buyrun benim yerime geçin dedi, koltukları değiştirdiler. Milletvekili Muhammed Çetin, business'a geçti. Pilot, polis çağırdı! Milletvekili "parası ödenmiş koltukta oturuyorum" dedi ama, "koltuk değiştiremezsiniz, herkes satın aldığı koltuğa oturmak zorunda" denildi. Milletvekili direnince, polis zoruyla uçaktan indirildi. AKP'liysen VIP'tin, AKP'li değilsen bavul kadar değerin yoktu.

*

İzmir Bornova'nın merkez mahallesinde seçime on gün kala tören düzenlenmiş, alkışlarla kurdele kesilmiş, toplum sağlığı merkezi açılmıştı, doktorlar-hemşireler filan gelmiş, insanları muayene etmişlerdi. AKP, Bornova'yı kazanamadı. 31 Mart sabahı, toplum sağlığı merkezi kapatıldı.

*

AKP Bitlis'i kaybetti; 31 Mart sabahı, bilgisayarları kaybolmuştu, güvenlik kameralarının kabloları kesilmişti, televizyonları yerinde yoktu, bazı araçların aküleri sökülmüştü.

*

AKP, Tunceli Çemişgezek'i kaybetti, kardeşlik bitti. AKP'li İstanbul Ümraniye belediyesi taaa dokuz sene önce kardeş ilçe

Çemişgezek'e hibe ettiği kepçe'yi geri istedi. Bu komedinin ortaya çıkması üzerine, Ümraniye belediyesinden açıklama yapıldı, iddialar külliyen yalanlandı, taaa dokuz sene önce Çemişgezek'e verilen kepçe'nin hibe edilmediği, ücretsiz olarak kiralandığı, şu anda Ümraniye'nin ihtiyacı olduğu için kepçe'nin geri istendiği, hadisenin bundan ibaret olduğu ifade edildi!

*

İzmir Selçuk Belediyesi, CHP yönetimindeyken, yeni bir parkın açılışı yapılmış, adı da "Gezi Parkı" konulmuştu. Belediye yönetimi AKP'ye geçti, e'yi a yaptılar, tabelayı "Gazi Parkı" olarak değiştirdiler.

*

YouTube yasağı kaldırıldı.
Nasıl olsa seçim bitmişti.
Artık, ne yayınlarsan yayınla'ydı.

*

Tayyip Erdoğan "ucube" demiş, Kars'taki İnsanlık Anıtı yıkılmıştı. Heykeltıraş Mehmet Aksoy, Tayyip Erdoğan hakkında 100 bin liralık manevi tazminat davası açmıştı. Mahkeme, bilirkişi olarak Türk Dil Kurumu'na başvurmuştu. Türk Dil Kurumu cevap verdi, "ucube" kelimesinin hakaret anlamı taşımadığını bildirdi iyi mi! Devlet kurumlarına sorarsan, Tayyip Erdoğan daima haklıydı.

*

Türkiye'nin heykele, resime, tiyatroya, baleye, operaya yaklaşımı "ucube" seviyesindeyken... *The New York Times* gazetesinde çok çarpıcı bir haber yayınlandı. 2013 senesinde, hangi ülkelerde kaç kişinin opera-bale seyretmeye gittiği listelenmişti. ABD'de 308 milyon kişi, Rusya'da 141 milyon kişi, Almanya'da 81 milyon kişi, Fransa'da 65 milyon kişi, İngiltere'de 62 milyon kişi, İtalya'da 60 milyon kişi, Polonya'da 38 milyon kişi, son bir sene içinde opera-baleye gitmişti. Türkiye'nin çoook uzak olduğu, asla giremeyeceğimiz bir listeydi.

*

ABD Senatosu Dış İlişkiler Komitesi, Ermeni soykırımı karar tasarısını kabul etti... Ve, Ermeni soykırımının Ruanda soykırımıyla birlikte ele alınması için oylama takvimi belirledi.

Sayın ahalimiz, asrın lideri tarafından yönetilen asrın ülkesinde yaşadığını zannediyordu ama, Ruanda'yla aynı seviyeye düşürülmüştük, asrın hükümetimizden gık bile çıkmıyordu.

*

Türkiye'ye iki milyon Suriyeli, elini kolunu sallaya sallaya girmişti ama... Çin rejiminden kaçan 35 Uygur Türkü, tam 18 gündür Türkiye'ye giremiyor, Atatürk Havalimanı'nda süründürülüyordu. Katar havayollarıyla Malezya üzerinden gelmişlerdi, pasaportları, vizeleri yoktu. Yerlerde yatmaktan hastalanmaya başlamışlardı, bir çocuk hastaneye kaldırılmıştı. Haber manşet oldu... Sayın devlet büyüklerimiz herhalde utandılar ki, lütfedip, girişlerine izin verdiler.

*

Anayasa Mahkemesi, HSYK'yı Adalet Bakanı'nın memuru haline getiren yasayı iptal etti. Doğru ama geç bir karardı. Yasalaşmasıyla iptal edilmesi arasındaki kısa sürede, yaklaşık bin kişinin yeri değiştirilmişti. Her şeye rağmen, Anayasa Mahkemesi "hukukun tutunduğu tek dal" olarak kalmıştı. Memleketi kafasına göre yönetmeye çalışan AKP'nin önünde, sadece Anayasa Mahkemesi duruyordu.

*

Tayyip Erdoğan çok sinirlendi. "Herkes sınırını bilmeli, siyaset yapmak isteyen koltuğundan kalkar, cüppesini çıkarır, gelir siyasi partiler çatısı altında yapar" dedi. AKP'nin kapatma davasında, aynı Anayasa Mahkemesi'ne methiyeler düzüyor, özellikle Anayasa Mahkemesi Başkanı Haşim Kılıç'ı yere göğe sığdıramıyordu. Şimdi, aynı Haşim Kılıç'a "haddini bil, cüppeni çıkar" diyordu.

*

Diyarbakır Dicle Üniversitesi Rektörü Profesör Ayşegül Jale Saraç, türban taktı. Türkiye tarihinin ilk türbanlı rektörü oldu. Profesör Saraç, 2007 seçimlerinde AKP'den milletvekili adayı olmuş, seçilememiş, seçilemeyince rektör adayı olmuştu. Dicle Üniversitesi, TÜBİTAK tarafından hazırlanan girişimcilik ve yenilikçilik listesinin ilk 50'sinde bile yoktu ama, türbanla manşet olmuştu!

*

Diyarbakır Büyükşehir Belediye Başkanı Gültan Kışanak, El Cezire televizyonuna konuştu, özerklik adımlarını atmaya başladıklarını açıkladı, bölgeden çıkarılan petrolden pay istediklerini söyledi, "petrol Diyarbakır'dan çıkarılıyor, gidiyor, bize kirliliği kalıyor, bunu ne Allah kabul eder, ne demokrasi kabul eder" dedi.

*

"Özerklik" kavramı artık gayet rahat dile getirilirken... Turgut Özakman'ın *Şu Çılgın Türkler* kitabını öğrencilerine tavsiye eden iki öğretmen hakkında soruşturma açıldı. Antalya Muratpaşa'daki 75. Yıl Cumhuriyet Lisesi'nde görev yapan öğretmenler "siyasi kitap tavsiye etmekle" suçlanıyordu. Kurtuluş Savaşı'nın belgesel-romanı "siyasi" bulunmuştu. Utanmasalar, yasaklayacaklardı.

*

Araplar sayfiyeye indi.

Türkiye'de 2013 senesinde 2,5 milyon metrekare taşınmaz satıldığı açıklandı, en büyük müşteri Suudi Arabistanlılardı. 2,5 milyon metrekarenin 635 bin metrekaresini Araplar kapmıştı. İstanbul'da konut alıyorlar, İzmir, Antalya, Muğla'da sahil bölgelerindeki arsaları kapatıyorlardı. Araplardan sonra, Almanlar geliyordu. 98 farklı ülkenin vatandaşı Türkiye'den konut-arazi almıştı, aralarında Tanzanyalılar, Myanmarlılar bile vardı.

*

Abdocan'ı vuran polise 25 sene hapis istendi.

Hatay'daki Gezi olayları sırasında, Akrep tabir edilen araçtan gaz fişeği fırlatan çevik kuvvet polisi hakkında, Abdullah Cömert'in katili olduğu gerekçesiyle dava açıldı. İddianamede, Abdocan'ı kafasından bibergazıyla vurduğu detaylarıyla anlatılıyor, kasten adam öldürmekle suçlanıyordu ama, tutuklanmadı.

*

Ethem'in davası daha tuhaftı.

Ankara'daki Gezi olayları sırasında, Ethem Sarısülük'ü kafasından tabancayla vuran, alenen vurduğu kamera görüntüleriyle sabit olan polis Ahmet Şahbaz... Polis fezlekesinde "mağdur" sıfatıyla ifade vermişti, "yaralandım" deyip, şikâyetçi olmuştu!

*

Anayasa Mahkemesi'ni "gayrimilli" ilan eden Tayyip Erdoğan, savcı ve hâkimleri de vatanseverler-paralelciler olarak ikiye ayırdı. Adana'da altı polisin tutuklandığını, altı gün sonra serbest bırakıldığını hatırlatarak, "vatansever bir savcı çıktı, zanlılar casusluk faaliyetinden tutuklandı, paralel çetenin mensupları devreye girdi, paralel yapının uzantıları da zanlıları serbest bıraktı" dedi.

*

Eskiden...
İşine gelirsen, dindardın.
İşine gelmezsen, Ergenekoncuydun.
Şimdi...
İşine gelirsen, vatanserverdin.
İşine gelmezsen, paraleldin.

*

En güzel cevabı "paralel" olmakla suçladığı hâkim verdi. Hacı Hüseyin Bolat, "paraleldi, üçgendi, yamuktu bilmem, hâkimler kararlarıyla konuşur, ben Türkiye Cumhuriyeti'nin, Türk milletinin hâkimiyim, kararlarımı ona göre veririm, kimsenin ağzı torba değil ki, büzesin" dedi!

*

Yüksek Seçim Kurulu, cumhurbaşkanlığı için takvimi açıkladı. 10 Ağustos'ta ilk tur oylama yapılacak, eğer adaylardan biri çoğunluğu sağlayamazsa, ikinci tur oylama 24 Ağustos'ta yapılacaktı. Kaderin cilvesi... 10 Ağustos, Sevr'in yıldönümüydü.

*

Tayyip Erdoğan'ın cumhurbaşkanlığına aday olup olmayacağı tartışılıyordu. Kimisi Abdullah Gül'ün ikinci dönem devam edeceğini söylüyor, kimisi Bülent Arınç'ın istekli olduğunu yazıyordu. İşte tam o günlerde, gazetelerin iç sayfalarında küçücük bir haber yayımlandı... TBMM'de kabul edilen MİT Yasası'na son dakikada bi madde eklenmişti. Bundan böyle, herhangi bir sebeple suçlanan MİT Müsteşarı'nın yargılanıp yargılanmayacağına cumhurbaşkanlığı makamı karar verecekti.

*

Bu ne anlama geliyordu?
Gayet açıktı. Tartışmalar hikâyeydi. Tayyip Erdoğan köşke çıkacaktı ve çıkarken Hakan Fidan'ı da yanında götürüyordu. Böyle bir niyeti olmasaydı, "MİT Müsteşarı'nın yargılanıp yargılanmaması konusundaki nihai kararı, eskisi gibi başbakan

versin" diyebilirdi. Demedi. Nihai kararı, cumhurbaşkanlığı makamına aktardı. Hakan Fidan'ın kaderini bir başkasının eline bırakmak, bir anlamda, Tayyip Erdoğan'ın kaderini bir başkasının eline bırakmak demekti. Dolayısıyla... Bu MİT Yasası çıktığı gün, aslında, Tayyip Erdoğan'ın köşke aday olacağı kesindi.

*

CHP'yle MHP ayakta uyuyordu.

Abdullah Gül'ün devam edeceğini tahmin ediyorlardı.

*

MİT Yasası'nda başka neler vardı?

Yasadan önce "MİT devlete bağlı"yken, yasadan sonra "devlet MİT'e bağlandı" desek, yanlış olmazdı. "Dış güvenlik" yetkisi verilmişti, MİT yurtdışında operasyon yapabilecekti. Her türlü "örgüt" veya "oluşum"la görüşebilecekti, böylece, İmralı ve Kandil görüşmelerini yürüten MİT'çilere hukuki güvence sağlanmıştı. İstediği kurumun arşivine, istediği kurumun bilgi işlem merkezine girebilecekti. İstediği telefonu, ankesörlü telefonları bile dinleyebilecekti. Türk vatandaşları hariç, tutuklu veya hükümlüleri, başka bir ülkeye iade edebilecek veya takas edebilecekti, yani, istediği IŞİD militanını serbest bırakabilecekti!

*

Bu yasa çıktığında, henüz Musul konsolosluğumuz basılmamış, insanlarımız rehin alınmamış, rehineler karşılığında IŞİD militanlarını serbest bırakacağımız ortaya çıkmamıştı. Müthiş öngörüyle (!) bu maddeyi eklemişlerdi.

*

MİT Yasası'nda medyayı alakadar eden bir madde de vardı. MİT'e ait belgeleri yayınlayanlara, dokuz sene hapis cezası verilecekti. Yani... Sadece gazeteciler değil, gazete patronları da okka altına sokulmuştu.

*

Kapatılan DEP'in kurucusu Yaşar Kaya, 21 sene sonra Türkiye'ye döndü. 21 senedir Almanya'da yaşıyordu. 74 yaşındaydı, tekerlekli sandalyedeydi. Ankara 11. Ağır Ceza Mahkemesi, sağlık durumunu ve yaşını dikkate alarak, yurda gelmesi halinde "tutuklanmama güvencesi" vermişti.

*

Futbolda passolig dönemi başladı.
Her şey gibi, futbolun da ocağına incir ağacı dikiliyordu. Maça girmek isteyen, elektronik kart almak zorundaydı. "Tribün şiddetine son vermek için" bu uygulamanın başlatıldığı söyleniyordu. Halbuki, herkes biliyordu ki, hükümet aleyhinde slogan atanları tespit etmek için başlatılmıştı. Özellikle Gezi olaylarından sonra, AKP artık stadyumlara giremez olmuştu. Tayyip Erdoğan, müthiş tepki görüyor, milli maçları bile seyretmeye gidemiyordu. Ve, bu saçma passolig uygulaması, biletli seyirci sayısını dramatik şekilde düşürecekti.
*
Ankara 18. İdare Mahkemesi, 2013'te yapılan seviye belirleme sınavının sonuçlarını iptal etti. Niye? Yabancı diller sınavında puanların yanlış hesaplandığı ortaya çıkmıştı. Dolayısıyla, komple, 1 milyon 112 bin öğrencinin puanı yeniden hesaplanacaktı. Neticede ne oldu? Elbette hiçbir şey olmadı. Sınav geçeli bir sene olmuş, çocuklar neredeyse karne alacaktı, karar anca çıkmıştı. "Hepsine baktık, sorun yok, puanları tekrar hesapladık" filan dediler, örttüler gitti.
*
Tayyip Erdoğan hakkında "Malezya'ya kaçacak" dedikodusu çıkmıştı. Gazetelerde yazılıyor, televizyon programlarında dile getiriliyordu. Hatta, CHP milletvekili Sezgin Tanrıkulu, TBMM'de soru önergesi bile verdi: "Bilal Erdoğan'ın Kısıklı'daki villası dahil, beş ayrı evde tutulan paraların, Çalık holding binasına taşındığı doğru mudur? Hiç planda yokken, anıden Uzakdoğu resmi gezisi gündeme alınarak, Çalık holding binasında tutulan paraların, Uzakdoğu gezisi için ayarlanan uçağa sevkedildiği doğru mudur? Tayyip Erdoğan'ın kendisi ve ailesi için Malezya'dan sığınma hakkı istediği iddiası doğru mudur?"
*
Tayyip Erdoğan, Anayasa Mahkemesi'ne bireysel başvuru yaptı. Başçalan isimli hesaptan kendisi ve ailesiyle alakalı tweet'ler atıldığını, Ankara Sulh Ceza Mahkemesi'nden bu içeriklere erişim engelleme kararı verildiği, buna rağmen bu tweet'lerin sosyal medyada paylaşıldığını belirterek, 50 bin lira tazminat istedi.
*

Tarihte böyle bir örnek yoktu.
Devleti dava eden ilk başbakandı.
Devletten tazminat isteyen ilk başbakandı.

*

Ne yapsak da tweet'lerin yayılmasını önlesek diye kafa yoruyorlardı. Buldular. Ulaştırma Bakanı Lütfi Elvan, twitter'daki zararlı içeriklerin buzlanacağını açıkladı. 24 saat sonra... Haramzadeler ve Başçalan hesapları buzlandı. Bu iki adrese ulaşmak isteyenler "hesap gizlendi" uyarısıyla karşılaşıyordu.

*

AKP'li Beyoğlu Belediye Başkanı Misbah Demircan'ın babası, ilahiyatçı Ali Rıza Demircan "tapeleri dinlemenin ve yaymanın haram olduğunu" açıkladı. "İslam dinine inanan hiç kimse, bu tweet'ler artsın diyemez" dedi. Halbuki... Deniz Baykal ve MHP'lilerle alakalı kasetler çıktığında, Tayyip Erdoğan'ın en değer verdiği ilahiyatçılardan, profesör Hayrettin Karaman "gizlenen günah, kamuoyunu ilgilendiriyorsa, rezaletler teşhir edilmelidir" diye fetva vermişti.

*

AKP'nin ilahiyatçıları da Tayyip Erdoğan gibiydi.
İşlerine gelirse caiz'di, işlerine gelmezse haram'dı.

*

Türkiye'nin ilk ateizm derneği, İstanbul'da kuruldu.
İlk icraatları, ilahiyat profesörü Nihat Hatipoğlu hakkında suç duyurusunda bulunmak oldu. Niye? Ramazan'da televizyon programı yapan Profesör Hatipoğlu "ateistlerin en büyük babası şeytan" demişti.

*

Ve, Rıza Sarraf konuştu...
Yandaş *Sabah* gazetesine röportaj verdi.
"Yaptığım tüm ticaret devletin denetimine açık yapılmıştır, 200 ton altın ihraç edip, Türkiye'ye 25 milyar lira gelir sağladım, cari açığın yüzde 15'ini tek başıma ben kapattım" dedi.

*

Ne TÜSİAD, ne Anadolu kaplanları...
Ekonomimizi Rıza Sarraf kurtarmıştı!

*

ABD'deki Türk işadamları tarafından on sene önce kurulan

Türk Amerikan Ticaret Sanayi Odası'nın başkanlığına, Ermeni asıllı Türk vatandaşı Aret Taşçıyan seçildi. Tayyip Erdoğan'ın oğullarına ait gemicikleri sigortalayan işadamıydı.

*

AKP yandaşı müteahhitlere, yüzde 100 hazine garantisi verildi. Üçüncü havalimanı, üçüncü köprü, Avrasya tüneli, kuzey Marmara otoyolu gibi projeler, yasayla "hazine garantisi" kapsamına alındı. Toplam 50 milyar liralık projelerdi. Müteahhitlere "istediğiniz miktarda kredi kullanın, dert etmeyin, hazine arkanızda" denilmişti. Müteahhitlerin üstlendiği risk, halkın sırtına yüklenmişti.

*

AKP'nin Kızılcahamam kampı, gelenekseldi. Milletvekilleri aileleriyle birlikte katılır, Asya Termal Otel'de buluşulur, partinin geleceği konuşulurdu. Otel değiştirildi. Asya Termal cemaate yakın olduğu için, Afyon Güral Otel'e geçildi.

*

Dışişleri Bakanı Ahmet Davutoğlu, Konya'da konuştu, partisinden bahsederken, kendi ruh dünyasına dair ipuçları veriyordu. "Ak Parti yüzyıllarca devam edecek, bu yürüyüş Horasan'dan başlayıp, Selçuklu mirasını şekillendiren, Osmanlı ile cihan devleti haline gelen, Türkiye Cumhuriyeti ile istikbalini kazanan yürüyüştür, inşallah kıyamete kadar durdurulamayacaktır" dedi.

*

Aynı Ahmet Davutoğlu... Rusya Kırım'ı işgal edip, referandumla kendine bağladığında, Kırım Türklerinin lideri Cemil Kırımoğlu'nu yanına alarak basın toplantısı düzenlemiş ve "bu kararı tanımıyoruz" filan demişti. Moskova, Cemil Kırımoğlu'nun beş sene boyunca Kırım'a girmesini yasakladı! Bizim asrın liderleri, Putin karşısında süt dökmüş kedi gibiydi, ağızlarını açıp tek kelime itiraz edemediler.

*

Tayyip Erdoğan, yatıyor kalkıyor cemaate giydiriyordu, sürpriz bi açıklama yaptı, "bunların elinde şantaj kasetleri var, cumhurbaşkanının da şantaj kasedi var, benim de vardı, genelkurmay'ın da var" dedi.

*

Cumhurbaşkanı Abdullah Gül'den çıt çıkmadı.

Genelkurmay Başkanı Necdet Bey'den çıt çıkmadı.
Nelerdi bu şantaj kasetleri?
Ses miydi, görüntü müydü?
Üstelik...
Tayyip Erdoğan, bu kasetlerin varlığını nereden biliyordu?
*
23 Nisan'da...
Atatürk'ün soybağı açıklandı.
Anıtkabir Komutanlığı, çocuklara dağıtılmak üzere kitap hazırlattı. İçinde şu bilgiler vardı: "Gazi Mustafa Kemal Atatürk, 1881 yılında Selanik'te Kocakasım Mahallesi, Islahhane caddesindeki üç katlı pembe evde doğdu. Babası Ali Rıza Efendi, annesi Zübeyde Hanım'dır. Baba tarafından dedesi, Kızıl Hafız Ahmet Efendi, 14-15'inci yüzyıllarda Karaman'dan Makedonya'ya, Kocacık'a yerleşmiş Kızıl Oğuz yörüklerindendir. Annesi ise, Selanik yakınlarındaki Langaza kasabasına yerleşmiş, köklü bir Türk ailesinin kızıdır. Annesinin ailesi de Karaman'dan gelen ve Rumeli'de Konyarlar diye bilinen Türkmenlerdendir."
*
23 Nisan'da bir başka adreste... İstanbul Ataşehir Mimar Sinan Camisi'nde "benim namazım şenliği" düzenlendi. Anaokulu öğrencilerine, camide tiyatro seyrettirip, topluca öğle namazı kıldırdılar. Çocuklara takke takılmış, "gözümün nuru namaz" yazılı tişörtler giydirilmişti.
*
Ve, gene 23 Nisan'da... 24 Nisan sözde soykırım yıldönümüne 24 saat kala, Tayyip Erdoğan tarihte bir ilk'e imza attı, 1915 olayları nedeniyle Ermenilere "taziye" mesajı yayınladı. Başbakanın yazılı taziye mesajı, Türkçe, İngilizce, Fransızca, Almanca, İspanyolca, Arapça, Rusça, Ermenice, sekiz dilde yayınlandı.
*
Anayasa Mahkemesi Başkanı Haşim Kılıç, Anayasa Mahkemesi'nin kuruluş yıldönümü vesilesiyle konuştu. "Twitter kararını milli bulmuyorum" diyen Tayyip Erdoğan'a isim vermeden cevap verdi. "Anayasa Mahkemesi'ni milli olmamakla suçlamak, sığ eleştirilerdir" dedi. Yetinmedi... "Yargı sistemi, paralel devlet suçlamasıyla karşı karşıyadır,

yargının karşı karşıya kaldığı bu iddianın adı, vicdan yolsuzluğudur" dedi. "Demokratik hukuk devletlerinde, tehdit ederek, korkutarak, sorunların çözüldüğünü göremezsiniz" dedi.

*

Daha ne desindi.

*

Yandaş medya, Haşim Kılıç'ı yerden yere vurdu. *Sabah* gazetesi "yargıya siyaseti soktu" manşetini atarken, *Akşam* gazetesi "Kenan Evren'e" benzetti. *Star* gazetesi "kaba ve sığ" derken, *Akit* gazetesi "o artık tarihin çöplüğünde" başlığını kullandı. Bir zamanlar yüksek yargıda AKP'nin en sevdiği adam, Haşim Kılıç'tı. Şimdi hakaret üstüne hakaret yağdırıyorlardı. *Takvim* gazetesi lafı hiç dolandırmadı, direkt "paralel" dedi.

*

Bu toz duman arasında, kaşla göz arasında, Zahid Akman'la Zekeriya Karaman'ın malvarlığı üzerindeki tedbir kaldırıldı. Hep böyleydi. Ortalık ne zaman karışsa, çaktırmadan, Deniz Feneri lehine bir gelişme yaşanırdı. Mesela... Zahid Akman ve Zekeriya Karaman, Türkiye'de herkesin Fenerbahçe'yi konuştuğu gün, Aziz Yıldırım'ın tutuklandığı gün, tutuklanmışlardı. Şike haberleri medyayı öylesine kaplamıştı ki, futbolun tozu dumanı arasında Deniz Feneri tutuklamaları gargaraya gelmişti, tek sütun haber bile olmamıştı. Sonra... Hakkâri'de 24 şehit vardı, Türkiye kan ağlıyordu, medyanın bütün dikkati şehit cenazelerindeyken, Zahid Akman'la Zekeriya Karaman serbest bırakıldı. Haliyle, gene tek sütun haber bile yapılmamışlardı. Bunları tutuklayan savcılar desen... Tayyip Erdoğan sanatçılarla beraber Somali'ye gittiğinde, medyanın dikkati Somali'deyken, zart diye görevden alınmışlar, tek sütun haber bile olmamışlardı. Sanki sihirli bir el, Deniz Feneri'ni gözden ırak tutmak için elinden geleni yapıyordu.

*

Tayyip Erdoğan'ın üniversite diploması tartışmaya açıldı. MHP milletvekili Profesör Yusuf Halaçoğlu, "cumhurbaşkanı olmak için dört yıllık fakülte mezunu olmak gerekir, Sultanahmet'teki İktisadi ve İdari Bilimler Fakültesi üç yıllıktı" dedi. AKP'den cevap beklenirken, CHP'den cevap geldi. CHP milletvekili

Aydın Ayaydın, "sayın başbakan dört yıllık iktisat ve ticaret yüksekokulu mezunudur, ben o dönemde asistandım, sınavlarına, derslerine girdim, Tayyip Erdoğan gayet iyi hatırladığım bir öğrencimdi" dedi.

*

Karmaşık mevzunun aslı şuydu... 12 Mart 1971 darbesiyle, özel yüksekokullar kamulaştırılmıştı. Bunlardan biri, İstanbul Tuna İktisadi ve Ticari Bilimler Yüksekokulu'ydu. Üç yıllıktı. İstanbul İktisadi ve Ticari İlimler Akademisi'ne bağlandı, adı değiştirildi, Aksaray İktisat ve Ticaret Yüksekokulu oldu. Öğretimi dört yıla çıkarıldı. Tayyip Erdoğan bu okula kaydoldu. Yüksekokul, hem gündüz, hem gece öğretim yapıyordu, Tayyip Erdoğan geceleri gitti. Zaten devam mecburiyeti de yoktu. Anca yedi senede mezun oldu.

*

Köşk'e aday olup olmayacağı sorulan Tayyip Erdoğan, lafı yuvarlıyor, "mayıs'ta karar veririz, yine ters köşeye yatabilirsiniz" diyordu. Oyalıyor, zaman kazanıyordu. Aday olmayabilirmiş gibi belirsiz bırakarak, CHP ve MHP'nin aday çıkarmasını geciktiriyordu. Öbürleri de Tayyip Erdoğan'ın atacağı adımı bekleyerek, ekmeğine yağ sürüyordu. Halbuki, süre ne kadar daralırsa, CHP ve MHP'ye propaganda için o kadar az süre kalacaktı. Süre ne kadar daralırsa, 7'den 77'ye herkes tarafından zaten tanınan Tayyip Erdoğan o kadar avantajlı olacaktı. CHP'yle MHP uyutuluyordu.

*

O günlerde... CHP genel merkezinin önünden geçenler, gözlerine inanamıyordu. Binanın girişindeki devasa tabelada "K" harfi düşmüştü. Cumhuriyet "Hal" Partisi yazıyordu! CHP'nin Hal'i maalesef buydu.

*

HDP kuruldu.
BDP milletvekilleri HDP'ye katıldı.
BDP'nin adı DBP yapıldı.
DBP, bölgesel parti olarak kalacak...
HDP, ülke genelinde kafası karışık sol oyları tavlayacaktı.

*

O da olmazsa, başka parti kurarlardı.
Nasıl olsa alfabede harf çoktu!

*

Fenerbahçe şampiyon oldu.

Ligin bitimine üç hafta kala ipi göğüslemişti.

Sıkıntılar, Fenerbahçe camiasını motive ediyordu.

*

Almanya Cumhurbaşkanı Joachim Gauck, resmi ziyaret için Türkiye'ye geldi. Cumhurbaşkanı Abdullah Gül'le görüşürken, hükümeti eleştirdi, "twitter ve YouTube yasaklanmak zorunda mıydı? Yargıya bu kadar müdahale edilmesi, demokrasiyi güçlendirir mi?" dedi. Vay sen misin bunu diyen... Tayyip Erdoğan köpürdü, meclis grubunda bağıra bağıra "sen o aklı kendine sakla" dedi.

*

Almanya'yla Türkiye'nin arası gayet iyiydi.

Almanya'yla Tayyip Erdoğan'ın arası felaketti.

Deniz Feneri'nden beri, bu böyleydi.

*

Kılıçdaroğlu "şüpheli" sıfatıyla ifadeye çağırıldı.

*

17/25 Aralık'tan haklarında fezleke hazırlanan bakanları bile ifadeye çağırmıyorlar, CHP genel başkanını çağırıyorlardı. Milletvekili dokunulmazlığı olan Kılıçdaroğlu'nun bu şekilde ifadeye çağrılması, katmerli hukuk skandalıydı. Biraz sonra... "Sehven" çağrıldığı ortaya çıktı, çağrı geri çekildi. Kılıçdaroğlu'nu "hakaret" suçlamasıyla ifadeye çağıran savcı, Mehmet Demir'di. "Dokunulmazlığı olduğu sehven gözden kaçmış" dedi. Kılıçdaroğlu'ndan şikâyetçi olan ise, Bilal'di.

*

Üç trilyon dolar aktif büyüklüğüyle "dünyanın en büyük bankası" olarak nitelendirilen Industrial and Commercial Bank of China, Tekstilbank'ı satın aldı. Banka pazarımıza girmeyen bi Çinliler kalmıştı, onlar da nihayet girmişti. Bu kitabın yazıldığı tarih itibariyle, Türkiye'de faaliyet gösteren 49 bankanın 23'ü tamamen yabancılarındı. 49 bankanın 45'inde yabancıların hissesi vardı.

*

AKP iktidarı, Türkiye'yi bankacılıktan adeta silmişti.

*

Nisan ayı geride kalırken... Sünnetçi Kemal Özkan aramızdan

ayrılmıştı, meslek hayatı boyunca 130 binden fazla sünnet yaparak, dünya çapında ün kazanmıştı. Süryani Patriği Ignatius Zakka I.İwas hayatını kaybetmiş, Süryani Patrikliği'ne Suriye doğumlu Cyril Aphrem Karim seçilmişti. "Yüzyıllık Yalnızlık" sona ermiş, Nobel ödüllü, Kolombiyalı edebiyatçı Gabriel Garcia Marquez ölmüştü.

MAYIS

• Adalet nöbeti • Cadı avı • Fezleke • Patek Philippe • Çatı aday • Edepsiz barolar birliği • Soma • Fıtrat • Taziyeye gidip, cenaze sahiplerini yumruklayan dünyadaki ilk insan

1 Mayıs'ta...
Kurmay albay Murat Özenalp vefat etti.

*

Tokat Zileliydi. Henüz 14 yaşındayken, babası tarafından Heybeliada Deniz Lisesi'ne emanet edilmişti. Deniz Harp Akademisi'ni birincilikle bitirdi, kurmay oldu. Fırkateyn komutanlığı yaptı, ataşelik yaptı, komodorluk yaptı. Evli, iki evlat babasıydı. Amiral olmasına kesin gözüyle bakılıyordu, 30 Ağustos'a gün sayıyordu, 22 Ağustos'ta tutukladılar. Asrın iftirasına uğrayan seçkin subaylarımızdandı, Balyoz kumpasıyla 16 sene hapis vermişlerdi, üç senedir tutukluydu. Mamak askeri cezaevinde, açık görüş sırasında kızıyla top oynarken, sıkıntıdan beyin kanaması geçirdi, beş gün komada direndi, rahmetli oldu.

*

Cenaze için ilk tören, GATA'da morgun kapısında yapıldı. Sahte delil bavulu'yla hapse sokulmuştu, ay-yıldızlı tabutla çıkıyordu. Erkekten çok kadın vardı. Gözpınarları ağlamaktan şişmiş kadınlar... Esir subayların eşleriydi. TCG Mamak, TCG Maltepe, TCG Silivri, TCG Hasdal, TCG Hadımköy, TCG Sincan, TCG Şirinyer yazılı denizci şapkaları giymişlerdi. Hüzün donanması'ydı.

*

İmam geldi. Üç beş beylik laftan sonra, "hakkınızı helal eder misiniz?" diye sordu. Annesi "hakkımı bu devlete helal etmiyorum" diye bağırdı. Kahraman bir evlat yetiştiren annenin bedduasını alan devlet, ayakta kalabilir mi, sanmıyorum.

*

Tabutu, arkadaşları omuzladı. Hemen hepsi sanıktı. Kimisi

Ergenekon'dan, kimisi Balyoz'dan, kimisi Casusluk'tan yatmıştı, tutuksuz yargılanıyorlardı. Yüklediler cenaze arabasına, Mamak askeri cezaevine götürdüler. Tarihte ilk'ti... Hapisteki arkadaşları, askeri tören yaptı. Açık görüş masalarını birleştirip, musalla taşı kurdular, etrafına U şeklinde dizildiler, 35 senelik arkadaşı kurmay albay konuşma yaptı. "Çocukların, hepimizin çocukları, eşin, son nefesimizi verene kadar kardeşlerimizden daha kardeş, mekânın cennet olsun, bir gün yanına gelmek kısmet olsun" dedi. Selam verdiler. Tören mangasına dokundurmadılar, omuzladılar, cenaze arabasına bindirdiler.

*

Kocatepe Camisi'ne getirdiler. Dünyanın en büyük ailesi oradaydı. Balyoz davasıyla hiç alakası olmayan, sıradan yurttaşlar gelmişti. Türk Silahlı Kuvvetleri çelenk göndermişti. Suçluysa, niye çelenk gönderiyorsun? Suçsuzsa, niye içerde kalmasına göz yumdun? Anlamak mümkün değildi.

*

Deniz Kuvvetleri Komutanı geldi. Yuhlandı.

*

"Katil AKP" diye haykırıldı.

*

Murat'ın ölümü, dirilişin sembolü oldu.
Avukatı Şule Nazlıoğlu Erol, cüppesini giydi, tek başına, Anayasa Mahkemesi önünde "adalet nöbeti"ne başladı. Çünkü... Balyoz davasıyla alakalı olarak altı ay önce Anayasa Mahkemesi'ne başvurulmuştu, karar bir türlü çıkmıyordu. Şule Nazlıoğlu Erol, karar çıkana kadar, gece-gündüz orada bekleyecekti.

*

Avukat Şule Nazlıoğlu Erol, TBMM tarafından şeref madalyasıyla onurlandırılmış, Kuvayı Milliye kahramanı, Yozgatlı Nazım Kafaoğlu'nun torunuydu. Balyoz kumpasıyla içeri tıkılan 14 subayın savunmasını üstlenmişti. "Sadece bir tek kişi bile her şeyi değiştirebilir" derler ya... İşte o "bir tek kişi"lerdendi. Tek başına başladı, her şeyi değiştirdi. Adalet Nöbeti'ne onbinlerce insan katıldı. Türkiye Barolar Birliği, İstanbul Barosu, Ankara Barosu, Atatürkçü Düşünce Derneği, Türkiye Gençlik Birliği, Fenerbahçeliler Derneği, Emekli Subaylar Derneği, İşçi Partisi, CHP-MHP milletvekilleri, çocuğunu kucaklayıp gelen sıradan vatandaşlar, yurtdışından gelenler oldu. Sanatçıların çoğu korkudan araziye uymuşken, tiyatromuzun duayeni Ayten Gökçer, geldi nöbet tuttu. Deniz kuvvetleri komutanı olmak varken, esir subaylarına destek için istifa eden koramiral Atilla Kezek'le, Ergenekon'dan iki sene yatırılan efsane bordo bereli albay Hulusi Gülbahar, oradan hiç ayrılmadı. Adalet Nöbeti, hakikaten tarihi hadiseydi. Anayasa Mahkemesi'nden müjdeli haber çıkana kadar, tam 46 gün, gece-gündüz devam etti. Murat Özenalp'in kaybı, diğerlerinin çıkışını hızlandırdı.

*

"Balyoz şehidi" kabul edilen kurmay albay Murat Özenalp, kaptanlığını yaptığı fırkateynle Mısır açıklarındayken, personeliyle birlikte umreye gitmişti. Otobüsler kiralanmış, yeterli parası olmayan erlerin masrafını kendi cebinden ödemişti. İhrama girmişti. Rahmetli olduğunda, o ihram örtüsü, kefeni yapılmıştı. "Fatih Camisi'ni bombalayacaklar" iftirasıyla hapse atılmıştı; aynı iftiraya uğrayan silah arkadaşları 7'sinde ve 40'ında Fatih Camisi'nde Kuran okuttu.

*

1 Mayıs'ta Taksim, savaş alanı gibiydi.

AKP yandaşı sendikalar toz olmuştu ama, DİSK ve KESK meydana çıkmaya kararlıydı. Gezi Parkı'nın yıldönümü yaklaşmıştı, yeniden direniş başlamasından korkan hükümet, İstanbul'da adeta sokağa çıkma yasağı ilan etmişti. Metrobüs, metro, tramvay, vapur seferleri durduruldu. Galata ve Unkapanı köprüleri kapatıldı. Taksim'e çıkan yollar kesildi, Taksim Anıtı bariyerlerle çevrildi. Polis, bibergazlarıyla, TOMA'larıyla, tazyikli sularıyla, coplarıyla öldüresiye saldırdı. Kafa travması, kol kırığı, kulak parçalanması, yüzlerce yaralı vardı. Plastik mermi kullanılmıştı. Okmeydanı hastanesine bile gaz bombası atılmıştı. Sivil polisler öğrenci gibi sırt çantası taşıyordu, şapka takmışlardı, eylemci kılığında olayların arasına karışmışlardı. CHP'nin fiziksel engelli milletvekili Şafak Pavey bile, polisler tarafından tartaklandı, sürüklene sürüklene gözaltına alınmaya çalışıldı.

*

1 Mayıs, Avrupa'dan Afrika'ya, Arjantin'den Japonya'ya bütün dünyada coşkuyla kutlanmıştı. 20 senelik yasaktan sonra Afganistan'da bile kutlama yapılmıştı. Bütün dünyada, sadece, Kamboçya'da ve Türkiye'de işçilere saldırılmıştı.

*

Halbuki... Tayyip Erdoğan, Taksim'i 1 Mayıs'a açmakla övünüyordu. 2009'da 1 Mayıs Emek ve Dayanışma Günü ilan edilmiş, resmi tatil ilan edilmiş, 2010'da sendikaların Taksim'e çıkmasına izin verilmişti. Çünkü... Yetmez ama evet referandumuna gidildiği günlerdi, demokrat görünmek gerekiyordu! 2011 ve 2012'de hiç sorun çıkmamasına rağmen, bayram havasında geçmesine rağmen, 2013'te polis devletine geri dönülmüş, 2014'te bu hale gelinmişti.

*

TMSF tarafından el konulan BMC, 751 milyon liraya, yandaş işadamı Ethem Sancak'a satıldı. İhaleye sadece Ethem Sancak girmişti, başkası yoktu. İzmir'deki BMC fabrikası 220 dönüm üzerine kuruluydu, sırf arsasının bile 1,5 milyar lira ettiği söyleniyordu. BMC, kamyon ve otobüsün yanısıra, Kirpi tabir edilen askeri araçları üretiyordu. Şakır şakır çalışıyor, şakır şakır satıyordu, hatta, müşterileri sıra bekliyordu, siparişleri kuyruktu. Nasıl olur da iflas noktasına gelir, nasıl olur da el konulur, hiç kimse akıl sır erdiremiyordu.

*

"Milletin orasına koyacağını" ifade eden müteahhit Mehmet Cengiz, 45 milyon dolara yeni bir özel uçak siparişi verdi. Bir özel uçağı ve bir helikopteri zaten vardı, bir özel uçak daha alıyordu. E hakkıydı. Mehmet Cengiz'in kısa süre önce, uzlaşma yöntemiyle, 424 milyon liralık vergi borcunun silindiği ortaya çıkmıştı.

*

Vergi kaçırıyor filan diye Tofaş'a, Yapı Kredi'ye, Tüpraş'a milyonlarca lira ceza kesiliyordu ama... 2013 vergi rekortmenleri açıklandı. İlk altı sıra, Koç Ailesi'nindi. Rahmi Koç, Semahat Arsel, Suna Kıraç, Mustafa Koç, Ali Koç, Ömer Koç diye dizilmişlerdi. Vergi kaçırıyor falan diye ceza üstüne ceza kesilen Aydın Doğan da, gene vergi şampiyonları listesindeydi, 9'uncu sıradaydı.

*

Buna mukabil... 55 milyar liralık devasa ihaleleri kapan yandaş müteahhitler, vergi listesinde yoktu. Türkiye'nin cari açığını tek başıma ben kapattım diyen Rıza Sarraf'ın da vergi listesinde esamisi okunmuyordu.

*

Milli Güvenlik Kurulu, şubat ayı toplantısında "paralel yapı"yı ele almış, önlemleri konuşmuştu. Ne yapılacağı merak ediliyordu. Ankara Cumhuriyet Başsavcılığı, Fethullah Gülen hakkında soruşturma başlattı. Ankara Gölbaşı Cumhuriyet Başsavcılığı da, Türkiye İletişim Başkanlığı'ndaki hassas bilgilerin yabancı ülkelere aktarıldığı, casusluk yapıldığı iddiasıyla soruşturma başlattı.

*

TOKİ dosyası kapatıldı.

Ali Ağaoğlu, Nazif Zorlu, Mehmet Ali Aydınlar ve Şehircilik Bakanı Erdoğan Bayraktar'ın oğlunun da aralarında bulunduğu 60 kişi hakkında soruşturma yürütülüyordu. 17 Aralık'ın üç ayağından biriydi. Yeterli delil bulunmadığı gerekçesiyle, takipsizlik kararı verildi, dava açılmadı.

*

Savcıların dosyası açıldı.

HSYK, 17/25 Aralık operasyonlarını yürüten savcılar Zekeriya Öz, Muammer Akkaş ve Celal Kara hakkında soruşturma açılmasına karar verdi. Aynı zamanda, şüphelilerin malvarlıklarına el konulması kararını veren hâkim Süleyman Karaçöl hakkında da soruşturma açıldı.

*

Bakan çocukları bırakılmış.

Rıza Sarraf bırakılmış.

Fezlekelerin üstü örtülmüş.

Müteahhitlere takipsizlik verilmiş.

Polislerin, savcıların, hâkimlerin yakasına yapışılmıştı!

*

Fethullah Gülen cemaatine isim vermeden hitap eden, devamlı lakaplar takan, "haşhaşi, paralel, casus, Pensilvanya" diyen Tayyip Erdoğan, "cadı"yı ekledi. "Bu ülkeye ihanet edenlerin görev yerlerini değiştirmek cadı avıysa, biz bu cadı avını yapacağız, nefes aldığım sürece unutmayacağım, affetmeyeceğim" dedi.

*

Genelkurmay Başkanlığı, Suriye'den Türkiye'ye Asi nehri üzerinden salla geçmeye çalışan üç kişinin yakalandığını, birinin Amerikalı gazeteci olduğunu duyurdu. Jandarma karakolunda sorgulanıp, serbest bırakılan gazetecinin Pulitzer ödüllü Roy Gutman olduğu ortaya çıktı. 70 yaşındaki Gutman, 30'dan fazla gazeteyi bünyesinde barındıran McClatchy grubunun Avrupa büro şefiydi, İstanbul merkezli çalışıyordu. Sınırdaki insan kaçakçılığını haber yapmaya geldiğini, akaryakıt kaçakçılarının kendisini askere ihbar ettiğini anlattı.

*

Yandaş medya tarafından "casus" ilan edilen Roy Gutman'ın bir başka özelliği vardı... Tayyip Erdoğan'la Bilal arasında geçtiği iddia edilen "sıfırlama" tapelerini ABD'de Türkçe bilen uzmanlara analiz ettirmiş, montaj olmadığını, gerçek olduğunu yazmıştı.

*

Dünyanın dört bir tarafından gelen onlarca gazeteci Hatay sınırında cirit atıyor, "casus" diye yakalana yakalana "sıfırlamayı analiz ettiren gazeteci" yakalanıyordu!

*

PKK'yla IŞİD vuruşmaya başladı.

Diyarbakır Sur Belediye Başkanı Seyit Narin'in oğlu Ali, Suriye'nin Kobani bölgesinde hayatını kaybetti. 22 yaşındaki Ali, üç sene önce PKK'ya katılmıştı. İki gün sonra... Diyarbakır Çermik BDP İlçe Başkanı Haşim Demirkol'un 23 yaşındaki kızı Helin, Kobani'de öldürüldü. IŞİD'in mayıs başından beri Kobani'yi üç koldan kuşattığı söyleniyordu. CNNTürk ve NTV'de ufak ufak Suriye haritaları çıkmaya başlamıştı, Rojava neresi, Kobani neresi, neden önemli, ahalimize öğretiliyordu.

*

Aile Bakanı Ayşenur İslam, üst üste yaşanan çocuk cinayetleri ve çocuk tacizleriyle alakalı olarak konuştu, "annelerin çocuklarına çığlık atmayı öğretmeleri gerekiyor" dedi. Bu çözüm önerisine Nobel verseler, yeriydi!

*

Saadet Partisi kongre yaptı. Necmettin Erbakan'ın oğlu Fatih Erbakan genel başkanlığa aday oldu. Bol bol alkış aldı, oy alamadı. Mustafa Kamalak fark attı. Partiyi Erbakan'ın oğluna vermeyen Milli Görüş'ün aksaçlıları, daha önce de gençlere geçit vermemiş, onlar da gidip AKP'yi kurmuştu.

*

Kayserispor küme düştü.

1973'le 1997 arasında bikaç defa süper lige çıkmış, anında düşmüştü, bir türlü tutunamıyordu. 1999, 2000, 2001, 2002, 2003 ortada yoktu. Kayserili Abdullah Gül, önce başbakan, sonra cumhurbaşkanı oldu. Kayserispor roketledi. 2004'te isim hakkı ayarlandı, futbolla çıkamayan Kayseri, siyasetle süper lige yükseltildi. 2004'le 2014 arasında devamlı süperdi. Muhteşem stadyum bile yapıldı. Kayserili'nin köşkteki görev süresi bitti... Kayserispor zart diye gitti!

*

TBMM'de dört bakan hakkında soruşturma komisyonu kuruldu. 15 kişilik komisyonun 9 üyesi AKP'den, 4 üyesi CHP'den 1'er üyesi MHP ve HDP'den olacaktı. Güya komisyondu... Neticede 9'a 6'ydı. HDP komisyon çalışmalarından çekildi, 9'a 5 kalındı.

*

TBMM genel kurulunda, komisyon kurulmasıyla alakalı görüşmeler 17 saat sürdü. Yumruklaşmalar oldu. Muhalefet milletvekilleri kürsüye çıkıp, fezlekelerden alıntılar yaptı. Meclis TV yayınlamadı. Maksat, vatandaş duymasın'dı. Görüşmeler sırasında Meclis TV'de buz pateni gösteriliyordu!

*

Zafer Çağlayan kürsüye çıktı, "söz konusu saati, bir gazetenin ilanında gördüm, çok beğendim, firmayla temasa geçtim, bu konuşma yapılırken Rıza Sarraf o ortamdaydı, bizim orada ofisimiz var, alsınlar size göndersinler dedi, saati bana gönderdiler, saatin faturasında alan kişinin ismi yazıyor ama, parasını ben ödedim, garanti belgesinde benim ismim yazıyor, hakkımdaki tüm iddialar yalandır, dolandır, iftiradır" dedi.

*

Egemen Bağış kürsüye çıktı, "yirmi yıllık arkadaşımla telefon görüşmemi arşivden çıkarıp, kestiler, biçtiler, montajladılar, imanımı sorgulatmaya kalktılar, üç kez rüşvet aldığım iddiası külliyen yalandır, alçaklıktır, şerefsizce kurgulanmış iftiradır" dedi.

*

Muammer Güler kürsüye çıktı, "psikolojik harekâttır, algı operasyonudur, veremeyeceğim hesap yoktur" dedi.

*

Erdoğan Bayraktar kürsüye çıkmadı, hiç konuşmadı.

*

"Karartma" sadece Meclis TV'de yapılmadı. Yandaş *Sabah* ve *Akşam* gazeteleri, dünya medyasının bile yakından takip ettiği bu haberi, birinci sayfasına koymadı. *Yeni Şafak* ve *Star* ise, kibrit kutusu kadar yer verdi. Yandaş televizyonlar o akşamki tartışma programlarında, bu mevzu hariç, her mevzuyu tartıştı!

*

Zafer Çağlayan, TBMM'de yaptığı savunmasında, "gazetede saatin ilanını gördüm, saati Rıza Sarraf aldırdı ama, parasını ben ödedim, garanti belgesinde benim ismim yazıyor" demişti. Küçük bi pürüz vardı... Patek Philippe firması "gazetelere ilan vermeyiz, garanti belgelerine isim yazmayız" açıklaması yaptı!

*

Zafer Çağlayan'ın Patek Philippe sevdası öyle böyle değildi, 2011 senesinde İsviçre'ye yaptığı resmi ziyarette, Patek Philippe'in fabrikasını gezmişti. O gezi sırasında gazetecilere konuşmuş, "ilk defa ilkokul beşinci sınıfta saat sahibi oldum, saatin üzerine gazlı kalemle figürler çizerdim, saat merakım var" demişti.

*

Türkiye, ekonomi bakanının saatini tartışırken, Almanya bir başka saati konuşuyordu. Bayern Münih'in icra kurulu başkanlığını yürüten efsane futbolcu Rummenigge, kulüpler birliği toplantısı için Katar'a gitmiş, dönüşte gümrüğe tabi malı olmadığını söylemiş, buna rağmen bavulları aranmış ve 100 bin euro değerinde iki adet Rolex saat bulunmuştu. Anında "gümrük kaçakçılığı" işlemi başlatılmış ve hakkında soruşturma açılmıştı. Neticede, 140 gün hapis verilmiş, para cezasına çevrilmişti. Günlük gelirini 1785 euro olarak beyan ettiği için, günlük geliriyle 140 gün çarpılmış ve 249.900 euro ceza ödetilmişti. Almanya'da 90 günden fazla hapis cezası alanlar "sabıkalı" kabul edildiği için, Rummenigge'nin siciline "sabıka" işlenmişti. Bitmedi... Rummenige "bu saatleri ben almadım, hediye verildi" demişti, Almanya'da 20 bin euroyu geçen hediyelere yüzde 30 hediye vergisi vardı, bi 30 bin euro da ordan ödetmişlerdi.

*

İkisi de saatti ama...
İki ülke arasındaki saat farkı, yüzyıllar kadardı.

*

Ziraat Bankası yönetim kurulu üyeliğine getirilen ayakkabı kutucu Süleyman Aslan, ağır eleştiriler üzerine 39 gün sonra istifa etti. Lütfetmişti.

*

Adalet Bakanı Bekir Bozdağ hakkında İzmir'de düzenlenen fezlekeye takipsizlik kararı verildi. Fezlekeyi hazırlayan başsavcıyı sürmüşler, işi bitirmişlerdi. Böylece... "Bacanak" soruşturması sütten çıkmış "ak" kaşık haline getirilmişti.

*

Sefer Çalınak diye biri, 17 yaşındaki kuzenini zorla kaçırmış, imam nikâhıyla kapatmış, bir başkasından kıskanarak öldürmüş, güya 14 sene vermişler, alt tarafı dört sene yatıp, afla çıkmış, çıktıktan sonra bir arkadaşını tabancayla vurmuş, adam yaralamadan dört sene hapis cezası vermişler ama, cezayı ertelemişler, bu sefer resmi nikâhla evlenmiş, resmen evliyken dul bir kadınla yaşamaya başlamış, evimin tapusunu senin üstüne yapacağım demiş, tapu mapu yapmayınca kavga çıkmış, kapmış baltayı, dul kadının kafasını ikiye ayırmış, güya 15 sene hapis vermişler, alt tarafı altı sene yatıp çıkmış, çıktıktan sonra televizyondaki izdivaç programına katılmış, Arap asıllı bir kadınla evlenmiş, neyse ki o kadını öldürmemiş, boşanmış... Ve, Flash TV'deki Ne Çıkarsa Bahtına isimli izdivaç programına katılmıştı! "Kader kurbanıyım, yuva kurmak benim de hakkım, 62 yaşındayım, bir su verenim olsun istiyorum" demişti.

*

Memleketin ar damarı çatlamıştı.

*

İki imam nikâhı, bir kız kaçırma, bir zina, iki ceset, bir yaralaması olan herif "kader kurbanıyım" diyordu. Televizyona çıkabiliyordu. Arsızlaşmanın, yüzsüzleşmenin ne kadar yaygınlaştığının, utanma, sıkılma, ayıp gibi kavramların tedavülden kalktığının kanıtıydı.

*

Adana Valisi Hüseyin Avni Coş'un "gavat" lafına takipsizlik kararı verildi. 10 Kasım törenlerinde bir vatandaşa "gavat" diye bağırmış, Adana barosundan bir avukat suç duyurusunda bulunmuştu. Savcılık dava açmadı. Aynı şekilde... Kamu Etik Kurulu, Yargıtay Cumhuriyet Başsavcılığı ve İçişleri

Bakanlığı'na da şikâyet edilmişti. Bu kurumlar da, herhangi bi işlem yapmadı. Sayın devletimiz, vatandaşa "gavat" denilmesinde sakınca görmemişti.

*

Aynı gün... Adana'da MİT'e ait TIR'ları durduran 13 asker hakkında "casusluk"tan kamu davası açıldı. Kimisine 15 sene hapis, kimisine müebbet isteniyordu.

*

MHP Genel Başkanı Devlet Bahçeli, *Hürriyet*'ten Şükrü Küçükşahin'e "geometrik" açıklama yaptı. Bir not kâğıdı istedi, iki tane üçgen çizdi, üçgenlerden birinin altına yüzde 64 yazdı, diğerinin altına yüzde 36 yazdı. İki üçgenin ortasına bir yuvarlak çizdi, o yuvarlaktan iki üçgenin geniş bölümlerini içine alan, iki yeni çizgi çekti, böylece en büyük üçgen ortaya çıktı. "Çare bu büyük üçgen... Eğer uygun bir çatı aday gösterirsek, yüzde 64 ve 36 buraya kayar" dedi.

*

"Çatı aday" kavramı, hayatımıza işte böyle girmişti.

*

Mayıs ortasına gelinmişti, Tayyip Erdoğan hâlâ "karar vermediğini" söylüyordu. Bir yandan da "cumhurbaşkanı yetkileri Anayasa'nın 104'üncü maddesinde yazıyor, bu yetkileri sonuna kadar kullanırım" diyordu. Anayasa'nın 104'üncü maddesine göre "cumhurbaşkanı, bakanlar kuruluna başkanlık edebiliyor"du. Kenan Evren yetkisiydi. Turgut Özal tarafından iki defa kullanılmıştı. Yani açık açık "devletin çatısına çıkacağım", orada sembolik kalmayacağım, hükümetin başında durmaya devam edeceğim diyordu.

*

Demokratik İslam Kongresi, Diyarbakır'da Kuran okunarak başladı. Türkiye, Kuzey Irak ve Suriye'den 300 delege katıldı. Birinci gün, Medine Sözleşmesi, ikinci gün, Kürt sorununun çözümü konuşuldu. Bu kongrenin toplanmasını Abdullah Öcalan istemişti. PKK hareketini Kürt muhafazakârlarla buluşturuyordu. O da kendi "çatı"sını kuruyordu. Kongreye gönderdiği mesaj "mümin kardeşlerim" diye başlıyordu. Ayetlerden örnekler veriyordu.

*

Ankara Altındağ'da Suriyelilerin kaldığı üç katlı bina,

mahalleli tarafından taşlanıp, ateşe verildi. Binada 63 Suriyeli yaşıyordu, herhangi bir kayıtları yoktu, kimlikleri bile yoktu. Polis, bıçaklarla sokağa dökülen kalabalığı dağıtmak için havaya ateş açtı. Suriyeliler hırsızlık, gasp, taciz gibi 40'tan fazla hadiseye karışmıştı, mahallede Suriyelilerin gitmesi için imza toplanmıştı. Sınırlarımız dingonun ahırına dönmüş, Ankara'dan İzmir'e, Bursa'dan Konya'ya kadar hemen her şehirde Suriyelilerle çatışma başlamıştı.

*

Gezi olayları sırasında Eskişehir'de polis ve polis yardakçısı fırıncılar tarafından sopalarla dövülerek öldürülen Ali İsmail Korkmaz'ın nasıl katledildiği netleşti. Davanın ikinci duruşmasında dinlenen tanık, o anları ağlayarak anlattı, "fırın çalışanlarından birisi Ali İsmail'i yere düşürdü, sopalarla vuruyorlardı, polis Mevlüt Saldoğan kafasına defalarca tekme vurdu, yüzünü tekmeleyince Ali İsmail bilincini kaybetti" dedi. Tanık gözyaşlarıyla bunları anlatırken, Ali İsmail'in annesi, sanık polise seslendi, "Allah korkunuz yok mu sizin" diye bağırdı.

*

Çalışma Bakanı Faruk Çelik'in ağabeyi, müteahhitti. Bursa'daki inşaatında, bir elektrik işçisi asansör boşluğunda kablo çekiyordu. Asansörü çalıştırdılar, gariban işçi duvarla kabin arasına sıkışarak can verdi. Adeta "önlem alın, önlem alın" diye haykıran ilahi işaret gibiydi... Önlem alınmadığı için, çalışma bakanının görev alanına giren bir başka inşaatta, 10 ölümlü asansör katliamı yaşanacaktı.

*

"Edepsiz" krizi çıktı.

*

Danıştay'ın kuruluş yıldönümü töreninde, Türkiye Barolar Birliği Başkanı Metin Feyzioğlu kürsüdeydi, konuşuyordu. Tayyip Erdoğan izleyici koltuğundan ayağa fırladı, "siyasi konuşuyorsun, böyle bir hakkın yok, bir saattir sen konuşuyorsun, Van'la alakalı söylediklerin baştan aşağı yalan" diye bağırdı.

*

Van depremzedeleri, barındıkları konteynerlerden çıkarılıyordu, Feyzioğlu bunu dile getirmişti. Tayyip Erdoğan, hukukla alakalı eleştirileri dinlemiş dinlemiş, iyice şişmiş, Van lafını duyunca patlamıştı. "Edepsiz" diye haykırmıştı.

*

Cumhurbaşkanı Abdullah Gül'le Genelkurmay Başkanı Necdet Özel, Tayyip Erdoğan'ın yanında oturuyorlardı, ne yapacaklarını şaşırmışlardı. Tayyip Erdoğan ayakta bağırıyordu, mecburen onlar da ayağa kalktı. Tayyip Erdoğan salondan çıkarken, eliyle "yürüyün" manasında işaret yaptı, cumhurbaşkanıyla genelkurmay başkanı, Tayyip Erdoğan'ın peşinden yürüyerek salonu terk etti.

*

En üst makam kim... Gayet belliydi!

*

Tayyip Erdoğan daima gergin bir ruh haline sahipti ama, 17/25 Aralık'tan beri iyice tahammülsüz olmuştu. Özellikle "hukuk"la alakalı eleştirileri hiç kaldıramıyor, bağırıyor, azarlıyor, hakaret ediyordu.

*

Soma'da tarihimizin en ağır maden faciası yaşandı.
Ocakta yangın çıktı.
301 madenci hayatını kaybetti.

*

Üç günlük yas ilan edildi.

*

Kömür madeni, özel şirkete devredilmişti, 2009'dan beri Soma Holding tarafından işletiliyordu. Çalışma Bakanlığı müfettişleri, iki ay önce güya denetlemiş, "iş güvenliği açısından sorun yok" raporu vermişti. Enerji Bakanı Taner Yıldız, temmuz ayında Soma Holding'in bir başka kömür ocağının açılışını yapmış, "Soma Holding'in dünyaya örnek işletme" olduğunu açıklamıştı.

*

Türkiye Kömür İşletmeleri, kömürün tonunu 140 dolara çıkarıyordu, Soma Holding'in sahibi Alp Gürkan, aynı kömürün tonunu 23 dolara çıkarmakla övünüyordu. Olacağı buydu. Maliyeti ucuzlatmak için, güvenlik önlemlerine para harcanmamış, hayati ihtiyaç olan cihazlar alınmamış, işçiler köleleştirilmişti.

*

CHP Manisa milletvekili Özgür Özel, sadece 20 gün önce TBMM'de önerge vermiş, Soma'daki madenlerin incelenmesi için komisyon kurulmasını talep etmiş, "facia kapıda" diye çırpınmış, AKP'lilerin oylarıyla reddedilmişti.

*

AKP'nin çıkardığı "taşeron yasaları" yüzünden, Soma'da resmen "insan pazarı" kurulmuştu. Günlüğü 40 liraya çalıştırıyorlardı. Sendika etkisizleştirilmişti. Dayıbaşı denilen tipler vardı, istediklerini işe alıyor, istediklerini kovuyor, istedikleri kadar çalıştırıyorlardı, işçiler ne kadar çok kömür çıkarırsa, dayıbaşı o kadar fazla prim alıyordu. Bi tek ellerinde kamçıları eksikti.

*

"Müşteri bulamama, satamama, pazarlama gideri" falan gibi dertleri yoktu. Devlet müşteriydi. Ne kadar çıkarırlarsa çıkarsınlar, devlet satın alıyordu. Bu nedenle işçinin sırtına bindikçe biniyorlardı. "Daha fazla kömür, bugün biraz daha fazla kömür, yarın biraz daha fazla kömür" sistemi, insanlıktan çıkmıştı.

*

Cenazelerin, bileklerindeki saatler dikkati çekiyordu. Hepsi aynı saati takıyordu. Çin malı, plastik, 30 liralık saatlerdi. Sosyal medyada en çok paylaşılan fotoğraf oldu. Bakanları 700 bin liralık saat takan memleketin, rahmetli işçileriydi.

*

Üç sene önce Zonguldak Kozlu'daki faciadan sonra zorunlu hale getirilmesi istenen "yaşam odaları" yeniden gündeme geldi. 40 kişi kapasiteli odaların maliyeti 250 bin dolardı. Maalesef, dünyada sadece Pakistan'da, Afganistan'da ve Türkiye'de zorunlu değildi.

*

Türkiye, Uluslarası Çalışma Örgütü'nün Madenlerde Güvenlik ve Sağlık Sözleşmesi'ni imzalamamıştı. Lübnan, Ermenistan, Zimbabve bile imzalamıştı, biz imzalamamıştık. Çünkü, bu sözleşme, maden sahiplerine ve hükümetlere maddi sorumluluklar yüklüyordu. İmzalamıyordun, oluyor bitiyordu!

*

Türkiye, nükleer santral kurmaya hazırlanıyordu.
Nükleer santrali işte bu kafayla yönetecekti.

*
Soma'da yerin 750 metre altına inen Soma Holding, İstanbul Maslak'ta 191 metre yükseğe çıkmıştı. 150 milyon dolara inşa edilen Spine Tower'ın sahibiydi. "İmar kıyağı" yapılmış, fazladan metrekare imkânı verilmişti. Bir milyar dolarlık kuleydi. Daireleri 1,5 milyon dolarla 4 milyon dolar arasında satılıyordu.
*
Tayyip Erdoğan, faciadan 24 saat sonra konuştu, aslında hiç konuşmasaydı daha iyiydi. "Bunlar olağan şeylerdir, literatürde vardır, fıtratında var" dedi.
*
Başladı anlatmaya, teee 150 sene öncesinden, alakasız ülkelerden örnekler verdi: "İngiltere'de 1862'de göçük olmuş, 204 kişi ölmüş, 1866'da 361 kişi ölmüş, Fransa'ya geliyorum, 1906'da tarihin en ölümlü ikinci kazası, daha yakın dönemlere geleyim diyorum, Japonya'da 1914'te 687 ölü, Çin'de 1942'de gaz ve kömür karışmasının neden olduğu sanılıyor, 1549 ölü, değerli arkadaşlar, Hindistan'da 1975'te metan gazı alev aldı, 372 kişi öldü. Bakın Amerika, teknolojisiyle her şeyiyle, 1907'de 361 ölü var."
*
Bu lafların üstüne Soma'ya geldi.
Yuhlandı.
"Hükümet istifa" sloganları atıldı.
Makam otomobilinden inmişti, yol kenarında biriken kalabalığın üstüne yürüdü, bir vatandaşa "sen bu ülkenin başbakanına yuh çekersen, tokadı yersin" diye bağırdı. Yuhlama arttı. Korumalar paniğe kapıldı, Tayyip Erdoğan'ı makam otomobiline sokacaklarına, koştura koştura, az ilerdeki markete soktular. Skandal daha da büyüdü. Tayyip Erdoğan, burada bir vatandaşa yumruk attı.
*
Taziyeye gidip...
Cenaze sahiplerini yumruklayan dünyadaki ilk insandı!
*
Apar topar marketten çıkarıldı, makam otomobiline bindirildi, kaçarcasına götürüldü. Öfkeli kalabalık, otomobilin etrafını çembere almış, kaportaya vuruyordu, korumalar neredeyse silah çekecekti.

*

Başbakan'ın konvoyu Soma'dan kaçırılırken, Tayyip Erdoğan'ın özel kalem müdür yardımcısı Yusuf Yerkel, eskort araçtan indi, polisler tarafından tartaklanarak yere yatırılan bir madenciye tekme attı. Rezalette son perdeydi.

*

Tayyip Erdoğan'ın yumruklama görüntüleri cep telefonlarıyla kaydedilmişti, sadece Türk televizyonlarında değil, dünyanın her yerinde şakır şakır yayınlanıyordu. Hal böyleyken... AKP sözcüsü Hüseyin Çelik, "bu tür söylentilere itibar etmeyin, Başbakan'ın yumruk attığına ilişkin görüntü yok" dedi!

*

Rezalette son perde demiştik ama, meğer son perde değilmiş, devamı varmış... Yerdeki madenciye tekme atan Yusuf Yerkel, doktora gitti, ayağım zarar gördü diyerek, yedi günlük çalışamaz raporu aldı iyi mi!

*

Bu Yusuf Yerkel denilen tip, AKP'nin altın çocuklarından biriydi. Üç sene önce evlenmişti, nikâhına sekiz tane bakan'ın yanısıra, Bilal ve Sümeyye de gelmişti. Nikâh şahitliklerini Ahmet Davutoğlu'yla Bekir Bozdağ yapmıştı. Rixos otelindeki nikâhta, Kuran okutulmuştu.

*

Yandaş medya, Tayyip Erdoğan'ın yumrukladığı kişinin Somalı olmadığını, madenci olmadığını, ilçe dışından gelen provokatör olduğunu yazdı. Hatta, TGB'li olduğu, hadise çıkarmak için özellikle başbakanın yanına gittiği öne sürüldü. Elbette tamamen yalandı. Yumruklanan kişi, Taner Kuruca, Somalıydı, madenciydi.

*

Bu sefer döndüler, Yusuf Yerkel'in tekmelediği kişinin Somalı olmadığını, madenci olmadığını, ilçe dışından gelen provokatör olduğunu yazdılar. Elbette bu da palavraydı. Tekmelenen kişi, Erdal Kocabıyık'tı, Somalıydı, madenciydi.

*

Bu yalan da ortaya çıkınca, bu sefer komploya sarıldılar. Fethullah Gülen'in bedduasına bağladılar. Sabotaj olduğunu iddia ediyorlardı. Yandaş *Takvim* gazetesinde mesela... "Fethullah Gülen'in bedduasında 'ocaklarına ateşler salsın' deniyordu, ocaklara ateş salındı" yorumu yapıldı. Yandaş medyanın hali buydu.

*

Türkiye yas tutarken... O matem atmosferinde, kaşla göz arasında, Rıza Sarraf'ın yurtdışına çıkış yasağı kaldırıldı.

*

Rıza Sarraf'ın yurtdışına çıkmasına izin verilirken, Soma'ya girişler yasaklandı. Adeta sıkıyönetim ilan edilmişti, avukatlar bile gözaltına alındı, gazeteciler ilçe dışına atıldı. Yazılmasın, çizilmesin, bi an önce unutulsun isteniyordu. Seneler sonra bu satırları okuyanlar gözlerine inanmakta güçlük çekecektir ama, protesto gösterisi yapan madenci ailelerine, TOMA'lardan tazyikli su sıkıldı, bibergazı sıkıldı, plastik mermi sıkıldı.

*

Soma eskiden daima DSP'liydi, CHP'ydi, taşeron sistemini 2004'te Türkiye Taş Kömürü Kurumu'na soktular, 2004'ten beri Soma'da AKP kazanıyordu. Madenci cenazelerini kavun deposuna istiflemişlerdi, Kırkağaç dile kolay 35 sene boyunca Demirel'in kalesiydi, tarımı öldürdüler, halkı madenciliğe mahkûm ettiler, 2009'dan beni AKP kazanıyordu. İzmir Kınık'ta tek geçim kaynağı 25 kilometre ötedeki Soma ocaklarıydı, Kınık'ta AKP kazanıyordu. Savaştepe'de hayvancılık yapılırdı, hayvancılık bitti, maden işçiliğinden başka ekmek yok, Savaştepe'de AKP kazanıyordu. AKP'nin en zayıf olduğu bölge Ege'ydi ama, ekonomisi madene dayalı ilçelerin tamamını AKP kazanıyordu. Tesadüf olması mümkün müydü? İnsanların iş bulma konusunda çaresiz bırakılması, gırtlağına kadar borca sokulması, sendikasızlaştırılması, taşeronlaştırılması, AKP'ye yarıyordu. Taşeron denilen sistem, korku imparatorluğunun ekonomi modeliydi.

*

Soma'daki faciadan sadece 24 saat sonra, Zonguldak'ın Gelik beldesinde ruhsatsız kömür ocağında göçük olmuş, bir işçi ölmüştü. Haber bile olmadı garibim... Sayın basınımız açısından 301 cenazenin yanında mevzu bile değildi.

*

Türkiye'nin neredeyse her şehrinde Soma protestoları yapılıyordu. Polis acımasızca saldırıyordu. İzmir'de 10 yaşında bir çocuğu eylemci diye gözaltına almaya kalktılar, çocuk korkudan altına işedi. Bu fotoğrafın sosyal medyada yayınlanması, protesto gösterilerinin artmasına sebep oldu. Polis saldırdıkça, sindiremiyor, aksine, eylemleri körüklüyordu.

*

Kişisel olarak benim açımdan da zor bir süreçti.
Meslek hayatımın en büyük iftirasıyla karşı karşıya kaldım.

*

Tayyip Erdoğan "fıtrat" falan deyip, 150 sene öncesinden örnekler verince, Halk TV'den telefonla aradılar, gazetecilerin görüşlerini soruyorlardı, benim görüşümü de sordular. Ben de aynen şunları söyledim:

*

"Başbakan gayet normal diyor, fıtratında var diyor, 1862'den İngiltere'den örnek veriyor. Bana göre bu işin sorumlusu Kraliçe Victoria'dır, çünkü o tarihte tahtta o vardı. Sayın başbakanımızın herhangi bir sorumluluğu olamaz, Kraliçe'nin istifa etmesi lazım. Ayrıca ABD'den 1907'den örnek verdi. Theodore Roosevelt iktidardaydı. Sayın başbakanımızın ve sakallı enerji bakanımızın suçu günahı yoktur, ihmali yoktur, Roosevelt'in istifa etmesi gerekir. Ekstra hazin tarafı... O yörenin çocuğu olduğum için yakından gözlemliyorum.
Bu ölen çocuklar, maalesef, Tayyip Erdoğan'ın mitingine otobüslerle taşınan işçiler... Bu öldürülen çocukları, AKP mitinglerine götürüp, en büyük Tayyip Erdoğan başka büyük yok diye alkışlatmışlardı. Şimdi Tayyip Erdoğan çıkıp, bunların ölmesi normal falan diyor. Dolayısıyla, ben başbakana katılıyorum, yani bu olan biten gayet normaldir, hatta müstehaktır bile denilebilir, hepimizi çok daha büyük facialar beklemektedir, Kraliçe Victoria'nın istifa etmesi gerekir."

*

Kayıtları internette bulmanız mümkün, birebir bunları söyledim. Türkçe bilen herkes, madencileri değil Tayyip Erdoğan'ı eleştirdiğimi gayet net anlıyordu... Sorumluluktan sıyrılmak için alay eder gibi alakasız örnekler verdiğini, "fıtrattır, normaldir" diyerek, neredeyse "müstehak" demeye getirdiğini anlatmıştım.

*

Ki zaten, yarım saat sonra...
Tayyip Erdoğan Soma'ya gelmiş ve bir vatandaşa yumruk atmıştı.

*

Günlerden perşembe'ydi. Perşembe geçti, cuma geçti, cumartesi geçti, hiç ses yok, dördüncü gün, pazar günü... Tek merkezden servis edildiği açıkça belli olan, fotokopi gibi aynı cümlelerle, yandaş gazetelere manşet oldum. "Yılmaz Özdil şehitlere müstehak dedi" başlığını atmışlardı. Belli ki, koro halinde saldırmak için dört gün hazırlık yapılmıştı. Eşzamanlı manşetlerle linç kampanyası başlatılmıştı.

*

Fıtrat'ı, yumruk'u, tekme'yi, 301 gariban cenazesini unutturmak için, gündem saptırmaya çalışıyorlardı.

*

Tayyip Erdoğan miting meydanından Aydın Doğan'a çağrı yaptı, "kov bu adamı" dedi. "Bunu gazetende nasıl barındırıyorsun, sen patron olarak bunu kapıya koymuyorsan sen de aynı zihniyetin mensubusun" dedi.

*

Tayyip Erdoğan işten attırmaya çalışırken, enerji bakanı vatandaşlıktan attı. "76 milyonun yaralı olduğunu söylemiştim ama, bir kişiyi bu sayıdan çıkarın" dedi!

*

Sağlık Bakanı bana tıbbi teşhis koydu.
"Bu adam milletini seven biri olamaz" dedi.

*

Yandaş medya tetikçileri 15 gün aralıksız küfür etti. Beni doğurduğu için rahmetli anama küfür eden bile oldu. Muş Alparslan Üniversitesi rektörü mesela, "insan olmayan bu yaratığın familyası nedir, üniversitede çalışıp türünü tespit etmek lazım" dedi.

*

Tehdit lafta kalmadı, fiziki tehditleri göğüsledik.

*

Tekrar Halk TV'ye çıktım. "Korkalım, sinelim, yazmayalım istiyorlar, biat kültürüyle yetişmedik, itaat etmeyiz, İzmirliyiz, sadece zeybek oynarken diz çökeriz" dedim. Tayyip Erdoğan derhal cevap verdi, "diz çökmezmiş, insan müsveddesi, sürüngen" dedi. Tekrar Halk TV'ye çıktım. "Taliban'ın dizinin dibinde mi diz çökseydim? Üstelik, sürüngenler omurgalı hayvanlardır, Allah insanı omurgasız olmaktan korusun" dedim. Sustu. Bu "sürüngen" mevzusu yüzünden İzmir Bademler Köyü'nde "kertenkele sevenler derneği" kuruldu.

*

Neticede... Hakkımda suç duyurusunda bulunuldu. Hayatını kaybeden madencilere "müstehak" dediğimi iddia ederek, "halkı kin ve düşmanlığa tahrik etmek" suçundan yargılanıp, hapse atılmamı istediler.

*

Bunlar olup biterken, gazetem *Hürriyet* tek kelime yazmadı. Sustu. *Hürriyet* yazarlarından hiçbiri tek kelime yazmadı. Kendi gazetemde savunmasız kaldım. Patronuma ait CNNTürk televizyonunda "iğrenç biri" olduğum bile söylendi.

*

Buna mukabil, *Sözcü, Cumhuriyet, Aydınlık, Yurt* gazeteleriyle, Ulusal Kanal ve Halk TV kapı gibi arkamda durdu.

*

Aradan sekiz ay geçti. Bekledim.
Yargıya intikal ettiği için, tek kelime yazmadım.
Aralık ayında karar çıktı.

*

Dosyayı inceleyen savcı, "Yılmaz Özdil'in sözlerinde isnat edilen suç yok, suç unsuru yok, hakaret yok, hakaret kastı da yok" dedi. Takipsizlik kararı verip, dava bile açılmasına gerek görmedi.

*

Elbette savcı'nın adresi olmaz, hukuk her yerde hukuktur ama... "Suç unsuru yok" kararını veren savcı, acının tam merkezindeki savcı, Soma Cumhuriyet Savcısı'ydı. Evet... Bana yönelik iftiraları, linç kampanyasını elinin tersiyle iten savcı, hükümetin ihmalleri yüzünden 301 insanımızı göz göre göre kaybettiğimiz Soma'daki maden faciasını soruşturan Soma Cumhuriyet Savcısı'ydı.

*

(Bu kitap vesilesiyle, kendisine bir kez daha yürekten teşekkür ederim. İki sayfalık gerekçeli kararı, hayatımın en önemli ödülü olarak saklayacağım.)

*

Yandaş medya, benimle birlikte *Posta* gazetesi yazarı Yazgülü Aldoğan'a da saldırıyordu. Yazgülü, twitter adresinde "günümüz aydın olamıyor maalesef, isyan edilmesin diye şehit lafı icat ettiler, onlar ne şehit ne gazi, kâr yoluna gitti niyazi" yazmıştı. İşçilerimizi para için kurban ettiklerini, utanmadan şehit diyerek işin içinden sıyrılmaya çalıştıklarını anlatıyordu. "Vaaayyy, şehitlere hakaret etti" dediler. Halbuki... Şehitlere hakaret etti dedikleri Yazgülü, şehit kızıydı. Babası yüzbaşı Kaya Aldoğan, Kore'de şehit düşmüştü. Kuşadası doğumludur Yazgülü... Kuşadası'nda şehit Kaya Aldoğan'ın heykeli vardır, adını taşıyan lise vardır, adını taşıyan meydan vardır. Bu şehidin kızına, şehitlere hakaret etti diyorlardı. Bunlar, bu kadar utanmazdı.

*

Soma matemi nedeniyle 19 Mayıs törenlerini iptal etmişlerdi. Ancak... Kendileri düğüne gitmeye devam ediyorlardı. Soma'da cenazeler toprağa verilirken, AKP'liler AKP milletvekili Muhyettin Aksak'ın kızının düğünündeydi. Çevre Bakanı İdris Güllüce, sosyal medya adresinde düğünden fotoğraflar yayınlayıp, "kadim dostumuz Muhyettin beyin kızının nikâh merasiminde mutluluklarını paylaştık" yazmıştı. Memleket yastayken, mutluluk paylaşıyorlardı! Düğün fotoğraflarında Başbakan Yardımcısı Bülent Arınç'la TBMM Başkanı Cemil Çiçek de görülüyordu.

*

Rahmetli madencilerin 255'i evliydi.
432 çocuk yetim kaldı.
Yaş ortalaması 10'du.

*

İmam nikâhıyla evli olanlar vardı.
Miras ve devlet yardımında ekstra dramlar yaşanıyordu.

*

Yandaş *Akit* gazetesi, bu hazin ortamda bile "nefret suçu" işlemeyi başardı. "Soma Madencilik'in sahibi Alp Gürkan'ın İsrail'le bağlantısı var, çünkü damadı Yahudi" manşetini attı.

*

Alp Gürkan'ın oğlu, Soma Holding yönetim kurulu başkanı Can Gürkan, tutuklandı. Mühendislerin de aralarında bulunduğu sekiz kişi hapisteydi.

*

Bu madeni, Soma Holding'den önce Turgay Ciner'e ait Park

Enerji işletiyordu. Park Enerji döneminin işletme müdürü Selim Şenkal, 2006 ve 2007 senelerinde "yangın riski var" diye, Türkiye Kömür İşletmeleri'ni uyardıklarını, defalarca yazı yazdıklarını, ancak her defasında "sıkıntı olmaz" cevabı aldıklarını söyledi.

*

"Kömür kızışması olur, yangın olur, senelerce söndüremezsiniz dedik, dinletemedik, üretim yapılan yerin değiştirilmesi gerekiyordu, kömür içinden geçen ana galerinin betonlanması gerekiyordu, personel giriş-çıkışının üretim yapılan galeriden değil, bir başka galeriden yapılması gerekiyordu, bunları önerdik, kabul edilmeyince, 2009'da madeni terk ettik" dedi.

*

Gayet netti.
İş kazası falan değil...
Bile bile cinayetti.

*

İki cinayet de İstanbul'da işlendi.

*

Okmeydanı'nda Soma protestoları yapılıyordu. Molotof atıldı, polis aracının ön camı kırıldı, içindeki polisler yanmaktan son anda kurtuldu, paniğe kapılmışlardı, polislerden biri ateş açtı... O sırada bir cenaze töreni için Okmeydanı'ndaki cemevinin avlusunda bulunan ve protesto gösterileriyle hiç alakası olmayan Uğur Kurt isimli vatandaş, kafasından vurularak hayatını kaybetti.

*

Ayhan Yılmaz isimli bir vatandaş da kimvurduya gitti. Hastane kayıtlarına "kimsesiz" olarak geçmişti.

*

Evli ve henüz iki yaşında bir çocuk babası olan 30 yaşındaki Uğur Kurt, Beyoğlu belediyesinde taşeron işçi olarak çalışıyordu. Sivas'ın Hafik ilçesine bağlı Üzeyir köyünde, CHP milletvekillerinin de katıldığı kalabalık törenle toprağa verildi.

*

Kim tarafından ve nasıl öldürüldüğü maalesef hiç merak edilmeyen Ayhan Yılmaz ise, sadece camideki 30 kişinin katıldığı cenaze namazıyla, Ayazağa'da toprağa verildi. Askerliğini güneydoğuda yaptığı, gözünün önünde bir arkadaşının şehit olduğu, o olaydan sonra psikolojisinin bozulduğu, kendini sokaklara vurduğu söyleniyordu. Kimseye zararı olmayan, talihsiz bi garibandı. Hiç kimse sahip çıkmadı, katilini arayan olmadı, dava konusu bile olmadı.

*

Ulaştırma eski bakanı Binali Yıldırım'ın kardeşi İlhami Yıldırım, Kızılay'ın İstanbul şube başkanıydı. Uğur Kurt'la Ayhan Yılmaz'ın pisi pisine hayatını kaybettiği gece, twitter'dan "ya bu ülkede eşşek gibi sessizce yaşayacaksınız, ya da defolup gideceksiniz" mesajı attı.

*

"Kızılay" dediğin böyle olurdu!

*

Ekstra rezalet tarafı... Kızılaycı İlhami Yıldırım'ın bu laflarını eleştirdiler diye, Halk TV'ye RTÜK tarafından 12 bin lira ceza verildi.

*

Tayyip Erdoğan, Soma protestolarına çok sinirleniyordu, Soma protestolarında Berkin Elvan pankartları açılmasına daha çok sinirleniyordu. O kara kaşlı küçük çocuğun fotoğrafını görmeye bile tahammül edemiyordu. Yürekleri kanatan bi açıklama daha yaptı, "Soma'yı bahane edip polise saldırıyorlar, neymiş, Berkin Elvan'ı anmak için tören düzenleyeceklermiş, şu hale bak yav, biz bu ülkede her ölüm hadisesinde tören mi düzenleyeceğiz, ölmüştür geçmiştir" dedi!

*

"Terörist" demişti.
Annesini yuhlatmıştı.
Şimdi de "ölmüştür geçmiştir" demişti.

*

Bu lafı söyledikten 24 saat sonra...
Mavi Marmara'dan bir can daha gitti. 2010 senesindeki baskında ağır yaralanan, o tarihten beri bitkisel hayatta olan 51 yaşındaki Uğur Süleyman Söylemez, vefat etti. Tayyip Erdoğan cenaze evine taziye ziyaretine gitti, Kuran okudu.

*

Buyrun bakalım...
Faciadan önce Soma'daki madeni güya denetleyen ve "kusursuz" raporu veren başmüfettiş Emin Gümüş, madenin

proje müdürü Hayri Kebapçılar'ın "eniştesi" çıktı.

*

Kayınbirader işletiyor, enişte teftiş ediyordu!

*

Bitmedi...
Denetçi'yle bilirkişi "karı-koca" çıktı!

*

Çalışma bakanlığı, faciadan sonra madeni incelemesi için Aysel Ertürk'ü görevlendirmişti. Faciayı soruşturan savcılık da, bilirkişi olarak Alparslan Ertürk'ü görevlendirmişti. Denetçi'yle bilirkişi "evli"ydi.

*

Bitmedi...
Çalışma Bakanlığı İş Teftiş Kurulu Başkanı Mehmet Tezel'e "böyle rezalet olur mu?" diye soruldu. Teftiş kurulu başkanı ne cevap verdi biliyor musunuz? "Hepimizin akrabası var, akrabalarımızın çalıştığı yerlerde denetim yapamayacak mıyız" dedi!

*

Pes vallahi.

*

Kılıçdaroğlu hakkında, Tayyip Erdoğan'a hakaret ettiği iddiasıyla bir fezleke daha düzenlendi. Tekirdağ mitinginde "başçalan, hırsız, yalancı, sahtekâr, diktatör" demişti, Tekirdağ Başsavcılığı da fezleke hazırlamıştı.

*

CHP genel başkanının yeğeni, kardeşinin oğlu Atilla Kılıçdaroğlu, taşeron işçi olarak üç senedir Samsun Atakum Belediyesi'nde çalışıyordu. Belediye, 30 Mart'ta CHP'den AKP'ye geçmişti. AKP'ye geçer geçmez, Atilla Kılıçdaroğlu'nun işine son verildi. Evli ve üç çocuk babası Atilla, sadece bin lira maaş alıyordu. AKP egemenliğinde CHP'liysen, su yoktu, su!

*

Düzce Üniversitesi'nin bahar şenliği, AKP'lileri rahatsız etti. Rock grubu Gece Yolcuları'nın konserinde, türbanlı kızlar, erkek arkadaşlarının omuzlarına çıkmıştı, şarkılara eşlik ediyor, eğleniyorlardı. AKP milletvekili Selçuk Özdağ, twitter'dan "başörtülü kızları utanarak izledim, aklını onurdan örtüyle örtenlere ihtiyacımız var" mesajı attı. Türbanlı kızları kendi demirbaşları gibi görüyorlardı. Türbanlıların da genç kız olduğunu, onların da eğlenmeye hakkı olduğunu, onların da bazen çılgınlık yapmaya ihtiyacı olduğunu kabul etmek istemiyorlardı.

*

Orhan Pamuk, Fransa'da konuştu, AKP hükümetini yerden yere vurdu, "ifade özgürlüğünün önüne perde çektiler, medya kontrol altında, aşırı otoriter bir yönetim iktidarda, dürüst olup bu hükümeti eleştirmemek mümkün değil" dedi.

*

Bak sen şu Pamuk'a!

*

Halbuki, aynı Orhan Pamuk kısa süre öncesinde kadar, AKP'yi yere göğe sığdıramıyordu, "Türkiye bu iktidarla çok zengin oldu, çok başarılı oldu, demokrasi güç kazandı" diyordu.

*

Peki neydi?

Liboşların son kullanım tarihi dolmuştu, olan buydu.

AKP bunları boş süt şişesi gibi kapının önüne koymuştu.

Artık adam yerine koymuyordu.

Liboşlar da n'aapsın, utanmadan "muhalif" ayağına yatıyorlardı.

*

Bavulcu'ya 52 sene hapis istendi!

Mehmet Baransu'nun beş ay önce *Taraf* gazetesinde yazdığı "Fethullah Gülen'i bitirme kararı 2004'te MGK'da alındı" başlıklı yazısı üzerine, soruşturma açılmıştı. İddianame tamamlandı. "Devletin gizli belgelerini temin etmek, yasak bilgileri açıklamak, siyasal-askeri casusluk" suçundan 52 sene hapis talep edildi.

*

Aynı *Taraf* gazetesi "Fethullah Gülen'i bitirme planını askerler hazırladı" manşetini atarken, gayet iyiydi. Aynı Mehmet Baransu, askerleri hapse tıkmak için bavul'u savcılığa taşırken, gayet iyiydi. Şimdi ise, devran dönmüştü.

*

Tayyip Erdoğan, henüz adaylığını açıklamamıştı ama, cumhurbaşkanlığı kampanyasına yurtdışından başlamıştı bile... Almanya'ya Köln'e gitti. Spor salonundaki miting, iki hafızın ezan okumasıyla açıldı. Kasideler okundu, ezan okundu, Tayyip Erdoğan ondan sonra kürsüye çıktı. Dinin siyasete alet edilmesinin son versiyonuydu. "Dik dur eğilme, ümmet seninle" sloganları atıldı. Tayyip Erdoğan'ın konuşması sırasında, Almanya Başbakanı Merkel yuhlandı.

*

Salonda 20 bin kişi vardı ama, Köln sokaklarında Tayyip Erdoğan'ı protesto eden en az 50 bin kişi vardı. Almanya'daki Türkler, Türkiye'deki Türkler gibi, Tayyip Erdoğan yüzünden ikiye bölünmüştü. Almanya'nın huzuru kaçmıştı.

*

Dört milyon tirajlı *Bild* gazetesi, Türkçe manşet attı, "hoş gelmediniz" başlığını kullandı. İnternet sitesinden Tayyip Erdoğan'a açık mektup yayınlayan gazete, "Almanya özgür ülkedir, herkes fikrini açıkça söyleyebilir ama, yine de bilin ki sayın Erdoğan, hoş gelmediniz, burada istenmiyorsunuz!" yorumunu yaptı.

*

Maliye Bakanı, Kürtçe tabela astı.
Memleketi Batman'ın Gürcüş ilçesine bağlı Vergili Köyü'ne giden Mehmet Şimşek, Vergili tabelasını çıkardı, Kürtçe "vergisiz" manasına gelen Becirman tabelasını astı. Bu köyün Osmanlı döneminde vergiden muaf tutulan bir köy olduğunu, ismi değiştirilerek, senelerce büyük haksızlığa maruz kaldığını belirten maliye bakanı, "biz gereğini yaptık, köye asıl ismini verdik" dedi.

*

Cumhuriyet'in kuruluşunda Osmanlı saltanatının izlerini silmek için "tuğraların kaldırılması kanunu" çıkarılmıştı. AKP milletvekilleri, 1927'den beri varolan bu kanunun iptal edilmesi için teklif hazırladı, meclis başkanlığına sundu.

*

TC'yi silmişlerdi.
Tuğra'yı geri getiriyorlardı.

*

İstanbul 7'nci Ağır Ceza Mahkemesi, Mavi Marmara'ya 2010'da yapılan baskın nedeniyle, İsrail Genelkurmay Başkanı, deniz kuvvetleri komutanı, askeri istihbarat başkanı ve hava kuvvetleri istihbarat başkanı hakkında, tutuklama kararı çıkardı. 9'ar kez müebbet ve 18'er bin sene hapis isteniyordu.

*

İsrail kısaca "gülünç" dedi.

*

PKK, Diyarbakır-Bingöl karayolunu kesti.
Tee İsrail'e yakalama kararı çıkaran Türkiye...
Kendi topraklarındaki yolu açık tutamıyordu.

*

Güvenlik riski nedeniyle Libya Bingazi Konsolosluğumuz geçici süreyle kapatıldı. Bizim basın üzerinde durmadı, haber bile yapmadı. Halbuki, köktendinci örgütlerin Türk konsolosluklarına yönelik tehditleri tırmanmıştı. Bela, geliyorum diyordu.

*

Somali Mogadişu'da Türk Hava Yolları'nın personel aracına silahlı saldırı düzenlendi. THY Somali güvenlik şefi Sadettin Doğan, hayatını kaybetti. Emekli SAT komandosu astsubaydı, iki sene önce TSK'dan istifa etmişti. Çünkü, asrın iftirasına uğrayan seçkin askerlerimizden biriydi, Ergenekon davasından 15 sene hapis istemiyle yargılanıyordu.

*

Mogadişu'da geçen sene de, Türkiye Büyükelçiliği'nin ek bina inşaatına intihar saldırısı düzenlenmiş, polis memuru Sinan Yılmaz şehit olmuştu. İki saldırıyı da, El Kaide'nin Somali uzantısı El Şebap örgütü üstlenmişti.

*

Sürpriiiiz!
Devlet Bahçeli'nin, Cumhurbaşkanı Abdullah Gül'e "çatı adayımız siz olun" önerisini getirdiği... Abdullah Gül'ün "teşekkür ederim ama, ben Ak Parti kurucusuyum, siyasi etik açısından doğru olmaz" cevabını verdiği iddia edildi.

*

Gündeme bomba gibi düşen bu haber, Bahçeli tarafından yalanlandı, "her okuduğunuza inanmayın" filan dedi. Ancak... Haberi kaleme alan gazeteci, *Hürriyet*'in deneyimli Ankara yazarı Şükrü Küçükşahin'di. Bahçeli'nin "çatı aday" önerisini de ilk o yazmıştı. Şükrü'nün bu kadar hassas bir mevzuda, yalan veya yanlış yazması mümkün değildi.

*

Kılıçdaroğlu "cumhurbaşkanlığına kimi aday gösterelim" diye

sormak için, kapı kapı dolaşıyor, TÜSİAD'a, DİSK'e, TESK'e, Türkiye Barolar Birliği'ne, TZOB'a filan gidiyordu. MÜSİAD'a da gitti. Tarihte ilk kez bir CHP genel başkanı MÜSİAD'ı ziyaret ediyordu. AKP'nin akil adamlarına bile gidip fikirlerini soruyordu, nezaketen bile olsa Atatürkçü Düşünce Derneği'ne gitmiyordu.

*

18 yaşından küçük çocukları PKK'ya katılan anneler, Diyarbakır büyükşehir belediyesinin önünde sessiz protesto eylemine başladı. Çocuklarının zorla veya kandırılarak dağa götürüldüğünü söyleyen anneler, çocuklarının geri gelmesi için, hem hükümetten, hem PKK'dan yardım istiyorlardı.

*

Tuhaf bir eylemdi.

Anneler gerçekti, dağa götürülen çocuklar gerçekti ama, bu gerçek bu memlekette 30 senedir yaşanıyordu. Neden bugüne kadar böyle bir eylem olmamıştı da, tam "açılım" denilen proje tıkandığında ortaya çıkmıştı? Ve neden, çocuklar geri gelmediği halde, sessiz sedasız sona erdi? Ve yine neden, anneler eylemdeyken canlı yayın araçlarını oraya gönderen, saatlerce yayın yapan CNNTürk, NTV gibi televizyonlar, eylem sona erdiğinde hiç haber yapmadı?

*

Şırnak Valisi Hasan İpek, Cumhuriyet tarihine geçecek bir açıklama yaptı, "çözüm sürecini bu aşamaya getiren başbakanımızı ve bu konuda ciddi gayretleri olan Abdullah Öcalan'ı takdirle karşılıyorum" dedi. Türkiye çok değişik valiler görmüştü ama, PKK liderini "takdir eden vali"yi ilk defa görüyordu.

*

Nuri Bilge Ceylan'ın *Kış Uykusu* filmi, 67'nci Cannes Film Festivali'nde "Altın Palmiye" ödülü kazandı. Nuri Bilge Ceylan, sağ yumruğunu havaya kaldırdı, 32 sene sonra, Yılmaz Güney pozu verdi. 1982'de Yılmaz Güney'in senaryosunu yazdığı, Şerif Gören'in yönettiği "Yol" filmi Altın Palmiye kazanmış, Yılmaz Güney ödülünü alırken bu pozu vermişti.

*

"Allah CC" rumuzuna 15 ay hapis verildi.

Muş Cumhuriyet Savcılığı, twitter'da "Allah CC" adını

kullanarak mesajlar yazan öğretmen Ertan P. hakkında iddianame hazırladı. Dava açıldı. Dini değerleri alenen aşağılamak'tan 15 ay hapis cezası verildi, ayrıca, memuriyet hakkından yoksun bırakılmasına karar verildi.

*

Rize Belediyesi ekipleri, kaçak olduğu gerekçesiyle bir çay ocağını yıktı. Çay ocağının sahibi, Tayyip Erdoğan'ın mitingine kefen giyerek katılmıştı, bunu referans göstererek ortalığı ayağa kaldırdı. "Başbakanımıza kefeniyle destek veren adama bunu nasıl yaparlar, kapısında başbakanımızın fotoğrafının olduğu bir işyerini yıkacak güç kimdir, bu nasıl devlet" diye bağırdı.

*

Eskiden "hamili kart yakinimdir" vardı.
Şimdi artık "hamili kefen yakinimdir" vardı!

*

TMSF, geçen sene Ciner Grubu'na satılan Show TV'ye bir kez daha el koydu. Alo Fatih tapelerindeki iddialara göre, Ciner Grubu'na ait gazete ve televizyonlar, muhalefeti sansürlemekten, anketlerde manipülasyona kadar her şeyi yapmıştı ama... Görünen o ki, yaranamamıştı.

*

Mısır'da cumhurbaşkanlığı seçimi yapıldı.
Darbeci general Sisi, yüzde 97 oy aldı.

*

AKP'liler demokrasi kıstası olarak her zaman sandığı gösterirdi, "sandıktan çıkan daima haklıdır, demokrasi budur" derlerdi. "Sandık tek başına demokrasi demek değildir" diyene de, faşist, darbeci yaftası yapıştırırlardı. E buyrun işte... Darbeci sandıktan çıkmıştı. Hem de yüzde 97'yle çıkmıştı.

*

Cumhurbaşkanı Abdullah Gül, küçük oğlunun mezuniyet töreni için Harvard Üniversitesi'ne gitti. Gittiğine pişman edildi. "Güncel bölgesel konular ve geleceğe bakış" panelinde konuşma yapması istenmişti. Kürsüye çıkmıştı, tam anlatıyordu ki... Harvard Tıp Merkezi'nden biyoteknoloji doktoru Emrah Altındiş söz istedi, ayağa kalktı, Gezi olaylarındaki polis şiddetinden, Uludere'deki katliamdan, işçi ölümlerinden örnekler vererek, "geceleri nasıl uyuyorsunuz?" diye sordu.

*

Abdullah Gül, soğukkanlılığını bozmadan cevap vermeye çalıştı ama... Aslında cevabın pek bi önemi yoktu, soru tarihe geçmişti. Çünkü... Herhangi bir ülkede 100 senede yaşanabilecek olaylar, Türkiye'de sadece bir haftada yaşanıyordu, herhangi bir ülkede hükümetlerin 100 kere istifa etmesine sebep olacak olaylar, Türkiye'de her hafta yaşanıyordu. Ve, hiç kimse istifini bozmuyordu. Koltuğunda oturmaya, geceleri mışıl mışıl uyumaya devam ediyordu.

*

Bursa Vali Yardımcısı Mehmet Özcan, altı yaşındaki oğluna, Sultan 1'inci Murat'ın kabrinin bulunduğu camide sünnet töreni yaptı. Mehter takımı getirilmişti, kılıç-kalkan ekibi oynamıştı, ateşbazlar gösteri yapmıştı, mevlit okutulmuştu. Şehzade kıyafeti giydirilen sünnet çocuğu, cami avlusuna at üzerinde girmişti, şadırvanın önüne taht kurulmuştu. Konuklara, Osmanlı tarzı bakır kaplarda ikramlar servis edilmişti. Neyse ki, pipiyi orda kesmediler, düğünün devamı için lütfedip otele gittiler. Rezalet basına yansıdı. Vali yardımcısı ertesi gün emekli edildi.

*

Tayyip Erdoğan'a devlet el koydu!

*

Yanlış okumadınız...
Tayyip Erdoğan'a devlet el koydu.
Hem de, başkent Ankara'da el koydu.

*

İnşaat işçisi Dilaver Türkmen, resmi nikâhlı eşinden boşanmamıştı ama, on senedir Nevin Subaş'la imam nikahlı olarak yaşıyordu. Beş çocukları vardı. Bakacak halleri yoktu. Çocuklar yoksulluktan, bakımsızlıktan hasta oluyordu. Komşuların şikâyeti üzerine devreye giren sosyal hizmetler uzmanları, çocukları anne-babanın elinden aldı, yetiştirme yurduna yerleştirdi. En küçük çocuk, iki yaşındaydı, adı Tayyip Erdoğan'dı. Çünkü babası, başbakana hayrandı.

*

Böylece... "En az üç" diyen Tayyip Erdoğan'ın ülkesinde, perişan haldeki Tayyip Erdoğan'a devlet el koymak zorunda kalmıştı.

*

Mayıs ayı sona erdiğinde... "Mandrake" lakaplı illüzyonist Mehmet Ertuğrul Işınbark, aramızdan ayrılmıştı; Zati Sungur'dan sonra en meşhur sihirbazdı. Kuzey Kıbrıslı nakşibendi şeyhi Nazım Kıbrısi vefat etti, Lefke'deki dergâhının bahçesinde toprağa verildi, kimya mühendisiydi, İngilizce, Arapça, Rumca biliyordu. Fenerbahçe'nin efsane başkanı Ali Şen, kendisiyle aynı adı taşıyan torununu kaybetti. Alp Ali Şen, Şile'deki trafik kazasında, henüz 17 yaşındayken yitip gitti.

HAZİRAN

• Tübit'ak • Sı-fır-la-mış-lar • RTE havalimanı • Stratejik derinlik: Musul konsolosluğu • Ekmeleddin İhsanoğlu • Exeter • Silivri, Maltepe, Hasdal, Hadımköy, Sincan, Mamak, Şirinyer • Hanefi Avcı

Gezi direnişinin yıldönümü geldi.
Gezi Parkı kapatıldı.

*

Hükümetin en korktuğu adresti. Zırt pırt kapatılıyordu. 1 Mayıs, 19 Mayıs, 29 Ekim, aklınıza gelen her önemli tarihte kapısına polis yığılıyordu.

*

İstiklal caddesinde küçük gruplar toplanıyor, Gezi sloganları atıyordu ki... CNN International muhabiri Ivan Watson, Taksim meydanında gözaltına alındı. Gezi direnişi sırasında bizim yerli CNN'ciler penguen belgeseli gösterirken, bu orijinal CNN'ci canlı yayınlarla dünyaya duyurmuştu. Mimliydi. Belli ki, polis onu gözüne kestirmişti. Kimlik kontrolünden sonra serbest bırakıldı ama... Tayyip Erdoğan tarafından "ajan" ilan edildi! Mecliste konuşan başbakan, "ülkemi karıştırmak için yayın yapıyorlar, suçüstü yakalandı, bunların bağımsız basın diye bir şeyleri yok, bunlar görevli, bunlar adeta ajan görevi icra ediyorlar" dedi.

*

Ivan Watson cevap verdi, alay etti, "12 senedir Türkiye'deyim, kendisiyle birebir röportajlar yaptım, uçağına davet edildim, kampanya otobüsüne davet edildim, eğer ajansam, büyük bir güvenlik açığı olduğunu gösterir" dedi.

*

Kimisi Gezi Parkı'nı açmaya çalışıyor, kimisi de Ayasofya'yı açmaya çalışıyordu. Anadolu Gençlik Derneği'ne mensup binlerce kişi, Ayasofya'nın ibadete açılması için, Sultanahmet meydanında sabah namazı kıldı. Sanki memlekette imam kalmamış gibi, namazı kıldırsın diye, Mekke'den imam getirilmişti.

*

Ortaköy Camisi'nde "kaçak kat" ortaya çıktı! Vakıflar Genel Müdürlüğü'nün restorasyonu sırasında anlaşıldı ki, Sultan Abdülmecid tarafından 1853 senesinde yaptırılan caminin iç kısmına, 1964 senesinde, daha fazla cemaate yer açmak için "kaçak kat" çıkılmıştı. Orijinal haline dönüştürüldü, kaçak kat yıkıldı.

*

Milli Eğitim Bakanı Nabi Avcı, ilk kez bu sene yapılacak olan TEOG sınavıyla alakalı bilgi verdi. Bakan bey uzun uzun anlattı. Kimse bi şey anlamadı. Sayın basınımız da üzerinde durmadı. Halbuki, Türkçe meali şuydu: Veliler istemese bile, çocuklar istemese bile, zorla imam hatipe gönderileceklerdi.

*

Erkan Mumcu, Hüseyin Çelik, Nimet Baş, Ömer Dinçer, Nabi Avcı... 12 senedir iktidarda olan AKP'nin, beşinci milli eğitim bakanıydı. Bir AKP'li bakanın yaptığını, bir başka AKP'li bakan bozuyordu. Milli eğitim sisteminin çivisini çıkarmışlardı. Komple imam hatip'e bağlayarak, sistemin ruhuna fatiha okutacaklardı.

*

Okullar açılırken herkesin jetonu düşecekti ama...
İş işten geçecekti.

*

Van kahvaltısı Guinness'e girdi. Topluca kahvaltı etme rekoru, 18 bin 941 kişiyle ABD'ye aitti. 51 bin 793 kişilik toplu kahvaltıyla Van tarafından kırıldı. Sayın ahalimiz bu tür işlerle meşguldü.

*

Türkiye Şoförler ve Otomobilciler Federasyonu, güya başkanlık seçimi yaptı. Tek aday vardı. Genel kurula gelip oy kullanan her delegeye zarf içinde 250 lira verildi. Dört bin civarında oy kullanıldığı, tiko para, bir milyon lira dağıtıldığı söyleniyordu. 250'şer lira harçlığın yanı sıra, yol parası, otel masrafı, yemek faturası derken, beş milyon lira harcandığı konuşuluyordu. Ayrıca... Delegeler hediye yağmuruna tutuldu. İçinde, deri cüzdan, deri anahtarlık, kemer, ipek kravat bulunan çantalar dağıtıldı. "Demokrasi" dediğin böyle olurdu!

*

YouTube 68 gün sonra serbest bırakıldı.
Twitter gibi, Anayasa Mahkemesi kararıyla açılmıştı.

*

Afganistan'da bir polis merkezinin inşaatına bombalı saldırı düzenlendi. İkisi mühendis, biri ustabaşı, üç Türk vatandaşı hayatını kaybetti. Geçen ay Somali, bu ay Afganistan... "Sıfır sorun" saçmalığı, kan revan içindeydi.

*

Türkiye, El Nusra'yı terör örgütleri listesine aldı. Bizden önce ABD'nin terörist örgüt ilan ettiği El Nusra, Suriye'de Esad'a karşı savaşıyordu, El Kaide bağlantılıydı. El Nusra saflarında çarpışan 500 kadar Türk vatandaşı vardı.

*

15 gün sonra...
Türkiye, El Nusra'yı terör örgütleri listesinden çıkardı.

*

"Neden çıkarıldı?" diye haber olunca, dışişleri bakanlığından açıklama yapıldı, "çıkarmadık, El Nusra terör örgütleri listesinde" denildi. Ancak, *Resmi Gazete* kabak gibi ortadaydı. Güncellenen ve *Resmi Gazete*'de yayımlanan terör örgütleri listesinde, El Nusra yoktu. Özetle... AKP'nin El Nusra'yla ilişkisi daima karanlıktı.

*

Türkiye, Konya'daki cinayet haberiyle sarsıldı.
Profesör, doçenti öldürdü.
Hadise, Selçuk Üniversitesi'nde yaşanmıştı. Kimya profesörü, fakültenin sekreterine âşık olmuştu, aynı sekretere âşık olan çevre bilimleri doçentinin gırtlağını kesmişti. Fingirdek sekreter, evliydi. Doçent, bu sekreterle evlenme hayaliyle altı ay önce eşinden boşanmıştı. Profesörün eşi ise, kimya fakültesinin dekanıydı. Siyasi haberlerden sıkılan Türkiye, Hollywood filmlerini andıran "üçlü yasak aşk"ı takip ediyordu. Sevgililerinden birini mezara, öbürünü hapse gönderen sekreterin marifetleri, takip edilmeyecek gibi değildi.

*

İş dünyasına adeta meteor düştü...
TÜSİAD Başkanı Muharrem Yılmaz istifa etti.

*

43 senelik TÜSİAD tarihinde ilk'ti.

*

Muharrem Yılmaz, Sütaş'ın sahibiydi. Tayyip Erdoğan tarafından "vatan haini" olarak suçlanır suçlanmaz, hedefe oturtulmuştu, yandaş medyada Sütaş'la alakalı haberler başlamıştı. Bazı işçiler işten çıkarılmıştı, bu işçilerin sendikalı oldukları için özellikle işten atıldığı, haklarının gaspedildiği yazılıyordu, işçilerin oturma eylemi yaptığı bölgeye kamyonlarla "inek dışkısı" atıldığı filan yazılıyordu.

*

Mesaj gayet açıktı.

Ya istifa edecekti.

Ya da şirketini batıracaklardı.

*

AKP iktidara geldiğinde, 2002'de, TÜSİAD'ın başkanı Efes Pilsen'in sahibi Tuncay Özilhan'dı. Bugün, festivallerde bira satışı yasaktı, pilsen demek bile yasaktı, Efes Pilsen basketbol kulübünün ismi sansürlenmişti. Tuncay Özilhan'dan sonra TÜSİAD başkanlığına Ömer Sabancı getirilmişti. Hükümetin imam hatip ısrarını eleştirdiği için, Tayyip Erdoğan tarafından "böyle konuşursan, TÜSİAD'a dinsiz derler" diye azarlandı, bi daha hiç konuşmadı, ağzını bile açmadı. Ömer Sabancı'dan sonra TÜSİAD başkanlığına Arzuhan Doğan Yalçındağ getirilmişti. Aydın Doğan'a tarihte görülmemiş ebatta vergi cezası kesildi. Arzuhan Doğan Yalçındağ'dan sonra TÜSİAD başkanlığına Ümit Boyner getirilmişti. İnternet yasağına karşı çıktığı için "pornoculukla" suçlandı, yetmez ama evet referandumunda "bitaraf olan bertaraf olur" diye tehdit edildi, bizzat Tayyip Erdoğan miting meydanlarında "Cem Boyner'e ait mağazaların boykot edilmesi için" çağrı yaptı. Ümit Boyner'den sonra TÜSİAD başkanlığına Muharrem Yılmaz getirilmişti. Hukukun üstünlüğünü savunduğu için, Tayyip Erdoğan tarafından "vatana ihanetle" suçlandı, havuz medyasıyla infaz edildi. AKP döneminde, TÜSİAD Yüksek İstişare Konseyi Başkanlığı'nı en uzun süreyle Mustafa Koç üstlenmişti. Van Yüzüncü Yıl Rektörü'nün içeri tıkılmasını eleştirdiği için, savcılık tarafından hakkında inceleme başlatıldı, utanmasalar hapse atacaklardı. Divan Oteli'ni "hücreevi" ilan etmişlerdi. Milgem'i ellerinden alıp, kendi adamlarına vermişlerdi. Müfettiş yağdırıp, Tüpraş'a Tofaş'a Yapı Kredi

Bankası'na ceza üstüne ceza kesmişlerdi.

*

Tayyip Erdoğan, TÜSİAD'ı pek seviyordu!

*

Ali İsmail Korkmaz adına vakıf kuruldu.

ALİKEV...

Kurucuları, annesi, babası, ağabeyi ve kızkardeşleriydi.

Amacı "Ali İsmail Korkmaz'ın anısını yaşatmak için, toplumsal birlik ve beraberliğin sağlanması, demokrasi ve toplumsal barış kültürünün gelişmesi, toplumsal şiddetin azaltılması için, sosyal, kültürel, sportif çalışmalar"dı.

*

Birilerinin vakfı gibi, malı götürmek için kurulmamıştı.

*

Osman Ak, Zonguldak Emniyet Müdürü oldu.

15 sene sonra aktif göreve dönmüştü.

Emniyet istihbaratın en önemli isimlerinden biriydi, 90'lı senelerde cemaat yapılanması hakkında rapor hazırlamış, Fethullah Gülen davasında tanık olarak ifade vermiş, cemaate yönelik "haşhaşi" benzetmesini, tarihte ilk o yapmıştı. Devlet Güvenlik Mahkemesi'nde verdiği ifadede "cemaat silahlı örgüttür, devlet içindeki yapılanması Hasan Sabbah'ın Haşhaşi yapılanmasına benzemektedir" demişti. Bu ifadeyi verir vermez, ayağı kaydırılmış, "telekulak" olmakla suçlanmış, kızağa çekilmişti. 15 sene sonra... Cemaatçi polisleri görevden alan AKP, Osman Ak'ı hatırlamıştı.

*

17/25 Aralık savcısı Muammer Akkaş, görevden alınıp Tekirdağ'a gönderilmişti, tehdit olmadığı gerekçesiyle polis koruması da geri çekildi. Dımdızlak bırakılmıştı.

*

TÜBİTAK "montaj" açıklaması yaptı.

Ankara Başsavcılığı, Tayyip Erdoğan'la oğlu Bilal arasında geçtiği iddia edilen "sıfırlama" kayıtlarıyla alakalı soruşturma başlatmıştı, TÜBİTAK'tan bilirkişi raporu istemişti.

TÜBİTAK'ın hazırladığı raporda "montajdır, kelimelerden parça parça heceler alınarak, yeni kelimeler türetilmiştir" denildi. TÜBİTAK aynı raporunda, Egemen Bağış'la gazeteci Metehan Demir arasında geçtiği iddia edilen "bakara makara"

kaydının da "montaj" olduğunu söyledi.
*
TÜBİTAK 2008'e kadar TÜBİTAK'tı.
2008'de başbakanlığa bağlanmıştı.
Tübit'AK olmuştu.
*
Şıracının şahidi bozacı, bozacının şahidi şıracıydı.
*
Bilim Bakanı Fikri Işık, bilimsel bi açıklama yaptı, "hece hece montajlamışlar, mesela tamamen sıfırlandı mı kelimelerini, ta-ma-men sı-fır-lan-dı-mı diye keserek yapıştırmışlar" dedi. Bilim bakanı diye, buna denirdi!
*
GATA Yüksek Bilim Komisyonu üyesi Profesör Kemal Irmak, uluslararası dergiye "şizofreni ya da cin çarpması" başlığıyla makale yazdı. İnsan beynine yerleşmiş cinlerin şizofreni yaratabileceğini anlattı. Tedavi için "dini şifacılarla üfürükçülerin faydalı olabileceğini" savundu.
*
Aynı GATA'da... Şizofreni tedavisinde çığır açan, geliştirdiği ilaca patent alan, formülü "milli" kalsın diye yabancı şirketlerin astronomik tekliflerini reddeden, parayı Türkiye kazansın diye TÜBİTAK'la sözleşme imzalayan, Profesör Albay Tayfun Uzbay... Asrın iftirasıyla "casus" diye hapse tıkılmıştı!
*
Profesör Tayfun Uzbay'la, Şirinyer askeri cezaevinde demir parmaklıkların arkasındayken tanışmıştım. Yüz yüze geldiğimiz o an... Bu memleketin yurttaşı olarak ne kadar utandığımı tarif edemem.
*
2014 Türkiyesi'ni özetleyen, vahim bir örnekti. Varlığıyla onur duyulması gereken Tayfun Uzbayları hapse tıkıyorlar, cinci hocaları baştacı ediyorlardı.
*
İstanbul'un kuzey ormanlarına ilk balta vuruldu.
Üçüncü havalimanının temeli atıldı.
*
22 milyar euroluk ihaleyi kimler kazanmıştı? "Havuz medyası"na para koydukları söylenen Limak, Kolin, Cengiz,

Mapa, Kalyon müteahhitleri kazanmıştı. Bunların hepsini temsilen... "Milletin orasına koyacağız" diyen Mehmet Cengiz, temel atma töreninde Tayyip Erdoğan'a "plaket" verdi.

*

Havalimanının adı konulmamıştı.
Bu kitabın piyasaya çıktığı tarihte, hâlâ belirsizdi.
"Recep Tayyip Erdoğan Havalimanı" olacağı iddia ediliyordu.

*

Zafer Çağlayan'ın koltuğuna oturan yeni Ekonomi Bakanı Nihat Zeybekçi, kendisini anlatırken, "yırtık donlu Nihat'ı bu memleket okuttu, bir zamanların yırtık donlu Nihat'ı, kendisini okutan memlekete ekonomi bakanı oldu" dedi.

*

Üç ay sonra... Yırtık donlu Nihat'ın, İstanbul Zeytinburnu'ndaki gökdelenlerden tiko para iki daire aldığı ortaya çıkacaktı. Daireler 1.6 milyon liracıktı.

*

Batmanlı Abdurrahman Çiftçi, Muş Hasköy'de askerlik yapıyordu, tezkeresine iki ay kala intihar etmişti. Askeri savcılık soruşturma açtı, ölüme sebep olan merminin, askerin ailesinden tahsil edilmesini istedi. Askeri savcılığın mantığına göre, söz konusu mermi, hazine'nin malıydı, 11 liraydı.

*

BDP milletvekili Sırrı Sakık, Ağrı Belediye Başkanı seçilmişti. Koltuğa oturur oturmaz ilk icraat olarak, şehir merkezindeki Hava Şehitleri Anıtı'nı yıktıracağını açıkladı. "Bu anıt ucubedir, 1926'da Ağrı isyanında Ağrı'yı bombalarken düşürülen uçakların pervanesidir, Kürtlerin gözünün içine sokulan bir anıttır" dedi. Halbuki... Tarih bilmiyordu. Anıtın, Ağrı isyanıyla alakası yoktu. 1939'da, dostluk anlaşması çerçevesinde, Tahran'daki törene katılmak üzere filo gönderilmiş, dönüş yolunda fırtınaya yakalanmışlar, iki uçağımız İran topraklarında düşmüştü, iki pilotumuz şehit olmuştu, cenazeler Türkiye'ye getirilmiş ve Ağrı Şehitliği'ne defnedilmişti. Anıt, bu olayın anıtıydı.

*

HDP milletvekili Adil Zozani, Atatürk'ü Hitler'e ve Mussolini'ye benzetti. TBMM çatısı altında konuştu, "Türkiye'nin kurucu unsuru dediğiniz siyaset doktrini,

Türkiye'nin temellerine dinamit koydu, Türkiye'yi bölünmenin eşiğine getirdi, Kemalizm denilen şey, biraz Hitler'dir, biraz Mussolini'dir" dedi.

*

Mustafa Kemal'in önderliğinde "milli mücadele"yi veren "gazi meclis", maalesef bunu da görmüştü.

*

Al sana açılım!

Askeri üssün Türk bayrağı indirildi.

*

Lice'de karakol inşaatı vardı, protesto gösterileri yapılıyordu, çatışma çıktı, bir kişi öldü. Bu olay üzerine, Diyarbakır'da PKK bayraklarıyla sokağa döküldüler. Yüzü maskeli biri tel örgüleri atladı, 2'nci Hava Kuvvetleri Komutanlığı'na girdi, bayrak direğine tırmandı, ipini keserek Türk bayrağını indirdi, fırlatıp attı.

*

Milletin onuruyla hiç bu kadar oynanmamıştı.

*

Kendi topraklarımızda, askeri üssümüzde bayrağımız indirilmiş, asker-polis armut gibi seyretmişti, müdahale edilmemişti.

*

Tayyip Erdoğan, sanki bu olan bitenin sorumlusu kendisi değilmiş gibi, PKK'yla müzakere masasına oturan kendisi değilmiş gibi, bölücü örgütü bayrak indirecek kadar şımartan kendisi değilmiş gibi, askerin elini kolunu bağlayan kendi değilmiş gibi, çıktı, "bayrağı indireni indireceksin, yapmıyorsan sorumlusun, herhalde gelip ben indirmeyeceğim" dedi. İşin içinden sıyrıldı.

*

Yunanistan'da kabine değişikliği yapıldı.

Argiris Dinopulos, içişleri bakanı oldu.

Kimdi bu?

1996'da Kardak'a bayrak diken gazeteciydi.

*

Bizim Kardak kahramanlarımız, hapisteydi.

*

Orgeneral Hurşit Tolon nihayet tahliye edildi.

Silivri kapısında konuştu.
"Göreceksiniz, burası adaletsizlik müzesi olacak" dedi.
*
Cumhurbaşkanı Gül, darbeci Sisi'ye cumhurbaşkanı seçildiği için tebrik mesajı gönderdi, "Türkiye'yle Mısır daima dosttur, kardeştir, köklü ilişkilerin her zaman devam edeceğine kuşkum yok, tebrik eder, esenlikler dilerim" dedi. Miting meydanlarında Rabia işareti yapıyor, Mursi için güya gözyaşı döküyorlardı ama... Perde arkasında, Sisi'yi tebrik ediyor, esenlikler diliyorlardı.
*
ABD eski dışişleri bakanı Hillary Clinton'ın hatıralarını yazdığı *Zor Seçimler* isimli kitabı piyasaya çıktı. Tayyip Erdoğan yönetimindeki Türkiye hakkında "istikameti belirsiz ülke, akıbeti konusunda kafalarda soru işaretleri var" diyordu.
*
Musul düştü.
IŞİD'in eline geçti.
Irak ordusu silahlarını bırakıp kaçmıştı.
*
Musul Konsolosluğumuz basıldı.
*
Konsolos Öztürk Yılmaz, konsolosluk görevlileri, aileleri, özel harekât polisleri, 46'sı Türk vatandaşı, 3'ü Iraklı, 49 kişi rehin alındı, kaçırıldı, Türk bayrağı indirildi, IŞİD bayrağı dikildi.
*
Aynı gün, gene Musul'da, 28 Türk şoför kaçırıldı.
*
Sadece 24 saat önce... MHP milletvekili Sinan Oğan, TBMM'de alarm zilleri çalmış, "besleyip büyüttüğünüz IŞİD terör örgütü, Musul Başkonsolosluğumuzun etrafını sardı" diye haykırmış, AKP milletvekilleri ise "hadi ordan be, atma atma" diye alay etmişti.
*
MHP milletvekili TBMM'de çırpınırken, Dışişleri Bakanı Ahmet Davutoğlu New York'taydı, dünyadan haberi yoktu. Baskından sadece 24 saat önce attığı tweet'te "Musul konsolosluğumuzda sorun yok, güvenliği için her türlü önlemi aldık" demişti.
*

O kadar hazırlıksız yakalanmıştık ki, konsolosluk memurunun kızı, sekiz aylık Ela bebek bile rehineydi. Personeli boşaltmayı boşver, personel eşlerini, çocuklarını bile konsolosluktan uzaklaştırmayı akıl edememişlerdi.

*

Bunlar hep böyleydi... 2003'te kafamıza çuval geçirdikleri gün, Genelkurmay Başkanı Hilmi efendi, İsrail'de gezideydi. İstanbul'da sinagogları havaya uçurduklarında, İstanbul Emniyet Müdürü Letonya'daydı, maç seyretmeye gitmişti. Mavi Marmara'yı bastıkları gün, Tayyip Erdoğan Şili'yi geziyordu, dışişleri bakanımız Venezuela'daydı, milli savunma bakanımız Makedonya'daydı. Fantomumuz vurulduğu gün, Tayyip Erdoğan Brezilya'daydı, şehit pilotlarımızı 13 gün sonra denizin dibinden çıkardıklarında, Bodrum'daydı, tatile gitmişti. Hiçbir krizi öngörememişler, hiçbir krize önlem alamamışlardı.

*

Saldırıdan önce basınımız tarafından haber bile yapılmayan MHP milletvekili Sinan Oğan, saldırıdan sonra kıymete binmişti. Gazeteciler kapısında kuyruk olmuştu. Sinan Oğan "Ankara'dan direnmeyin diye talimat gittiğini, konsolosluk kapılarının bu talimat üzerine açıldığını, polislerimizin tek kurşun bile atmadan teslim olduğunu, IŞİD'in İstanbul Laleli'de irtibat ofisi olduğunu, yaralı IŞİD komutanlarının geçen nisan ayında Türkiye'de tedavi edildiğini" söyledi.

*

Saddam Hüseyin'in Ürdün'de sürgün yaşayan kızı Raghad, IŞİD'in Irak topraklarında yayılmasından büyük mutluluk duyduğunu söyledi, "babamın ve amcam el Duri'nin savaşçıları" dedi. Saddam'ın sağ kolu İzzet el Duri, Amerikan ordusu tarafından yakalanamamıştı. İşgal sırasında yeraltına çekilen ve adeta buhar olan "cumhuriyet muhafızları"nı harekete geçirdiği söyleniyordu. Dünyanın dört bir tarafından gelen köktendinci militanları, bu cumhuriyet muhafızlarının organize ettiği öne sürülüyordu. Mantıksız değildi... Baas partisi olmadan, Irak'ın Sünni bölgelerini IŞİD'in kontrol edebilmesi imkânsızdı. Şii ve Kürt bölgeleri IŞİD'e direniyor, Sünni bölgeler alkışlıyordu. İzzet el Duri'nin, ABD tarafından fellik fellik aranırken, Türkiye'de saklandığı iddia ediliyordu.

*

Peşmerge birlikleri, IŞİD'ten koruyorum ayaklarıyla, Kerkük'e girdi, kontrolü ele geçirdi. Normal şartlarda adım bile atamazlardı, silah kullanmadan, yürüye yürüye gelip, komple yerleşmişlerdi. Türkiye'den başka güvencesi olmayan Türkmenler, sahipsiz bırakılmıştı. Türkmenlerin kaderi, Barzani'ye terkedilmişti.

*

"Eyvah Kerkük" demeye kalmadı, Türkmenlerin yoğun olarak yaşadığı Telafer de IŞİD tarafından kuşatıldı. Can güvenliği pamuk ipliğine bağlı olan binlerce Türkmen, mecburen, peşmerge kontrolündeki bölgelere göç ediyordu.

*

Herkesin gözü kulağı Musul'dayken Kerkük'teyken, genelkurmay, MİT, dışişleri toplantı üstüne toplantı yaparken... Tayyip Erdoğan, atladı uçağına, Rize Güneysu'ya tatile gitti.

*

Sadece tatil yapmakla kalmadı, medyaya da akıl verdi, "yazılı ve görsel medyadan rica ediyorum, lütfen bu Musul işini, yazmadan, çizmeden, fazla konuşmadan takip edin" dedi. İleri demokrasilerde medya dediğin böyle olurdu. Yazmaz, çizmez, konuşmazdı!

*

Ama baktılar ki, yazılıyor, çiziliyor, konuşuluyor.
Zart diye yayın yasağı getirildi.
"Musul Konsolosluğu" demek yasaklandı.

*

İş işten geçtikten sonra... Basra konsolosluğumuz tahliye edildi. Ahmet Davutoğlu, twitter'dan "güvenlik riski arttığı için konsolosluğumuzu tahliye ettik" diye yazdı. Güler misin ağlar mısın'dı... "Güvenlik sorunu yok" dediği Musul'da konsolosluğumuz basılmıştı. "Güvenlik riski arttı" dediği Basra'da, bu kitabın piyasaya çıktığı tarihte hâlâ hiçbir sorun yoktu.

*

İstanbul Büyükşehir Belediyesi, kış nüfusu beş bin civarında olan Büyükada'ya beşinci caminin yapılması için onay verdi. İskelenin hemen yanındaki alana yapılacaktı. Camilerin 100 metre civarında içkili mekâna izin verilmediğine göre, iskele bölgesindeki restoranların kapanması anlamına geliyordu.

*

Okulları imam hatipe dönüştürüyorlardı. Bazı okulları, direkt camiye dönüştürüyorlardı! Samsun müftülüğü'nün talebi üzerine, Samsun Tarım Anadolu Meslek Lisesi'ni mevcut binasından çıkarıp başka binaya taşımışlardı, tarım lisesinin binasını yıkıp, arsasına 10 bin kişilik cami yapacaklardı. Okul aile birliği dava açtı, yürütmeyi durdurma kararı çıkarttı. Bu kitabın piyasaya çıktığı tarihte hukuki mücadele devam ediyordu.

*

Nuri Bilge Ceylan'ın *Kış Uykusu* filmi Altın Palmiye ödülünü kazandı diye çok sevinmiştik. Başrolde oynayan Haluk Bilginer, sevincimizi kursağımızda bıraktı. *Hürriyet*'e konuştu, "91 senedir güce tapıyoruz, biz gücü çok severiz, kendini güçlü gösteren herkese tapınırız, baba sedromudur" dedi... Atatürk'e saldırmak modaydı. Haluk Bilginer de entel görünmek için, bu modaya ayak uydurmuştu.

*

AKP milletvekili Şamil Tayyar, CHP'ye tazminat ödemeye mahkûm oldu. Twitter adresinden "CHP'nin Alman derin devletiyle ve Suriye istihbarat teşkilatıyla bağlantısı olduğunu" yazmıştı. Kendisini fazla değerli zannetmesin diye, CHP tarafından "beş kuruş"luk dava açılmıştı!

*

Tayyip Erdoğan'ın çalışma ofisinde bulunan böcek'lerle alakalı soruşturma başlatılmıştı; en yakınındaki kişiler, başbakanlık koruma dairesi eski başkanıyla, koruma müdürü gözaltına alındı. Bu isimler, beş sene boyunca Tayyip Erdoğan'ın adeta gölgesi gibiydi, yurtiçi-yurtdışı 24 saat yanındaydı. MİT'in gönderdiği delil raporları üzerine gözaltına alınmışlardı.

*

17 Aralık'tan sonra görevden alınan, sürgüne gönderilen memur sayısında patlama yaşanmış, emniyette yargıda tüm taşlar yerinden oynatılmış, bu nedenle, göreve iade davaları da artmıştı. Prosedür böyleydi, görevden alınan mahkemeye başvuruyor, haklı bulunursa görevine iade ediliyordu. AKP kaşla göz arasında yasa teklifi hazırladı... Görevden alınanlar, göreve iade davasını kazansa bile, geri dönemeyecekti. Hukuk, işlevsizleştiriliyordu.

*

Şırnak'ın Kemerli köyündeki özel bir maden ocağında göçük meydana geldi, üç işçi hayatını kaybetti. Soma rüzgârı geçmişti... 301 cenazeyi çoktaaan unutan sayın basınımız, üç cenazeyi haydi haydi boşverdi, arka sayfalarda geçiştirildi.

*

"Çatı aday" açıklandı.

*

CHP Genel Başkanı Kılıçdaroğlu, MHP Genel Başkanı Bahçeli'yle görüştü, ikisi birlikte kapının önüne çıktılar, "cumhurbaşkanlığı için çatı adayımız Profesör Ekmeleddin İhsanoğlu'dur" dediler.

*

Vatandaşlar internetin başına koştu...
Google'dan "kim bu?" diye aramaya başladı!

*

O an...
Türkiye'deki tanınma oranı sadece yüzde 22'ydi.

*

CHP seçmeninin bile tanımadığı bir adayla, AKP seçmeninin CHP adayına oy vermesini umut ediyorlardı!

*

1943 Kahire doğumluydu, Ayn Şems Üniversitesi'nden mezun olmuş, akademik hayatına El Ezher Üniversitesi'nde başlamıştı. Türkiye'ye ilk defa 27 yaşında gelmişti. 2004'te AKP'nin desteğiyle İslam İşbirliği Teşkilatı'nın genel sekreteri olmuştu. 2014'te bu görevinden ayrılmış, Türkiye Cumhuriyeti'ne talip olmuştu.

*

Beyaz Saray'da ağırlanan ilk İslam İşbirliği Teşkilatı başkanıydı, Obama tarafından davet edilmişti. ABD ve İngiltere'yle çok uyumlu çalışmıştı. Müslüman ülkelerdeki çatışmaları önlemek için "İslam ordusu" kurulmasını önermişti... Ki, köktendinci terörizmle mücadele için İslam ordusu kurulması, ABD'nin hayaliydi.

*

Ekmeleddin İhsanoğlu'nun babası Mehmet İhsan efendi, müderristi, Cumhuriyet ilan edilir edilmez Türkiye'den ayrılmış, Mısır'a gitmişti. Aynı zamanda... İngiliz muhipleri cemiyetinin kurucularından olan, Kuvayı Milliye'ye "kudurmuş haydutlar" diyen, Mustafa Kemal hakkındaki idam fermanını bizzat kaleme alan, "öldürülmesi caizdir, dini vazifedir" diyen, milli mücadele kazanılınca İngiliz gemisiyle Yunanistan'a kaçan, orada gazete çıkarıp "elimden gelse bütün Türkleri Arap yaparım, Allah'ın huzurunda Türklükten istifa ediyorum, tövbe yarabbi tövbe Türklüğüme" diye yazan, Vahdettin'in şeyhülislamı Mustafa Sabri'nin en yakın arkadaşıydı. Mustafa Sabri, Kahire'de ölmüş, Gafir mezarlığına gömülmüştü. Ekmeleddin İhsanoğlu'nun babası da yedi sene sonra ölünce, Mustafa Sabri'nin yanına gömülmüştü. Birbirlerini bu kadar seviyorlardı.

*

Ekmeleddin İhsanoğlu'nun eşi Füsun hanım, eczacıydı. Demokrat Parti ve Adalet Partisi'nin kurucularından "koca reis" lakaplı Sadettin Bilgiç'in yeğeniydi. Sadettin Bilgiç'in oğlu Süreyya Sadi Bilgiç, AKP milletvekiliydi.

*

Cumhurbaşkanımız Abdullah Gül, Exeter Üniversitesi'ndendi, cumhurbaşkanı adayımız Ekmeleddin İhsanoğlu da Exeter Üniversitesi'ndendi. Ne hoş tesadüftü di mi? Maliye bakanımız Mehmet Şimşek de, Exeter Üniversitesi'ndendi. İngiltere'nin prestijli eğitim kurumlarından biriydi. Petrol zengini Arap ülkelerinden bol sıfırlı bağışlar alırdı. Arap ve İslami Araştırma Enstitüsü vardı. Kürt Araştırmaları Enstitüsü vardı. Bu iki enstitü vesilesiyle, Arabistanlı Lawrence'ın torunları, İngiliz istihbarat servisinin elemanları, Ortadoğu uzmanı olabilmek için, burada eğitilirdi. Bu çetrefil durumlar elbette burada okuyan diğer öğrencileri bağlamazdı... Mesela, Milli Güvenlik Kurulu Genel Sekreterimiz Exeter'dendi. Siirt, Elazığ, Eskişehir, Gümüşhane, Kilis valilerimiz Exeter'dendi. İstanbul'da, İzmir'de, Bolu'da, Erzurum'da vali yardımcılığı yapan onlarca yöneticimiz Exeter'dendi. Polis Akademisi Başkanımız Exeter'dendi. Bayrampaşa, Araklı, İspir, Ardeşen, Bayramiç, Dilovası, Konak, Kula kaymakamlarımız, ben diyeyim 50 kaymakam, siz deyin 100 kaymakam Exeter'dendi. Kamu ihale kurumu başkanımız, göç idaresi başkanımız, toprak mahsulleri ofisi genel müdürümüz, başbakanlık tanıtım ajansı başkanımız, mülkiye teftiş kurulu başkan yardımcımız, şeker kurumu başkanımız Exeter'liydi. Bürokrasimizde, yolu Exeter'den geçmeyen neredeyse yok gibiydi. İnsan düşünüyordu tabii... İyi ki vardı şu Exeter yani, yoksa nasıl yönetecektik biz bu devleti!

*

CHP kulislerini yakından takip eden bir gazeteci olarak, şunu açıkça söyleyebilirim ki... CHP'nin adayı aslında, Eskişehir Büyükşehir Belediye Başkanı Profesör Yılmaz Büyükerşen olacaktı. CHP milletvekillerine, il başkanlarına, belediye başkanlarına "adayımız kim olsun" diye sorulmuş, en çok "Yılmaz Büyükerşen" ismi çıkmıştı. Hatta, genel başkan yardımcılarından ikisi, bizzat Yılmaz Büyükerşen'i telefonla arayarak, adaylığının kesinleştiğini söylemişti. 15 Haziran günü, CHP'nin tüm belediye başkanları Eskişehir'de buluştu. 30 Mart'ta seçilen 234 CHP'li belediye başkanı, ilk kez biraraya gelmişti. Bütün medya davet edildi. Kulaklara fısıldandı, Eskişehir'de canlı yayında, bizzat Kemal Kılıçdaroğlu tarafından Yılmaz Büyükerşen'in cumhurbaşkanlığı adaylığı açıklanacaktı. Herkes buluştu, canlı yayın başladı, nefesler tutuldu... Ve, bitti! Aday maday açıklanmamıştı. En başta CHP'liler, medya şaşkındı. Ne oluyor demeye kalmadı, ertesi gün, Kılıçdaroğlu çıktı "adayımız Ekmeleddin İhsanoğlu" dedi. Ne oldu da Ekmeleddin İhsanoğlu oldu? Bu sorunun cevabı, bu kitabın piyasaya çıktığı tarihte, hâlâ muammaydı. Tek gerçek vardı: Büyükerşen olacaktı, sadece Kılıçdaroğlu'nun bildiği gerekçelerle, son saniyede, İhsanoğlu oldu.

*

Bütün partileri bütünleştireceği söylenen Ekmeleddin İhsanoğlu, bırak öbürlerini birleştirmeyi, CHP'yi bölmüştü.

*

CHP milletvekillerinin bile aklı karışıktı. Gökhan Günaydın "yağmurdan kaçınmak için bu çatının altına girilmez, bu çatı şakır şakır akar" derken, Melda Okur "Ekmeleddin İhsanoğlu son katıldığım uzlaşı toplantısındaki profile uymuyor" diyordu. Hüseyin Aygün "çağdaş CHP'li bir aday çıkarmak gerekir, CHP ılımlı İslam partisi olamaz" derken, Nur Serter "CHP, ilkelerine ters düşen bir cumhurbaşkanı adayıyla kendisini inkâr edecek bir girişimde bulundu" diyordu.

*

CHP milletvekili Profesör Süheyl Batum, Ulusal Kanal'da canlı yayına katıldı, "benim cumhurbaşkanı adayım Emine Ülker Tarhan" dedi. Aday gösterebilmek için 20 milletvekili imzası gerekiyordu, ilk imzayı attı. Nur Serter, Dilek Akagün Yılmaz, Ümit Özgümüş ve Birgül Ayman Güler destek verdi. Beş imza olmuştu.

*

Gözler, Deniz Baykal'a dönmüştü. Eski genel başkanın tavrı, belirleyici olacaktı. Siyasal İslamcı birinin aday gösterilmesinin "yanlış" olduğunu belirten Baykal, "arkadaşlarım rahatsız, ben de rahatsızım, ancak, partinin zarar görmesini istemiyorum, başka bir aday çıkarılmasını doğru bulmuyorum" dedi. Bu sözler üzerine, parti içi muhalifler sustu. CHP'den alternatif aday çıkmayacaktı.

*

Ekmeleddin bey...

"Mecburettin bey"di.

Herkesin eli mecbur bırakılmıştı.

*

HDP sürpriz yaptı, CHP milletvekili Rıza Türmen'e adaylık teklif etti. Büyükelçiydi, Avrupa İnsan Hakları Mahkemesi'nde yargıçlık yapmıştı, hukukçu kimliğiyle tanınıyordu. Türmen, onur duyduğunu söyledi ama, teklifi kabul etmedi. HDP açısından çok akıllıca bir manevraydı. CHP'deki çatlağı görmüşler ve Ekmeleddin İhsanoğlu'ndan rahatsız olan sol oyları tavlamak için bu hamleyi yapmışlardı. Türmen kabul etse, bakın etnik kökenden bağımsız aday gösterdik diyeceklerdi. Türmen kabul etmedi, bakın etnik kökenden bağımsız aday adayı gösterdik diyorlardı. İki türlü de kazanmışlardı. Hatta üç türlü kazanmışlardı... Çünkü, CHP kendi partisinden aday çıkaramazken, CHP'den birine adaylık teklif etmişlerdi. Neticede, HDP'nin adayı Selahattin Demirtaş oldu.

*

Asrın iftirası Balyoz, çöktü.

*

Anayasa Mahkemesi "dijital deliller ve dinlenmeyen tanıklar yüzünden, sanıkların haklarının ihlal edildiğine" karar verdi. Yeniden yargılanacaklardı. Silivri'nin yanısıra, Maltepe, Hasdal,

Hadımköy, Sincan, Mamak ve Şirinyer askeri cezaevlerinin kapıları açıldı. Dört senelik esaret, sona ermişti.

*

Kumpas mağduru subayları hapiste yalnız bırakan sayın medyamız, cezaevi kapılarına koştu, canlı yayınlar yapıldı. MHP milletvekili Engin Alan, Sincan'dan çıktı. "Bu alçaklığı yapan, planlayan, destekleyen ne kadar namussuz varsa, bunlar bu ülkenin vicdanlı, onurlu, adil yargıçlarının önüne oturup hak ettikleri cezayı alana kadar bu mücadele sürecek, hiç kimse bugüne kadar olanların yanına kâr kalacağını düşünmesin" dedi. Birinci Ordu eski komutanı Çetin Doğan, Silivri'den çıktı. "Bu dava, ancak bu davayı kurgulayanlar içeri girdikten sonra bitecek" dedi. Mamak'tan tahliye olanlar, çıkar çıkmaz ilk iş, Mamak'ta hayatını kaybeden kurmay albay Murat Özenalp'in annesini ziyarete gitti. Davanın tek kadın tutuklusu albay Berna Dönmez, Bakırköy tutukevinden çıktı, Suriye'deki Fantom'la şehit düşenler dahil, yüzlerce pilotumuzun tarih öğretmeniydi.

*

Maltepe'deki arkadaşlarım üniformalarıyla çıktı, cumhuriyet tarihinde ilk'ti. Diğer cezaevlerindeki Balyoz esirleri sivil kıyafetleriyle tahliye olurken, hava kurmay albay İsmet Çınkı, deniz kurmay albaylar Yavuz Uras, Ender Kahya, Cem Okyay ve Erdinç Altıner, üniformalarıyla çıktılar. Türkiye'nin suratına tokat gibi vurulmuştu. Senelerdir halkın gözünden kaçırılan gerçek buydu. Adeta kapkapçı gibi hapse tıkılanlar, Türkiye'nin seçkin ve saygın subaylarıydı. Şerefli subay olarak girmişlerdi, şerefli subay olarak çıkmışlardı. Çakı gibi selam verdiler. Ellerinde bir pankart vardı, pankartta üç fotoğraf vardı. Bordo bereli MİT'çi subay Kâşif Kozinoğlu, hava kurmay albay Tarık Akça ve deniz kurmay albay Murat Özenalp'ti, kumpas şehitleriydi. Kısa ama, çarpıcı bir konuşma yaptılar. "Aziz Türk milleti, sizlerin ve Atatürk'ün emaneti olan bu kutsal üniforma, tertemiz ve lekesizdir, bunu herkes görsün diye üniformamızla çıkıyoruz, emanetinize hıyanet etmedik, tutsak edildik ama, asla teslim olmadık, Türk subayı olduğumuzu, milletin ve Mustafa Kemal'in askeri olduğumuzu aklımızdan hiç çıkarmadık, bu onurla çıkıyoruz, mahpus gibi kurtulmuş değil, kılıç gibi keskin çıkıyoruz, içeriye yalnız girdik, dışarıya milyonlarla çıkıyoruz" dediler.

*

Niye içeri tıkılmışlardı?

Niye bırakılmışlardı?

Kumpastı elbette ama, niye?

İşte bu soruların cevabı için, taaa 2010'da yayınlanmış bir köşe yazısı hatırlandı, internette dolaşıyordu. Asker kökenli eski MİT'çi Mahir Kaynak tarafından, yandaş *Star* gazetesinde yazılmıştı. *Taraf* gazetesi Balyoz'un başlangıcı olan "Fatih Camisi bombalanacaktı" manşetini 20 Ocak 2010'da atmıştı. Mahir Kaynak, söz konusu yazısını, üç gün sonra, 23 Ocak 2010'da kaleme almıştı.

*

"Balyoz planı" başlıklı yazı, şöyleydi: "Türkiye'nin dünyadaki yeni rolü ve yeri ile ordunun ideolojisi uyuşmuyordu. O halde bu ideoloji değişecek ama ordunun etkinliği azalmayacak hatta artacaktı. Bu rol içe yönelik değil, dışa yönelik olacaktı. Bu, ordudaki darbeci eğilimleri yok etmek ama onun gücünü ve prestijini korumakla mümkün olabilirdi. Şimdi, komplo teorisi de sayılabilecek bir proje sunuyorum... Silahlı kuvvetlerdeki bazı dokümanlar ele geçirildi ve bunlar bir darbe hazırlığına uygun biçimde yeniden düzenlenerek kamuoyuna sunuldu ve darbe karşıtlığının yerleşmesi ve bu tavrın genelleşmesi sağlandı. Kimse açıktan darbeciliği savunamazdı ve bu kadar yaygın olan tartışmanın dışında kalamazdı. Medyanın durumu askerlerin yemin törenini andırıyordu. Herkes ne kadar demokrasiden yana olduğunu göstermek için kaleme sarıldı. Ancak bu, meselenin birinci safhasıydı ve darbe karşıtlığı sağlandı ama planın bir de ikinci safhası vardı. Ordunun enerjisi korunmalıydı ve bu bölgede oynayacağı rol için güvenilir bir kurum haline gelmeliydi. Kamuoyuna sunulan belgeler orijinal değildi ve elde edilen bazı bilgiler değiştirilmiş ve bir darbe planına uygun hale sokulmuştu. Eğer bu belgelerin, bir kısmının bile, değiştirilmiş olduğu tespit edilirse, ordu aleyhine yapılan yayınların maksatlı ve gerçek dışı olduğu kanıtlanmış olacaktı. Zaten ortaya atılan iddialar bunu kolaylaştırıyordu. Mesela camiye atılacak bir bomba her kesimdeki halkı iktidar etrafında birleştirir ve bir darbeyi imkânsız hale getirirdi. Bir darbecinin asla düşünemeyeceği bir eylem söz konusu idi. İstikrarı bozmak için eylemlerde askerlerin yer alacağı söyleniyordu. Bir tek asker bile böyle bir eylemi yaparken yakalanırsa, ki bu kaçınılmazdı, darbe yapılamazdı. Çünkü ordu kurtarıcı olarak yönetime el koyardı. Eylemi yapanla kurtarıcı, aynı kurum olamazdı. Şimdi çok akıllı bir biçimde yürütülen projenin ikinci safhasındayız. Belgelerin değiştirilmiş olduğu ortaya çıkacak ve ne darbe kalacak, ne de ordu düşmanlığı."

*

Yüzde 100 isabet...
Mahir Kaynak nereden biliyordu?

*

İki soru daha vardı.

*

Taraf'ın "Fatih Camisi bombalanacaktı" manşeti üzerine darbe çığlıkları atan yandaş *Star* gazetesi, Mahir Kaynak'ın bu yazısını neden sansürlememişti?
Hükümetin ve *Star* gibi yandaş gazetelerin 17/25 Aralık'tan sonra "Balyoz'u kumpas" ilan etmesi, tam da Mahir Kaynak'ın bahsettiği ikinci safha değil miydi?

*

Balyoz'la aynı gün...
Hanefi Avcı'ya da özgürlük çıktı.

*

Anayasa Mahkemesi, Devrimci Karargâh örgütü davasından üç senedir tutuklu bulunan eski emniyet müdürünün "uzun tutuklulukla haklarının ihlal edildiğine" karar verdi.

*

Hanefi Avcı, 2010'da yetmez ama evet referandumundan hemen önce *Haliç'te Yaşayan Simonlar* isimli kitabını piyasaya çıkarmıştı. Fethullah Gülen cemaatinin polis teşkilatı içinde nasıl örgütlendiğini, özel yetkili savcı ve hâkimlerin değiştirilmesi gerektiğini, aksi halde cemaate muhalif hiç kimsenin hayatının güvencede olamayacağını, Ergenekon'un, Balyoz'un cemaatin işi olduğunu yazmıştı. "Karşımızdaki kişiler polis, hâkim veya savcı değil, cemaatin elemanlarıdır" demişti. Somut örnekler anlatmış, şahitler göstermişti. Referandum geçer geçmez, şırrak, Hanefi Avcı tutuklanmıştı. Hayatı boyunca sol terör örgütleriyle mücadele eden polis şefi, sol örgüte yardım ve yataklıkla suçlanmıştı. Fethullah Gülen, isim vermeden "Allah taksiratını affetsin" demişti.

*

Silivri'den çıkan Hanefi Avcı, "ben inanan bir insanım, kaderdi, yatmam gerekiyordu, yattım, bunları bu ülke için hayra yormak lazım, bu acılar çekilmeseydi, bu yapı bu kadar kolay teşhir olmazdı" dedi.

*

Yine, Balyoz'la aynı gün...
12 Eylül'e müebbet çıktı.

*

Ankara Adliyesi 10'uncu Ağır Ceza Mahkemesi, 97 yaşındaki Kenan Evren'le 89 yaşındaki Tahsin Şahinkaya'ya müebbet hapis cezası verdi. Güya darbeyi yargılamışlar, tuvalete bile gitmeye mecali olmayan iki kişiyi suçlu bulmuşlardı.

*

Engin Alan TBMM'ye geldi, yemin etti.
O genel kurula HDP milletvekilleri katılmadı.
AKP milletvekilleri alkışlamadı.
Paralel-kumpas falan deniyordu ama, özellikle Engin Alan'ın hapse tıkılmasından kimlerin memnun olduğu açıkça görülüyordu.

*

Ergenekon ve Balyoz'dan sonra şike'ye de kumpas tarifesi uygulandı. Aziz Yıldırım'ın tutuklama işlemi durduruldu, yeniden yargılanmasına karar verildi.

*

Yasin el Kadı şikâyet etti, CHP milletvekili Aykut Erdoğdu "şüpheli" sıfatıyla ifadeye çağırıldı. Kılıçdaroğlu'na yaptıkları gibi, ikinci "sehven" vakasıydı. "Pardon, milletvekili olduğunu bilmiyorduk" deyip, çağrıyı geri çektiler.

*

Kılıçdaroğlu'nu "sehven" ifadeye çağıran savcı, Kılıçdaroğlu'nun hakaretlerine maruz kaldığını belirterek, Kılıçdaroğlu hakkında suç duyurusunda bulundu!

*

Anayasa Mahkemesi'nden bir hak ihlali kararı da, Abdullah Öcalan için çıktı. Öcalan *Kürdistan Devrim Manifestosu, Kürt Sorunu ve Demokratik Ulus Çözümü* başlığıyla kitap yazmıştı, bu kitap henüz basım aşamasındayken yasaklanmıştı, Öcalan da "insan hakları ihlali" olduğu iddiasıyla Anayasa

Mahkemesi'ne başvurmuştu. Haklı bulundu. Gerekçeli kararda "henüz basılmamış kitabın toplatılması, düşünce özgürlüğüne aykırıdır" denildi.

*

KCK davasından 4,5 senedir tutuklu bulunan Hatip Dicle, tahliye edildi. 1991'de milletvekili seçilmiş, 1994'te dokunulmazlığı kaldırılmış, 10 sene hapis yatmıştı. 2011 seçiminde gene milletvekili seçilmişti, seçildiğinde hapisteydi, milletvekili adayı olmasına izin veren Yüksek Seçim Kurulu, milletvekili seçildikten sonra "siyasi yasaklı" diyerek, milletvekilliğini iptal etmişti.

*

"Akil adam" Kadir İnanır, Şişli polis merkezine gitti, Glock marka ruhsatlı tabancasının kaybolduğunu söyledi. 10 dakika sonra, Şişli'deki bir alışveriş merkezinin güvenliği, polisi aradı, restoranda sandalyenin üzerinde Glock marka tabanca bulduklarını söyledi. "Akil adam" yemek yerken düşürmüştü. Böylece, katmerli skandal ortaya çıktı... Birincisi, terörü konuşarak çözecek olan "akil adam" tabanca taşıyordu. İkincisi, alışveriş merkezlerinin kapısında yapılan aramalar hikâyeydi, beline tabancasını koyan, elini kolunu sallaya sallaya girebiliyordu.

*

Karaman Ermenek'te özel işletmeye ait kömür ocağında göçük oldu, bir işçi hayatını kaybetti. Şırnak'ta kaçak işletilen kömür ocağında göçük oldu, bir işçi daha hayatını kaybetti. Dedim ya... Soma'nın ateşi sönmüştü, bu iki gariban haber bile olamadı. Haber olabilmeleri için en az 10'ar 10'ar gitmeleri gerekiyordu.

*

Bodrum Türkbükü'ndeki Maçakızı Otel'e dokuz adet lahmacun sipariş eden tekneye, 393 lira hesap geldi. Lahmacunun tanesi 39 liraydı, 42 lirası servis ücretiydi. Tekne sahibi adisyonun fotoğrafını çekip, sosyal medyada paylaştı. Adisyonun değil, aslında Türkiye'nin fotoğrafıydı. Kimisi 39 liraya lahmacun satıyordu, kimisi 30 lira yevmiyeye maden ocaklarında can veriyordu.

*

Rıza Sarraf, Bodrum koylarında yatıyla geziyordu. İTÜ

öğrencisi bir grup, tur teknesiyle aynı koya geldi. Sarraf'ı görünce "hırsız vaaaar" diye bağırdılar. Öğrencilerin teknesi karaya yanaştığında, Sarraf'ın adamları iskelede bekliyordu. İki öğrencinin ağzını burnunu dağıttılar. Karakolda ifade veren Sarraf, "eşimin ve çocuğumun önünde hırsız var diye bağırılınca gücüme gitti, gergin günler yaşıyoruz, üzgünüm ve şikâyetçi değilim" dedi. Öğrenciler de şikâyetçi olmadı.

*

DYP iktidarında çevre bakanlığı yapan Hamdi Üçpınarlar'ın oğlu Mehmet'in, Ankara pazarlarında işportacılık yaptığı, havlu-nevresim sattığı ortaya çıktı. Üniversiteden halkla ilişkiler diploması olan 29 yaşındaki Mehmet Üçpınarlar, "alın terimle, onurumla çalışıyorum, paramı kazanıyorum" diyordu.

*

Herkesin oğlu Bilal değildi.

*

Yandaş *Sabah*'ın yazarı Engin Ardıç "1,5 milyar Müslüman'ın elinde Coca Cola bardağıyla ebabil kuşlarını beklemesi soytarılıktır" diye yazdı. Tekirdağ valisi Ali Yerlikaya önce bu cümleyi twitter hesabından paylaştı. Sonra da, Coca Cola boykotu yaptı. Aile bakanlığının iftarında Coca Cola'yı protesto ederek, Fanta içti. Küçük bi pürüz vardı... Fanta da, Coca Cola ürünüydü!

*

İtalyan film yıldızı Monica Bellucci'nin patent işlerini yürüten şirket, tüm dünyada olduğu gibi Türkiye'de de isim hakkını tescil ettirmek için Türk Patent Enstitüsü'ne başvurdu. Şok oldu... Çünkü, Monica Bellucci ismi, 2003'ten beri tescilliydi. Arandı tarandı, Arafat Yazıcı diye birinin bu ismi marka olarak tescillettirdiği ortaya çıktı. Monica Bellucci dava açtı, isim hakkını geri aldı.

*

İstanbul Fikirtepe'de, Suriye'deki savaş dramını anlatan *Kaçış* isimli film çekilmişti. Film gerçek oldu... Kentsel dönüşüm nedeniyle yıkılmak üzere boşaltılan binalara, Suriyeli mülteciler yerleşti. Elektriği suyu olmayan, harabeye dönen sokaklarda, benzerleri filmlerde bile görülmeyen sefalet yaşanıyordu. Salgın hastalıklar başlamıştı. Yalınayak çocuklar, köprü yolunda dileniyordu.

*

Türkiye'den çalınan otomobillerin, Suriye'ye götürüldüğü ortaya çıktı. MİT raporlarına göre, bu otomobiller, IŞİD ve El Nusra tarafından hem araç olarak, hem de bombalı araç olarak kullanılıyordu. Sınırın öte tarafına 500 otomobil geçirilmişti. Bunlardan biri, Aile Bakanı Ayşenur İslam'ın yardımcısı Aşkın Asan'ın makam otomobiliydi. Bakım için servise gönderildiği ve servisten çalındığı açıklandı. Dingonun ahırına dönmüştük... Ne giren belliydi, ne çıkan.

*

IŞİD, hilafet ilan etti. Twitter'dan yayınladıkları ses kaydıyla, örgütün lideri Ebubekir Bağdadi "halife" ve "tüm dünya Müslümanlarının lideri" olarak tanıtıldı. Irak Şam İslam Devleti ismi de, İslam Devleti olarak değiştirildi. Bilahare... Saddam'ı idam cezasına çarptıran hâkim, IŞİD tarafından yakalanıp, idam edildi.

*

İstanbul Büyükşehir Belediyesi, cemaat dershanelerinin tabelalarını indirmeye başladı. Senelerdir orada duran tabelalara "reklam yönetmeliğine aykırı" deniyordu. AKP'yle aran iyiyse, hiçbir şeye aykırı değildin, AKP'yle aran kötüyse, her şeye aykırıydın.

*

AKP, cemaat okullarını, cemaat dershanelerini yeryüzünden silmeye çalışırken, Fethullah Gülen'in adıyla soyadıyla adaşı olan, yeğeni Fethullah Gülen, üniversite sınavında Türkiye üçüncüsü oldu. İzmir Özel Yamanlar Koleji öğrencisiydi, "hukuk okuyup, hâkim veya savcı olmak istiyorum" diyordu.

*

Yandaş *Akşam* gazetesi "biri kuvvet komutanı, 40 general ve amiralin paralel yapıdan olduğunu" yazdı. "Karargâhta 40 paralel paşa" başlıklı manşet haber gayet detaylıydı. "Derin örgüte hizmet eden paşaların 20'si tuğgeneral, 5'i bölge komutanı, 7'si tuğamiral, diğerleri tümgeneral-tümamiral seviyesinde" deniliyordu. Yüksek Askeri Şûra'dan önce "temizlik" yapılacağı belirtiliyordu.

*

Akşam'ın böyle bir haberi hükümetten bağımsız yazabilmesi elbette mümkün değildi... Belli ki, ayıklamak istedikleri vardı.

*

İstanbul Gaziosmanpaşa emniyet müdürlüğü önündeki Türk bayrağını indirmeye çalışan biri, bacağından vurularak etkisiz hale getirildi. PKK mı falan diye merak edildi ama, şizofreni hastasıydı. Raporu vardı. Tutuklandı. 10 gün sonra, Metris'te kendini çarşafla asacaktı.

*

Haziran ayı geride kalırken... MDP ve MHP'den milletvekilliği yapan Murat Sökmenoğlu vefat etmişti; Hatay'ın Türkiye topraklarına katılmadan önceki cumhurbaşkanı Tayfur Sökmen'in oğluydu. Western efsanesi *İyi Kötü Çirkin*'in çirkini, Eli Wallach artık aramızda değildi, 98 yaşındaydı, 98'ine kadar Hollywood'da kamera önündeydi.

TEMMUZ

• Cumhurbaşkanlığı vizyonu: Recep İvedik, Bülent Ersoy, Yıldız Tilbe, Şafak Sezer • Ekmek için Ekmeleddin • Tıpış tıpış • Hamas'et edebiyatı • Yahudi cesaret ödülü • ABD iftarı • PYD • Ali Fuat Yılmazer, Yurt Atayün, Ömer Köse, Yakub Saygılı • Kahkaha atan kadınlar iffetsizdir

Tayyip Erdoğan kendi kendisiyle istişare yaptı.
Kendi kendine en uygun adayın kendisi olduğuna karar verdi.
Kendi kendisini cumhurbaşkanı adayı yaptı.

*

Çıkıp "kendi kendimin adayı kendimim" diyemedi.
Mehmet Ali Şahin'e dedirtti.

*

AKP cumhurbaşkanı adayı tanıtım toplantısı ATO Kongre Merkezi'nde yapıldı, dört bin kişi katıldı, İstiklal Marşı'nın ardından "dönmem geri senin yolundan" türküsü eşliğinde Tayyip Erdoğan'ın klibi yayınlandı, genel başkan vekili Mehmet Ali Şahin kürsüye çıktı, çok geniş bi istişare yaptıklarını belirterek "Türkiye Cumhuriyeti'nin 12'nci cumhurbaşkanı adayı Recep Tayyip Erdoğan" dedi. Bülent Arınç ağladı.

*

Tayyip Erdoğan kürsüye geldi, sözlerine duayla başladı. "Âlemlerin rabbi Allah'a hamd olsun, mülkün sahibi Allah'tır, zaferin sahibi sadece Allah'tır, bu davayı, bu hareketi, bu mücadeleyi bugünlere eriştiren rabbime sonsuz hamdü senalar olsun, bu davanın bayraktarlığını yapmış her bir kardeşime rabbim rahmet etsin, onlardan razı olsun, çıktığımız kutlu yolculukta rabbim ayaklarımızı doğruluk üzre sahip kılsın, yarab sen ki kullarının hareketini takdir ettin, senin iznin olmadıkça hiçbir şey hareket etmez, bizim hareketlerimizi doğruluk üzre kıl, yarab bizim göğsümüzü genişlet, hayır işlerimizi kolaylaştır, bugün bir güzel yolculuğa hazırlanıyoruz, bizi kibirden muhafaza et yarabbi, bizi, ailemizi, bütün yol arkadaşlarımızı yolların tuzaklarından koru Allah'ım, Selçuklu sultanı Alparslan gibi kefenimizi giyerek, Kudüs fatihi Eyyubi gibi zaferin kılıç ve atlarda değil Allah katında olduğuna inandık, sen ki her şeye gücü yetensin, bu mübarek günde dileğimiz odur ki, bu milleti bir kez daha zaferle müjdele yarab, bugün çıktığımız kutlu yolculuğu Türkiye için, milletimiz için hayırlara vesile eyle yarab, amin amin amin" dedi.

*

Sonra "herkesi kucaklayacağım" filan dedi.

*

Bir saatlik konuşmasını Fatiha suresinin Türkçe mealiyle bitirdi. "Bu bir hatime değil, fatihadır, bir açılıştır, işte onun için diyorum ki, esirgeyen ve bağışlayan Allah'ın adıyla, âlemlerin rabbi Allah'a hamdolsun, o rahmandır, rahimdir, o ki din gününün sahibidir, ancak sana ibadet eder, ancak senden yardım dileriz, bizi doğru yola ilet, bizi, kendisine nimet verdiklerinin yoluna ilet, gazaba uğrayanların, sapkınların yoluna değil, rabbim hayırlı eylesin, yolumuz, bahtımız açık olsun, Allah yâr ve yardımcımız olsun, hepinizi selamlıyorum" dedi.

*

O gün, o saatlerde...
Fransa eski cumhurbaşkanı Sarkozy gözaltına alındı.
Yolsuzlukla suçlanıyordu.
Allah'ın takdiri...
Sarkozy'nin başını tapeler yakmıştı.

*

Ramazan ayıydı.
Fitre 10 liraydı.
Abdullah Gül adaylığını açıkladığında, fitre 5 liraydı.

*

Garibanın fitresi, 7 senede anca 5 lira artmıştı.

*

"Dindar cumhurbaşkanı" sloganıyla seçilen Abdullah Gül, aradan geçen 7 sene zarfında 750 milyon lira harcamıştı. Sırf bu seneki bütçesi 169 milyon liraydı. Günlüğü 463 bin liraya geliyordu. Çankaya Köşkü'nde ilk icraat olarak kızını evlendirmişti. İstanbul gösteri ve kongre merkezindeki mütevazı(!) düğüne, üç bin davetli katılmıştı, altı bin polis nöbet tutmuştu, şarkıcı Kıraç özel beste yapmıştı, nikâh sırasında o çalınmıştı, tavandan ışık şelaleleri dökülmüştü, takılar desen, Derishow'un hazırladığı torbalarla toplanmıştı. Dindar cumhurbaşkanımızın oğlu, bizim gibi gerizekâlı değil tabii, akıllı çocuk, 14 yaşında sigortalı olmuştu, Ankara Ticaret Odası'na kayıt yaptırmıştı, bardakta mısır işine girmiş, alışveriş merkezlerinde yer açmış, ABD'den üniversite diploması almış, mezuniyet törenine giden dindar cumhurbaşkanımız, geceliği 14 bin lira olan otelde kalmıştı, dört gece kalmıştı, fatura 56 bin liracıktı. Dindar cumhurbaşkanımızın eşi first leydimiz, Dolmabahçe Sarayı'nı gezerken, padişahların kullandığı koltuk, sehpa gibi 35 parça tarihi eseri beğenmiş, fotoğraflarını çektirmiş, bunların Çankaya Köşkü'ne gönderilmesini istemişti. "İyi ki Topkapı'yı gezmedi, Kaşıkçı Elması'nı isteyebilirdi" denilince, kırılmış, küsmüştü. Varlığıyla onur duyduğumuz sayın cumhurbaşkanımız Ahmet Necdet Sezer, kendisine hediye edilen 1243 parça hediyenin 1243'ünü de demirbaşa işletip, Çankaya'ya bırakmıştı. Dindar cumhurbaşkanımıza neler neler hediye edildi, o hediyeler ne oldu, meçhuldü. Dindar cumhurbaşkanımız, 72 ayrı ülkeye 114 defa seyahat etmişti, New York Central Park'ta sokak ressamına portresini çizdirmiş, Gabon sahillerinde çıplak ayakla dolaşmış, Kenya'da safariye çıkmış, zürafa fotoğrafı çekmişti. First leydimiz, Boston'da Hermes'ten alışveriş yapmış, Washington Cafe Milano'da tabağı 45 dolardan ıstakozlu makarna yemişti, ıstakozlu makarna haberini basına sızdıran Türk garson, işinden atılmıştı.

*

Görüldüğü gibi, dindar cumhurbaşkanımız Abdullah Gül, 7 sene boyunca Çankaya'da çok yorulmuştu, bizim için adeta kendisini helak etmişti. Fitre 10 liraydı.

*

Kılıçdaroğlu'na "Tayyip Erdoğan'ın cumhurbaşkanı adayı olmasını nasıl değerlendiriyorsunuz?" diye soruldu.
"Google'da yalancı başbakan diye aradığınız zaman, 450 bin Recep Tayyip Erdoğan adı çıkıyor, daha ilginç bir şey var, hırsız başbakan diye aradığınız zaman, 3 milyon 900 bin sonuç çıkıyor, aynı google'a Ekmeleddin İhsanoğlu yazdığınız zaman, bilim adamı çıkıyor" cevabını verdi.

*

Bu kitabın piyasaya çıktığı tarih itibariyle skor değişmişti.
Yalancı başbakan sayısı 558 bine yükselmişti.
Hırsız başbakan sayısı 1 milyon 450 bine inmişti.

*

Tayyip Erdoğan'ın adaylığı için hazırlanan logo, Obama'nın 2008 başkanlık seçiminde kullandığı logoya çok benziyordu. Elbette inkâr edildi ama, dombıra şarkısı gibi, logo'nun fikri de bal gibi araklamaydı.

*

Seçim gezilerine Samsun'dan başlayacaktı.
Bi tek "Bandırma vapuru" eksikti!

*

Adaylar tamamlandı, malvarlıkları YSK'ya bildirildi.
Selahattin Demirtaş'ın Diyarbakır'da dairesi, hukuk bürosu olarak kullandığı bir işyeri, iki otomobili ve eşine ait bir otomobili vardı.
Ekmeleddin İhsanoğlu'nun kendisine ve eşine ait dokuz dairesi, bir otomobili, banka hesaplarında 3,5 milyon doları ve 240 bin lirası vardı.
Tayyip Erdoğan'ın Güneysu Dumankaya köyünde iki bin metrekare arsası, bir otomobili, banka hesaplarında 4.4 milyon lirası ve 200 bin doları vardı, 500 bin lira da alacağı vardı. Başını sokacağı bir evi bile yoktu yani!

*

First lady adayları da yarışıyordu.
Emine Erdoğan, dört çocuk annesiydi, siyasi hayatı boyunca her yere eşiyle birlikte gitmişti, miting kürsülerine bile çıkmıştı. Füsun İhsanoğlu, eczacıydı, üç çocuk annesiydi, siyasal İslamcı Ekmeleddin beyin modern yüzünü yansıtıyordu. Başak Demirtaş, eşi cumhurbaşkanı adayı oluncaya kadar neredeyse fotoğrafı bile yoktu, ön plana çıkmayı sevmiyordu, öğretmendi, iki çocuk annesiydi.

*

Üsküdar Fethipaşa Korusu'ndaki Hüseyin Avni Paşa Köşkü'nde yangın çıktı. 142 senelik tarihi köşk kül oldu. İstanbul İstanbul olalı böyle usturuplu yangın görmemişti. Korudaki ağaçları boşver, bahçedeki çiçekler bile yanmamıştı, sadece bina kül olmuştu. İyi de niye sadece bina kül olmuştu? Cevabı basitti... Bu köşkü TMSF satmıştı. "Milletin orasına koyacağını" ifade eden müteahhit Mehmet Cengiz almıştı. Satış sözleşmesinde "yıkım yasağı" şartı vardı. Yani, satın alan kişi, asla yıkmayacaktı, yıkıp yerine yenisini yapmayacaktı. Talihsizlik işte, yangın çıktı, köşk kül oldu, yasak ortadan kalktı, yerine yenisini yapmaktan başka çare yoktu!

*

"1,5 ton altın" meselesi kapatıldı.

Geçen sene Gana'dan İstanbul'a gelen bir kargo uçağında, evrakları beyan edilmemiş 1,5 ton altın yakalanmıştı. 17 gün Atatürk Havalimanı'nda bekletilen uçağın, Rıza Sarraf'ın girişimleri neticesinde Dubai'ye uçtuğu iddia edilmişti.

Ve, gümrük müdürüyle yardımcıları hakkında soruşturma başlatılmıştı. "Soruşturma başlatılmaya çalışılmıştı" desek daha doğru olur... Çünkü, valilik soruşturma izin vermedi, savcı da mecburen takipsizlik kararı verdi. Örtülmüştü.

*

Türkiye Kürdistan Demokrat Partisi kuruldu.

İsminde "Kürdistan" olan ilk siyasi partiydi.

Kurucu genel başkanı Mehmet Emin Kardaş "içişleri bakanlığına kuruluş dilekçemizi verdik, onaylandı" dedi. "Bağımsız Kürdistan" tezini savunduklarını, genel merkezlerinin Diyarbakır'da olacağını söyledi.

*

Bir hafta sonra, Yargıtay Cumhuriyet Başsavcılığı, isminden Kürdistan kelimesini çıkarması için partiyi uyardı. Ancak, bu uyarının hiçbir manası yoktu. Çünkü... Kürdistan kelimesini çıkarmazlarsa, Yargıtay Cumhuriyet Başsavcılığı, Anayasa Mahkemesi'ne başvurabilirdi. Anayasa Mahkemesi, Kürdistan kelimesini çıkarması için ihtar gönderebilirdi. Gene çıkarmazlarsa, en fazla, Hazine yardımı kesilebilirdi. Hazine yardımı almıyorsa, başka bir yaptırım söz konusu değildi.

*

AKP açılımı, aça aça ilk önce "Kürdistan partisi" açmıştı.

*

Şehit aileleri federasyonu başkanı Mehmet Gencer, Tayyip Erdoğan'a hakaret ettiği gerekçesiyle mahkemeye verildi. Ne yapmıştı da, hakaret kabul edilmişti? Açılım süreci'ni protesto etmek için postaneye gitmiş, Tayyip Erdoğan'a bir kilo kına göndermişti, sebep buydu.

*

Mehmet Gencer, hem şehit babasıydı, hem şehit amcasıydı. 21 yaşındaki oğlu Serhat, astsubaydı, 1994'te miraç kandili'nde, Şırnak'taki karakol baskınında sekiz askeriyle birlikte şehit düşmüştü. 28 yaşındaki yeğeni Serkan, üsteğmendi, 2008'de Bingöl'deki çatışmada şehit düşmüştü. Ailesinden iki şehit veren Mehmet Gencer, 1999'da Abdullah Öcalan yargılanırken, İmralı'daki duruşmalara müdahil olarak katılmıştı. Öcalan'ın gözlerinin içine bakarak "oğlumu kaybettim, ağabeyimin eşi, yengem Kürt kökenli, kız alıp vermişiz, iç içe geçmişiz, ayrımız gayrımız olmamış, bu milletin Türk-Kürt ayrımı yoktur, bunu bize niye yaptın?" diye sormuştu.

*

İnanılması güç tarafı... Tayyip Erdoğan, 2012'de, aynı Mehmet Gencer'in oğlunun, Serhat'ın ailesine yazdığı son mektubu TBMM'de okumuştu. "Bakınız, size şu olayı aktarmak istiyorum, Serhat Gencer, astsubay, Şırnak'ta görev yapıyor, bir akşam bir arkadaşına mektup uzatıyor, ben diyor, dedemi çok severdim, bugün rüyamda gördüm, beni yanına çağırıyor, eğer ben şehit olursam bu mektubu aileme gönderin diyor, aynı gece bir askerine de şunu söylüyor, bugün miraç kandili, sen sivilken imamdın, hadi beraber namaz kılıp yasin okuyalım diyor, Serhat o gece şehit düşüyor" demişti.

*

Tam bu noktada, kameralar milletvekillerine dönmüştü, AKP milletvekilleri hıçkıra hıçkıra ağlamıştı. Tayyip Erdoğan mektubu okumaya devam etmişti. "Bu mektup, ancak ben öldükten sonra elinize geçecektir, beni asla unutmayın, hep kalbinizin köşesinde saklayın, şunu unutmayın, Allah'ın verdiği canı Allah'tan başkası alamaz, size söylemek istediğim bir şey var, ben Burcu'yu çok seviyorum, bu sevgimi de mezara götürüyorum, ben burada öldümse Allah yolunda, vatan, namus, millet yolunda öldüm, gülün, asla ağlamayın, eğer ağlarsanız ben yattığım yerde rahat edemem, dedeme de hepinizin selamını söylerim, yazacak başka şey bulamıyorum, oğlunuz Serhat" demişti. Alkış tufanı kopmuştu. Yandaş medyada komple manşet yapılmıştı, televizyonlarda defalarca, döne döne gösterilmişti.

*

Ve şimdi, bu şehit Serhat'ın babası mahkemeye verilmişti, ne Tayyip Erdoğan'dan gık çıkıyordu, ne yandaş medyadan!

*

Neticede...

Şehit babasına bir sene hapis verildi.

Cezası beş sene ertelendi.

Tekrar konuşursa, iki misli yatacaktı.

*

32 Türk şoför serbest bırakıldı.

İyi de...

IŞİD'in kaçırdığı şoför sayısı 28 değil miydi?

Haziran sayfalarında "28 şoför" yazmıyor muydu?

Aynen öyle yazıyordu. Sayın basınımızın, kaçırılan şoförlerimiz hakkında ne kadar hassas olduğunu gösterebilmek için, kitaba aynen öyle aktardım. Kimlerin kaçırıldığını, kaç kişinin kaçırıldığını bilmiyorlardı. Muhtemelen muhabirin biri 28 diye uydurmuştu, herkes üstüne atlamış ve 28 diye yazmıştı. Zaten 28 olmuş, 38 olmuş, sayın basınımızın umurunda değildi. Sayın devletimizin de pek umurunda değildi. Şoförlerimiz 23 gündür IŞİD'in elindeydi, bu 23 gün zarfında devletten bir Allah'ın kulu çıkıp, "kaçırılan şoför sayısını yanlış yazıyorsunuz, doğrusu şöyle şöyle" diye bi açıklama yapmamıştı. İddiaya girerim, sayın devletimiz bile, kaç kişi olduklarını serbest bırakıldıkları gün öğrenmişti.

*

Aslında, 28 TIR, 32 şofördü.

Karışıklık buradan kaynaklanıyordu.

"TIR sayısı kadar şoför vardır" diye tahmin etmişlerdi.

Öyle değildi.

Dört TIR'da yedek şoför vardı.

*

MİT'in büyük başarısı filan deniyordu ama...

IŞİD'e beş milyon dolar fidye ödendiği konuşuluyordu.

*

Yüksek hızlı tren, test sürüşünde kaza yaptı. Ankara-İstanbul arasında çalışacak olan ve cumhurbaşkanlığı seçimine yetiştirilmeye çalışılan yüksek hızlı tren, ray bakım makinesine arkadan bindirdi. Matrak tarafı... Yüksek hızlı trenin ismi "Piri Reis"ti. Dünya tarihinde ilk kez, trene denizci ismi verilmişti.

*

Sanırsın, Barbaros da kondüktördü!

*

Vakıf üniversiteleri mantar gibi çoğalmıştı. Öğrenci kapmak için kıyasıya yarış vardı, keselerin ağzı açılmıştı. Bursun üstüne iki bin lira harçlık veren vardı, yurtdışında staj imkânı sağlayan vardı, ABD'ye ücretsiz dil kursuna gönderen vardı, ücretsiz yurtdışı tatil kamplarına gönderen vardı, iki bin liralık uçak bileti veren vardı. Hakikaten üzücüydü... "Eğitim veriyoruz" diyen yoktu.

*

Tayyip Erdoğan "gassal" olduğunu söyledi.
Kadıköy İmam Hatip Lisesi'nin mezunlar iftarına katıldı, imam hatiplerin bir "direniş" olarak ortaya çıktığını anlattı, "bizim hocalarımız, cenaze yıkamak için mi buraya geldiniz diye sorarlardı, evet, gassalız, bu bizim için şereftir" dedi.

*

TBMM'de milletvekili odalarının bulunduğu yeni binanın faturası açıklandı. Mobilyalara dört milyon lira, bilgisayarlara bir milyon lira, odalardaki çöp kutularına 166 bin lira, paspaslara 36 bin lira, perdelere 212 bin lira, evrak imha makinelerine 63 bin lira, mescit halısına 19 bin lira, yönlendirme levhası ve kapı isimliklerine 101 bin lira, televizyonlara 397 bin lira, klozet örtülerine 20 bin lira, WC kapılarındaki levhalara 11 bin lira, askılara 28 bin lira, mini buzdolaplarına 143 bin lira harcanmıştı.

*

Gıda, Tarım ve Hayvancılık Bakanlığı, Ankara Üniversitesi Gıda Mühendisliği Bölümü'ne tahliller yaptırdı, piyasada satılan "etiketsiz" ürünlerin vaziyetini kamuoyuna duyurdu. Sucuklara eşek, at ve domuz eti karıştırılıyordu. Tereyağa, peynire, jelatin ve nişasta karıştırılıyordu. Bulgura boya, bala şeker şurubu karıştırılıyordu. Güya muhafazakârlık artıyordu ama, asıl, sahtekârlık artıyordu.

*

Casuslarımız(!) serbest bırakıldı.
Ergenekon ve Balyoz'dan sonra İzmir'deki Askeri Casusluk davasında da tutuklu sanık kalmadı. Pırıl pırıl subaylarımıza iftirayla "casus" damgası yapıştırılmış, mahkemenin sonucu beklenmeden ordudan atılmaları sağlanmıştı.

*

Narin Korkmaz diye bir genç kızı, casusların lider kadrosundan diye 785 gün hapis yatırmışlardı. Evinde arama yapılmış, görme engelli babasına "şahit" olarak imza attırılmıştı. Özgürlüğüne kavuşunca anne-babasıyla birlikte basın toplantısı düzenledi, "subay arkadaşlarım var diye, beni bu kumpas davasına dahil ettiler, benim üzerimden bütün subaylar hakkında algı oluşturmaya çalıştılar" dedi.

*

Ankara'daki Gezi olaylarında Ethem Sarısülük'ü kafasına ateş ederek öldüren polis Ahmet Şahbaz, bir sene sonra nihayet tutuklandı. Ethem'i vurduğu an, televizyon kameralarına zaten alenen yansımıştı. Ancak, bir başka görüntü daha vardı. Ethem'i vurduktan hemen sonra diğer polislerle konuşurken, tesadüfen kameraya takılmıştı, "çektim, sıktım üç tane" diyordu. Bu açık itiraf, YouTube'da yayınlanıyordu. Tüm bunlara rağmen, tutuklanması bir sene sürmüştü.

*

Anayasa Mahkemesi'nin ambleminde değişiklik yapıldı, TC ibaresi eklendi. AKP'ye nazire yapılıyordu. "Sen valiliklerden, sağlık bakanlığından, ziraat bankasından TC'yi kaldırıyorsun ama, ben o TC'yi gözüne sokuyorum" demek isteniyordu. Haşim Kılıç, zamanında kapatmaya kıyamadığı AKP'yle adeta inatlaşıyordu.

*

Çatı adayı Ekmeleddin İhsanoğlu, Tayyip Erdoğan için "aile dostum" dedi. CHP'li olmadığını söyledi. Kendisinin, eşinin ve ailesinin "Demokrat Parti geleneğinden geldiğini" izah etti. "Turgut Özal'ın yanında bulunduğunu" anlattı. CHP'nin adayı konuştukça, CHP'lilerin başından aşağı kaynar sular dökülüyordu.

*

Tayyip Erdoğan, kendisine "aile dostum" diyen Ekmeleddin İhsanoğlu'na aynı nezaketle cevap verdi, "saksı" dedi! Muhalefet partilerinin "cumhuriyetin vitrinine cumhurbaşkanı değil, bir vazo, bir saksı seçme gayretinde olduğunu" söyledi.

*

Tayyip Erdoğan devletin imkânlarını, uçağını, helikopterini, polisini sonuna kadar kullanıyor, şehir şehir dolaşıyor, bazen günde üç miting yapıyordu. Her miting, tüm televizyon kanalları tarafından naklen yayınlanıyordu. Ekmeleddin İhsanoğlu ise, aktif siyaset deneyimi olmadığı için miting meydanlarına çıkamıyor, anca salon toplantıları yapabiliyor, onu da anca Halk TV yayınlıyordu.

*

Bunun böyle olacağı, medyanın Tayyip Erdoğan'ın yanında saf tutacağı, Ekmeleddin İhsanoğlu'nu görmezden geleceği taaa en başından belliydi. Tanıtım için farklı iletişim modelleri üretilmeliydi, kafa yorulmalıydı. Ama maalesef, CHP bunların hiçbirini yapmadı. Çatı ortağı MHP desen, zaten kılını bile kıpırdatmıyordu. Kamuoyu anketlerine göre, seçime günler kalmasına rağmen, hâlâ üç kişiden biri Ekmeleddin İhsanoğlu'nu tanımıyordu. CHP, bu aday tercihiyle intihar etmişti.

*

Maliye Bakanı Mehmet Şimşek, twitter'dan "cumhurbaşkanı adayımız sayın Erdoğan'ın logosunda Arapçayla Muhammed isminin kullanıldığını biliyor musunuz?" diye yazdı. "Dini siyasete alet etme tarihi"ne vahim bir not daha düşülmüştü.

*

İstanbul Esenyurt'ta Caferi camisi yakıldı. Geceyarısı Muhammedi Camisi'ne giren kimliği belirsiz tipler, kütüphane bölümünü ateşe verip, kaçtılar. Esenyurt'ta geçen ay da, yine Caferilerin ibadet ettiği Allahüekber Ehlibeyt Camisi kundaklanmıştı. Mezhep kışkırtıcılarının provokasyonuydu.

*

Paris'te moda fuarı başladı, onur konuğu Türkiye'ydi... Ve Türkiye'nin tanıtım standında, yarı çıplak halde sedirlere uzanarak nargile tüttüren sakallı erkekler, fesli garsonlar, cariyeler ve dansözler vardı. Güya, Osmanlı konseptiydi. Utanç vericiydi. Tanıtım standımıza bi deve götürmedikleri kalmıştı.

*

Fehmi Koru, yandaş *Star* gazetesinden istifa etti.
Habertürk'e geçti.
Çünkü...
"Ergenekon savcıyısım" diyen Tayyip Erdoğan, şimdi "kumpas" diyordu. Zekeriya Öz'ün altına kendi makam Mercedesi'ni vermişti, şimdi, sürgün etmişti, meslekten

atmaya çalışıyordu. "Polisimiz destan yazdı" diyordu, şimdi, polisleri hapse tıkıyordu. Özel yetkili mahkemeleri kurmuştu, özel yetkili mahkemeleri kapatmıştı. "Muhterem hocaefendi" diyordu, şimdi "haşhaşi" diyordu. Haşim Kılıç'a bayılıyordu, şimdi "paralel" diyordu. Cemaat okullarının hamisiydi, bu okullara sahip çıkılması için büyükelçilerimize genelge yayınlamıştı, şimdi aynı okulların kapatılması için emir vermişti. Türkçe olimpiyatlarının finallerine mutlaka katılır, çocuklarla birlikte şarkı söyler, bu olimpiyatla gurur duyduğunu anlatırdı, şimdi, Türkçe olimpiyatını yasaklamıştı. Ertuğrul Günay'ı bakan yapmıştı, şimdi kapının önüne koymuştu. Son kullanım tarihleri dolan liboş gazetecileri kovmuştu. İkinci Cumhuriyetçileri kovmuştu. Bavulcu hakkında suç duyurusunda bulunmuştu. Sıra... Yandaşlara, havuzculara gelmişti!

*

Hakemimiz Cüneyt Çakır, Dünya Kupası yarı finalinde Arjantin-Hollanda maçını yönetti, tarihte ilk'ti. Golsüz bitti, Arjantin penaltılarla finale çıktı. Öbür yarı finalde, Almanya ev sahibi Brezilya'yı 7-1 dağıttı, bütün dünyada bir numaralı gündem oldu. Bilahare, Dünya Kupası'nı da Almanya kazandı.

*

Almanya'nın teknik direktörü, Türkiye'den "köylü" diye kovulan Löw'dü. Bundan olsa olsa "Yeniköy kasabı" olur diye Türkiye'den kovulan İspanyol Bel Bosque, dünya kupasındaydı. Türkiye'de kapı kapı dolaşan, İstanbul, Ankara, Konya, Rize'ye yaranamayan Susiç, Bosna'yı dünya kupasına götürmüştü. Futboldan anlamadığına karar verip kovduğumuz Halilhodzic, Cezayir'i dünya kupasına taşımıştı. Türkiye'de şampiyon olmasına rağmen göze giremeyen Parreira, oradaydı. Milli formayı giymese de olur dediğimiz Mesut Özil, Almanya formasıyla oradaydı. Kabiliyeti yeterli değil denilerek, hiçbir Türk takımı tarafından beğenilmeyen ve ağlaya ağlaya İsviçre vatandaşı olan Gökhan İnler, oradaydı. Hakemlerimizi beğenmiyorduk, hakemimiz yarı final yönetmişti.

*

Siyaset gibi...
Futbolu da fevkalade biliyorduk!

*

Çatı adayının sloganı açıklandı:
"Ekmek için Ekmeleddin."
*
Amblemi bir "somun ekmek"ti.
*
Sanırsın, fırıncılar odası başkanlığına adaydı.
*
Sosyal medya çalkalandı, alay konusu olmuştu, "Ekmek için Ekmeleddin, pide için Tayyip, lahmacun için Selahattin" filan deniyordu.
*
Peki, bu evlere şenlik sloganı kim bulmuştu?
Hangi reklamcı?
Reklamcı meklamcı yoktu.
Ekmeleddin İhsanoğlu'nun oğulları bulmuştu!
*
Çatı adayının kampanyasını, oğulları Aziz ve Orhan yönetiyordu. Herhangi bi reklam ajansıyla kurumsal ilişkileri yoktu. CHP ve MHP'nin de alakası yoktu. İki birader, 30-35 kişilik grup kurmuşlar, sunumlar alıyorlar, kafalarına göre götürüyorlardı. Bu tuhaf durum ortaya çıkınca, gazeteler görüş almak için Aziz ve Orhan İhsanoğlu'nu aramaya başlamıştı. Basına konuşmuyorlar, "yakında açıklama yapılacağını" söylüyorlardı. O açıklama, asla yapılmadı.
*
Oğullarının yerine babaları konuştu. "Ekmek için Ekmeleddin" sloganını "beyin fırtınası"yla uzun müzakereler sonucunda bulduklarını söyledi. "Küçükken bana ekmek derlerdi" dedi! Belki, hiç konuşmasaydı daha iyiydi.
*
Tayyip Erdoğan adaylığını açıklarken dua okumuş, sözlerini Fatiha suresiyle bitirmişti. Ekmeleddin İhsanoğlu da seçim bildirgesini okumaya besmele ve Fatiha suresiyle başladı. "Türkiye'nin 12'nci cumhurbaşkanı adayı olarak huzurunuzdayım, rahman ve rahim olan Allah'ın adıyla başlıyorum, hamd olsun, Allahımıza hamd olsun, o özünde merhametli, işinde merhametli, Rabbimiz yalnız sana kulluk eder, yalnız senden yardım isteriz, nimet verdiklerinin yoluna, gazaba uğrayanların ve sapanların yoluna değil, doğru yola, amin" dedi.

*

CHP adayı, dindar olduğunu kanıtlamak ister gibiydi.

*

Seçim şarkısının ismi "ekmeli"ydi.
"Bu ayrılık bitmeli, kibir haset bitmeli
Şu mübarek toprağa, sevgi saygı ekmeli
Biz büyük bir ülkeyiz, bunu herkes bilmeli
Şu mübarek toprağa, ilim irfan ekmeli"
Bu şekilde nakarat nakarat gidiyordu.

*

"Ekmek için Ekmeleddin" vaziyeti, CHP seçmeninde büyük karamsarlık yaratmıştı. Zaten kimsenin içine sinmiyordu, üstüne bu saçma kampanya... Boykot tartışması başlamıştı. Herkes birbirine "oy verelim mi, yoksa boykot mu edelim?" diye soruyordu. Kılıçdaroğlu çıktı, bağıra bağıra, yumruğunu kürsüye vura vura konuştu. "Adam gibi, tıpış tıpış sandığa gideceksiniz" dedi.

*

Tuz biber oldu.
"Tıpış tıpış" lafı, boykotu körükleyecekti.

*

Tayyip Erdoğan "vizyon belgesi"ni açıkladı.
Konuşma metni 46 sayfaydı.
Laf salatasından ibaretti.
Habire "Yeni Türkiye" diyordu.
Yeni Türkiye'nin ne olduğunu söylemiyordu.

*

Sloganı "milletin adamı"ydı.

*

Haliç Kongre Merkezi'ndeki toplantıya Orhan Gencebay, Hülya Koçyiğit, Bülent Ersoy, Mustafa Sandal, Hande Yener, Nükhet Duru, Zerrin Özer, Kutsi, Şafak Sezer, Şahan Gökbahar, İsmail YK, İzzet Yıldızhan, Emre Altuğ, Metin Arolat, Ece Erken, Berdan Mardini, Alişan katıldı. Gazino gibiydi.

*

Bunlar kuyruğa girdi.
Tayyip Erdoğan bunlara kitap imzaladı.
Küresel Barış Vizyonu kitabını hediye etti.
Sırıtarak fotoğraf çektirdiler.

*

Geçen sene AKP genel merkezine ve adalet bakanlığı binasına bombalı saldırı düzenleyen DHKP-C'liler, Yunanistan'da yakalandı. Söz konusu saldırı olduğu zaman, Tayyip Erdoğan "kim olduklarını biliyoruz, Ergenekon" demişti!

*

"Çözüm paketi" yasalaştı.

Elbette çözüm mözüm değildi. Her seçim arifesinde olduğu gibi PKK'ya biraz daha taviz verilmişti, hepsi buydu. MİT'in PKK'yla görüşmesi hukuki güvence altına alınmıştı, yarın öbür gün hesap sorulursa "yasal olarak görüştüm" deme hakkına kavuşmuşlardı, cezai sorumlulukları olmayacaktı.

*

Öcalan pek memnun oldu.

Yazılı açıklama yaptı, emeği geçenlere teşekkür etti.

*

İsrailli üç genç öldürüldü.

Gazze'ye roket yağmaya başladı.

*

Tayyip Erdoğan, Rabia'yı bi kenara bıraktı...

Hamas'et edebiyatına sarıldı.

*

Kızı Esra Albayrak, İsrail'in İstanbul Konsolosluğu önündeki protesto gösterisine katıldı. "İsrail'in tez zamanda ayağını denk almasını ümit ediyorum inşallah" dedi. "Katil İsrail" pankartları taşınıyordu.

*

Şarkıcı Yıldız Tilbe'nin attığı ırkçı tweet'ler, dünya çapında sansasyon yarattı. "Allah Hitler'den razı olsun, bunlara az bile yapmış, ne kadar haklıymış adamcağız, bu Yahudilerin sonunu gene Müslümanlar getirecek Allah'ın izniyle" demişti.

*

E, benim sanatçım diyerek, cumhurbaşkanlığı vizyon belgeni Recep İvedik'e açıklarsan, diplomasi sanatı'n da anca bu kadar oluyordu tabii.

*

Yıldız Tilbe'den bir gün sonra, AKP'nin "akil adam"ları arasında yeralan *Akit* gazetesi genel yayın yönetmeni Hasan Karakaya, şunları yazdı: "Ey İsrail yönetimi, ey İsrail askerleri, çoğunuz orospu çocuğusunuz, hakaret değil, durum tespitidir, İsrail'de çocuğun babası kavramı yoktur, işte bunun için İsrail çocuklarının çoğu piçtir, anaları bellidir ama babaları elli midir, yüzelli midir, orası meçhuldür, işte bu yüzden çoğu orospu çocuğudur."

*

AKP'nin "akil" seviyesi işte buydu.

*

İsrail, Gazze'ye kara harekâtı başlattı.

Cumhuriyet tarihinde bir ilk yaşandı, TBMM kapatıldı. Öğleden sonraki genel kurul çalışmaları iptal edildi, milletvekilleri İsrail Büyükelçiliği'nin önündeki protesto eylemine gitti. "Kahrolsun İsrail" sloganları atıldı, İsrail bayrağı yakıldı. Elçilik önünde konuşma yapan AKP milletvekili Murat Yıldırım, "biz TBMM olarak buradayız, meclis tatil edildi, yarın da tatil edilecek" dedi. CHP milletvekili Mahmut Tanal ise, İsrail'in "haydut devlet" olduğunu söyleyerek, "Filistin'le beraberiz, hepimizin başı sağolsun" dedi.

*

Arap ülkelerinden tık çıkmıyordu. Türkiye ise, neredeyse Gazzelilerden fazla Gazzeli olmuştu. Seçime sayılı günler kalmıştı, milletvekillerimiz boynunda Filistin kefiyesiyle dolaşıyordu.

*

İsrail Konsolosluğu'nun bulunduğu İstanbul Levent'teki bina taşlı saldırıya uğradı, camları kırıp, içeri girmeye çalıştılar. Polis bibergazıyla müdahale etti. O sırada, binanın önündeki Akdeniz Heykeli'ni yıkmaya çalıştılar, kolunu kopardılar.

*

"Ucube kültürü"nün neticesiydi.

*

12 milimetre kalınlığındaki 112 metal levhanın yan yana getirilmesiyle oluşturulan kadın figürü, Akdeniz heykeli, İlhan Koman'ın eseriydi. Dört ton ağırlığındaki heykel, Halk Sigorta tarafından yaptırılmıştı, senelerdir Levent'te Yapı Kredi Binası'nın önünde duruyordu, İstanbul'un sembollerinden biriydi.

*

Sağ kolu koparılan Akdeniz heykeli, daha önce heykelin röprodüksiyonunu yapan Ferit Özşen'in ellerine emanet edildi. Koparılan kol ve taşlarla vurularak tahrip edilen diğer bölümleri tamir edildi, tekrar yerine yerleştirildi.

*

Gazze'de kan gövdeyi götürürken, Filistin devlet başkanı Mahmud Abbas, Türkiye'ye geldi. Rahmetli Arafat'ın sağ kolu, FKÖ'nün kurucusu... Adamı kolundan tutup, Tayyip Erdoğan'ın iftarına götürdüler. Bülent Ersoy, Işın Karaca, Alişan, Ece Erken, Soner Sarıkabadayı, Metin Şentürk, Orhan Gencebay, Mustafa Sandal, Cengiz Kurtoğlu, Yavuz Bingöl, Sinan Özen, İzzet Yıldızhan'la birlikte oturttular. Ölü sayısı 337'ye ulaşmışken, Bülent Ersoy'la Mahmud Abbas'a yan yana poz verdirdiler, kahkahalar eşliğinde selfie çektirdiler.

*

Aynı dakikalarda... Yandaş tiyatrocu Şafak Sezer, İsrail konsolosluğunun önünde İHH otobüsünün üstüne çıkarak, megafonla "tekbiiirrr" diye bağırıyordu, bir yandan da gülüyordu. "Filistin davası"nı getirdiğimiz yer, maalesef burasıydı.

*

Amerikan Musevi Komitesi, Tayyip Erdoğan'a 2004'te verdiği "cesaret ödülü"nü geri istedi. İsrail'e neredeyse her gün "soykırımcı, katil, terörist" diyen Tayyip Erdoğan'ın bu ödülü kabul etmesi zaten skandaldı, şimdi geri istenmesi, katmerli skandal olmuştu. Komite başkanı Jack Rosen, Tayyip Erdoğan'a gönderdiği "iade" mektubunda, "Türkiye'yi Yahudilere karşı kışkırtıyor, tehlikeli hitabet kusuyorsunuz, pozisyonunuz iğrenç" diyordu.

*

Tayyip Erdoğan "alın başınıza çalın" dedi, iade etti.

*

Ama... Aslında Yahudilerden aldığı bir değil, iki cesaret madalyası vardı. 2005'te, yine ABD'de, Yahudi kuruluşu ADL'den "üstün cesaret ödülü" almıştı. O geri istenmemişti. Tayyip Erdoğan da çıkıp "alın bunu da başınıza çalın" dememişti.

*

Suratlarına fırlattım ayağına yatıyordu ama, Yahudi madalyalarından biri hâlâ göğsünde duruyordu.

*

Özel okullara "ibadethane" şartı konuldu. Milli Eğitim Bakanlığı, özel okul açabilme standartlarını değiştirdi, bundan böyle ilkokul dahil tüm özel okullarda, beden eğitimi salonu, kütüphane, yemek salonu ve oyun bahçesi'nin yanısıra, ibadethane zorunlu olacaktı.

*

Diyanet İşleri Başkanlığı "Türkiye'de dini hayat araştırması" yaptırdı. TÜİK'e yaptırılan araştırmanın sonucuna göre, gayrimüslim vatandaşlarımız hariç, Türk milletinin yüzde 1'i Caferi olduğunu söylemişti, geriye kalanların tamamı Hanefi, Şafi, Hanbeli, Maliki olmak üzere Sünni olduklarını ifade etmişti. Yani? Diyanet'in araştırmasına göre, Türkiye'de hiç Alevi yoktu!

*

Bu rezalet mecliste soru önergesi olunca, Diyanet güya izah etmeye çalıştı, "fişlendikleri duygusuna kapılmasınlar diye Alevi vatandaşlarımızın incinmesini istemedik, araştırmadaki Alevi bölümünü çıkardık" denildi.

*

Diyanet'e şu sorular sorulmuyordu:
Kimin hangi mezhepten olduğundan sana ne?
Ortadoğu coğrafyası mezhep savaşlarıyla kan gölüne dönmüşken, yurttaşların mezhebini niye kurcalıyorsun?
Milletin mezheplerini öğrendin, aferin...
Öğrendiğin bilginin Türkiye'ye katkısı nedir?

*

O günlerde... Yandaş veya AKP karşıtı, Türkiye'deki gazetelerin neredeyse tamamında şu haber yayımlandı: "ABD istihbarat teşkilatı CIA'in ve ABD ulusal güvenlik dairesi NSA'in eski çalışanı Edward Snowden, ABD, İngiltere ve İsrail'in terör örgütü IŞİD'i kurmak için birlikte çalıştıklarını iddia etti. Snowden, bu üç ülkenin, dünyadaki bütün terörü 'eşekarısı yuvası' isimli stratejiyle bir araya getirmeye çalıştıklarını ifade etti. Ayrıca, ABD istihbaratına dayandırılan bilgiye göre, IŞİD lideri Ebubekir el Bağdadi'ye, MOSSAD tarafından askeri eğitim, dini eğitim ve konuşma becerisi eğitimi verildiği ortaya çıktı."

*

Haber çok çarpıcıydı.

Snowden'ın iddiası üzerine, belki yüzlerce makale yazıldı. Televizyon programlarında saatlerce tartışıldı.

*

Halbuki bu haberde... Snowden'ın söz konusu açıklamayı kime yaptığı, ne zaman yaptığı, belli değildi. Haberin kaynağı meçhuldü. İlk nerede yayımlandı, meçhuldü. Muhabir imzası yoktu. Çünkü, Snowden'ın böyle bir açıklaması yoktu!

*

Bildiğin, asparagastı.
Okuduğunda mantıklı geliyordu ama, gerçek değildi.

*

Sayın basınımızın, manipülasyonlara ne kadar müsait olduğunun, istihbarat yönlendirmelerine ne kadar açık olduğunun, palavra haberlerin üstüne nasıl balıklama atlandığının, kanıtıydı.

*

ABD iftarı, Diyarbakır'ı karıştırdı.
ABD Adana Başkonsolosluğu tarafından Dağkapı meydanındaki belediye çadırında iftar verilecekti. 200 kişilik grup tekbir getirerek çadırı bastı, masayı sandalyeyi darmadağın etti, yemekleri yerlere döktü, "kahrolsun İsrail" sloganlarıyla ABD bayrağı yaktı. Çadırın hemen arkasında çevik kuvvet ekibi vardı, hiç müdahale etmedi. Yedi kişi yaralandı. İftar iptal edildi.

*

Çadırı basanlar Hüda-Par'lıydı. Hizbullah'ın siyasi kanadı olarak bilinen parti, 2013'te kurulmuştu. Diyarbakır Büyükşehir Belediye başkanı Gültan Kışanak "sokakta insanları satırlarla doğrama girişimiydi, ucuz atlatıldı" dedi.

*

ABD niye iftar veriyordu?
Adana Başkonsolosu Espinoza izah etmişti: "Bazen arkadaşlarımla dayanışma içinde olmak için oruç tutuyorum, dini özgürlükleri önemsiyoruz, bu iftarda oruç tutanlara saygımızı göstermek istedik, İslam'a olan saygımızı göstermek istedik."

*

Güzel ama... Türkiye'de 81 şehir vardı, İslam'a saygıyı göstermek için neden Diyarbakır seçilmişti? Adana konsolosu illa iftar vermek istiyorsa, neden Adana'da vermemişti? Merak edilmiyordu.

*

CHP milletvekili Bülent Tezcan, Adana'da yakalanan MİT TIR'larıyla alakalı tutanakları açıkladı. Üç TIR vardı. Her TIR'da ikişer sandık vardı. Sandıklar 3x3x2 metre ebatlarındaydı, TIR'ın kasasını kapsayacak büyüklükteydi. Birinci TIR'ın ilk sandığından, 30 adet roket, 450'ye yakın bombaatar mühimmatı çıkmıştı. Öbür sandıktan, 25 adet roket, havan mühimmatı ve uçaksavar mühimmatı çıkmıştı.

*

İkinci TIR'da 100 adet top mermisi vardı. Üçüncü TIR aranmamıştı, sandıkların kapağı kaldırılmıştı, çok sayıda mühimmat olduğu tespit edilmişti.

*

Tutanaklara göre, TIR'lar Ankara Esenboğa Havalimanı'ndan, geceyarısı 2.30'da, yabancı uyruklu bir uçaktan yüklenmişti. Şoförlerin beyanına göre, Reyhanlı'ya gidiyorlardı. Sınıra kadar gidiyorlar, sınırda MİT elemanları teslim alıyor, Suriye'ye geçirip IŞİD militanlarına veriyordu. Şoförler, bunu daha önce defalarca yaptıklarını söylüyorlardı.

*

Suriye'den Türkiye'ye geçmeye çalışan silahlı grup, jandarmaya denk geldi, çatışma çıktı, üç askerimiz şehit oldu. Genelkurmay'dan yazılı açıklama yapıldı, "çatışmada en az altı PYD/PKK mensubu terörist öldü" denildi. Böylece, PYD'nin PKK'dan farklı olmadığını, "aynı terörist örgüt" olduklarını kayda geçirmişti.

*

Tayyip Erdoğan bayram namazından çıkarken, "PKK'nın şehit ettiği üç askerimiz hakkında ne diyorsunuz?" diye soruldu. "PKK mı, PYD mi, orada bir yanlışınız var, benim bildiğim PYD diye açıklandı" cevabını verdi.

*

Tuhaf bir durumdu... Genelkurmay "PYD/PKK terörist" diyordu, Tayyip Erdoğan ise, hem PKK'ya toz kondurmuyor, hem PYD'ye terörist demiyor, hem de ikisinin farklı örgütler olduğunu ima ediyordu.

*

Amsterdam'dan Kuala Lumpur'a giden Malezya havayollarına ait yolcu uçağı, Ukrayna üzerinden geçerken füzeyle vuruldu, gökten insan yağdı, 298 kişi hayatını kaybetti. Ukrayna, ayrılıkçı Rusları suçladı. Ukrayna'ya ait askeri uçağı vurmaya çalışırken, radarda yanlış hedefe kilitlendikleri konuşuluyordu. Rusya bu hadisenin üstünü o kadar çabuk örttü ki, iddiaların doğru olduğu anlaşılıyordu. Yolcuların çoğu, Melbourne'deki AIDS konferansına giden Hollandalı delegelerdi. Canlı kargo olarak iki köpek, dokuz da kuş vardı.

*

Erzurum Üniversitelerarası Kış Oyunları için 2011'de inşa edilen kayakla atlama pistinde heyelan oldu. Kullanılmaz hale geldi. Milletin vergileriyle 60 milyon lira harcanmıştı, kum yığını oldu.

*

Şarkıcı Ferhat Göçer'in, boşandığı eşinden olan 17 yaşındaki kızı, babasının yargılanmasını istedi. Daha önce "babalık görevlerini yerine getirmediğini" belirterek, suç duyurusunda bulunmuştu ama, savcılık takipsizlik kararı vermişti. Bu nedenle, zehir zemberek dilekçe yazdı, üst mahkemeye başvurdu. Kalp hastası olduğunu ve ameliyat olduğunu belirten genç kız, "beni bu halimle bırakıp, Ömür Gedik ve onun kızıyla birlikte tatile gitti" diyordu. Bunca siyasi haberin arasında, bu magazin öne çıkmıştı. Gazetelerin internet sayfalarında en çok okunan haberdi. Dünya bile yıkılsa, sayın ahalimizin önceliği magazindi.

*

Ekmeleddin İhsanoğlu'na destek veren parti sayısı 14'e yükselmişti. Büyük Anadolu Kalkınma Hareketi, Devrimci Halk Partisi, Kadın Partisi, Halk ve Adalet Partisi, Toplumsal Uzlaşma Reform ve Kalkınma Partisi filan... Tabelası olan, seçmeni olmayan partilerdi. Hatta, böyle partilerimiz olduğunu bile ilk defa duyuyorduk. "Destek çığ gibi artıyor" falan deniyordu ama, bu destek veren partilerin seçmenlerini toplasan, bi stadyumu bile doldurmaları imkânsızdı.

*

Karacaahmet mezarlığına AKP pankartı asıldı.
Sanırsın, ahiretten oy istiyorlardı.

*

Ve, ahirete yönelik bu kampanya, ses getirdi... Beyin kanaması geçirip, 20 gün yoğun bakımda kalan Rize İyidere Belediye Başkanı Ahmet Mete, muhtarlara iftar verdi, "öbür dünyaya gittim geldim, öbür tarafta dedelerinizi gördüm, onlardan size selam getirdim, 10 Ağustos'ta Tayyip Erdoğan'a oy vermenizi istediler" dedi!

*

Bi ahiret kampanyası da Ekmeleddin bey başlattı. Adnan Menderes'in, Turgut Özal'ın, Necmettin Erbakan'ın, Bülent Ecevit'in, Alparslan Türkeş'in, Muhsin Yazıcıoğlu'nun kabirlerini ziyaret etti. Dua ederken poz verdi. Menderes'in mezarı başında konuşma yaparken, ağladı.

*

AKP bir türlü oy alamadığı Tunceli'yi haritadan sildi... Tayyip Erdoğan'ın kampanyası için internet sitesi açmışlardı, Türkiye haritası koymuşlardı, haritada 80 şehir vardı, Tunceli yoktu.

*

Ve... Polislere operasyon başladı.
Polisler, polislerin evini basıyordu.
Hem de sahurda.

*

Sürpriz olmamıştı. Çünkü, bir hafta önce, Sulh Ceza Hâkimleri Kararnamesi yayınlanmıştı. 112 sulh ceza hâkimi "süper yetkili hâkim" haline gelmişti. "Özel yetkili hâkimler" gitmiş, onların yerine "süper yetkili"ler gelmişti. Çoğunluğu, İstanbul ve Ankara'daydı. Yani... Polislerin tutuklama taleplerine itiraz edilirse, başka bir hâkimin serbest bırakma yetkisi olmayacaktı. Bu kararnamenin yayınlandığı gün "operasyonun eli kulağında" dedikodusu çıkmıştı.

*

Ergenekon ve Balyoz baskınlarını yapan polisler, tıpkı Ergenekon ve Balyoz'da yaptıkları gibi götürülüyordu. Subaylar, profesörler, gazeteciler için seyrettiğimiz filmi, şimdi onları hapse tıkan polisler için seyrediyorduk. Kameralar çağırılmıştı, elleri kelepçelenmişti, kafalarına bastırılarak polis otomobillerine sokuluyorlardı. 22 şehirde 76 polis gözaltına alınmıştı.

*

Ergenekon ve Balyoz dönemlerinde "casuslar, darbeciler" manşetlerini atan yandaş medya... Şimdi aynı manşetleri, polisler için atıyordu. Tek fark vardı, paralel kelimesi eklemişlerdi. "Paralel casuslar, paralel darbeciler" diyorlardı.

*

Emniyet müdürü Hayati Daşdağ, kelepçeli ellerini havaya kaldırdı, gazetecilere bu şekilde poz vererek, "haram lokma yemedim" diye bağırdı. Sosyal medya fenomeni oldu. Bu fotoğrafın baskısı bulunan tişörtler yapıldı.

*

Aynı gün... Salih Mirzabeyoğlu olarak tanınan Salih İzzet Erdiş, yeniden yargılama kararıyla tahliye edildi. İBDA-C'nin lideri olduğu gerekçesiyle 1999'da tutuklanmıştı, müebbete mahkûm edilmişti, 16 senedir hapis yatıyordu.

*

Yine aynı gün... Tayyip Erdoğan, son defa AKP grup toplantısına katıldı, "sürç-i lisan ettiysek affola diyorum, kalplerini kırdıklarımız varsa, bize hakkını helal etsin" dedi. AKP milletvekilleri hıçkıra hıçkıra ağladı.

*

51 polis tutuklandı.
Silivri'ye konuldular.

*

"Milli ordu"yu hapse tıkmışlardı.
Şimdi...
"İmamın ordusu"nu hapse tıkmışlardı.

*

Herkes Fethullah Gülen'den tırsıyordu ama...
Aslında, Tayyip Erdoğan'a dokunan yanıyordu.

*

Yurt Atayün, İstanbul terörle mücadele eski müdürüydü, Ergenekon ve Balyoz'un temellerini atan ekipteydi.
Wikileaks belgelerine göre, ABD Büyükelçiliği'ne Ergenekon soruşturmasıyla alakalı brifing verdiği iddia ediliyordu.
Canına kıyan yarbay Ali Tatar hakkında "deniz lisesindeki DHKP-C yapılanmasından sorumludur" şeklindeki tutanağı, o hazırlamıştı. Mehmet Baransu'nun savcıya getirdiği bavul'un belgelerini, o soruşturmuştu.
Ali Fuat Yılmazer, İstanbul istihbarat eski müdürüydü, Ergenekon, Balyoz, Odatv operasyonlarının kilit isimlerinden biriydi, Hrant Dink cinayetine göz yummakla suçlanıyordu.

Erol Demirhan, uzun seneler boyunca Ali Fuat Yılmazer'in yardımcısıydı, Yılmazer görevden alınınca, onun yerine İstanbul istihbarat müdürü olmuştu.
Ömer Köse, İstanbul terörle mücadele eski müdürüydü.
Yakub Saygılı, İstanbul mali şube eski müdürüydü, 17 Aralık operasyonunu yürüten polis şeflerindendi, 18 Aralık'ta görevden alınmıştı.

*

İlker Başbuğ, Star televizyonunda Nazlı Çelik'e konuştu. "Polislerin tutuklanmasını seyrederken neler hissettiniz?" sorusuna "karmaşık duygular içindeyim, bizlere büyük haksızlık yapıldı ama, kin duymuyoruz, adil yargılanmalarını istiyoruz" cevabını verdi. Genelkurmay başkanıyken, TSK'ya yönelik komplolarla alakalı liste hazırlayıp, Tayyip Erdoğan'a verdiklerini, herhangi bir sonuç alamadıklarını, "o listenin başında Ali Fuat Yılmazer'in olduğunu" söyledi.

*

İstanbul istihbarat eski müdür yardımcısı Ahmet Öztürk gözaltına alındığında, eşi 4,5 aylık hamileydi, o sıkıntıyla bebeğini kaybetti. Ahmet Öztürk tutuklanmadı, serbest bırakıldı ama, yoğun bakıma alınan eşi kurtarılamadı, 16 gün sonra vefat etti. İnsani trajediler bile, Ergenekon-Balyoz'la tıpatıp aynıydı.

*

17 Aralık'tan sonra düz savcı olarak Bolu'ya gönderilen Zekeriya Öz, twitter'dan "kimse diktatörlüğe özenmesin, sonu Saddam gibi, Kaddafi gibi olacaktır" diye yazdı. Tayyip Erdoğan anında cevap verdi, "bir savcı kalkıp o ülkenin başbakanına tweet sallıyor, tehditler savuruyor, HSYK hâlâ ne bekliyor?" dedi. Sonra da, Zekeriya Öz hakkında savcılığa suç duyurusunda bulundu.

*

AKP eski milletvekili Dengir Mir Mehmet Fırat, kurucusu olduğu AKP'nin üyeliğinden istifa etti. "Ağır vebali olduğu kanısına vardım" dedi.

*

Dink Ailesi, HSYK'ya başvurdu. Hrant Dink cinayetine adı karışan emniyet görevlilerine soruşturma izni çıktı. Dönemin Emniyet İstihbarat Daire Başkanı Ramazan Akyürek'in, dönemin Trabzon Emniyet Müdürü Reşat Altay'ın ve o dönemde Trabzon'da görevli polislerin sorumluluğu var mı, yok mu, savcılık tarafından incelenecekti. Bu durum da 17 Aralık'ın sonuçlarından biriydi. Daha önce ısrarla talepte bulunulmuş, soruşturma izni verilmemişti.

*

Ergenekon kumpası çökmüş, Balyoz kumpası çökmüş, İzmir'deki casusluk kumpası çökmüştü ama, İstanbul'daki sözde casusluk'un dramı sürüyordu. Polislerin tutuklanması sırasında, kelimenin tam manasıyla gargaraya gelmişlerdi. Yargıtay onadı, İstanbul'daki casusluk davasından tahliye edenlere yeniden hapis kararı çıktı. İki albay, bir yarbay, bir astsubay yeniden tutuklandı. İftiraya uğrayanlar özgürlüklerine kavuşurken, onların çilesi yeniden başlamıştı.

*

Irak'ta cumhurbaşkanlığı seçimini Kürt aday Fuad Masum kazandı. Uzun süredir hasta olan Talabani'nin koltuğuna oturdu. Aslında buna seçim denemezdi, atama demek daha doğruydu. Çünkü, Irak'ta yazılı olmayan anlaşma gereği, meclis başkanlığı Sünnilere, başbakanlık Şiilere, cumhurbaşkanlığı Kürtlere veriliyordu.

*

İstanbul Güngören'den Suriye'ye geçip, IŞİD'e katılan gençler vardı. Gazeteler Güngören'i mercek altına aldı. Görüldü ki... Haznedar İslami Araştırma Yaşatma ve Yardımlaşma Derneği diye bi dernek vardı, tabelasında "IŞİD sembolü" vardı!

*

Güngören'in yanısıra Bağcılar ve Fatih semtlerinden IŞİD'e militan toplanıyordu. Ceplerine harçlık konuluyordu, İstanbul, Ankara, Sakarya ve İzmit'ten Suriye'ye alenen dolmuş kaldırılıyordu. Bazı camiler "asker alma dairesi" gibi çalışıyordu, herkes biliyordu, polis dokunmuyordu.

*

Tevhid dergisinin organizasyonuyla, bayramın ilk günü, yüzlerce kişi İstanbul Ömerli'de buluştu.
"IŞİD pikniği"ydi.
Cihat çağrısı yapıldı.

*

Ankara-İstanbul hızlı tren seferleri başladı.
Yapımı 11 sene sürmüştü.

Üç sene gecikmeyle tamamlanmıştı.
Bismillah, başladığı gün arıza yaptı.
Elektrik teli koptu, camı çatladı, yarım saat durdu.
Tayyip Erdoğan trendeydi.
Oy toplayayım derken, fena madara olmuştu.

*

Gitti hat-trick yaptı, morali düzeldi!

*

Başakşehir Stadı açıldı, Fatih Terim adı verildi. Açılış töreninden sonra maç yapıldı. Turuncu takımda, Tayyip Erdoğan, spor bakanı Çağatay Kılıç, AKP il başkanı Aziz Babuşçu, futbol federasyonu başkanı Yıldırım Demirören, Hidayet Türkoğlu, Acun Ilıcalı ve Bilal vardı. Beyaz takımda, akil adam Yılmaz Erdoğan, Rizespor teknik direktörü Mehmet Özdilek, damat Berat Albayrak filan vardı. Tayyip Erdoğan "üç gol" attı, Tayyip Erdoğan'ın takımı 9-4 kazandı.

*

Öbürleri zaten normal ama...
Yılmaz Erdoğan'ın hali hakikaten üzücüydü.

*

Başbakan yardımcısı Bülent Arınç, kahkaha atan kadınları "iffetsiz" ilan etti. Bursa'da konuştu, "hayâ meselesi önemlidir, kadın iffetli olacak, mahrem-namahrem bilecek, herkesin içinde kahkaha atmayacak, hareketlerinde cazibedar olmayacak" dedi. Kadınlar bu tuhaf laflara kahkahalarla güldü.

*

Temmuz ayı geride kalırken... "Atatürk" biyografisiyle tanınan, İstanbul doğumlu İngiliz yazar Andrew Mango aramızdan ayrıldı.

*

DİSK Başkanı Kemal Türkler suikastından idamla yargılanan ve yedi TİP'linin öldürüldüğü Bahçelievler katliamından yedi defa idam cezasına çarptırılan Ünal Osmanağaoğlu, öldü. 19 sene firariydi, 1999'da yakalanıp hapse konulmuştu, zamanaşımı ve yargı paketi aflarıyla, 2012'de tahliye edilmişti. Tabutuna Türk bayrağı örtüldü. Cenaze törenine Devlet Bahçeli de katıldı.

*

Yeşilçam'ın unutulmazlarından Çolpan İlhan vefat etti, eşinin, Sadri Alışık'ın yanına defnedildi. Cenaze namazında tatsızlık yaşandı, Çolpan İlhan'ın modaevinde çalışan biri, yevmiyesini alamadığı gerekçesiyle "hakkımı helal etmiyorum" diye bağırdı.

*

Şarkıcı Murat Göğebakan, henüz 46 yaşında hayatını kaybetti. Tayyip Erdoğan için "Uzun Adam" adıyla şarkı bestelemiş, "çok sevdiğim bir abim" dediği Tayyip Erdoğan'a hediye etmişti. Seçim mitinglerinde çalınan şarkısında "2002'de bir güneş doğdu, gülmeyen halkıma bir umut oldu, gözleri yaman, göğsünde iman, kimse görmedi böyle başbakan" diyordu.

*

1966-74 seneleri, 1976-80 seneleri ve 1983-84 senelerinde Fenerbahçe'de başkanlık yapan, bir sezonda beş kupa birden kazandıran Faruk Ilgaz, rahmetli oldu.

*

Pele tarafından "dünyanın gelmiş geçmiş en iyi futbolcusu" olarak gösterilen, hem Arjantin, hem Kolombiya, hem de İspanya milli takımının formasını giyen, Arjantinli efsane Alfredo Di Stefano, hatıralarımızda yaşayacaktı.

*

Soğuk Savaşı bitiren isimlerden, Sovyetler Birliği'nin son dışişleri bakanı, Gürcistan eski devlet başkanı Eduard Şevardnadze, artık yoktu. 2003'te Sorosçu Gül Devrimi'yle istifa etmek zorunda kalmış, koltuğunu Saakaşvili'ye bırakmıştı.

*

1995'ten beri Şanlıurfa Göbeklitepe'deki arkeolojik kazıların başkanlığını yürüten Profesör Klaus Schmidt, Almanya'da öldü. Göbeklitepe, o güne kadar bilinen tarihi değiştirmiş, insanlığın en eski tapınak merkezi olduğu anlaşılmıştı. 2010'da, milattan önce 9 bin senesine ait "insan başı heykeli" ortaya çıkarılmış, ortaya çıkarıldığı gün çalınmıştı! Kültür bakanlığımız, eşi benzeri olmayan bu heykel çalındığı için, Profesör Klaus Schmidt'e 150 bin lira ceza kesmişti. 11 bin 600 senelik heykele, sadece 150 bin lira... Profesör Schmidt, 150 bin liralık para cezasını ödemiş ve hiçbir şey olmamış gibi kazılara devam etmişti.

AĞUSTOS

• Eyy Alevi, eyy Zaza • Affedersin Ermeni • Ak troller • Cumhurbaşbakanı • Şeyh Said meydanı • Mahsum Korkmaz heykeli • TEOG, imam cumhuriyeti • Ak Saray • Vahdettin Köşkü • Uçan saray • Huber Köşkü

Tayyip Erdoğan, Kuran-ı Kerim'le oy istedi.

Mardin'de miting meydanına çıktı, Kuran'ın Kürtçe mealini havaya kaldırdı, sallaya sallaya millete gösterdi, "12 sene önce böyle bir şey mümkün değildi" diye bağırdı. Dinin siyasete alet edilmesinde, bu kadarı ilk defa görülüyordu.

*

Ekmeleddin İhsanoğlu, Hatay'a geldi, ilk önce Hızır Aleyhisselam Türbesi'ne gitti, dua etti. Samandağ'da vatandaşlara konuştu, "ehlen ve sehlen" diyerek, Arapça selamladı. Sonra da laikliği tarif etti. "Laiklik demek, lekum diniküm veliyeddin demektir, herkesin dini kendine, bunu ben söylemiyorum, Cenab-ı Allah söylüyor" dedi. Dinin siyasete alet edilmesinde, Tayyip Erdoğan'la yarışıyordu.

*

Suudi Arabistan'ın devlet kanallarından Ekhbariya TV'nin haber bültenini, İngiltere stüdyosundan "başı açık spiker" sundu. Suudi tarihinde ilk'ti. Bizim devlet televizyonu TRT'de Kasım 2013'te haber bültenini "türbanlı spiker" Feyza Çiğdem sunmuştu. O da Türkiye tarihinde ilk'ti. Suudiler bile açılıyor, Türkiye örtünüyordu.

*

Fethullah Gülen gene beddua etti.

*

17/25 Aralık'tan hemen sonra ilk bedduasını etmişti, Tayyip Erdoğan "sülük, kan emici, paralel, darbeci, çete" deyince, ikinci bedduasını etti. "Sülük dediler bize, sülük nedir, kan emen, hakikaten birileri milletin kanını emiyor, bunlara ille cevap vermek istiyorsanız, şöyle dersiniz, kim paralelse, Allah onun belasını versin, kim sülükse, Allah onun bin belasını versin, sülüklerin evlerine ateş salsın, yuvalarını başlarına yıksın, kim çeteyse, kim örgütse, kim silahlı örgütse, kim milletine kötülük yapmak istiyorsa, kim milletin hakkı olan arpa kadar haram yemişse, Allah onun belasını versin" dedi.

*

Hakan Şükür hakkında "terör soruşturması" açıldı.

*

Gözaltına alınan cemaatçi polislere destek için Çağlayan'daki adliyeye gitmişti, polislerle hatıra fotoğrafı çektirmişti. Bu şekilde davranarak "sorgulamayı önlediği" iddia ediliyordu! Bir zamanlar yere göğe sığdıramayan yandaş medya, yerden yere vuruyordu. Utanmasalar "terörist Hakan Şükür" diyeceklerdi.

*

AKP'den istifa eden Dengir Mir Mehmet Fırat, cemaate yakın *Bugün* gazetesine konuştu. TSK ve MİT'e karşı, AKP'nin de cemaatçileri emniyete yerleştirdiğini söyledi. "Pensilvanya'yı suçluyor ama, emniyetteki atamalar üçlü kararnameyle yapıldı, içişleri bakanının, başbakanın, cumhurbaşkanının imzaları var" dedi. Bu atamalar yapılırken, Tayyip Erdoğan'ın gayet memnun olduğunu, "kıblemizin aynı olduğu insanlardan bize zarar gelmez" dediğini anlattı.

*

Tayyip Erdoğan seçim kampanyasında devlet imkânlarını sonuna kadar kullanıyordu. Başbakanlık makam Mercedes'iyle geziyordu. Ahali uyanmasın diye, sanki özel otomobilmiş gibi "06 BV 8534" plaka takılmıştı. Gazeteler bi araştırdı. Sahte çıktı! Çünkü aslında, 2009 model Fiat marka bi otomobile aitti.

*

Jet Fadıl, Tayyip Erdoğan'a mektup yazdı, yardım istedi. "Kardeşim" diye hitap ediyordu. "AKP'ye destek verdiği için, paralel yapının kendisine saldırdığını, Maldivler projesini paralel yapının bozduğunu" öne sürüyordu. Modaya uymuştu. "Paralel" filan dersem, belki yırtarım diye düşünüyordu.

*

Yüksek hızlı tren gene bozuldu.
Şalteri attı, elektriği kesildi, yolda kaldı.
Mazotlu kara tren çekti iyi mi!
Yolcuları otobüslerle gönderdiler.

Tam kepazelikti.

*

Alman *Der Spiegel* dergisi, tarihinde ikinci defa "Türkçe" ilave hazırladı, Türkiye'deki cumhurbaşkanlığı seçimini inceledi. 16 sayfalık özel ilavenin başyazısında "Tayyip Erdoğan padişaha dönüştü" deniyordu. *Der Spiegel,* Gezi olayları sırasında da, yine Türkçe "boyun eğme!" başlığını kullanmıştı.

*

Cumhurbaşkanı adayları, yasa gereği, seçim hesabı açtırıp, bağış toplayacaktı, kampanya masrafları bu bağışlarla yapılacaktı. Bir kişi en fazla dokuz bin lira bağış yapabilecekti.

*

Tayyip Erdoğan, Kocaeli'de çıktı kürsüye, "bankalara gidip paranızı yatırdınız mı, mesele para değil haaa, bir lira bile olsa yatırın, ben de varım deyin, bu tarihi olayı ıskalamayın" dedi.

*

Ekmeleddin İhsanoğlu jest yaptı, rakiplerine biner lira bağışta bulundu. Tayyip Erdoğan kabul etmedi, iade etti. Selahattin Demirtaş ise "hocam zahmet etmişsiniz, teşekkür ederim, öbüründe zaten çok var, hepsini bana yatırabilirsiniz" dedi.

*

Neticede, adayların skoru açıklandı.
Tayyip Erdoğan'a 1 milyon 614 bin kişi bağış yaptı.
59 milyon lira topladı.
Ekmeleddin İhsanoğlu'na 21 bin kişi bağış yaptı.
8,5 milyon lira topladı.
Selahattin Demirtaş'a 7 bin kişi bağış yaptı.
1 milyon lira topladı.

*

MHP milletvekili Sinan Oğan TBMM'de konuştu, "hükümet Türkmenlere niye sahip çıkmıyor?" diye sordu. Vay sen misin soran... AKP milletvekilleri saldırdı. İki değil, beş değil, 60 milletvekili birden saldırdı, yumrukladılar, tekme attılar. Sinan Oğan twitter'dan "60 Ak it saldırdı, ağızlarının payını aldılar, bunlar ülkücülere ancak 60'a tek saldırır" diye yazdı.

*

CHP milletvekili Gürsel Tekin, Bilal Erdoğan'ın ses kaydını dinletti. Milli Eğitim Bakanlığı bürokratlarıyla, TÜRGEV, İlim Yayma Cemiyeti, Ensar Vakfı toplantı yapmıştı, imam hatipler konuşulmuştu. Bilal Erdoğan "yakında imam hatip okullarında bir milyon öğrenci olacağını, bir milyona ulaşınca imam hatiplerin önünü kimsenin tutamayacağını" söylüyordu. "Yeni okullara kız okulu, erkek okulu diyelim, yani kız-erkek aynı kampüs içinde düşünmeyelim" diyordu.

*

Milli eğitimi, Bilal şekillendiriyordu.

*

Balyoz sanıkları tasfiye edildi.

Kumpas çökmüştü, Anayasa Mahkemesi tarafından haklarının ihlal edildiği tescil edilmişti, asrın iftirasına uğradıkları kesinleşmişti, nafile... Yüksek Askeri Şûra, zart diye kesti attı, Balyoz sanığı 11 general ve amirali emekliye sevketti. Kurmay albaylar ise, pasif görevlere gönderilmişti, adeta "istifa edin gidin" demek isteniyordu. Gayet açıktı... Terfi sırasında yarışarak geçilemeyen subaylar, TSK'dan atılarak, tasfiye edilerek geçilmişti. Komuta kademesi onlarsız şekillenecekti. Temize çıkmalarının önemi yoktu, bu Atatürkçü subaylar orduda istenmiyordu.

*

Seçime üç gün kala, Tarhan Erdem'in sahibi olduğu kamuoyu araştırma şirketi Konda, son anketini yayınladı. Tayyip Erdoğan yüzde 57, Ekmeleddin İhsanoğlu yüzde 34, Selahattin Demirtaş yüzde 9 görünüyordu.

*

Halbuki... Yüksek Seçim Kurulu "seçime 10 gün kala, adayların lehinde veya aleyhinde, vatandaşın oyunu etkileyebilecek yayın yapılmasını" yasaklamıştı. Resmen suç işleniyordu. Tarhan Erdem pişkindi. "Bir adayın lehinde veya aleyhinde propaganda yapmıyoruz, kimsenin oyunu etkilemiyoruz" diyordu.

*

Anketlerin nasıl maniple edildiği, Alo Fatih telefonlarından gayet iyi biliniyordu. Bu anketlerin tek amacı vardı, CHP ve MHP seçmeninde "nasıl olsa Tayyip Erdoğan kazanıyor" duygusu yaratmaya çalışıyorlardı. Bu duyguyu yayarak, CHP ve MHP'lilerin "hiç boşu boşuna sandığa gitmeyelim" demesini istiyorlardı.

*

Ve, maalesef çok başarılı olacaklardı.
Sandığa gitmeyenlerin sayısında rekor kırılacaktı.

*

Seçim bittikten sonra, iş işten geçtikten sonra, bu Tarhan Erdem denilen arkadaş "pardon" diyecekti. "Yanılgımız nedeniyle özür dileriz" diyecekti. İşin ekstra hazin tarafı... Tayyip Erdoğan'ın ekmeğine yağ süren, millete enayi muamelesi yapan Tarhan Erdem, eskiden CHP milletvekiliydi. CHP genel sekreterliği yapmıştı. Hatta, Ecevit hükümetinde sanayi bakanlığı bile yapmıştı.

*

CHP'linin CHP'ye ettiğini, kimse etmiyordu.
Böyle CHP'liler varken, AKP'nin işi çok kolaydı.

*

Tayyip Erdoğan'ın televizyon reklamları yayınlanmaya başlandı. Ezan vardı, dua vardı, seccade vardı. Dini duyguları sömürmek için elden gelen ne varsa yapılmıştı. MHP itiraz etti. Yüksek Seçim Kurulu reklamı yasakladı.

*

Seçim yaklaştıkça din dozunu artırıyordu. Mezhepleri miting kürsülerine taşıdı. İzmir'de konuştu, "Eyy Kılıçdaroğlu, sen Alevi olabilirsin, çekinme, korkma, çık söyle, bak ben Sünniyim, rahat rahat söylüyorum, milleti aldatma" dedi.

*

Etnik kökenleri kurcalamayı da ihmal etmiyordu, "öbürünü de biliyorsunuz, kendisi Zaza ama, Kürt kardeşlerimi aldatıyor" diyordu.

*

Kendi etnik kökeni hakkında ise, kendisi söylüyor, kendisi yalanlıyordu. 2004 senesinde Gürcistan'a gittiğinde "ben Gürcüyüm, ailemiz Batum'dan Rize'ye göç etmiş bir Gürcü ailesidir" demişti. Şimdi seçime üç gün kala, NTV'de canlı yayına çıkmış, "ya olduğun gibi görün, ya göründüğün gibi ol, benim için Gürcü diyenler oldu, ben Türk'üm" diyordu!

*

Kendisinin Türk olduğunu anlatırken, Ermenilere hakaret etti. "Benim için neler dediler, affedersin çok daha çirkin şeylerle Ermeni bile diyenler oldu" dedi. AKP'li olmayan herkese "ırkçı" damgası yapıştırıyorlardı ama, Ermeniliği anca "affedersin" diyerek, adeta küfürmüş gibi kullanıyorlardı.

*

Türkiye'deki Ermeni vatandaşların gazetesi *Agos*, "Allah affetsin" manşetiyle çıktı. Tarihi yorumda şöyle deniliyordu: "Kuran'ın Hucurat Suresi'nde bir ayet 'ey insanlar, biz sizi bir erkekle bir dişiden yarattık, sonra da birbirinizi tanıyasınız diye milletlere ve kabilelere ayırdık' der. Acaba başbakan sözlerinin hangi değerleri çiğnediğinin farkında mı? Ne diyelim, Allah taksiratını affetsin!"

*

AKP'nin "akil adamı" Etyen Mahçupyan'ın ne diyeceği merak ediliyordu. Hiç istifini bozmadı... *Akşam* gazetesindeki köşesinde, "affedersin Ermeni" meselesine hiç değinmedi, AKP güzellemesi yapmaya devam etti. "Yandaşlık" denilen kavram, işte tam olarak böyle bir şeydi. Ne etnik köken tanıyordu, ne mezhep.

*

Tayyip Erdoğan, cemaatin bankası olarak bilinen Bank Asya'yı batırmak için elinden geleni yapıyordu. Hatta TÜSİAD toplantısına katıldığında açık açık "o banka zaten batmış" demişti. Hal böyleyken... Ekonomiden sorumlu başbakan yardımcısı Ali Babacan, sürpriz bir açıklama yaptı, "kamunun da katılım bankacılığı sektöründe olmasını istiyoruz, Ziraat Bankası, Bank Asya'yı satın alırsa, kamunun da bir katılım bankası olmuş olur" dedi.

*

Anında "paralel" ilan edildi!

*

Tayyip Erdoğan'ın ekonomi danışmanı Yiğit Bulut, derhal televizyona çıktı, Ziraat Bankası'nın Bank Asya'yı alacağı yolundaki sözleri yalanladı, "başbakanın bilgisi dahilinde böyle bir girişim yok" dedi, Ali Babacan'ı spekülasyon yapmakla suçladı.

*

Sosyal medya bu hadiseyle çalkalanıyordu.
"Ak troller" Ali Babacan'a saldırıyordu.
Gizli cemaatçi olduğunu yazıyorlardı.

*

Siyasi hayatımıza "ak troller" kavramı girmişti. Twitter'a

facebook'a sahte isimlerle kaydolan, sosyal medyayı yalan bilgilerle maniple etmeye çalışan, AKP karşıtlarına hakaret ve iftira yağdıran isimsiz kişiler topluluğuydu. Gazetelerin internet sitelerine giriyorlar, haberlerin altına sanki sıradan vatandaşmış gibi AKP lehine yorumlar yazıyorlardı. Bu iş için "havuz" oluşturulduğu, ak trollere 800 lirayla 4 bin lira arasında maaş ödendiği öne sürülüyordu.

*

IŞİD, Erbil sınırına dayandı.
Amerikan uçakları ilk defa IŞİD'i bombaladı.
Mesaj gayet açıktı...
Peşmergeye dokunan yanardı!

*

Aslında, hangi Sünni hangi Şii'nin kafasını kesiyor, hangi mezhep hangi etnik kökeni havaya uçuruyor, hikâyeydi... Para kimin cebine giriyor, ona bakmak lazımdı. Irak'ın Şii bölgelerindeki petrol yataklarında 115 milyar varillik rezerv vardı. Kuzey Irak'ta 45 milyar varillik rezerv vardı. Doğalgaz rezervlerini saymıyorum, varın siz hesap edin. Şii Bağdat yönetimi, Irak'ın günlük üretimini 10 milyon varile çıkarmak istiyordu. Bunu başarırsa, petrol gelirlerinde Rusya'yı geçecek, Suudi Arabistan'la kafa kafaya gelecek, Suudilerin borusu eskisi gibi ötmeyecekti. Şırrak... IŞİD denilen örgüt, işte tam bu noktada ortaya çıkmıştı.

*

Irak petrolünün dünyaya ulaşmasının iki yolu vardı, ya Basra'dan çıkacak, ya Türkiye üzerinden çıkacaktı. IŞİD denilen örgüt, güneyle kuzeyin arasına tampon bölge gibi girince, Irak'ı karpuz gibi ortadan ayırınca ne olmuştu? Barzani'ye yaramıştı! Çünkü, Şii Bağdat yönetimi, Barzani'nin kendi başına petrol satmasına izin vermiyordu. Şimdi kim ne diyebilirdi? Barzani, kuzeydeki petrolü istese bile Basra'ya gönderemezdi, mecburen Türkiye üzerinden gönderecekti. Barzani, IŞİD sayesinde, şakır şakır Türkiye üzerinden petrol satacaktı. En geç on sene içinde Katar emiri, Dubai şeyhi kadar zengin olacaktı. AKP'den önce şıpıdık terlikle dolaşan Barzani, 2014 itibariyle Exxon, Chevron, Hunt Oil, Addax, Heritage Oil, Total, Gazprom gibi dünya devleriyle ortak olmuştu. Kimin, kimin kafasını kestiğine değil... Para kimin cebine giriyor, ona bakmak lazımdı.

*

Seçime bir gün kala...

Hürriyet Genel Yayın Yönetmeni Enis Berberoğlu istifa etti. Beş senedir o koltukta oturuyordu. Yazar olarak bile kalmadı, bünyeden komple ayrıldı. Genel yayın yönetmenliğinden önce *Hürriyet*'in Ankara temsilcisiydi. Kendisi İstanbul'a gelince, Ankara'daki koltuğuna Metehan Demir'i oturtmuştu. Tam 16 Aralık 2013'te... Metehan Demir herhangi bir açıklama yapılmadan görevden alınmıştı. Ertesi gün, 17 Aralık'ta Rıza Sarraf'la birlikte bakan çocukları basılmıştı. Metehan Demir'in Egemen Bağış'la bakara makara tapeleri çok konuşulmuştu ama, Ankara temsilciliği görevinden alındığı tarih de, hakikaten pek tarihiydi!

*

Tayyip Erdoğan cumhurbaşkanlığına koşarken, başbakanlık dönemine ait bilançolar ortaya saçılıyordu. Açtığı yara çok büyüktü.

*

Gelmiş geçmiş tüm başbakanlardan fazla borç yapmıştı.

58 başbakan 80 senede 260 milyar lira borç almıştı.

Tayyip Erdoğan'ın tek başına aldığı borç 333 milyar liraydı.

*

Göreve geldiğinde dış borcumuz 130 milyar dolardı.

Üçe katladı.

Türkiye'nin dış borcunu 387 milyar dolara çıkardı.

*

12 senede örtülü ödenekten 25 milyar lira harcamıştı.

O günkü kur itibariyle 11 milyar dolardan fazlaydı.

*

Habire faiz lobisini hedef gösteriyordu ama...

Faiz rekoru kırmış, 12 sene 600 milyar lira faiz ödemişti.

*

Devletin 52 milyar dolarlık malını-mülkünü satmıştı.

*

Vatandaşın bankalara olan borcu 4 milyar dolardı.

160 milyar dolara çıkmıştı.

*

42 milyon kişinin borcu vardı.

*

Cari açık 626 milyon dolardı.
83 kat artırdı.
Cari açık 52 milyar dolara çıktı.
*
Ülkenin döviz bilançosu 85 milyar dolar açık veriyordu.
Beşe katladı, 423 milyar dolara çıktı.
*
İktidara geldiğinde, bir litre mazot 1.1 liraydı.
Cumhurbaşkanlığına çıkarken, bir litre mazot 4,5 liraydı.
*
İşlenen tarım alanı 239 milyon dönümdü.
206 milyon dönüme inmişti.
*
Tarihte ilk defa, saman ithal etmiştik.
*
2003'te icralık dosya sayısı 9 milyondu.
2014'te 21 milyonu geçmişti.
*
Seçim günü... "Çankaya'ya çıkarsanız frak giyecek misiniz?" diye sordular. "Bizim geleneğimizde yok" cevabını verdi. Halbuki, Tayyip Erdoğan'ın geleneğinde, gerekirse "papaz kıyafeti giymek" vardı. Frak alerji yapıyordu herhalde!
*
Seçim günü... Mısır yüksek mahkemesi, Mursi'nin lideri olduğu, Müslüman Kardeşler'in siyasi kanadı Hürriyet ve Adalet Partisi'ni kapattı. Rabia'cılar yasaklanmıştı.
*
Seçim günü... Facebook'ta sanal özerklik ilan edildi, Diyarbakır'ın, Van'ın, Tunceli'nin adı değiştirildi. "Şehir konumu"nu tıklayan kullanıcılar, Diyarbakır yerine Amid, Van yerine Tuşba, Tunceli yerine Dersim'i görüyordu.
*
10 Ağustos 2014.
Sandığa gittik.
Recep Tayyip Erdoğan, cumhurbaşkanı seçildi.
*
Ayakkabı kutuları, yatak odalarında kasalar, kol saatleri, paraları sıfırla filan... Sayın ahalimiz bana mısın dememişti.
*

Yüzde 51.8 oy aldı.
Ekmeleddin İhsanoğlu yüzde 38.4'te kaldı.
Selahattin Demirtaş yüzde 9.7'ydi.

*

Seçime katılım yüzde 74'tü.
Son 12 senenin en düşük katılım oranıydı.

*

Yurtdışında 2 milyon 790 bin seçmen vardı. Sadece 232 bini oy kullandı. Gurbetçiler, ne haliniz varsa görün demişti.

*

30 Mart'taki son yerel seçimin rakamlarına göre, beş milyon küsur kişi sandığa gitmemişti. Oy kullanmayanlardan biri 10'uncu Cumhurbaşkanı Ahmet Necdet Sezer'di.

*

Geriye kalan 5 milyon kişi kimdi?

*

Tayyip Erdoğan, AKP kadar oy almıştı.
Selahattin Demirtaş, HDP kadar oy almıştı.
CHP-MHP toplamı, 20 milyonken 15 milyona düşmüştü.
Hesap ortadaydı, çatı aday tutmamıştı.

*

CHP mi daha fazla fire vermişti, yoksa MHP mi? İki taraf da topu birbirine atıyordu. Peki, Saadet Partisi'nin oyları kime gitti? BBP oyları ne oldu? AKP hiç fire vermedi mi? Elbette net olarak bilinemezdi. Çatı aday saçmalığının bir diğer sonucu buydu. Hangi partinin seçmeni sandığa gitmedi, o bile belli değildi.

*

Anketlerin yalan olduğu bir defa daha kanıtlandı. Yüzde 60'a yakın oy oranıyla seçileceği söylenen Tayyip Erdoğan, kılpayı seçilmişti. "Nasıl olsa kazanacak, hiç boşuna sandığa gitmeyelim" duygusu yaratılmasaydı... İlk turda kesinlikle seçilemeyecekti, ikinci turda seçilse bile, adeta dayak yiyerek çıkmış olacaktı.

*

Rıza Sarraf, vatandaş olarak ilk defa oy kullandı. Gazeteciler "kime oy verdiniz?" diye sordu. "Valla ben pusulada bir aday gördüm, başka aday var mıydı?" cevabını verdi. Ne şirin di mi... Sadece hayırsever değildi, pek de espriliydi!

*

Erdoğan ailesi, tam kadro balkona çıktı.

Tayyip Erdoğan, eşi Eminanım, oğlu Bilal, kızları Esra'yla Sümeyye, gelini Reyyan, damadı Berat, ahaliye el salladılar.

Ahali de "Türkiye sizinle gurur duyuyor" diye tezahürat yaptı.

*

Aslında yanlış tezahürat yapmışlardı.

"Yeni Türkiye sizinle gurur duyuyor" demeleri lazımdı.

*

Çünkü... Tayyip Erdoğan balkon konuşmasında "sadece Tayyip Erdoğan kazanmadı, Kâbil, Beyrut, Şam, Halep, Üsküp, Ramallah, Eriha, Gazze, Kudüs de kazandı, bugün yeni Türkiye'nin kuruluş yıldönümüdür" diyordu.

*

Seçim bitmiş, Türklük gitmişti.

Seçime üç gün kala "Türk'üm" diyen Tayyip Erdoğan, balkonda ağız değiştirmişti. "Türk, Kürt, Arap, Laz, Gürcü, Boşnak, Çerkez, Roman, Pomak'tan önce, Rum'dan Ermeni'den önce Türkiyeli vardır" diyordu. Türk gitmiş, gene Türkiyeli gelmişti.

*

Alman *Bild* gazetesi "Sultan kazandı" başlığını attı. Amerikan *The Wall Street Journal* "Tayyip Erdoğan halkı bölmesine rağmen, Türkiye'nin en popüler politikacısı" yorumunu yaptı. İtalyan *La Stampa* "İslami lider Tayyip Erdoğan, laik muhalefete karşı sekizinci defa zafer kazandı" diye yazdı.

*

Ekmeleddin İhsanoğlu, ertesi sabah Yeniköy'deki evinden çıktı. Gazeteciler mikrofon uzattı. "Bende laf bitti, çok mutluyum, Allah hayırlı uğurlu etsin" dedi.

*

CHP seçmeninin ağlamaktan gözleri şişmişti.

CHP adayı "çok mutluyum" diyordu!

*

CHP milletvekilleri Emine Ülker Tarhan, Süheyl Batum, Birgül Ayman Güler, Dilek Akagün Yılmaz, Nur Serter ve İsa Gök, TBMM'de basın toplantısı düzenledi, Kemal Kılıçdaroğlu'nu istifaya davet etti, kurultay çağrısı yaptı.

*

Kılıçdaroğlu, muhalif milletvekillerini "hastalığa" benzetti, "hem seçim bölgene gidip çalışmayacaksın, hem eleştireceksin, CHP'yi bu eski hastalıktan kurtarmak lazım, bu arkadaşları partiye getirmekle hata etmişim, pişmanım" dedi.

*

2009'da Kadir Topbaş'a karşı kaybettiğinde "bizim başarısızlığımız olarak görülmemeli, oylarımızı artırdık, güzel bir gelişme" demişti.
2010 referandumunda, seçmen kâğıdı çıkarmayı unutmuştu, oy kullanamamıştı, "talihsizlik oldu, her şeye rağmen olumlu sonuç aldık, iyiye işarettir" demişti.
2011 genel seçiminden önce "yüzde 30'un altında oy alırsam çeker giderim" demişti, yüzde 26 almıştı, gitmemişti, "yeni oydaşlar kazandık, en başarılı dönemimizdeyiz, bir sonraki seçimde iktidarız" demişti.
2014 yerel seçimini gene AKP kazanmıştı ama, "sonucu başarısızlık olarak görmüyorum, sevindirici bir çizgimiz var, kararlılıkla yukarı gidiyor" demişti.
Ve şimdi, cumhurbaşkanlığı seçimini kaybetmesine rağmen, "seçimin galibi Tayyip Erdoğan değildir, Ekmeleddin İhsanoğlu'dur, siyaset dünyamız çok önemli bir aktör kazandı, bugün seçim olsa yine Ekmeleddin beyi aday gösterirdim" diyordu.

*

Bi anlık gaflet değildi.
Beş seçimlik dalaletti.

*

Bülent Ecevit'in kasketini Kılıçdaroğlu'na hediye eden Yüksel Demirsoy, mektup yazdı, Yeni CHP'yi eleştirdi, kasketi geri istedi. İzmir Gaziemir eski ilçe başkanı olan Yüksel Demirsoy, Ecevit'in yadigârı olan kasketi, 2010'da, Kılıçdaroğlu'nun genel başkan seçildiği ilk kurultayda hediye etmişti. Kılıçdaroğlu kürsüde o kasketle poz vermiş, "Yeni Karaoğlan" başlıklarıyla manşet olmuştu.

*

Tayyip Erdoğan cumhurbaşkanı seçilmişti ama, ne başbakanlığı bırakmıştı, ne de AKP genel başkanlığını... "Cumhurbaşbakanı" olmuştu. Bu durum Anayasa'ya aykırıydı. Anayasa'nın 101'inci maddesine göre, cumhurbaşkanı seçilir seçilmez, milletvekilliğinin ve parti üyeliğinin düşmesi gerekiyordu.

Resmen suç işleniyordu.

*

Yargıtay Onursal Başkanı Profesör Sami Selçuk "lamı cimi yok, Tayyip Erdoğan derhal başbakanlıktan istifa etmeli" dedi. Profesör İbrahim Kaboğlu "Tayyip Erdoğan'ın başbakanlıktan istifa etmemesi, bir tür anayasal darbedir" dedi. AKP'nin 2007'de anayasa taslağını hazırlayan Profesör Ergun Özbudun bile, "Tayyip Erdoğan'ın artık başbakanlık yapması hukuka aykıdır" diyordu.

*

AKP kurmayları ise, minareye kılıf uydurmaya çalışıyor, "henüz cumhurbaşkanlığı yemini etmedi, yemin ettikten sonra cumhurbaşkanlığına başlamış sayılır" diyordu. Halbuki, Anayasa'da "göreve başlayınca milletvekilliği sona erer" demiyordu, "seçilince sona erer" diyordu.

*

Peki neydi?

Tayyip Erdoğan'ın cumhurbaşkanlığı yeminini etmeden önce, dokunulmazlığının kaldırılmasına tahammülü yoktu. Bir saniye bile dokunulmaz olmak istemiyordu. O bir saniye içinde kendisine savcılık operasyonu yapılmasından korkuluyordu. Milletvekili dokunulmazlığıyla cumhurbaşkanlığı dokunulmazlığı birbirinden farklı kavramlardı ama... Cumhurbaşkanı yeminini ettikten sonra, hiçbir savcının çıkıp da cumhurbaşkanı hakkında dava açması mümkün görünmüyordu.

*

Yüksek Seçim Kurulu Başkanı, TBMM'ye geldi, seçim sonucunun yazılı olduğu mazbatayı TBMM Başkanı Cemil Çiçek'e resmen teslim etti.

*

Cumhurbaşkanlığı Seçim Kanunu ne diyordu? "Seçimin kesin sonuçları, yüksek seçim kurulu tarafından TBMM başkanlığı ile cumhurbaşkanlığı makamına bildirilir, kamuoyuna ilan edilir, *Resmi Gazete*'de yayımlanır" diyordu.

*

Kanun bu kadar net tarif ediyordu. Seçim sonucu YSK tarafından TBMM başkanına bildirilmişti. Buna rağmen... *Resmi Gazete*'de yayımlanmıyordu. Hukuksuzluğun böylesi, tarihte ilk defa görülüyordu.

*

Çünkü... 27 Ağustos'ta AKP kongresi yapılacaktı, yeni genel başkan, yani yeni başbakan seçilecekti. Tayyip Erdoğan, cumhurbaşkanlığı seçim sonucunu *Resmi Gazete*'de yayınlatmayarak, AKP kongresine hem cumhurbaşkanı, hem başbakan, hem milletvekili, hem AKP genel başkanı olarak girmek istiyordu!

*

Hürriyet'ten ayrıldım.

"Başbakan kim olsun?" başlıklı yazı yazmıştım. "Bu yazıyı yayımlayamayız, içeriğinde hukuken sorun yok ama, sıkıntı olur" dediler. "Siz bilirsiniz" dedim. İşverenin çalıştırma hakkı olduğu gibi, çalıştırmama hakkı olduğuna da inanırım. Ayrıldım. Söz konusu yazım şöyleydi...

*

"Başbakan kim olsun?

Valla benim içimden geçen isim, Bilal.

Birincisi, devlette devamlılık esastır.

Devlet dediğin babadan oğula'dır.

İkincisi, hiç unutmam, 2005 senesinde Brüksel'deki NATO zirvesinde, ABD Başkanı Bush, İngiltere Başbakanı Blair ve bunun babası bir araya gelmişti. Bush parmağıyla bunu gösterip 'çalışıyor mu bu?' diye sormuştu. Babası 'çalışıyor' demişti. Bush da bir saniye önce çalışıp çalışmadığını bile bilmediği halde 'çok akıllı bir çocuk' demişti. Blair de gülerek 'tıpkı babası gibi' demişti.

Üçüncüsü, Bush'la Blair haklıydı, hakikaten çok zeki bi çocuk... Küçükken okuyacak parası bile yoktu, Remzi'nin bursuyla okudu. Şimdi, çalışarak kazandığı paralarını 48 saat sıfırlıyor, hâlâ 30 milyon avrosu kalıyor, zekâsını düşün yani.

Dördüncüsü, milletvekili olmasına filan gerek yoktur, doğuştan milli egemendir, 23 Nisan doğumludur. Seçim meçim yapılmasın, çocuk bayramı'nda makama oturtulsun, bi daha kalkmasın, ister assın ister kessin.

Beşincisi, vakıfçı olduğu için, memlekete dair her mevzuya vâkıftır. Babası ne zaman sıkışsa onu arar, telefon eder, Fenerbahçe'yi şöyle yap der, telefon eder, şu işadamını kucağa oturt der, telefon eder, çiftlik ne oldu diye sorar. Gerçi biraz

yavaş anlar, habire anlamadım babacım der ama, olsun, o kadar kusur kadı kızında da olur, imam oğlunda da olur. Bilal'den şahane başbakan olur.
Bilal olmazsa...
Hayırsever Rıza cuk oturur.
O da maaşallah Bilal gibi zekâ küpü, henüz 26 yaşındayken 86 milyar dolarlık altın ihracatı yaptı. Ayrıca, bakanların yarısı zaten emrinde... Hayırsever olduğu için, seviyor bakanlarımızı... Kimine kol saati alıyor, kimine takım elbise alıyor, kimine çikolata kutusu gönderiyor. Bakanlarımız da onu seviyor. Mesela, içişleri bakanımız, gerekirse önüne yatıyor. Başbakanımız 'yuh çekersen tokadı yersin' diyor, vatandaşları yumrukluyor, yerlerde tekmeletiyor, Rıza da 'hırsız var' diyeni korumalarına yakalattırıyor, ağzını burnunu kırdırtıyor.
Tam halef-selef olsun.
Böyle başa böyle tarak olsun.
Yok eğer Rıza da uymazsa...
Müteahhit Cengiz olsun.
Malum 'tecavüz kaçınılmazsa zevk almaya bak' derler, nasıl olsa milletin orasına koyacak, bari başbakan olarak koysun. Ahaliyi donuna kadar soymalarına rağmen, ahali itiraz edeceğine 'soyuyorsa beni soyuyor, sana ne' diye kavga ediyorsa... 'Gör bak, milletin orasına koyacağız' diyen müteahhit Cengiz'e törenle plaket veriliyorsa... Allah yardımcımız olsun, müteahhit Nihat da bu Cengiz'in başbakan yardımcısı olsun.
Çünkü n'aapsın bu şartlarda Nihat, koymazsa kabahat.
Müteahhit Cengiz de olmazsa...
Sayın Apo olsun.
Hatırlarsınız, tapesi sızmıştı, 'Tayyip'in beni üçüncü kişi olarak konumlandırması tesadüf değil' demişti. Nedir devlet protokolü? Birinci kişi cumhurbaşkanı, ikinci kişi meclis başkanı, üçüncü kişi başbakan... E madem öyle, tesadüf olarak kalmasın, resmiyet kazansın, Yeni Türkiye protokolüne geçilsin, Apo tek başına olmasa bile, hiç olmazsa eşbaşbakan olsun.
Yasin el Kadı dışişleri bakanı olsun.
Recep İvedik kültür bakanı olsun.
Orhan Gencebay, Bülent Ersoy, Hande Yener, Mustafa Sandal, Alişan, Cengiz Kurtoğlu, Berdan Mardini, Ece Erken, Şafak

Sezer kabineye girsin, Burhan Kuzu gene bir şey yapılmasın, düz milletvekili kalsın, delirsin.
Acun, hükümet sözcüsü olsun.
Google'dan ayet sallayan, bakara makaracı Egemen Bağış'ı da Ekmeleddin'den boşalan İslam İşbirliği Teşkilatı'nın başına getirdin miydi, tadından yenmez gari."

*

Ayrılmama sebep olan yazı, buydu.

*

Hürriyet'te yedi sene yazdım.
Tek dava bile kaybetmedim.
Tek tekzip bile yemedim.

*

Seçimden bir gün sonra... Taa iki ay önce Diyarbakır'daki askeri üssün bayrağını indiren Ömer Mutlu yakalandı ve tutuklandı. Zamanlama muhteşemdi. Belli ki, "açılım bölgesi"nde tatsızlık çıkmasın diye, seçimden önce dokunulmamış, seçimden sonra yakalanmıştı. Bayrağı indirdiğinde "ne yaptığının farkında olmayan çocuk" denmişti, 26 yaşında olduğu ortaya çıktı.

*

Diyarbakır büyükşehir belediyesi, Dağkapı Meydanı'nın adını değiştirdi, Şeyh Said Meydanı yaptı. 1925'te istiklal mahkemesi tarafından 47 arkadaşıyla beraber suçlu bulunarak, adının verildiği Dağkapı Meydanı'nda asılmıştı.

*

Mahsum Korkmaz'ın heykeli dikildi.

*

PKK ilk defa 1984'te Siirt Eruh'ta vurmuştu. O saldırıyı yöneten terörist, Mahsum Korkmaz'dı. 1986'da Gabar dağındaki çatışmada öldürülmüştü. PKK tarafından onore edilmiş, önce Bekaa vadisinde, sonra Kandil dağında, Mahsum Korkmaz Akademisi kurulmuştu. Geçen sene Diyarbakır Lice'nin Yolçatı köyünde PKK mezarlığı açılmıştı. "PKK şehitliği" deniyordu. Ve, işte o mezarlığın kapısına da Mahsum Korkmaz'ın heykeli dikilmişti.

*

Açılım süreciyle "barış" gelecek diyorlardı ama...
Heykelde kalaşnikov vardı.

*

İçişleri Bakanı Efkan Ala "fiberglas maddeyle yapılmış, basit bir heykel" dedi. Sanırsın içişleri bakanı değil, sanat eleştirmeniydi!

*

Ertesi gün anlaşıldı ki, heykel oraya yeni dikilmemişti... Sekiz aydır oradaydı. Vali, kaymakam, asker, polis, sayın devletimiz seyretmiş, hiç sesini çıkarmamıştı. Ulusal basında haber olana kadar, görmezden gelinmişti.

*

Diyarbakır Başsavcılığı soruşturma açtı, Lice sulh ceza mahkemesi "suç eşyası" olduğu gerekçesiyle, el konulmasına karar verdi. Heykel, jandarma tarafından yıkıldı. Yıkım sırasında çatışma çıktı, bir kişi öldü, yaralananlar oldu.

*

Heykel ayaklar altına alındı. Bazı askerler, heykeli indirdikten sonra kafasına basarak poz verdiler, fotoğrafını çekip, sosyal medyada paylaştılar. Diyarbakır valisi, heykele basan askerler hakkında soruşturma başlatıldığını açıkladı.

*

Heykelin yıkıldığı gün, PKK vurdu. Van Saray'da uzun namlulu silahlarla ateş açıldı, 23 yaşındaki teğmen Emre As, şehit oldu. Son 18 aydır ilk şehitti. 7 Ocak 2013'ten bu yana ilk pusuydu.

*

Mahsum Korkmaz heykeline karşılık çirkin misilleme başlatıldı. Diyarbakır'da molotof atarak Atatürk heykelini yaktılar. Şırnak'ta, Hakkâri'de, Van'da, İstanbul Esenyurt'ta, Kocaeli'de, Sakarya'da, Antalya'da Atatürk heykellerine saldırdılar.

*

Mehmet Aksoy'un İnsanlık Anıtı'na "ucube" diyenler, Mahsum Korkmaz heykeline gıkını çıkarmamıştı. Şimdi de, Atatürk heykellerinin yakılmasına, çekiçlerle kırılmasına, yıkılmasına sessiz kalıyorlardı.

*

Van milletvekili Aysel Tuğluk, PKK'nın en güçlü dönemini yaşadığını belirterek, "isterse savaş seçeneğine yönelebilir ve sonuç alabilir" dedi. Müzakereye devam edilebilmesi için... Öcalan'a "sekreterya" verilmesini, Öcalan'ın Kandil'le görüşebilmesini, medyayla buluşabilmesini, farklı heyetlerin İmralı'ya gidebilmesini istedi.

*

Diyarbakır'da bir gün arayla iki polis şehit edildi.
Failleri yakalanamadı.

*

Washington Post gazetesi, Türkiye'nin IŞİD'e adeta kırmızı halı serdiğini, IŞİD'in ihtiyaç malzemelerini almak için Reyhanlı'yı alışveriş merkezi gibi kullandığını, IŞİD militanlarının Türkiye hastanelerinde tedavi edildiğini yazdı.

*

Washington Post muhabirleri, Ebu Yusuf isimli IŞİD komutanıyla Reyhanlı'da buluşup, röportaj yapmıştı. Ebu Yusuf "ülke kavramına inanmıyoruz, amacımız bütün sınırları yok etmek, bizim için önemli olan Sünni hâkimiyeti" diyordu.

*

Petrol kaçakçılığının ayyuka çıktığını, kaçak boru hatları döşendiğini belirten *Washington Post*, sınırdaki pek çok Türk kasabasının çiftçiliği bırakıp, akaryakıt kaçakçılığına başladığını anlatıyordu.

*

Alman devlet televizyonu ARD, terör örgütü IŞİD'in İstanbul'u "askerlik şubesi" gibi kullandığını, Fatih semtinde bürosunun olduğunu duyurdu. Avrupa ülkelerinden iki bin militanın IŞİD'e katıldığını, İstanbul Fatih üzerinden Suriye'ye geçtiklerini, ceplerine 400'er dolar harcırah konulduğunu öne sürdü.

*

Aynı Alman televizyonu ARD, İstanbul Fatih haberinden bir gün sonra, Gaziantep'teki IŞİD kampını yayınladı. Almanya'dan gelen militanların Gaziantep'te eğitildiği ve kontrolsüz şekilde sınırın öte tarafına geçirildiği anlatılıyordu. Gaziantep valisi haberi yalanladı, söz konusu görüntülerin Gaziantep'te değil, herhangi bir yerde çekilmiş olabileceğini söyledi.

*

Kendi topraklarımızda olan biteni, Amerikan basınından, Alman basınından öğreniyorduk. Çünkü sayın basınımız... Tayyip Erdoğan'ın yurtdışı seyahatlerine 50 tane yazarla katılıp, dünyanın öbür ucundan canlı yayınlar yapıyordu ama, Tayyip Erdoğan korkusundan Suriye sınırına muhabir bile göndermiyordu.

*

İki sene önce Suriye'de kaçırılan Amerikalı gazeteci James Foley'nin başı kesildi. İnfaz videosu yayınlandı. IŞİD'in maskeli celladı Londra aksanıyla konuşuyordu. İngiliz vatandaşı Abdel Majed Bary olduğu tespit edildi. Mısır kökenliydi. Babası insan hakları örgütlerinde çalışıyordu, 1993'te İngiltere'ye göç etmişlerdi. IŞİD'e katılmadan önce Londra'da bir hiphop grubunda solistti. IŞİD saflarında 500 kadar İngiliz vatandaşı olduğu biliniyordu.

*

15 gün sonra, bir başka Amerikalı gazeteci Steven Sotloff'un da başı kesildi. Geçen sene Suriye'de kaçırılmıştı. Aksanı ve bıçağı sol eliyle tutuş şekli, IŞİD celladının yine aynı cellat olduğunu gösteriyordu.

*

Antalya'da harem-selamlık plaj açıldı. AKP'li büyükşehir belediye başkanı Menderes Türel tarafından icat edilmişti, ücretsizdi, sadece kadınlar girebilecekti. Turizm başkentimiz, sosyal açıdan 100 sene geriye gitmişti.

*

Ankaralı bir vatandaş "06 RTE 53" plakalı 1988 model Tofaş Serçe otomobilini internetten satışa çıkardı. Hem Recep Tayyip Erdoğan'ın başharflerini, hem de Rize'nin plaka numarasını taşıyordu. 9 bin liraya alıcı buldu. Satın alan kişi, galericiydi. Otomobille beraber 9 bin liraya aldığı plakayı, 500 bin liraya satılığa çıkardı. "235 bin lira veren oldu ama, ben aslında bu plakayı cumhurbaşkanımıza hediye etmek istiyorum" dedi.

*

Kalp cerrahı Profesör Bingür Sönmez, Sarıkamış'ta silahlı saldırıya uğradı, kolundan ve bacağından vuruldu, ölümden kılpayı kurtuldu. Saldırgan, Sarıkamış eski belediye başkanı AKP'li İlhan Özbilen'di. Vefasızlıkta doruk noktasıydı... Hayatını Sarıkamış şehitlerine adayan Profesör Bingür Sönmez, Sarıkamış'ta, Sarıkamışlı biri tarafından vurulmuştu.

*

Peki AKP'li eski belediye başkanının silaha sarılma sebebi neydi? Bingür Sönmez, yerel seçimden önce bir toplantıda tesadüfen Tayyip Erdoğan'la karşılaşmıştı. Bingür Sönmez'in Sarıkamış'a katkısını bilen Tayyip Erdoğan, mevcut belediye başkanını nasıl bulduğunu, yerine kimi önerdiğini sormuştu.

Bingür Sönmez, Göksal Toksoy'un adını vermiş, Tayyip Erdoğan da Göksal Toksoy'u aday göstermişti. Eski başkanın, Bingür Sönmez'e husumeti buradan kaynaklanıyordu.

*

CHP milletvekili Ali Özgündüz, çok çarpıcı bir iddiayı dile getirdi. "Mahkeme 25 Aralık'ta gözaltı kararı veriyor, polisler gözaltına almak için Bilal Erdoğan'ın evine gidiyor, başbakanlık koruma ekibi silah çekiyor, dönemin başbakanlık müsteşarı Efkan Ala'nın talimatıyla 'yaklaşanı vurun' deniyor, mahkeme kararı uygulanamıyor, gözaltına almaya giden polisler görevden alınıyor" dedi.

*

Gezi olaylarında polis kurşunuyla öldürülen Ethem Sarısülük'ün avukatı "terörist" ilan edildi! Türkiye İhtilalci Komünistler Birliği'ne üye olduğu iddiasıyla soruşturma başlatıldı. Adliye önünde basın açıklaması yapması, vatandaşları bu davayı izlemeye çağırması, Ethem Sarısülük adına kurulan kütüphanenin açılışına katılması "terörist eylem" olarak nitelendirilmişti.

*

Fransa'da sürgünde yaşayan Cem Uzan, *Sözcü* gazetesine konuştu. O da faturayı cemaat'e kesti. "İlk kumpas benim aileme kuruldu, Ergenekon'dakileri, Balyoz'dakileri darbeci diye hapse attıranlar, benim ailemi de hırsız ilan etti, Fethullah Gülen'in bu işlerin içinde olduğunu sonradan öğrendim, Fethullah Gülen'in yargılanmasını istiyorum" dedi.

*

Abdullah Gül'le Tayyip Erdoğan arasında senelerdir devam eden gerilim, nihayet açığa çıktı. Abdullah Gül'ün eşi Hayrünnisa hanım, cumhurbaşkanlığına veda resepsiyonunda gazetecilere konuştu. "Abdullah bey kibarlığından söylemiyor, kendisine çok yanlışlar, çok saygısızlıklar yapıldı, bu süreçte yaşadıklarımızı 28 Şubat döneminde bile yaşamadık" deyiverdi... Sonra da, Tayyip Erdoğan'ın bir numaralı gazetecilerinden *Yeni Şafak* yazarı Abdülkadir Selvi'ye döndü, "sizinle tokalaşmak bile istemiyorum, çok kırgınım" dedi.

*

Hayrünnisa Gül niye böyle tepki göstermişti?

Çünkü... Son altı aydır, yandaş medyada, Abdullah Gül

aleyhine müthiş bir kampanya yürütülüyordu. Abdullah Gül'ün beş sene daha cumhurbaşkanı olma hakkı vardı, yeniden aday olmasın isteniyordu. Kurucusu olduğu AKP'ye genel başkan olma hakkı vardı, buraya da aday olmasın isteniyordu. Tayyip Erdoğan'ın önüne çıkmasın, siyaset sahnesinden çekilsin isteniyordu. Bu nedenle, yıpratma kampanyası başlatılmıştı. "AKP'de söz hakkı olmadığı, Tayyip Erdoğan olmasa Abdullah Gül diye birinin olmayacağı, oturduğu tüm makamları Tayyip Erdoğan'a borçlu olduğu" yazılıyordu. Abdullah Gül susuyordu ama, eşi dayanamamıştı.

*

Tam o günlerde, Abdullah Gül'ün eski danışmanı olan *Yeniçağ* gazetesi yazarı Ahmet Takan, enteresan detaylarla dolu bir yazı kaleme aldı: "Ahmet Davutoğlu'nu siyasete Abdullah Gül soktu, büyükelçi yaptı. Tayyip Erdoğan o zamanlar Ahmet hoca'dan hiç hazzetmezdi. Tayyip Erdoğan'ın Ömer Çelik, Cüneyd Zapsu, Egemen Bağış, Mücahid Aslan, Hüseyin Besli gibi yakın danışmanları, Ahmet hoca'dan nefret ederlerdi. Abdullah Gül kendisinden sonra dışişleri koltuğuna oturtmak için Ahmet Davutoğlu'na söz vermişti, Erdoğan'a rağmen dediğini yaptı. Abdullah Gül, Ahmet Davutoğlu'nun üzerine titrerdi. MİT Müsteşarı Hakan Fidan'ı da Abdullah Gül getirdi. Kimsecikler tanımazdı. Abdullah Gül getirdi, Ahmet hoca'nın yanına çırak verdi. Hakan Fidan'ın kadrosu yoktu, Ahmet hoca'nın odasına gelir, bir sandalye çeker, masasının yanına oturur, sessizce izlerdi. Tayyip Erdoğan'ın yakın çevresi, Hakan Fidan'a 'cemaatçi' derlerdi. Tayyip Erdoğan, Abdullah Gül'ü adım adım yakından takip ettirdi, aldığı her soluğu, attığı her adımı not etti. Abdullah Gül ise, nasıl olsa günü geldiğinde Tayyip Erdoğan birileri tarafından tasfiye edilecek hesaplarıyla yattı kalktı. Tayyip Erdoğan ameliyat geçirdiğinde, Abdullah Gül öbekler halinde topladığı AKP'lilere, uzaklardan İngilizce gelen 'seninle devam edeceğiz' mesajlarını fısıldıyordu, Tayyip Erdoğan sonrası başbakanlık için de Ahmet Davutoğlu'nu işaret ediyordu. Abdullah Gül paralel gitmek istedi ama, yalpaladı, sağa sola vurdu. Tayyip Erdoğan'ın elindeki dosyalar yüzünden, korkaklığını bir türlü yenemedi. Tayyip Erdoğan da altını oyma operasyonlarına hız verdi, menfaat siyasetini ustaca kullanarak, Abdullah Gül'ü köşke yapayalnız hapsetti."

*

Senelerdir inkâr edilen çekişme ve perde arkasında yaşananlar, bizzat Abdullah Gül'ün danışmanı tarafından böyle deşifre edilmişti.

*

Anayasa'ya göre "tarafsız" olması gereken cumhurbaşkanı Tayyip Erdoğan, AKP merkez karar yönetim kurulu toplantısına katıldı, "genel başkan adayımız ve başbakan adayımız Ahmet Davutoğlu kardeşimdir" dedi.

*

AKP kongresi 27 Ağustos'ta yapılacaktı, cumhurbaşkanlığı devir teslimi 28 Ağustos'ta yapılacaktı. Yani... Abdullah Gül'ün önü tamamen kesilmişti. 27 Ağustos'ta henüz cumhurbaşkanlığı görevini devretmemiş olacağı için, istese bile AKP genel başkanlığına aday olamayacaktı. 24 saat farkla tasfiye edilmişti.

*

Cumhurbaşkanı seçilince "herkesi kucaklayacağını" söyleyen Tayyip Erdoğan, aslında hiçbir şeyin değişmediğini kanıtladı. Yargıtay'daki adli yıl açılış törenine "şart" koydu. "Türkiye Barolar Birliği Başkanı Metin Feyzioğlu katılırsa, ben katılmam" dedi. Herkes, Yargıtay'ın ne karar vereceğini merak ediyordu. Yargıtay Başkanlar Kurulu "Metin Feyzioğlu açılışta konuşacak" kararı verdi. Tayyip Erdoğan açısından "soğuk duş" gibiydi. Hukuk, teslim olmuyordu, biat etmiyordu.

*

Milli Eğitim Bakanlığı, TEOG sistemiyle yapılan, liselere yerleştirme sonuçlarını açıkladı. Böylece, TEOG denilen saçmalığın ne olduğu ortaya çıktı: Tercihte bulunmayan çocukları "zorla" imam hatip'e kaydetmişlerdi.

*

Gayrimüslim çocuklarımızı bile imam hatip liselerine yerleştirmişlerdi. Üstelik, mesafe bile gözetmemişlerdi. Mesela, İstanbul Kadıköy'de oturan Ermeni asıllı bir öğrenciyi, Rize Kalkandere imam hatip lisesine kaydetmişlerdi. Arada 1.148 kilometre vardı!

*

Türkiye Musevileri Hahambaşı İshak Haleva'nın torununu, Şile'deki imam hatip lisesine yazmışlardı.

*

Türkiye genelinde 40 bin öğrenciyi, istemediği halde imam hatiplere kaydetmişlerdi. "Ben çocuğumu imam hatipte okutmak istemiyorum" diye itiraz eden velilere, milli eğitim bakanlığından "okutursanız okutun, okutmazsınız açık liseye devam ettirin" cevabı veriliyordu.

*

"Alo Fatih" tapeleriyle gündeme gelen *Habertürk* gazetesi yazarı Fatih Altaylı'nın kızını da zorla imam hatipe yazmışlardı. Fatih Altaylı, iktidara geldiğinde Tayyip Erdoğan'ı yere göğe sığdıramıyor, hatta Nobel Barış Ödülü'ne bile aday gösteriyordu. Bu tür şakşakçılığın bedelini, şimdi çocuklarımız ödüyordu.

*

Milli eğitim bakanı "çok yoğun talep var, o nedenle normal liseleri imam hatip'e dönüştürdük" diyordu ama... Bu müthiş zorlamaya rağmen, imam hatip liselerinin kontenjanları dolmadı. Okullar açıldığında, imam hatiplerde 35 bin öğrencilik boş yer vardı. "Muhafazakâr" bilinen şehirlerde bile, imam hatip liseleri tercih edilmemişti.

*

Ahmet Davutoğlu, AKP genel başkanı seçildi.
Anayasa'ya göre tarafsız olması gereken cumhurbaşkanı Tayyip Erdoğan, AKP kongresinde oy kullandı!

*

Ahmet Davutoğlu, Tayyip Erdoğan'ı sahneye davet etti, Necip Fazıl Kısakürek'in "Utansın" isimli şiirinin, Osmanlıca tablosunu hediye etti.

*

Tohum saç, bitmezse toprak utansın
Hedefe varmayan mızrak utansın
Hey gidi küheylan, koşmana bak sen
Çatlarsa, doğuran kısrak utansın
Eski çınar, şimdi noel ağacı
Dallarda iğreti yaprak utansın
Ustada kalırsa bu öksüz yapı
Onu sürdürmeyen çırak utansın

*

Tayyip Erdoğan'ın usta...

Kendisinin "çırak" olduğunu dünyaya ilan etmişti.

*

AKP kongresi "takı töreni" gibiydi. Tayyip Erdoğan'a hediye vermek için kuyruğa girmişlerdi. Çevresinde Fatiha suresinin bulunduğu cumhurbaşkanlığı forsu takdim edildi. Hazreti Muhammed'in "insanların hayırlısı, onlara faydalı olandır" hadisinin yazılı olduğu tablo takdim edildi. Eminanım'a da jest yapıldı. Milletvekili eşlerinin ortaklaşa aldığı hediye, Eminanım'a takdim edildi.

*

Ahmet Davutoğlu'nun eşi Sare hanım, Konyalıydı, kadın doğum uzmanı doktordu. Henüz ilkokuldayken, kardeşinin doğumu sırasında annesini kaybetmişti, o nedenle bu mesleğe yönelmişti. İstanbul Üniversitesi Tıp Fakültesi'nde okurken evlenmişlerdi, öğrenciyken anne olmuştu. Sefure, Meymune, Hacer Bike ve Mehmet isimli, dört çocukları vardı. Muayenehanesi, İstanbul Bahçelievler'deydi. Kürtaja, sezaryene kesinlikle karşıydı. Tayyip Erdoğan'ın büyük kızı Esra'nın doğumunu yaptırmıştı. Tayyip Erdoğan'ın kızkardeşi Vesile İlgen'in yakın arkadaşıydı. Hayat Sağlık Sosyal Hizmet Vakfı'nın, Kadın Sağlıkçılar Dayanışma Derneği'nin, Meridyen Derneği'nin, Dünya Yetimler Eğitim Vakfı'nın, Yeryüzü Doktorları'nın kurucu üyesiydi.

*

Ahmet Davutoğlu "Ak Saray" dedi.

*

Atatürk'ün millete mirası olan Atatürk Orman Çiftliği'ndeki ağaçları katlederek, doğal SİT alanına, cumhurbaşkanlığı için yeni bina yaptırılıyordu. Davutoğlu TRT'de canlı yayına çıktı, binanın ismini koydu, "İster Çankaya olsun, ister Ak Saray olsun, bu tür sembolleri tabulaştırmamak lazım" dedi.

*

Kaç'ak saray deseydi, daha doğruydu.

Çünkü, bu devasa binanın inşaatı defalarca mahkeme kararıyla durdurulmuştu. Yıkılması gerekiyordu. Ankara'daki meslek odaları dava açmış, Danıştay İdari Dava Daireleri Kurulu'nda bile haklı bulunmuşlardı. Mimarlar Odası Ankara şube başkanı Tezcan Karakuş Candan, "cumhurbaşkanı yargı kararlarına uymalıdır, eğer o binada oturursa, kaçak binada oturmuş olacak" diyordu.

*

Halbuki, Türkiye'de hukuk filan artık hikâyeydi... Tayyip Erdoğan açık açık "güçleri yetiyorsa yıksınlar, yürütmeyi durdurdular, binayı durduramayacaklar, açılışını da yapacağım, içine de girip oturacağım" diyordu.

*

Bizzat maliye bakanı açıkladı.
1 milyar 370 milyon liraya malolmuştu.
Bu rakam, o güne kadar yapılan harcamaydı.
Daha ne ek bina yapılacağı belirsizdi.

*

Mimarı Şefik Birkiye'ydi.
Ak Saray'ın 300 bin metrekare olduğunu söyledi.

*

300 bin metrekare ne demekti?
Dolmabahçe Sarayı'ndan beş misli büyük demekti.
Buckingham Sarayı'ndan dört misli büyük demekti.
Beyaz Saray'dan altı misli büyük demekti.
Kremlin Sarayı'ndan 12 misli büyük demekti.
Élysée Sarayı'ndan 27 misli büyük demekti.

*

Müteahhidi Erman Ilıcak'tı.
Mimarı "300 bin metrekare" diyordu ama...
Müteahhidi "450 bin metrekare" olduğunu söyledi.

*

Mimarı "bin odası var" dedi.
Müteahhidi "kaç odalı olduğunu bilmiyorum" dedi.
Tayyip Erdoğan "1150 küsur oda" dedi.

*

Rezaletin daniskasıydı.
Bu kitabın piyasaya çıktığı tarihte, oda sayısı hâlâ belirsizdi.

*

Bir aylık elektrik faturası 700 bin liraydı.

*

Tanesi bin liraya altın varaklı kadehler alınmıştı. 4 bin metrekarelik halı dokunmuştu. Ofislere 5 bin liralık, özel odalara 10 bin liralık klozet takılmıştı.

*

1150 küsur odalık bölüm, çalışma bölümüydü. Aynı yerleşke

içine, ayrıca, 7 bin metrekarelik "rezidans" yapılıyordu. Cumhurbaşkanı ve ailesi, içinde spa'sı bile bulunan, bu 7 bin metrekarelik konutta oturacaktı.

*

Tayyip Erdoğan Ak Saray'ını tarif etti. "Mimari olarak Ankara'nın bir Selçuklu başkenti olduğu mesajını vermemiz lazımdı, iç mimarisinde de Osmanlı motiflerine dikkat ettik" dedi.

*

Profesör İlber Ortaylı'ya sordular... "Ankara Selçuklu başkenti filan değildir, Selçuklu başkenti Konya'dır, Selçuklu'nun Konya'daki saray kalıntısı birkaç metre yüksekliğinde bir şeydir, Selçuklu saraya önem vermemiştir, Osmanlı motifini de kasabalı mimarlar yapamaz" dedi.

*

Tayyip Erdoğan, Ankara'da Ak Saray'ı, İstanbul'da da Vahdettin Köşkü'nü kullanacaktı. Son padişah Vahdettin'in şehzadeyken oturduğu Çengelköy'deki köşk, 70 dönüm üzerine kuruluydu, muhteşem Boğaz manzarasına sahipti. Restorasyon ayağıyla üç sene önce komple yıkılmış, yeniden yapılmıştı.

*

Restorasyon denilen süreçte, ahşabın yerini beton almıştı. Köşkün karakteristik özelliği olan soğan başlı kubbesi, yok edilmişti. Orijinal ölçüleri değiştirilmiş, binanın metrekaresi büyütülmüştü. Çevresine duvarlar örülmüş, boğaziçinin doğal yapısı bozulmuştu. Bahçesinde yeralan Köçeoğlu Köşkü'nün, Kadınefendi Köşkü'nün, Ağalar Dairesi'nin konumları değiştirilmişti. Köşklerin altına otoparklar açılmıştı. Üstelik, bunların hepsi, koruma kurulu kararı olmadan yapılmıştı. Tarihi eser, bi nevi TOKİ binası olmuştu!

*

Tayyip Erdoğan'a bir de "uçan saray" alınmıştı.
Airbus A330'du, 185 milyon dolardı.
Kabin tasarımı ABD'de Gore Desing'a yaptırılmıştı.
Onun faturası bilinmiyordu.
Normalde 235 yolcu taşıyabiliyordu.
Yatak odalarıyla filan, 90 kişilik haline getirilmişti.
Bu uçak, aslında çoktaaan alınmıştı.
Ahali uyanmasın diye, seçimin geçmesi beklenmişti.
Cumhurbaşkanlığı seçimi bitti, uçak İstanbul'a tekerlek koydu.

*

Tayyip Erdoğan, mecliste cumhurbaşkanlığı yemini etti.
Cumhurbaşkanlığı Senfoni Orkestrası İstiklal Marşı'nı çaldı.
101 pare top atışı yapıldı, Anıtkabir'e gitti.
Çankaya'ya çıktı, cumhurbaşkanlığı forsunu devraldı.
Abdullah Gül'e jest yaptı, Devlet Şeref Madalyası taktı.

*

Abdullah Gül, devir teslim konuşmasında Tayyip Erdoğan'a fena gol attı. Kendisine destek olan ailesine teşekkür ederken "bana bir söz gelmesin diye çok titiz davranan çocuklarıma, kardeşlerime, yakın akrabalarıma ve yakın arkadaşlarıma şükran borçluyum" dedi.

*

Abdullah Gül daha önce başbakanlık devir teslimi yapmıştı, cumhurbaşkanlığı devir teslimi almıştı, hiç böyle bir konuşma yapmamıştı. İlk kez "çocuk, kardeş, akraba"nın altını çizmişti.

*

Cumhurbaşkanı Tayyip Erdoğan'ın mal beyanı *Resmi Gazete*'de yayımlandı. 4 milyon 404 bin lirası ve 200 bin doları vardı. Büyük oğlu Burak'tan 500 bin lira alacaklı görünüyordu. Nakit parasının tamamı Albaraka Türk'teydi.

*

Türkiye Cumhuriyeti cumhurbaşkanının parasını emanet ettiği Albaraka Türk, Bahreyn merkezli, Suudi ağırlıklı Arap sermayesiydi.

*

Ahmet Davutoğlu başbakan oldu.
Yeni kabineyi açıkladı.
Numan Kurtulmuş başbakan yardımcısı oldu.
AKP'ye geçmeden önce Has Parti genel başkanıyken, "Harun olmaya geldiler, Karun oldular, biz AKP gibi Firavunlaşmayacağız" demişti. "Kamu kaynaklarını kendimize aktarmayacağız" demişti. "AKP Amerikan mandasıdır" bile demişti. Şimdi AKP'nin başbakan yardımcısıydı!

*

Tayyip Erdoğan'ın danışmanı Yalçın Akdoğan, başbakan yardımcısı yapıldı. Beşir Atalay hükümet dışında bırakıldı, İmralı'yla pazarlık sürecini Yalçın Akdoğan üstlendi.

*

Kabine dışında kalanlardan biri de, gümrük bakanı Hayati Yazıcı'ydı. Tayyip Erdoğan "paralel yapı, paralel yapı" diye bas bas bağırırken, Hayati Yazıcı "paralel maralel olmadığını" söylemişti. "Bu topraklarda tek devletin yanında hiçbir zaman paralel diye bir yapı söz konusu değil, paralel devlet değerlendirmesini gerçekçi bulmuyorum" demişti. Hayati Yazıcı, Tayyip Erdoğan'ın avukatıydı, 2002'den beri milletvekili, yedi senedir de bakandı.

*

Kabinenin açıklandığı gün... Abdullah Gül, Necmettin Erbakan'ın mezarını ziyaret etti, dualar okudu. Cumhurbaşkanlığı süresince Erbakan'ın mezarını hiç ziyaret etmemişti. Cumhurbaşkanlığı bitip, AKP'nin de dışına itilince, aniden hoca'sını hatırlamıştı.

*

Abdullah Gül, İstanbul'a taşınmıştı ama, cumhurbaşkanlığına ait Huber Köşkü'ne taşınmıştı. Kendisine villa inşa ettirdiği, henüz bitmediği, inşaat bitene kadar Boğaz'a nazır Huber Köşkü'nde oturacağı açıklanmıştı. Böyle rezalet cumhuriyet tarihinde ilk defa görülüyordu.

*

Abdullah Gül'ün evsiz kalıp, mecburen Huber Köşkü'ne yerleşmesi... 2014'te tekrar cumhurbaşkanı adayı gösterileceğinden ne kadar emin olduğunun kanıtıydı. Emekli edileceğini hiç tahmin etmemişti. Emeklilikte oturacağı adres için hiçbir hazırlık yapmamıştı. Aniden sokakta kalmıştı, mecburen Huber'e yerleşmişti. Kendisine yönelik ağır eleştirilere rağmen, hiç sesini çıkarmıyor, villasının inşaatı bitene kadar Huber'de oturmaya devam ediyordu. Devletin malı mülkü, AKP'lilerin adeta babasının çiftliğiydi.

*

Yiğit Bulut, Cumhurbaşkanı Tayyip Erdoğan'ın ekonomiden sorumlu başdanışmanı oldu. 2010'lara kadar "anti-akp" olan, Tayyip Erdoğan'ı yerden yere vuran gazeteci Yiğit Bulut, her nasılsa aniden çark etmiş, bir numaralı "Tayyip Erdoğan fedaisi" olmuştu. Kafasına sürdüğü kalın jöle tabakası nedeniyle "jöleli" lakabıyla tanınıyordu. "Telekinezi" olarak da tanınıyordu. Çünkü, Gezi olayları sırasında "ben eminim ki, birçok merkezde telekinezi, uzaktan etkileme yöntemiyle

Tayyip Erdoğan'ın ölmesi için çalışma yapılıyor" demişti.
*
Genelkurmay Başkanı Necdet bey, Çankaya Köşkü'ndeki 30 Ağustos resepsiyonunda gazetecilere konuştu. Sürpriz açıklama yaptı. "Hükümetin bir politikası var, o politika yürüyor, biz çözüm sürecine ilişkin yol haritasını bilmiyoruz, o çalışmanın içinde yokuz" deyiverdi. Sonra da "ülke bütünlüğü kırmızı çizgimizdir, kırmızı çizgiler aşılırsa, gereğini yapacağımızı söyledik" dedi.
*
Breh breh breh.
Necdet bey esip gürlemişti.
*
Çözüm sürecinin yol haritasından...
İmralı'nın haberi vardı.
Kandil'in haberi vardı.
HDP'nin haberi vardı.
Genelkurmay'ın haberi yoktu.
*
Gel gör ki, sadece bir gün sonra...
Aynı Necdet bey, adli yıl resepsiyonuna katıldı.
Gazeteciler gene etrafını sardı.
Fıssss.
"Artık bir sene konuşmam, hakkımı kullandım" dedi.
*
TSK iç hizmet yönetmeliği'nde değişiklik yapıldı.
Koğuş nöbetçisinin görevleri arasına "abdest" eklendi.
Bundan böyle "abdeste gitmek üzere koğuştan çıkacak erlerin, göğsünü bağrını iliklemiş olmalarına, icabında kaputlarını giymiş olmalarına dikkat edilecek"ti.
*
Ağustos ayı geride kalırken... Efsane başkan Süleyman Seba aramızdan ayrılmıştı. Elbette Beşiktaş'ın onursal başkanıydı ama, insanlığı ve karakteriyle, aslında Türk futbolunun ortak paydasıydı. Fenerbahçe ve Galatasaray camialarının yanısıra, tüm Anadolu kulüplerinin saygı duyduğu tek insandı.
*
Ateşböceği Yalçın, usta komedyen Yalçın Otağı vefat etti.
Oscar ödüllü Hollywood yıldızı Robin Williams, intihar etti.

EYLÜL

• TC'nin mezarı kazıldı • Kefere Kemal • Asansör katliamı • Cihad otoyolu • Zorunlu din dersi • Türban ilkokulda

Türkiye Cumhuriyeti'nin devlet geleneği yıkıldı.
Tayyip Erdoğan Ak Saray'da oturacağını açıkladı.
Çankaya Köşkü'nü başbakan kullanacaktı.

*

Mustafa Kemal Atatürk, İsmet İnönü, Celal Bayar, Cemal Gürsel, Cevdet Sunay, Fahri Korutürk, Kenan Evren, Turgut Özal, Süleyman Demirel'in ardından, Ahmet Necdet Sezer, Çankaya'nın son ev sahibiydi. Abdullah Gül, dışişleri bakanlığının konutunda oturmuş, Çankaya'yı çalışma ofisi olarak kullanmıştı. Tayyip Erdoğan, çalışma ofisi olarak bile kullanmayacaktı. Tarih sahnesinden silmek istiyorlardı.

*

Ahmet Davutoğlu, İstanbul'a geldi. Eyüp Sultan Camisi'nde sabah namazı kıldı, Eyüp Sultan türbesini ziyaret etti, oradan Topkapı'ya geçti, Adnan Menderes'in, Fatin Rüştü Zorlu'nun, Hasan Polatkan'ın ve Turgut Özal'ın anıt mezarlarını ziyaret etti, oradan Necmettin Erbakan'ın mezarına gitti, cuma namazı için Süleymaniye Camisi'ne geçti, namaz çıkışında Kanuni Sultan Süleyman'ın türbesini ziyaret etti, hemen peşinden, 2'nci Abdülmahid'in, 2'nci Mahmud'un ve Sultan Abdülaziz'in mezarlarını ziyaret etti. Türkiye Cumhuriyeti başbakanının, İstanbul'daki ilk günü böyle geçti.

*

25 Aralık'a takipsizlik kararı verildi.
İstanbul Başsavcılığı, aralarında Bilal Erdoğan'ın da bulunduğu 96 şüpheli hakkında "dava açmaya gerek yok" dedi.

*

Bilal sıfır'lanmıştı.

*

Üstelik... 141 sayfalık takipsizlik kararında, sadece Bilal aklanmamıştı, aynı zamanda "25 Aralık soruşturmasının, hukuki soruşturma görünümü altında, hükümeti cebren ortadan kaldırmaya yönelik teşebbüs" olduğu vurgulanmıştı.

*

Daha açık ifadeyle "darbe girişimidir" denilmişti.

*

25 Aralık savcısı Muammer Akkaş'a "ne düşünüyorsunuz" diye soruldu. "Bu kararla dosya kapanmış olur ama, vicdanlardaki dosya kapanır mı?" cevabını verdi.

*

Almanya istihbarat teşkilatı BND'nin 1976 senesinden beri Türkiye'de "dinleme" yaptığı ortaya çıktı. Bu haberi belgeleriyle duyuran Alman *Focus* dergisi, BND'nin 2014 itibariyle Türkiye'yi dinlemeye devam ettiğini açıkladı.

*

Alman gazetesi *Die Welt*, İran'ı örnek alan Türkiye'nin gizli nükleer program yürüttüğünü, atom bombası yapmaya çalıştığını yazdı. Türkiye'nin teknik bilgiyi Pakistan'dan aldığı öne sürülüyordu. Alman istihbaratının bu gizli kapaklı faaliyetler nedeniyle Türkiye'de "dinleme" yaptığı iddia ediliyordu. Alman istihbaratının elindeki bilgilere göre... Tayyip Erdoğan'ın emriyle 2010 senesinde uranyum zenginleştirme tesisi kurulduğu anlatılıyordu.

*

Bilahare... Alman *Der Spiegel* dergisi, ABD ve İngiltere'nin de Türkiye'yi "dinlediğini" açıkladı. Amerikan Ulusal Güvenlik Dairesi, AKP hükümeti hakkında bilgi topluyordu. Washington büyükelçiliğimiz dinlenen adreslerden biriydi. İngiltere ise, Türkiye'deki enerji yatırımlarıyla alakalı istihbarat yapıyordu.

*

Der Spiegel'in kaynağı, eski CIA ajanı Edward Snowden'dı. Bilgisayar uzmanı olan Snowden, Amerikan Ulusal Güvenlik Dairesi NSA'nın dünya çapındaki dinleme faaliyetlerini afişe etmiş, gizli belgeleri Amerikan ve İngiliz gazetelerine sızdırmıştı. Küresel skandal patlayınca, ülkesinden kaçmış, Rusya'ya sığınmıştı.

*

Der Spiegel, Snowden'ın belgelerine dayanan haberine "ikiyüzlü ortaklık" başlığını atmıştı. NSA bir taraftan Türkiye'ye PKK'yla alakalı anlık istihbarat veriyordu, öbür taraftan özel istasyonlarıyla hükümeti, genelkurmayı, MİT'i dinliyordu; devleti yönetenlerin bilgisayarlarına, maillerine giriyordu. Topladığı istihbaratı, İngiltere, Kanada, Avustralya ve Yeni Zelanda'yla paylaşıyordu.

*

Kepazelikti...

Türkiye'yi dinlemeyen bi Uganda kalmıştı!

*

Kendini "ortak" zanneden Türkiye, aslında "hedef"ti.

*

AKP'nin gıkı çıkmıyordu. 17/25 Aralık tapeleri yüzünden ortalığı ayağa kaldıran Tayyip Erdoğan, şimdi her nedense susuyordu.

*

Yandaş medyanın hali içler acısıydı. *Sabah* gazetesi, bu uluslararası rezaleti "ABD Türkiye'yi dinliyor ama, bilgilerini Türkiye'yle paylaşıyor" diye duyurdu. "Çalıyor ama çalışıyor"un istihbarat versiyonuydu yani... "Dinliyor ama paylaşıyor"du.

*

Star gazetesi daha trajikomikti.

"Herkes Türkiye'yi merak ediyor" başlığını atmıştı!

*

Tayyip Erdoğan, cumhurbaşkanı olarak ilk yurtdışı gezisine "uçan sarayı"yla gitti. KKTC yolculuğunda "uçan saray"a ilk binenler, elbette yandaşlardı; *Sabah, Yeni Şafak, Star, Akit, Güneş, Takvim, Türkiye, Akşam* yazarlarıydı. Eski uçakta kadraja sığabilmek için sıkış tepiş poz verirlerdi, şimdi ferah ferah masada oturuyorlardı.

*

Ankara'daki Gezi olayları sırasında Ethem Sarısülük'ü kafasından vurarak öldüren polis memuru Ahmet Şahbaz'a, 7 sene 9 ay hapis cezası verildi. Suçsuz günahsız bir insan hayatı... Karşılığı anca 7 sene 9 aydı.

*

MHP milletvekili Engin Alan'dan hapishanede yediği yemeklerin parasını istediler iyi mi... Evine tebligat gönderilmişti. Ömründen dört sene çalınmıştı, üstüne 850 lira isteniyordu.

*

İstanbul'da senelerce yan yana görev yapan eski vali Muammer Güler'le eski emniyet müdürü Celalettin Cerrah "kabir komşusu" oldu. Eyüp'teki Tokmaktepe mezarlığından yan yana mezar yeri satın aldıkları, isim yerlerini boş bırakarak mezar taşlarını bile diktikleri, mezar taşlarına Arapça Bismillahirrahmanirrahim yazdırdıkları ortaya çıktı.

*

Aynı gün...
Türkiye'nin öbür ucunda bir başka mezar kazılıyordu.

*

1926 Ağrı isyanında ölenler için Doğubayazıt'ta anma töreni düzenlendi. Kalaşnikovlu PKK militanları katıldı. Öcalan posterleri, PKK bayrakları açıldı. Temsili mezar kazıldı, mezar taşına TC yazıldı. HDP milletvekilleri ve PKK militanları konuşma yaptı. Güpegündüzdü, herkesin gözü önündeydi, gazeteciler, televizyon kameraları oradaydı, asker ortada yoktu, polis ortada yoktu.

*

TC'nin cenaze törenini yapıyorlardı.
TC görmezden geliyordu.

*

Milli eğitim bakanlığı, sekiz bin okul müdürünü şak diye görevden aldı. Yerlerine şırrak diye yeni atamalar yaptı. Pek yakında dokuz bin okul müdürü daha görevden alınacaktı. Çünkü, kaşla göz arasında yasa uydurmuşlardı. "Dört senesini dolduran okul müdürlerinin göreve devam edip etmeyeceğine, performanslarına göre karar verilecek"ti.

*

Performans kriteri neydi?
Güya puanlama yapılıyordu ama... Hükümete yakınlığıyla bilinen Eğitim-Bir-Sen'e üye olanlar müdür oluyor, öbür sendikalara üye olanlar müdürlükten alınıyordu. Yandaş sendikaya üye olanların performans puanı yükseliyor, yandaş sendikaya üye olmayanların performans puanı yerlerde sürünüyordu. "Performans" ayağıyla, milli eğitim tarihinin en büyük kadrolaşması yapılıyordu.

*

İmam hatiplerde Türkçe yasaklandı.

Milli Eğitim Bakanlığı Din Öğretimi Genel Müdürü Nazif Yılmaz, "Arapça öğretimi" başlığıyla bildiri yayınladı. Derste, sınıfta, hatta teneffüste bile Türkçe konuşulmamasını istedi. Yaz tatillerinde Türkçe konuşulmasının bile Arapça öğrenimi için sorun olduğunu söyledi.

*

Risale-i Nur devletleşti.

Torba yasaya son dakikada bir madde ilave edildi, *Risale-i Nur*'un basım yetkisi Bakanlar Kurulu'na verildi. Said Nursi tarafından 24 senede yazılan ve "nurlu kitaplar" manasına gelen külliyatın kim tarafından basılacağına, bundan böyle hükümet karar verecekti. İğneden ipliğe devlete ait olan her şeyi özelleştirmişler, *Risale-i Nur*'u devletleştirmişlerdi.

*

Basın İlan Kurumu'nun İstanbul Bayramoğlu'daki tatil köyünde, alkollü içki servisi yasaklandı. 46 senedir gazetecilere hizmet veren tatil köyünde bir ilk'ti. Odalara seccade, takke ve tespih konuldu.

*

Geçen sene, CHP Genel Başkanı Kılıçdaroğlu'nun katıldığı törenle hizmete açılan Antalya Büyükşehir Belediyesi Kız Öğrenci Yurdu, TÜRGEV'e tahsis edildi. 30 Mart seçiminde Antalya büyükşehir yönetimi CHP'den AKP'ye geçmişti. Böylece... CHP yapmış, Bilal kapmıştı.

*

14 Alevi ailesi, zorunlu din dersiyle alakalı olarak Avrupa İnsan Hakları Mahkemesi'ne başvurmuştu. Karara bağlandı. Avrupa İnsan Hakları Mahkemesi, Türkiye'nin zorunlu din dersi uygulamasına derhal son vermesini istedi.

*

Başbakan Ahmet Davutoğlu, bu karar bizi bağlamaz demeye getirdi, ağzındaki baklayla beraber aklındaki baklayı da çıkardı, "ateistlerin bile din bilgisi sahibi olması zarurettir" dedi. Bunlara kalsa... Ateistleri bile imam hatipe gönderirlerdi!

*

Cumhurbaşkanı Tayyip Erdoğan ise, dünya eğitim tarihine geçecek bi açıklama yaptı. "Zorunlu fizik dersi, zorunlu kimya dersi, zorunlu matematik dersi tartışma konusu olmuyor, ne hikmetse zorunlu din dersi tartışma konusu oluyor, zorunlu din dersini kaldırırsanız, onun yerine uyuşturucu gelir, şiddet gelir, ırkçılık gelir" dedi.

*

Hüseyin Avni Paşa Köşkü de sıfırlandı.

Yani, satın alan kişi, asla yıkmayacaktı, yıkıp yerine yenisini yapmayacaktı. Talihsizlik işte, yangın çıkmış, köşk kül olmuş, yasak ortadan kalkmıştı, yerine yenisini yapmaktan başka çare yoktu! Ve, bu yangınla alakalı olarak "sadece" köşkün bekçisi hakkında soruşturma başlatılmıştı. İstanbul itfaiyesi "yangının neden çıktığı belirlenemedi" diye rapor verince, bekçi hakkında da takipsizlik kararı verildi. Sen sağ ben selamet, hadise kapandı.

*

Sefer Çalınak diye biri, imam nikâhlı eşini öldürmüş, afla hapisten çıkmış, bir başka kadınla imam nikâhıyla yaşamaya başlamış, onu da öldürmüş, alt tarafı altı sene yatıp çıkmış, Flash TV'deki izdivaç programına katılmış, "kader kurbanıyım, yuva kurmak istiyorum" demiş, programın sunucusu tarafından stüdyodan kovulmuştu. İki ay sonra... Seda Sayan'ın Show TV'deki programına konuk edildi. Seda Sayan gayet güzel sohbet etti, sonra da seyircilere dönüp "bu kadar güler yüzlü bir katil gördünüz mü?" dedi. Sefer Çalınak'ın öldürdüğü kadınlardan birinin oğlu canlı yayına telefonla bağlandı, "bu adamın televizyona çıkarılmasından rahatsız oluyorum" diye tepki gösterdi, Seda Sayan "neden rahatsız oluyorsun" diye sorunca da "neden olacak yahu, oradaki adam annemi öldürdü, normalde hapiste olması lazım, televizyon televizyon geziyor" dedi.

*

Bu tablo, Türkiye'nin neden kadına yönelik şiddette dünya şampiyonu olduğunun kanıtıydı. İki defa kadın katili olmuş herife, reyting uğruna "beyefendi" muamelesi yapılıyordu. Üstelik "sanatçı" sıfatı taşıyan bir kadın tarafından yapılıyordu.

*

Kadın örgütleri, Seda Sayan'ın programının yayından kaldırılması için kampanya başlattı. Programın sponsoru Schafer, sponsorluktan çekildi. CHP milletvekili Aylin Nazlıaka, Seda Sayan'ı eleştirdi. Vay sen misin... Seda Sayan "botokslarıyla gündeme gelmiş biri Seda Sayan hakkında konuşamaz, ben bu ülkeye vergi veriyorum, senin maaşını ben veriyorum, bu vekilin şöhret tutkusu var" dedi.

*

CHP milletvekili Sabahat Akkiraz, Aylin Nazlıaka'dan farklı davrandı, hiç polemiğe girmedi, "suçu ve suçluyu övmek"ten Seda Sayan hakkında suç duyurusunda bulundu. RTÜK, Show TV'ye 800 bin lira para cezası verdi.

*

CHP kurultay yaptı.

Kemal Kılıçdaroğlu yeniden genel başkan seçildi.

Ekmeleddin İhsanoğlu fiyaskosuna rağmen, koltuğunu korumayı başarmıştı. Bütün seçimleri kaybediyor, buna rağmen bütün kurultayları kazanıyordu. Bu iş kurultayla olsaydı, Kılıçdaroğlu'nun şimdiye kadar ABD Başkanı olması gerekiyordu!

*

Kılıçdaroğlu'na rakip olarak Muharrem İnce çıkmıştı. Yalova'da seçim tekrarlanmış, kıran kırana çekişme yaşanmış, belediye başkanlığını kıl payı CHP kazanmış, bu zaferde büyük emeği olan Yalova milletvekili Muharrem İnce'nin popülaritesi artmıştı. Normalde, partinin ulusalcı kanadından başkan adayı çıkması bekleniyordu ama, Emine Ülker Tarhan'ın başı çektiği ulusalcılar, bu delege yapısıyla kurultay murultay yapılmayacağını gayet iyi biliyordu. Genel başkan delegeleri seçiyor, delegeler de genel başkanı seçiyordu, kurultay başlamadan sonucu belliydi. Neticede Muharrem İnce 415 oyda kaldı, Kılıçdaroğlu 740 oy aldı.

*

Kılıçdaroğlu, kurultaydan hemen önce Mehmet Bekâroğlu'nu CHP yönetimine davet etmişti. Bekâroğlu, siyasete Erbakan'ın yanında başlamıştı, Refah Partisi milletvekiliydi, Refah Partisi kapatılınca Fazilet Partisi'ne geçmişti, Fazilet Partisi kapatılınca Saadet Partisi'ne geçmişti. Saadet Partisi'nin İstanbul büyükşehir belediye başkan adayı olmuştu. Numan Kurtulmuş'un Has Parti'sine geçmiş, genel başkan yardımcısı olmuştu. Son seçimde, Saadet Partisi'nden Rize belediye başkan adayı olmuştu. Ömrü boyunca siyasal İslamcı partilerde bulunmuştu.

*

Kılıçdaroğlu ise hâlâ "CHP sağa kaymıyor, sayın Bekâroğlu sağ tandanslı biri değil" diyordu!

*

Mehmet Bekâroğlu, 1993 senesinde *Gelecek Bahar* isimli dergide bir makale yazmıştı. "Bir zamanlar şanlı ecdat vardı, dört kıtada at koşturan, sonra Ayasofya, Yunanistan'ı tel'in mitingleri ve büyük doğu, bir de kefere Kemal" demişti.

*

CHP'ye geçmesi söz konusu olunca, bu makale tekrar gündeme geldi. Bekâroğlu "o sözler bana aittir ama, kastedilen Atatürk değildir, o yazının Atatürk'le Atatürkçülükle alakası yoktur" dedi. Hem "kefere Kemal" dediğini kabul ediyordu... Hem de, adeta alay eder gibi "Atatürk'le alakası yok" diyordu.

*

Bekâroğlu'nun bir başka özelliği "Laz milliyetçisi" olmasıydı. Laz Enstitüsü kurmuştu. Lazcanın anaokulundan üniversiteye kadar "eğitim dili" olmasını talep ediyordu. Karadeniz'deki ilçe ve köylere, Lazca isimlerinin geri verilmesini talep ediyordu. Bu çabalarında en büyük desteği, HDP'den görüyordu. Çünkü, Bekâroğlu Lazca için ne istiyorsa, HDP de Kürtçe için aynısını istiyordu.

*

Kılıçdaroğlu, Bekâroğlu'nu CHP'ye monte etmekle kalmadı, önce parti meclisi üyesi yaptı, sonra genel başkan yardımcısı yaptı.

*

Delegeler, aday listesinde Bekâroğlu'nun isminin üstünü çizecek, parti meclisine sokmayacaktı. Kılıçdaroğlu bunu biliyordu. O nedenle, tarihte görülmemiş bir taktik uyguladı, Bekâroğlu'nu parti meclisine "kadın kontenjanı"ndan soktu!

*

60 kişilik parti meclisinin 8 üyesi "bilim yönetim ve kültür platformu" olarak seçiliyordu. Genel başkan, bu platform için 12 aday gösteriyordu. Delegeler de bu 12 aday arasından 8'ini seçiyordu. Kılıçdaroğlu bu listeye Mehmet Bekâroğlu'nu, Sencer Ayata'yı ve Burhan Şenatalar'ı aday gösterdi, diğer dokuz aday kadındı. Yani... "Yüzde 30 cinsiyet kotası" olduğu için, delegeler ne oy verirse versin, sıfır oy bile alsalar, bu üç erkek aday "yüzde 30 kota" sayesinde kesinlikle seçilecekti.

*

Kılıçdaroğlu, kadınların mutlaka parti meclisinde yer alabilmesi için konulan "yüzde 30 cinsiyet kotası"nı erkekler için kullanmıştı! Mehmet Bekâroğlu'yla birlikte, delegelerin hiç sevmediği Sencer Ayata ve Burhan Şenatalar'ı "seçilmeme riski"nden kurtarmıştı.

*

Ekmeleddin İhsanoğlu'ndan sonra Mehmet Bekâroğlu'nun da "emrivaki"yle CHP'nin sırtına yüklenmesi, parti içinde homurdanmayı artırmıştı. Kılıçdaroğlu, kurultay konuşmasında rest çekti. "Bazı elitistler var, rakı sofralarında Türkiye'yi kurtarırlar, bunlardan partiyi temizleyeceğim, bunu herkes iyi bilsin, bana çalışan adam lazım, rakı sofralarında konuşan adam değil" dedi.

*

"Rakı sofrası" lafı, partide soğuk duş etkisi yaratmıştı. Tayyip Erdoğan'ın "iki ayyaş" lafından hiçbir farkı yoktu.

*

Mehmet Bekâroğlu, El Cezire televizyonuna konuştu. "CHP'de başörtülü milletvekili olmalı" dedi.

*

Bilahare, Abbas Güçlü ile Genç Bakış programına katıldı. CHP'ye geçtiği için kızının ağladığını anlattı. "Kızım ağlamaklı halde 'şimdi sen o milletvekiliyle birlikte mi siyaset yapacaksın' diye sordu. Çünkü kızım 28 Şubat döneminde başörtüsü yüzünden üniversiteyi terk etmek zorunda kalmıştı, ikna odalarında peruk mu saç mı diye tacizlere uğramıştı" dedi.

*

İsim vermiyordu ama, açıkça, CHP milletvekili Profesör Nur Serter'i kastediyordu. İstanbul Üniversitesi eski rektör yardımcısı Profesör Nur Serter, dinciler tarafından türban karşıtlığının sembolü haline getirilmişti, senelerdir iftiralara, hakaretlere, tehditlere maruz kalıyordu. Dolayısıyla, AKP'nin tarikatların, cemaatlerin "türban meselesine" bakış açısı neyse, Bekâroğlu ailesinin bakış açısı da birebir öyleydi.

*

Kule inşaatında asansör faciası yaşandı.
İstanbul Mecidiyeköy'de Ali Sami Yen stadının bulunduğu araziye 36 katlı Torun Center dikiliyordu, asansör 32'nci kattan çakıldı, 10 işçi hayatını kaybetti.

*

Katliam duyulur duyulmaz, inşaatın önüne TOMA'lar gönderilmişti. Utanmasalar, ambulanstan önce TOMA göndereceklerdi!

*

Başbakan Ahmet Davutoğlu derhal çıktı, "helal rızık için çalışıyorlardı, bizim için şehit hükmündedirler" dedi. Her "ihmal"de, her "sorumluluk"ta olduğu gibi, gene "şehit edebiyatı"na sarılmışlardı. Kamuoyundan özür dileyip istifa edeceklerine, maneviyat sömürüsüyle geçiştiriyorlardı.

*

İşçiler, asansörlerin sürekli arıza yaptığını, bakım yapılmadığını anlatıyordu. Kulenin sahibi Aziz Torun, basın toplantısı düzenledi, "külliyen yalan" dedi. Halbuki gerçekti... İstanbul Tabip Odası dört ay önce bu inşaattaki güvenlik ihmalleriyle alakalı açıklama yapmış, "bugünden sesleniyoruz, maalesef yarın bu inşaatlarda 8-10 işçi kardeşimizi kaybedeceğiz" diye uyarıda bulunmuştu.

*

Kehanet değildi. Facia bağıra bağıra geliyordu. Beş ay önce aynı Torun Center'ın dış cephe asansörü 15'inci kattan çakılmış, bir işçi hayatını kaybetmişti. Kazayı inceleyen iş müfettişleri, asansörün güvenlik testlerinin yapılmadığını tespit etmişti. Buna rağmen, çalışma bakanlığı, inşaatı durdurma cezası bile vermemiş, sadece 6720 lira ceza kesip, durmak yok yola devam demişti.

*

Torun Center'ın adeta "dokunulmazlığı" vardı. İnşaatın sahibi Aziz Torun, Tayyip Erdoğan'ın imam hatipten beri arkadaşıydı. AKP öncesinde de inşaat işindeydi ama, AKP'yle beraber roketlemişti, İstanbul'un en büyük kulelerini, en büyük alışveriş merkezlerini yapar hale gelmişti.

*

Savcılık inceledi, iddianame hazırlandı. 25 kişiye hapis cezası istendi ama... Torunlar İnşaat'ın patronlarına ve üst düzey yöneticilerine "takipsizlik" verildi. Tüm sorumluluk, taşeron asansör şirketine yıkılmıştı.

*

10 işçi canından olmuştu, 8 işçinin ailesi Torunlar İnşaat'tan para aldı, sulh protokolü imzaladı, şikâyetinden vazgeçti.

Sadece 2 işçinin ailesi, kan parası teklifini kabul etmedi. Aile başına 500'er bin lira ödendiği söyleniyordu.

*

Ve, İstanbul'da asansör faciasının yaşandığı gün, Soma'da 301 işçiye mezar olan maden ocağında yeniden işbaşı yapıldı. Aradan dört ay geçmişti, sayın ahalimiz unutmuştu, sayın basınımız haber yapmaz olmuştu. Tarihin en ağır maden faciasından "sağ kurtulan" işçiler açısından hiçbir değişiklik olmamıştı. Taşeron yasaların yarattığı köle düzeni, durmak yok, yola devam ediyordu.

*

Genelkurmay başkanlığı, resmi internet sitesinden yazılı açıklama yaptı, "Ağrı Taşlıçay ilçesinde bir ilkokuldaki Türk bayrağının indirildiğini ve yırtıldığını" duyurdu. İyi de... Bu bilgiyi öğrenen, mesela İstanbul'daki, İzmir'deki, Kayseri'deki, Trabzon'daki vatandaş ne yapsındı? Ağrı'daki veya yurdun herhangi bir noktasındaki bayrağı korumak, en önce askerin, polisin görevi değil miydi? Genelkurmay kimi kime şikâyet ediyordu?

*

Demeye kalmadı...
Hakkâri Valiliği'nin logosu değiştirildi.
Eski logoda var olan Türk bayrağı çıkarıldı!

*

Alman gazeteleri, Alman silah üretici SIG Sauer'in 2005 senesinde Irak'a yasadışı yollardan 5 bin tabanca teslim ettiğini, bu tabancaların çoğunun PKK'nın eline geçtiğini yazdı. Gazetelerde yayınlanan belgelere göre... Siparişi ABD vermişti, 9 milimetrelik tabancalar Irak ordusuna teslim edilecekti. İllegal sevkıyat ve Irak'taki otorite boşluğu nedeniyle, tabancalar PKK'ya kaptırılmıştı.

*

Peki, gerçek bu muydu? Silah firması bile olsa, Almanya'da herhangi bir firmanın bu büyüklükte illegal iş yapabilmesi mümkün müydü? Acaba, tabancalar direkt PKK için sipariş edilmiş olabilir miydi? Irak Ordusu bu işin kamuflajı olamaz mıydı? Müşteri ABD'yse, Irak ordusuna teslim edilecekse, neden illegal sevkıyat yapıldı? Bu soruların cevabı yoktu, belirsizdi. Gayet net olan tek gerçek vardı, SIG Sauer'in tabancaları PKK'nın elindeydi.

*

Diyarbakır Büyükşehir Belediye Başkanı Gültan Kışanak, mali özerklik istedi. Daha önce, bölgeden çıkarılan petrolden pay isteyen Kışanak, "yerel ekonomik kaynaklar üzerinde hakkımız olmalı, biz sadece siyasi özerklik istemiyoruz, mali özerklik de istiyoruz" dedi.

*

İskoçya'da bağımsızlık referandumu yapıldı. "Evet" çıkarsa, Birleşik Krallık'tan ayrılacaklardı. Bu referandum, neredeyse İngiltere televizyonlarından fazla Türk televizyonlarında haber yapıldı. Liboşlarımız, İskoçya'yla bizim güneydoğu'yu birbirine benzetiyor, evet çıksın diye adeta dua ediyordu. Yüzde 55 hayır çıktı. Liboşlarımız çok üzüldü.

*

Kürt Dili Araştırma Geliştirme Derneği, Demokratik Toplum Kongresi ve Eğitim-Sen'in öncülüğünde, Kürtçe eğitim veren sözde ilkokullar açıldı. Diyarbakır, Hakkâri ve Şırnak'ta bazı binalar "okul" haline getirilmiş, açılış törenleri yapılmış, ilkokul çocuklarına Kürtçe eğitim verilmeye başlanmıştı.

*

Hakkâri Yüksekova'da açılan okula, Abdullah Öcalan'ın annesinin ismi verilmişti. "Dıbıstana Seretayi Ya Dayıka Uveyş" tabelası asılmıştı. Yani "Uveyş Ana İlkokulu"ydu.

*

Elbette yasal değildi. Valilikler, bu binaları kapattı, mühürledi. Ertesi sabah mühürleri kırıp, eğitime devam ettiler. Tekrar mühürlendi. Bunun üzerine, PKK devlet okullarını yakmaya başladı. Diyarbakır, Hakkâri, Şırnak ve Muş'ta bir gecede 23 devlet okulu molotof kokteyli atılarak, kullanılamaz hale getirildi.

*

PKK resmi geçit yaptı.
Hem de askeri kışlanın önündeki caddede yaptı.

*

Kobani'de öldürülen Mahmut Zengin'in cenazesi, Van Özalp'e getirildi. PKK bayrakları açarak, Apo posterleri açarak, ilçe merkezinde yürüyüş yaptılar, Şehit Astsubay Erkan Durukan Kışlası'nın önünden geçtiler. Asker seyretti.

*

Astsubay Erkan Durukan, 2011 senesinde Van'ın bir başka ilçesi Saray'da şehit düşmüş, İzmir Kadifekale Şehitliği'nde toprağa verilmişti. Bu kışlanın ismi, aslında, Orgeneral Mustafa Muğlalı Kışlası'ydı. Orgeneral Mustafa Muğlalı, İstiklal Savaşı kahramanıydı. Menemen'de yobazlar Kubilay'ın kafasını kestiğinde, istiklal mahkemesi kurulmuştu, o istiklal mahkemesinin başkanı Mustafa Muğlalı'ydı. Yobazların en nefret ettiği generallerin başında geliyordu. 1943 senesinde Van Özalp'te 33 kaçakçı öldürülmüştü, kimine göre çatışmada öldürülmüşlerdi, kimine göre Mustafa Muğlalı tarafından kurşuna dizilmişlerdi. Demokrat Parti iktidar olur olmaz, Mustafa Muğlalı mahkemeye verildi, 33 köylüyü kurşuna dizdirdiği gerekçesiyle idama mahkûm edildi, 70 yaşındaydı, yaşı gereği cezası 20 yıla indirildi, Askeri Yargıtay kararı bozdu, ikinci yargılama yapılmadan 1951'de hapishanede öldü. 1997'de itibarı iade edildi, Harp Akademileri Komutanlığı'nın bahçesindeki "Kahramanlar Geçidi"ne büstü dikildi. 2004'te Van Özalp'teki kışlaya ismi verildi. Ancak... 2010 senesinde CHP Genel Başkanı Kemal Kılıçdaroğlu "33 köylünün kurşuna dizildiği bu yerde, bu kışlanın isminin değiştirilmesini istirham ediyoruz" dedi, Tayyip Erdoğan talimat verdi, Genelkurmay Başkanı Necdet Özel'in döneminde Orgeneral Muğlalı tabelası kaldırıldı, Şehit Astsubay Erkan Durukan'ın ismi verildi. Ve, şimdi, bu kışlanın önünde PKK resmi geçit yapıyordu, kimsenin gıkı çıkmıyordu.

*

Amerikan *Newsweek* dergisi "cihad otoyolu" başlıklı analiz yayımladı. Kocaeli Dilovası'ndan Suriye'ye iki minibüs dolusu Türk militan gittiğini yazdı. IŞİD'e katılan Türk militanların akrabalarıyla röportajlar yapılmıştı. IŞİD'in Kocaeli'de adeta cirit attığı, Türk polisinin olan bitene müdahale etmediği öne sürülüyordu.

*

Newsweek dergisi bu haberi yaptığında, Kocaeli Valisi Ercan Topaca "biz sınır şehri değiliz, ülkeye giriş-çıkış varsa, sınır şehirlerimizden olabilir" demişti. Bir hafta sonra... Bunu diyen vali, sınır şehri'ne, Hatay'a vali yapıldı!

*

Hatay Valisi Mehmet Celalettin Lekesiz de, emniyet genel

müdürü yapıldı. Reyhanlı'da tarihimizin en büyük terör saldırısı olduğunda, MİT'e ait TIR'lar yakalandığında, Hatay valisiydi. Şimdi, polis teşkilatının başına geçmişti.

*

FBI ajanlarının, dört ay önce Denver havalimanında 19 yaşındaki Shannon Conley'i tutukladığı, bu genç kızın internette bir IŞİD militanıyla tanıştığı, cihad fikrini benimsediği, IŞİD militanıyla buluşmak üzere İstanbul'a gitmeye çalıştığı anlaşıldı. Washington'ın bu hadiseden sonra Ankara'yı uyardığı, "havalimanlarındaki ve sınır geçişlerindeki kontrolleri artır" dediği ortaya çıktı.

*

ABD Ankara Büyükelçisi Ricciardone'nin görev süresi iki ay önce bitmiş, yeni büyükelçi henüz gelmemişti. Ricciardone "emekli büyükelçi" sıfatıyla açıklama yaptı, "Türkiye'yle Suriye konusunda anlaşamadık, çünkü Türkiye, bizim terör listesine aldığımız El Kaide uzantılı El Nusra ve Ahrar el Şam gruplarına destek verdi, bunlara yardım etmeyin dedik ama, Türk hükümeti bunlarla çalıştı, militanların sınır geçişlerine göz yumdu" dedi.

*

New York Times gazetesi, Ankara Hacıbayram mahallesini mercek altına aldı. "Türkiye'den IŞİD'e militan akıyor" başlıklı haberde, Hacıbayram mahallesinin "militan devşirme merkezi" haline geldiği anlatılıyordu. Bu muhitten en az 100 Türk vatandaşının IŞİD'e katılmak üzere Suriye'ye gittiği öne sürülüyordu.

*

New York Times bu haberinde, Tayyip Erdoğan'ın Hacıbayram Camisi'nden çıkarken çekilmiş fotoğrafını kullanmıştı. Tayyip Erdoğan bas bas bağırdı... "Camiden çıkışımızın fotoğrafını kullanıp, bizi teröre destek vermekle suçluyorlar, alçaklıktır, adiliktir" dedi.

*

Almanya'nın en çok satan gazetesi *Bild*, IŞİD'in Türkiye'de yedi farklı şehirde silah deposu olduğunu yazdı. İddiaya göre, bu silah depoları Ankara, İzmir, Eskişehir, Konya, Adıyaman, Şanlıurfa ve Hatay'daydı.

*

Gezici araştırma şirketi, 36 şehrimizde kamuoyu yoklaması yaptı, IŞİD hakkında ne düşündüklerini sordu. Sayın ahalimizin yüzde 18'i kelle kesen IŞİD'i terörist olarak görmüyordu, "IŞİD'in terörist örgüt olduğuna inanmıyoruz" diyorlardı.

*

Ankara'da trafikte yol verme tartışması yüzünden kavga çıktı, Kuveyt Büyükelçiliği'nde görevli askeri ataşe'yle şoförü, tartıştıkları kişiyi hastanelik edinceye kadar dövdü. Dayağı yiyen kişi, F16 pilotu kurmay yarbay Hakan Karakuş'tu, Hava Kuvvetleri Komutanı Akın Öztürk'ün damadıydı.

*

Rezalet bununla sınırlı kalmadı. Bizim dışişleri bakanlığı, söz konusu ataşe'nin derhal Türkiye'yi terk etmesini istedi. Kuveyt'in Ankara Büyükelçisi ise, "burada birçok yatırımımız var, mahkeme kararı olmadan sınırdışı kararı verilirse, Kuveytli yatırımcılar da Türkiye'den ayrılır" dedi.

*

"Parasıyla değil mi kardeşim" demek istiyordu.
"Kaç paraysa veririm, döverim" demek istiyordu.
E, haklıydı!
Böyle başa, böyle tarak'tı.
Herkese bağıran asrın liderinden çıt çıkmıyordu.

*

HSYK seçimlerine sayılı gün kalmıştı. Hükümet kendi HSYK'sını oluşturmaya çalışıyor, cemaat kendi HSYK'sını oluşturmaya çalışıyordu. Adalet Bakanı Bekir Bozdağ, hâkim ve savcılara 1155'er lira zam yapılacağını açıkladı. Ayıp tarafı... Bu zam, HSYK seçimlerinden sonra yapılacaktı. Gayet açıktı, "hükümetin listesine oy ver, zammı al" deniyordu. Ya oy verilmezse? Zam, zor alınırdı!

*

CHP'nin savcı kökenli milletvekili Ali Özgündüz, TBMM soruşturma komisyonuna gönderilen fezlekelerden detaylar açıkladı. Zafer Çağlayan'a Rıza Sarraf tarafından bir değil, beş kol saati alındığını; saatlerin toplam tutarının 600 bin euro olduğunu öne sürdü. Rıza Sarraf'ın Zafer Çağlayan'a kol saatlerinin yanı sıra 4 milyon dolarlık da pırlanta aldığını iddia etti.

*

Türbanlıların kadın dergisi *Aysha*, Tayyip Erdoğan'ın eşi Eminanım'ı "First Lady" başlığıyla kapak konusu yaptı. Derginin ismi Arapça vurgulu, başlığı İngilizceydi!

*

Eminanım'ın hayat hikâyesi anlatılırken, Eminanım'ın modacısı Tanju Babacan'la da röportaj yapılmıştı. Kırmızı sakallı eşcinsel modacı, "Müslüman kadın ayetin vitrinidir" diyordu. "Hanımefendiyle çalışıyoruz, giyim insanların şahsına özeldir, meşrebinizin ve lezzetinizin uyması önemlidir" diyordu.

*

Tayyip Erdoğan, cumhurbaşkanı sıfatıyla, TÜSİAD Yüksek İstişare Konseyi toplantısına katıldı. Türk sermayesinin halini gösteren bir durumdu... TÜSİAD başkanı, Tayyip Erdoğan yüzünden istifa etmek zorunda kalmıştı, aynı Tayyip Erdoğan, TÜSİAD'a onur konuğu olarak davet edilmişti!

*

Tayyip Erdoğan bu davetin hakkını verdi, işadamlarını fırçaladı, "hukuk mukuk diye ağlıyorsunuz ama, benim sayemde çok para kazandınız, fazla konuşmayın, asabımı bozmayın" demeye getirdi.

*

Muharrem Yılmaz'ın istifasından sonra, TÜSİAD başkanlığına Haluk Dinçer seçilmişti. Sabancı Grubu Perakende Başkanı'ydı. Birkaç ay sorunsuz idare etti. Sonra *Hürriyet*'e konuştu... "Cumhurbaşkanı devletin başıdır, TÜSİAD'ın muhatabı cumhurbaşkanı değildir, başbakandır" deme gafletinde bulundu.

*

Vay sen misin bunu diyen... Tayyip Erdoğan küstü. "Madem muhatap biz değiliz, bundan sonraki davetlerine katılacak bir muhatap bulurlar" dedi. Yandaş medya Haluk Dinçer'i yerden yere vurdu, "paralelci" ilan etti.

*

Başbakan Ahmet Davutoğlu, TÜSİAD genel kuruluna katılmayacağını açıkladı. "Cumhurbaşkanını muhatap kabul etmezseniz, ben de sizi muhatap almam" diyordu. TÜSİAD muhatapsız kalmış gibi görünüyordu. Halbuki... Türkiye başbakansız kalmıştı. Anayasamıza göre cumhurbaşkanlığı makamı "sembolik"ti ama, fiiliyatta başbakanlık makamı "sembolik" hale gelmişti. Türkiye'yi Tayyip Erdoğan yönetiyordu. Ahmet Davutoğlu yapsa yapsa, anca vokal yapabilirdi.

*

Ankara'da Samsun tanıtım günleri düzenlendi. İlkadım Belediyesi'nin standında, Tayyip Erdoğan'ın balmumu heykeli sergilendi. Heykelini yaptıralım, Tayyip Erdoğan'ın gözüne girelim derken, yani kaş yapalım derken, göz çıkarmışlardı... Heykel, Tayyip Erdoğan'a hiç benzemiyordu. Ayrıca, dinciler arasında "heykel yaptırmak itikadımıza ters değil mi?" tartışması başlamıştı. Neticede, bir grup Tayyip Erdoğan hayranı, durumdan vazife çıkardı, heykeli parçaladı. İlkadım belediye başkanı teşekkür beklerken, AKP genel merkezinden azar işitti.

*

Ankara Büyükşehir Belediye Başkanı Melih Gökçek, "Atatürk" ismini sildi. Büyükşehir belediye meclisinin resmi kararlarında, "Atatürk Orman Çiftliği" yerine "Yenimahalle Orman Çiftliği" kullanılmaya başlandı.

*

IŞİD, Kobani'ye saldırdı.
Suriye'nin Türkiye sınırına yakın, Kürt kantonlarından biriydi. Orijinal ismi, Ayn el Arab'tı. IŞİD saldırısıyla beraber, yeni bir göç dalgası başladı, üç gün içinde 200 bin Suriye Kürdü, sınırı geçti. Türkiye'deki Suriyeli sayısı 2 milyonu bulmuştu.

*

IŞİD militanlarının baskınıyla kaçırılan Musul konsolosumuz ve 45 Türk rehine, 101 gün sonra serbest bırakıldı.

*

Ahmet Davutoğlu'nun konsolosluk basıldığında dünyadan haberi yoktu, ABD'deydi, gezisini yarıda bırakıp apar topar yurda dönmüştü. Rehinelerimiz serbest bırakıldığında, gene dünyadan haberi yoktu, Azerbaycan'daydı, gezisini yarıda bırakıp apar topar yurda döndü.

*

Tayyip Erdoğan, rehinelerin serbest bırakılmadığını, kurtarıldığını belirterek, "MİT başarılı bir kurtarma operasyonu yaptı" dedi.

*

Halbuki, MİT'in kurtarma operasyonu filan yapmadığını, takas yapıldığını, rehinelerimize karşılık Türkiye'de tutuklu bulunan IŞİD militanlarının serbest bırakıldığını cümle âlem biliyordu. Zaten hemen ertesi gün... Tayyip Erdoğan çıktı, "velev ki takas olsa bile, hamdolsun vatandaşlarımız ailelerine kavuştu, ben ona bakarım" dedi.

*

46 rehineye karşılık, 180 IŞİD militanının serbest bırakıldığı öne sürülüyordu. Bu rakam asla doğrulanmadı ama, asla yalanlanmadı.

*

İddiaya göre... IŞİD, ağustos ayında Barzani topraklarına yaklaşınca, ABD müdahale etmiş, uçaklarla bombalamış, o sırada Ankara'yı tembihlemiş, "Türkiye'deki hastanelerde tedavi gören IŞİD militanlarını sakın bırakma" demişti. İki aydır Türkiye'nin elinde "militan birikmiş"ti. IŞİD, Barzani topraklarından uzaklaşınca, ABD "takas"a ikna edilmiş, rehinelere karşılık, IŞİD'çiler bırakılmıştı. Hapishanelerdeki ve hastanelerdeki IŞİD'çiler kafileler halinde Van'a getirilmiş, topluca Suriye sınırına götürülerek, teslim edilmişti.

*

Musul konsolosluğuyla alakalı yayın yasağı devam ediyordu. Bu nedenle, Türk basınının yapamadığını, İngiliz gazeteci Alexander Miller yaptı. Adalet Bakanlığı'na dilekçeyle başvurdu. "Serbest bırakılan IŞİD militanları arasında, Niğde'de bir astsubayı, bir polisi, bir vatandaşı öldüren IŞİD'çiler de var mı?" diye sordu. Adalet Bakanlığı ne cevap verdi biliyor musunuz? "Özel hayatın gizliliği kapsamındadır, bilgi edinme kapsamı dışındadır, bilgi veremeyiz" dedi!

*

Vatandaşlarımızın katilleri "özel hayat" korumasındaydı. Haklarında bilgi verilirse, rencide edilmiş olurlardı. Rezaletin daniskasıydı.

*

Danimarka'yla Türkiye arasında kriz çıktı. Danimarka vatandaşı bir IŞİD militanı, geçen sene şubat ayında, İslam karşıtı görüşleriyle tanınan gazeteci Lars Hedegaard'ı öldürme teşebbüsünde bulunmuş, ülkeden kaçmış, İstanbul Atatürk Havalimanı'nda sahte pasaportla yakalanmıştı. Danimarka'nın resmi talebine rağmen, iade edilmemişti. Bu IŞİD'çinin, takas edilen IŞİD'çilerden olduğu ortaya çıktı. Danimarka basını, AKP hükümetini yerden yere vurdu, "Türkiye'yle diplomatik ilişkiyi keselim" çağrıları yapıldı.

*

Musul konsolosumuz Öztürk Yılmaz ilk defa basına konuştu. Yaşadıkları macera filmi gibiydi... Nerede oldukları belli olmasın, kurtarma operasyonu yapılmasın diye her gün yerleri değiştirilmişti. Oradan oraya götürülmüşlerdi. Konsolosumuz cep telefonunu saklamayı başarmıştı. Bu telefon sayesinde, sürekli Türk yetkililerle haberleşmişti. Gel gör ki... IŞİD'çiler bir süre sonra rehinelerin Türkiye'yle haberleştiğini farketmişti. Cep telefonunun kimde olduğunu bir türlü bulamamışlardı. Çünkü, konsolosumuz cep telefonunu parçalara ayırmıştı, parçaları ayrı ayrı yerlerde saklamıştı, lazım olduğunda birleştirip, konuşmuş, işi bitince, tekrar parçalara ayırmıştı. Telefonun parçalarını, kadın rehinelerin üzerinde saklamışlardı. IŞİD'çiler kadın rehinelerin üstünü aramıyordu.

*

Dinleyince, kulağa hoş geliyordu ama...
Küçük bi pürüz vardı.
Tükenmeyen pil mi icat edilmişti?
Telefonun şarjı 101 gün boyunca nasıl bitmemişti?
Sırf bu soru bile, fazlaca "bityeniği" olduğunun kanıtıydı.

*

Niye kaçırıldılar?
Niye bırakıldılar?
AKP döneminin "muamma"larından biriydi.

*

Rehinelerimiz bırakıldıktan 12 saat sonra... ABD-Arap koalisyonu, IŞİD'i Suriye'de vurdu. ABD uçaklarına, Suudi Arabistan, Ürdün, Birleşik Arap Emirlikleri, Bahreyn ve Katar uçakları eşlik etmişti. Vuruş gücünden çok, vuruş şekli önemliydi. Çünkü, hava operasyonundan önce Esad'a haber verilmişti, "operasyonun seninle alakası yok, senin savaştığın IŞİD güçlerini vuracağız" denilmişti. Açıkça görülüyordu ki, Suriye'de satranç hamleleri değişmişti. IŞİD yüzünden Esad kıymete binmişti. Rusya haklı çıkmıştı. "Esad giderse, Suriye'yi kimse toparlayamaz" görüşü hâkim olmaya başlamıştı. Ahmet

Davutoğlu'nun "stratejik derinlik" tahminleri, her zaman olduğu gibi, gene ıskalamıştı.

*

Tayyip Erdoğan, iklim zirvesi için New York'a gitti, Birleşmiş Milletler genel kurulunda konuştu, sosyal medyada günün olayı oldu. Çünkü "asrın lideri" boş koltuklara konuşmuştu. Obama konuşurken salon hıncahınç doluydu. Obama gidince, salon boşalmıştı. Bizimkinin ne dediğini merak edip, dinleyen yoktu.

*

Komedi bununla sınırlı kalmadı... Yandaş medya imdada yetişti. *Star* gazetesi, Obama'yı dinleyen hıncahınç dolu salonla, Tayyip Erdoğan'ı fotomontaj yaptı! Birleşmiş Milletler'de boş koltuklara konuşan Tayyip Erdoğan, yandaş medya manşetlerinde "yumruğunu masaya vuran, sözü dinlenen dünya lideri"ydi.

*

Türban ilkokula girdi.

*

Milli Eğitim Bakanlığı kılık kıyafet yönetmeliğinde değişiklik yapıldı. "Başı açık" ibaresi kaldırıldı. "Başı açık" ibaresi kaldırılınca ne olmuş oldu? İlkokul öğrencilerinin "türban" takması serbest bırakılmış oldu. Hatta, isteyen anaokuluna bile türbanla gelebilecekti. Artık yasal engel yoktu.

*

Düpedüz "mecelle"ye dönülmüştü.

*

Özetlemek gerekirse, 19'uncu yüzyılda dini esaslara göre hazırlanan "Osmanlı Medeni Kanunu"ydu. 1851 maddeden oluşuyordu, 986'ncı maddesi "kızların dokuz yaşında buluğa erdiğini" kabul ediyordu. Yani, bu mecelle'ye göre, aileler kızlarını dokuz yaşında evlendirebilirdi. Dolayısıyla, bunların kafasına göre, dokuz yaşındaki kız çocukları türban takmalıydı!

*

Liseleri imam hatipe çevirmişlerdi.
Çocukları zorla imam hatipe kaydetmişlerdi.
Şimdi de ilkokula türban takmışlardı.
Sıra neye gelmişti?
Karma eğitimi bitirmeye gelmişti.
Harem-selamlık eğitime ramak vardı.

EKİM, KASIM, ARALIK

• Asrın kabağı • Stratejik takoz • Soykırım halısı • PKK-Hüda-Par savaşı • Kobani • Peşmerge koridoru • Biji Obama • Makul şüphe • Ermenek • Cızlavet • 9'a 5

Ankara'daki Gezi olaylarında Ethem Sarısülük'ü kafasına ateş ederek öldüren polis Ahmet Şahbaz, güya tanınmamak için, mahkemeye peruk takarak, kalın çerçeveli gözlük takarak geliyordu. İlk duruşmaya girerken kalabalıktan itiş kakış olmuş, kafasındaki peruk düşmüştü. Bunu vesile yaptı, bana saldırdılar diye şikâyetçi oldu, Ethem'in ailesi hakkında dava açıldı.

*

Ethem'in annesini "sanık" sandalyesine oturttular.

*

Ethem'i kafasından vurarak öldüren polise sadece yedi sene hapis verilirken, bu polisin kafasındaki peruğu çekti diye, Ethem'in annesine 10 sene hapis isteniyordu.

*

Tetik çekene yedi sene.
Peruk çekene 10 sene.
Adalet dediğin böyle olurdu!

*

Ve, bu davayla aynı gün... Kürtaj karşıtı açıklamaları nedeniyle Ankara Büyükşehir Belediye Başkanı Melih Gökçek'e yumurta atan iki kadına, 10 sene hapis cezası istendi.

*

Mermi sıkana yedi sene verilirken...
Yumurta atana 10 sene isteniyordu.

*

Subay ve astsubayları karşı karşıya getiren davada, karar çıktı. Neydi bu? Kenan Evren, 1984 senesinde Emekli Astsubaylar Derneği'ni lağvetmiş, bu derneğin mallarını, Emekli Subaylar Derneği'ne devretmişti. Astsubaylar da 29 sene sonra dava açıp, malların iadesini talep etmişti. Mahkeme, astsubayları haklı buldu. Yargıtay onaylarsa, Emekli Subaylar Derneği'ne ait 30 milyon liralık gayrimenkul, astsubaylara iade edilecekti.

*

Emekli Subaylar Derneği'nin 15 bin üyesi, Emekli Astsubaylar Derneği'nin 75 bin üyesi vardı. Elbette kimsenin hakkı yenmesin, kimsenin hakkı bir başkasına verilmesin ama... Subaylarımız kumpas davalarıyla hapse tıkılırken, iftiralarla ordudan atılırken, hukuk katledilirken hiç sesini çıkarmayan astsubaylar derneğinin, mal mülk konusunda bu kadar hassas olması, enteresandı.

*

Türkiye Barolar Birliği, türbanı ilkokulda serbest bırakan düzenlemeye karşı iptal davası açtı. Davanın gerekçesini yazılı açıklamayla izah etti. "Bu dava, örtünme özgürlüğüne karşı bir duruş değildir, türbanın dokuz yaşına indirilmesine karşı çıkıştır. Eğitim hakkı, laiklik ilkesine aykırı olarak kullanılamaz. Bu yönetmelik, Anayasa'ya aykırıdır. Avrupa İnsan Hakları Sözleşmesi'ne, Birleşmiş Milletler Çocuk Hakları Sözleşmesi'ne, 1739 sayılı Milli Eğitim Temel Kanunu'na aykırıdır. Dokuz yaşındaki bir çocuğun, özgür iradesini kullanarak tüm yaşamını etkileyebilecek kararlar verebilmesi mümkün değildir. Bunun aksinin kabulü, rüşt yaşının dokuza çekilerek, bu yaştaki çocuklara ülkeyi yönetme sorumluluğunun da verilebileceği şeklinde, çarpık mantığın kabulüdür. Türban dayatması, öğretim sözcüğüyle yan yana getirilemez, bunun adı öğretim değil, olsa olsa telkin olur. Dokuz yaş çocuklarına türban serbestisi getirilmesi, özellikle kırsal kesimde mahalle baskısıyla, türban zorunluluğuna dönüşür. Kayıtsızlığın devamı halinde, bundan sonraki adım, kız-erkek okullarının ayrılması, toplu taşıma araçlarında kadın-erkek ayrımına gidilmesidir" denildi.

*

Irak-Suriye tezkeresi çıktı.

*

Türk Silahlı Kuvvetleri'ne Suriye ve Irak'ta sınırötesi operasyon yapma yetkisi veren başbakanlık tezkeresi, TBMM'de oylandı. 298 evet, 98 red'le kabul edildi. Bu tezkere, yabancı askerlerin de Türkiye'de bulunmasına imkân sağlıyordu.

*

AKP'yle beraber MHP evet vermişti.
CHP ve HDP hayır demişti.

*

Kısa süre sonra Barzani'nin peşmerge güçleri, bu tezkere sayesinde, silahlarıyla birlikte Türk topraklarından geçecekti. Tezkereye evet diyen MHP bu geçişe karşı çıkacak, tezkereye hayır diyen HDP bu geçişi destekleyecekti.

*

Siyasi partilerimizin tel tel döküldüğünün kanıtıydı.
Evet diyorsan, niye karşı çıkıyordun?
Hayır diyorsan, niye destekliyordun?

*

Meclis'teki oylamaya saatler kala, Genelkurmay Başkanı Necdet Özel, Suriye'deki Süleyman Şah Türbesi saygı karakolunda görev yapan askerlerimize bir mesaj göndermişti. Genelkurmay'ın resmi internet sitesinde yayınlanarak, kamuoyuna duyurulan mesajda, "sizden gelecek tek bir haberle TSK yanınızda olacak, 76 milyon yurttaşımız arkanızdadır" deniliyordu.

*

Yani?
Necdet bey, AKP'ye çalışıyordu.
Tam oylama öncesinde bu açıklamayı yaparak, hükümet tezkeresine omuz veriyor, "evet çıksın" demek istiyordu.

*

Necdet bey'in mesajı anca internet sitesinden yayınlanırken, Abdullah Öcalan'ın mesajı TBMM kürsüsünden okundu. Tezkere görüşmeleri sırasında HDP grubu adına konuşan Ertuğrul Kürkçü, "İmralı'da heyetimizle görüşen Abdullah Öcalan'ın Kobani'yle ilgili söylediklerini aktarmak isterim" dedi, Öcalan'ın mesajını okudu. Ne CHP itiraz etti, ne de MHP... Türkiye bunu da görmüştü. Öcalan'ın "memleket yönetimine dair" önerileri, tarihte ilk defa meclis tutanaklarına girmiş, TBMM arşivindeki yerini almıştı.

*

Asrın kabağı manşet oldu!
Yeni yasama yılının açılışı vesilesiyle TBMM'de resepsiyon düzenlendi. Meclis aşçıları, dekoratif görünsün diye, balkabağından heykeller yapmıştı, sofralar bu heykellerle

süslenmişti. Önce sosyal medyada, sonra gazetelerde gündem oldu. Çünkü, kabak heykellerinden biri, seyrek bıyıklarıyla alenen Tayyip Erdoğan'dı.

*

Sümeyye Erdoğan istifa etti.

Tayyip Erdoğan'ın küçük kızı, AKP genel başkan danışmanıydı. Bu sıfatıyla başbakanlığın resmi toplantılarına katılıyordu, resmi gezilerine gidiyordu. Babası cumhurbaşkanı olunca, Ahmet Davutoğlu'nun danışmanlığını yapmadı, bu görevinden ayrıldı.

*

Damat da vakıf'landı.

Tayyip Erdoğan'ın damadı Berat Albayrak, kardeşi Serhat Albayrak ve Kalyon İnşaat'ın sahibi Ömer Faruk Kalyoncu'yla birlikte "eğitim kültür vakfı" kurdu. Ayrıca... "Dershane, okul ve her türlü eğitim faaliyetinde bulunmak" için bir de şirket kurmuştu. Cemaatin dershaneleri kapatılırken, cemaatin okullarına baskı kurulurken, damat "dershane-okul" işine mi giriyordu? Bu konuda mecliste soru önergesi verildi. Kitabın piyasaya çıktığı tarihte, henüz cevap verilmemişti.

*

Ankara'da su savaşı başladı.

CHP milletvekili Aylin Nazlıaka, mecliste soru önergesi verdi, "Ankara'nın şebeke suyunda ortaya çıkan kirlenmenin nedenleri nedir? Bu kirlilik insan sağlığını nasıl etkilemektedir? Yarattığı rahatsızlıklar ve kalıcı hastalıklar nelerdir?" diye sordu. Şebeke suyundaki kirliliğin, çocuklarda hafıza kaybı yarattığını söyledi.

*

Melih Gökçek derhal basın toplantısı düzenledi, canlı yayında ASKİ'nin ambalajlı suyunu içti, "Kızılırmak suyundan atık karıştığı, sülfat oranının arttığı, ishal vakalarının arttığı iddiaları tamamen yalandır" dedi.

*

Şırrak... ASKİ ekipleri, Aylin Nazlıaka'nın oturduğu siteye geldi, villalara su sağlayan depoda inceleme yaptı, su örneği aldı. CHP'yi rezil-i rüsva eden bir sonuç çıktı. Sitede kaçak kuyu suyu kullanılıyordu, üstelik, kuyuda klorlama yoktu, insan sağlığı için büyük riskti.

*

Aylin Nazlıaka, komşularını da yakmıştı.
Siteye kaçak su kullanmaktan 750 bin lira ceza kesildi.
Villa başına 30 bin lira fatura çıkmıştı.

*

Melih Gökçek kahkahalarla basın toplantısı yaptı, "Aylin hanım ishal olmuş, dua etsin, dizanteri de olabilirdi" dedi.

*

Aylin Nazlıaka ise, "kuyu suyu kullanıldığını bilmiyordum, böyle şeylerle uğraşmaya vaktim yok, hiç ilgilenmedim, site toplantılarına da katılmadım, şimdi haberim oldu" dedi.
Maalesef, bu CHP'yle AKP'nin işi çok kolaydı.

*

Ekstra hazin tarafı...
Yaşadığı siteden haberi olmayan Aylin Nazlıaka, 30 Mart yerel seçiminde Ankara büyükşehir belediye başkanlığına aday adayı olmuştu.

*

Bir başka "su" haberi gündeme oturdu.
Hüseyin Çelik'in oğlu evlendi. Düğün töreninde Tayyip Erdoğan ve Abdullah Gül'ün önündeki sehpaya cam şişede su konulurken, Ahmet Davutoğlu'nun önündeki sehpaya pet şişede su konuldu. Sosyal medyada en çok konuşulan mevzulardan biri oldu. "Herkes haddini bilecek, su şişesinde bile hiyerarşi var" yorumları yapıldı. Elbette çok matrak durumdu ama... Aslında, su şişeleri konuşulurken, dikkatlerden kaçan daha enteresan bi detay vardı. Tayyip Erdoğan eşiyle birlikte gelmişti, Abdullah Gül tek başına gelmişti. Eski first lady Hayrünnisanım, yeni first lady Eminanım'ın bulunduğu ortama gelmemişti!

*

THY uçaklarının tuvaletlerinde abdest yasağı kaldırıldı.
Lavaboda abdest alınırken yere su sızıyor, uçağın her tarafı kablo olduğu için, uçuş güvenliği tehlikeye giriyordu. Özellikle hac ve umre uçuşlarında, sık sık anons yapılıyor, "elektronik aksamın etkilenmemesi için, tuvaletlerde abdest alınmaması rica olunur" deniyordu. THY kabin hizmetleri başkanlığı, tüm kabin ekiplerine duyuru yayınladı, bu yasağı kaldırdı, "tuvalette abdest alınmasına engel olmayın, ancak, tuvalet zeminlerinin kuru kalmasını sağlayın" denildi.

*

Sözcü'ye geçtim.

Yeni gazetem "sen yine içinden geldiği gibi yaz Yılmaz" sloganıyla reklam hazırlamıştı, televizyonların yanı sıra, bilboardlarda yayınlanıyordu. O da ne? Türkiye'nin her yerinde yayınlanan reklam, Dokuz Eylül Üniversitesi tarafından yasaklanmıştı. "Siyasi mesaj" olduğu gerekçesiyle kampüs içindeki bilboardlarda yer almasına izin verilmemişti. Akılları sıra, doğup büyüdüğüm şehirde, okuduğum üniversitede beni cezalandırmışlardı. Küçük bi pürüz vardı... Doğma büyüme İzmirliydim ama, Dokuz Eylül'de okumamıştım, Ege Üniversitesi mezunuydum! Yanlış adresi sansürlemişlerdi.

*

TBMM'ye "stratejik takoz" yerleştirildi.

AKP'nin meclis grup salonundaki kürsü, Tayyip Erdoğan'ın boyuna göre ayarlıydı. Ahmet Davutoğlu genel başkan olunca, boyu yetmedi. Daha kısa kürsü yaptırmak yerine, Davutoğlu'nun boyunu uzatmayı tercih ettiler. 20 santim yüksekliğinde takoz koydular. Belli olmasın diye, yerdeki halının aynısıyla kaplayıp, kamufle ettiler. Davutoğlu, takozun üstüne çıktı, mikrofona anca yetişti.

*

ABD Başkan Yardımcısı Joe Biden, Harvard Üniversitesi'nde konuştu, Ankara'ya füze düşmüş gibi oldu. Çünkü, IŞİD konusunda Suudileri, Emirlikleri, Katar'ı ve Türkiye'yi suçluyordu. "Yardım etmeyin diye uyardık ama, dinletemedik, Suudiler, Katarlılar, Esad'ı devirmek için Şii-Sünni savaşı çıkarmaya çalışıyordu, Esad'la savaşacak cihatçılara milyonlarca dolar, binlerce ton silah akıttılar, IŞİD bu sayede güçlendi" diyordu. "Şimdi nihayet yaptıkları hatayı anladılar, yardımı kestiler" diyordu. "Tayyip Erdoğan bana 'siz haklıydınız, Suriye'ye geçişlerine izin verdik, şimdi sınırı mühürlemeye çalışıyoruz' dedi, IŞİD'in Türkiye'ye yönelik bir tehdit olduğunu farketmesi epey zaman aldı" diyordu.

*

Tayyip Erdoğan derhal yalanladı. "Böyle bir ifadem olmadı, Joe Biden böyle bir şey söylediyse, benim için tarih olur" dedi.

*

Ertesi gün, Joe Biden telefon açtı, Tayyip Erdoğan'la konuştu. Yandaş medya "özür diledi" manşetleri attı.

*

Hakikaten özür mü dilemişti?

Beyaz Saray'dan açıklama yapıldı. Joe Biden hakikaten "özür" dilemişti ama, söyledikleri yalan olduğu için değil... "Aralarındaki özel görüşmeyi kamuoyuna açıkladığı için" özür dilemişti!

*

Beyaz Saray "soykırım halısı"nı serdi.

*

ABD-Türkiye ilişkileri limoniyken, Washington'dan sürpriz bir adım atıldı. 1915 Ermeni tehcirini sembolize eden "yetim halısı"nın, 18-23 Kasım tarihlerinde Beyaz Saray'da sergileneceği açıklandı. Üstelik, bu kritik açıklama, Obama'nın ulusal güvenlik danışmanı tarafından yapılmıştı.

*

Yetim halısı, tehcirin ardından Lübnan'a götürülen Ermeni kız çocukları tarafından 1924'te dokunmuş, 1925'te ABD'ye gönderilmiş, ABD Başkanı Calvin Coolidge'e hediye edilmişti. Ermeni diasporası açısından adeta "kutsal eşya"ydı. 1984 ve 1995'te iki defa sergilenmişti. Türkiye'nin diplomatik mücadelesi sonucu 1995'ten beri Beyaz Saray'ın deposunda tutuluyordu.

*

Bu halının şimdi sergilenmesi... 1915 tehcirinin 100'üncü yıldönümü olan 2015'te başımıza neler gelebileceğinin işaret fişeğiydi.

*

Kurban bayramı geldi.

Şarkıcı Leman Sam twitter'dan mesaj attı, "benim için IŞİD'le, bıçağını masum bir hayvanın boğazına dayayan, aynı duygudadır" dedi. Eskişehirli bir avukat, "dini değerleri aşağıladığı" iddiasıyla, Leman Sam hakkında suç duyurusunda bulundu.

*

Başbakan Yardımcısı Bülent Arınç mevzuya dahil oldu, Leman Sam için "zavallı, iffeti yozlaşmış, edepten yoksun" ifadelerini kullandı. Yandaş medya hakaret konusunda Bülent Arınç'ı bile solladı, Leman Sam'ı manşetlerden linç ettiler.

*

Tam bayram arifesinde... Gülen cemaatine yakınlığıyla tanınan "Kimse Yok mu Derneği"nin yardım toplama yetkisi elinden alındı.

*

2002'de kurulmuştu. 2006'da bakanlar kurulu kararıyla "kamu yararına çalışan dernek" statüsü verilmişti. 2007'de "izinsiz yardım toplama yetkisi" verilmişti. 2008'de TBMM Üstün Hizmet Ödülü verilmişti. Ama... 17/25 Aralık'tan hemen sonra müfettişler gönderilmişti. Ve, fişi çekilmişti.

*

Bir zamanlar "ne istediniz de vermedik, vali verdik, milletvekili verdik, bakan verdik" diyenler... Şimdi "bağış bile verilmeyecek" diyordu.

*

Tayyip Erdoğan, bayram vesilesiyle Gaziantep'e gitti, Suriyeli sığınmacıların kampını ziyaret etti. Burada yaptığı konuşmada "Kobani ve diğer Kürt şehirlerine yapılan saldırıları endişeyle takip ediyoruz, Kobani düştü düşüyor" dedi.

*

Aynı gün... HDP Eşbaşkanı Selahattin Demirtaş, "Kobani'de durum son derece kritiktir, IŞİD saldırılarını ve AKP iktidarının tutumunu protesto etmek üzere halklarımızı hemen şimdi sokağa çıkmaya çağırıyoruz" açıklaması yaptı.

*

Biri "gitti gidiyor" dedi.
Öbürü "koşun yetişin" dedi.
Türkiye yangın yerine döndü.

*

İki gecede 50 kişi öldürüldü.

*

11 kişi sopalarla dövülerek, linç edildi.
Üç kişi yakıldı.
15 kişi silahla vuruldu.
Dördüncü kattan atılan vardı.
Otomobille ezilen vardı.
Bıçaklanarak katledilenler vardı.
Kimvurduya gidenler vardı.

*

Adeta iç savaş provası gibiydi.

*

Diyarbakır'da, Batman'da, Van'da, Gaziantep'te, Şanlıurfa'da, Siirt'te, Mardin'de, Bingöl'de, Adana'da, İstanbul'da, İzmir'de cenaze kaldırıldı.

*

Öldürülenler arasında HDP'liler de vardı, PKK'lılar da vardı ama, çoğunluk Hüda-Par'lıydı. Hizbullah'a yakınlığıyla bilinen, 2013'te resmileşen siyasi partiydi.

*

Belediyede işçi olarak çalışan vardı. Esnaf vardı. Henüz 16 yaşında imam hatip öğrencisi vardı. Suriyeli mülteci vardı. Olaylarla hiç alakası olmayan, evinde, penceresinde serseri kurşuna kurban giden ev kadınları vardı.

*

35 şehirde, 68 ilçede çatışma çıktı. Sokaklarda barikatlar kuruldu. Tabancalı, pompalı tüfekli, satırlı, bıçaklı tipler kol geziyordu. Kimisi tekbir getiriyordu, kimisi biji naraları atıyordu.

*

Toplam, 212 okul, üç bin işyeri, 263 kamu binası, 190 banka şubesi, 75 PTT şubesi, 80 siyasi parti binası, 340 sivil otomobil, 216 resmi otomobil, 30 dernek binası kullanılamaz hale geldi. Müzeler, spor salonları saldırıya uğradı. Elektrik trafoları, mobese kameraları, trafik lambaları ateşe verildi. Kuran kursu binalarına molotof atıldı. Marketler yağmalandı.

*

Yedi şehirde sokağa çıkma yasağı ilan edildi.
Diyarbakır, Batman, Muş, Siirt, Mardin, Bitlis, Van.
34 sene sonra ilk defa sokağa çıkma yasağı uygulanmıştı.

*

Bingöl Emniyet Müdürü Atalay Ürker'e şehir merkezinde pusu kuruldu, uzun namlulu silahlarla tarandı, emniyet müdür yardımcısı Atıf Şahin ve komiser Hüseyin Hatipoğlu şehit oldu. Emniyet Müdürü Atalay Ürker ve koruması Uğur Atlı ağır yaralandı.

*

Saldırganlar iki otomobille kaçtı. Şehrin giriş çıkış noktaları kesildi. Otomobillerden biri, Genç ilçesi yolunda jandarmaya denk geldi, çatışma çıktı, dört saldırgan öldürüldü.

*

Şehit düşen emniyet müdür yardımcısı Atıf Şahin, üç ay öncesine kadar Nazilli emniyet müdürüydü, AKP milletvekili tarafından "paralelci" ilan edilmişti. Neydi bu mesele? AKP Aydın milletvekili Ali Gültekin Kılınç, Aydın-Denizli yolunda seyir halindeyken, bir otomobilin kendisini sıkıştırdığını, kaza yapmaya zorladığını, dört defa Alo 155'i, iki defa da Nazilli Emniyet Müdürü Atıf Şahin'i arayarak yardım istediğini, ancak müdahale edilmediğini anlatmış, "paralel yapı beni öldürüp, kaza süsü verecekti" demişti. Yandaş medyada "suikast" çığlıkları atılmış, Atıf Şahin Bingöl'e sürülmüştü.

*

THY'nin Diyarbakır seferleri iptal edildi.

"Neredeeeen nereye" dedirten bir gelişmeydi.

Dokuz sene önce, 2005'te, İsveç'ten Türkiye'ye uçmak isteyen beş kişilik Iraklı aile, THY'den bilet almıştı. Diyarbakır'a uçacaklar, oradan karayoluyla ülkelerine gideceklerdi. Savaş nedeniyle Irak'a uçuş olmadığı için, mecburen Türkiye üzerinden dönüyorlardı. Anne, baba, üç çocuktular. Çocuklardan birinin ismi Kürdistan'dı. Stockholm Arlanda Havalimanı'na gelmişler, bilet kontrolü sırasında THY görevlileri tarafından durdurulmuşlardı. Niye? "Bu isimle Türkiye'ye giriş yapamazsınız" denilmişti. "Türkiye'de kalmayacağız, Kuzey Irak'a geçeceğiz, oraya uçuş olmadığı için mecburen Diyarbakır üzerinden gidiyoruz" demişlerdi ama, nafile... Kürdistan, uçağa alınmamıştı. Iraklı aile de Türkiye'ye uçmaktan vazgeçmişti. Bu hadise üzerine, yalaka gazetelerimiz "Kürdistan'a geçit yok" başlıkları atmıştı. AKP şakşakçıları "koçum benim, devlet dediğin böyle olur" diye alkışlamıştı. Şimdi ise... THY uçağı, aynı Diyarbakır'a iniş yapamıyordu.

*

Ekstra dramatik tarafı... Diyarbakır havalimanı, bir süre önce bayrağı indirilen askeri üssümüzdü. Hem askeri uçaklar, hem sivil uçaklar orayı kullanıyordu.

*

Türkiye alev alev yanarken, polisler şehit edilirken, o toz duman arasında, cumhurbaşkanı Tayyip Erdoğan onayladı, *Resmi Gazete*'de yayımlandı, Etiler Polis Meslek Yüksekokulu resmen kapatıldı. Bu okul, 25 Aralık yolsuzluk soruşturmasında gündeme gelmişti. Arsasının değeri milyar dolarla ifade ediliyordu, Bilal Erdoğan ve Yasin el Kadı'nın ortak olduğu şirkete verileceği iddia ediliyordu. Okul kapatılacak, binası yıkılacak, yerine alışveriş merkezi yapılacaktı. Bu kitabın piyasaya çıktığı tarih itibariyle, okulun arsası İstanbul büyükşehir belediyesine devredilmiş, ticaret merkezi ilan edilmiş, 100 bin metrekarelik inşaat hakkı tanınmıştı.

*

Memleketin ne hale geldiğinin çarpıcı bir göstergesi, Van'da yaşandı. Gevaş Savcısı Ersin Kuşku, yaşadıklarını *Sözcü* gazetesi yazarı Saygı Öztürk'e anlattı... "Otomobilimle, Diyarbakır istikametinden Gevaş'a doğru seyir halindeydim, dumanları gördüm, barikat kurmuşlardı, lastik yakıyorlardı, araçları durduruyorlardı, yolumu değiştirdim, Muş yönüne döndüm, Muş'a 20 kilometre kala, yüzleri poşulu, kalaşnikoflu dört PKK'lı tarafından durduruldum, kimliğimi istediler, soğukkanlılığımı kaybetmedim, savcı kimliğini vermedim, nüfus cüzdanımı uzattım, kimliğimi kontrol ettiler, ne iş yaptığımı sormadılar, 'Kobani'deki kardeşlerimiz ölüyor, bize yardım edeceksiniz, sessiz kalmayacaksınız, Kobani için bize yardım edeceksiniz' dediler, bir süre daha bu şekilde propaganda yapıp, gittiler. Batı'da yaşayanlar, buralarda neler olduğunu bilmiyor. Basına yansımıyor. Eşkıya bölgeyi kontrol ediyor" diyordu.

*

Türkiye'nin çivisi çıkmıştı.

*

Amerikan haber kanalı CNN International, Kobani olaylarını aktarırken bir harita yayınladı. Doğu Anadolu ve Güneydoğu Anadolu bölgelerimizi "Kürdistan" olarak gösteriyordu. Hem Türkiye'den hem de ABD'de yaşayan Türklerden "derhal düzeltin, özür dileyin" mesajları yağdı. Bunun üzerine CNN International'ın halkla ilişkiler biriminden açıklama yapıldı, "düzeltilecek bir şey yok, çünkü haritada hata yok, o bölgelerde yaşayanları kastettik" denildi.

*

Akil insanlar heyeti, 15 ay sonra tekrar toplantıya çağırıldı. Bunları 15 aydır ne arıyorlardı, ne de soruyorlardı. Çarşı karışınca, hatırlamışlardı. Sanki bir şeyler yapılıyormuş havası vermek için, gene akil'leri sahaya sürmüşlerdi.

*

Çırak Ahmet Davutoğlu, ustası Tayyip Erdoğan gibi, akilleri Dolmabahçe'de topladı. Milletten gizlenen gerçeği, akillerine açıkladı. "PKK'nın ülke dışına çekilmediğini, çok az unsurun sembolik olarak çekildiğini biliyorduk ama, çözüm süreci zaafa uğramasın diye topluma deklare etmedik" dedi.

*

Tarihi itiraftı... PKK'lılar silahlarıyla birlikte sınır dışına çekiliyor diyerek, millete resmen enayi muamelesi yapmışlardı.

*

Ve, Apo cep telefonundan mesaj attı!

HDP Eşbaşkanı Selahattin Demirtaş basın toplantısı düzenledi, Abdullah Öcalan'ın kendisine mesaj gönderdiğini, Kobani olaylarının daha fazla büyümemesi için "sağduyu çağrısı" yaptığını söyledi.

*

Nasıl gelmişti bu mesaj?

Yalanlanmayan iddialara göre... Memlekette kan gövdeyi götürünce, MİT Müsteşarı Hakan Fidan apar topar İmralı'ya gitmiş ve olayların durdurulması için Öcalan'dan yardım istemişti. Her ne pazarlık yapıldıysa, neticede anlaşmaya varılmıştı. Öcalan, avukatlarından birinin cep telefonuyla, WhatsApp üzerinden Selahattin Demirtaş'la yazışmıştı, "tansiyonun düşürülmesi" çağrısı yapmıştı.

*

Olaylar bıçak gibi kesildi.

*

"Apo ne derse, o olur" havası yaratılmıştı.

İmralı "otorite merkezi" haline getirilmişti.

*

Yandaş medya Apo'yu alkışlıyordu.

Utanmasalar...

"Barış güvercini" diyeceklerdi.

*

Türkiye durulmuştu ama, Kobani yanıyordu.

Amerikan televizyonları Hatay'a üs kurmuştu.

Hatay'dan 24 saat canlı yayın yapıyorlardı.

Bir bakıyorsun, Amerikan uçağı bombalıyor.

Bir bakıyorsun, patlamalar oluyor, binalar havaya uçuyordu.

*

Sınırın öte tarafı adeta "tiyatro sahnesi" gibiydi.
Sınırın Türkiye tarafı, seyirci koltukları gibiydi.

*

Irak topraklarının yüzde 35'i IŞİD kontrolündeydi.
Suriye topraklarının yüzde 30'u IŞİD kontrolündeydi.
Ama...
"Naklen savaş" sadece bizim sınırdaydı.
Gözümüzün önündeydi.

*

Tuhaf değil miydi?

*

Amerikan televizyonlarını biraz seyrettiğiniz zaman, bu tuhaf durumun nedeni gayet net anlaşılıyordu. IŞİD'le çarpışan Kürtleri "kahraman" ilan etmişlerdi. "Ortadoğu barışı" için mücadele eden "kurtarıcı"lar gibi gösteriyorlardı.

*

Süper güç ABD çaresizdi, süper istihbarat İngiltere çaresizdi, Fransa, Almanya, İsrail çaresizdi, bütün dünyayı kurtarsa kurtarsa anca Kürtler kurtarabilirdi. Neredeyse, bu şekilde tarif ediyorlardı iyi mi... Yersen'di.

*

Kobani'de yaşayan insanların ölümle burun buruna olduğu anlatılıyordu. Halbuki, Kobani'de sivil nüfus kalmamıştı. Köyler dahil, bölgedeki insanların tamamı Türkiye'ye geçmişti. Bomboştu.

*

Kobani'nin üç tarafının IŞİD tarafından kuşatıldığı, sadece Türkiye tarafının kuşatılmadığı, Türkiye tarafından acilen yardım gönderilmesi gerektiği anlatılıyordu. İyi de... Suriye'de Kobani'den başka iki Kürt kantonu daha vardı. Üç kanton yan yanaydı. Neden diğer ikisi kuşatılmamıştı? Türkiye sınırından uzak oldukları için mi acaba? Hatay'dan gözle görülemedikleri için mi acaba? Kobani gibi adeta "tiyatro sahnesi" olamayacakları için mi acaba?

*

Kobani'nin hayati stratejik öneme sahip olduğu anlatılıyordu. Halbuki, küçücük kasabaydı. Ne vadi, ne dağ, ne nehir, ne köprü, dümdüz bir yerdi. Zorunlu geçiş bölgesi filan değildi.

Suriyeli Kürtlerin kantonu olmasından başka, hiçbir stratejik değeri yoktu.

*

Peki neydi?

Kürdistan'ı dünyaya sevdirme projesiydi.

*

Türkiye pek yakında anlayacaktı.

Kobani, Barzani'nin reklamıydı.

*

Bu arada... Kobani olayları "polis devleti"nin kurumsallaşması için fırsat olarak değerlendirildi. "Makul şüphe" yasası çıkarıldı.

*

Güya, memlekette güvenliği sağlayacağız ayağıyla çıkarılmıştı ama, elbette PKK'yla alakası yoktu. Hedef, AKP muhalifleriydi.

*

Bundan böyle, evlerin-işyerlerinin aranması için, telefonların dinlenmesi için, somut delil gerekmeyecekti, makul şüphe yeterli sayılacaktı. Malvarlıklarına el koymanın kapsamı genişletildi. Hükümete karşı işlenen suçlar, el koyma gerekçesi haline getirildi.

*

Özetle...

AKP'ye karşıysan "makul şüpheli"ydin.

*

Hemen peşinden, polis devletini pekiştiren bir adım daha atıldı. Başbakan Davutoğlu, jandarma'nın ve sahil güvenlik'in içişleri bakanlığına bağlanacağını açıkladı. Jandarma bölge komutanlıkları lağvedilecek, jandarma alay komutanları doğrudan valilere bağlanacaktı. Jandarmalar, klasik haki renkli askeri üniformayı çıkaracak, başka renkli, silahlı kuvvetlerden farklı üniforma giyecekti.

*

ABD dışişleri bakanlığı sözcüsü, Pentagon sözcüsüyle birlikte basın toplantısı düzenledi. IŞİD'le mücadele etmek için Suriye'deki Kürtlerin partisi PYD'yle resmi temas halinde olduklarını açıkladı. Maalesef olacağı buydu... AKP hükümetinin saçma sapan Suriye politikası sadece iflas etmekle kalmamış, resmen ABD-PKK ortaklığına sebep olmuştu.

*

Tayyip Erdoğan derhal rest çekti, "PYD'ye silah yardımı yapılmasından bahsediliyor, bizim için PYD terör örgütüdür, PKK ile eştir, ABD'nin PYD'ye silah yardımı yapmasına kesinlikle evet demeyiz, kabul etmeyiz" dedi. Breh breh breh!

*

Tayyip Erdoğan'ın bu şekilde atıp tuttuğu gün, Amerikan nakliye uçaklarından PYD'ye paraşütle silah ve mühimmat indirildi.

*

Evet desen n'olur.
Hayır desen n'olur.
Sana soran mı vardı?

*

Bilahare, Obama telefonla Tayyip Erdoğan'ı aradı.
Şak... Peşmerge'ye koridor açıldı.
Topraklarımızı kullanarak, Suriye'ye geçeceklerdi.

*

Daha dün "PYD terör örgütüdür, PKK'yla eştir, PYD'ye yardım edilmesine kesinlikle evet demeyiz" diyen Tayyip Erdoğan, şimdi çıkıp ne dedi biliyor musunuz? "Koridor açılmasını, Peşmergelerin Türkiye üzerinden Kobani'ye geçmesini, sayın Obama'ya zaten ben teklif etmiştim" dedi!

*

The New York Times gazetesi, Tayyip Erdoğan'ın U dönüşleriyle dolu politikasını karikatürize etti, semazen kıyafetiyle çizdi. Karikatürdeki Tayyip Erdoğan devamlı dönüyor, döne döne ilerlemeye çalışıyordu.

*

Buyrun burdan yakın...
Mevzuya CHP de dahil oldu.
Kılıçdaroğlu "Kobani'nin kurtarılması ve IŞİD'in Kobani'den püskürtülmesi için, meclis'ten tezkere çıkarılmasını" teklif etti.

*

Suriye'ye girmeyelim diye tezkereye hayır oyu vermişti.
Şimdi ise...
Suriye'ye girip Kobani'yi kurtaralım diye tezkere istiyordu.

*

Bu ne perhiz, bu ne lahana turşusu'ydu.
Anamuhalefetin kafası allak bullaktı.

*

İran devlet televizyonu Press TV'nin muhabiri Serena Shim, Suruç'taki trafik kazasında hayatını kaybetti. Lübnan asıllı Amerikan vatandaşı Serena Shim, Kobani olaylarını takip etmek üzere Türkiye'ye gelmişti. Sadece 24 saat önceki canlı yayınında "Milli İstihbarat Teşkilatı'nın kendisini casuslukla suçladığını, tutuklanmaktan korktuğunu" söylemişti. Neden bu şekilde suçlanmıştı? Çünkü daha önceki yayınlarında, "Türkiye'den Suriye'ye giden yardım konvoylarıyla, aslında militanların taşındığını, bu iddiasını kanıtlayan görüntüler olduğunu" öne sürmüştü. Sadece 24 saat sonra, içinde bulunduğu otomobile beton mikseri çarptı. Kendisi gibi kadın olan kameramanı Judy Irish yaralı kurtuldu, Serena Shim öldü. Beton mikserinin şoförü "kusursuz" bulundu, serbest bırakıldı.

*

İstanbul'da "sarı toz" paniği yaşandı. ABD, Kanada, Belçika, Almanya, Fransa ve Macaristan başkonsolosluklarına içinde sarı toz bulunan zarflar gönderildi. Temas edenler hastaneye kaldırıldı, herhangi bir olumsuzluğa rastlanmadı. Sarı toz analiz edildi, biyolojik harp maddesi olmadığı açıklandı. Neydi bu sarı toz, kim veya kimler tarafından gönderilmişti, nereden gönderilmişti, açıklanmadı.

*

Hakkâri Yüksekova'da güpegündüz pusu kuruldu. Maskeli saldırganlar, alışveriş için karakoldan çarşıya inen sivil giyimli üç askerimizi taradı. Bir uzman çavuşla, iki er hayatını kaybetti. Şehitlerimizin vücudundan 25 kurşun çıktı.

*

Birleşmiş Milletler'de oylama yapıldı.
Güvenlik Konseyi geçici üyeliğine adaydık, seçilemedik.

*

Bize karşı hakikaten çok ayıp etmişlerdi. Dünyanın güvenliğini sağlamak için bizden iyisini mi bulacaklardı yani!

*

Cem Garipoğlu intihar etti.
Silivri L tipi cezaevinde, koğuşta tek başına kalıyordu, kafasına poşet geçirmiş, kendi kendini çamaşır ipiyle boğmuştu.
Türkiye'nin asla unutamayacağı, muammalarla dolu cinayet öyküsü, muammalarla dolu şekilde sona ermişti.

*

Cem Garipoğlu, 2009 senesinde, kendisi gibi 17 yaşındaki kız arkadaşı Münevver Karabulut'u öldürmüş, kafasını testereyle kesmiş, vücudunu parçalara ayırıp çöp konteynerine atmıştı. 197 gün kaçmış, sonra teslim olmuştu. 24 sene hapse mahkûm edilmişti. İndirimlerle beraber, 2024 senesinde serbest kalacaktı. Beş senedir hapisteydi, 1849 gündür koğuşta tek başına kalıyordu, 22 yaşındaydı, 32 yaşında çıkacaktı.

*

Karacaahmet mezarlığında toprağa verildi. Cenaze namazında, annesi babası önde saf tutmamıştı, en arkada durmuşlardı. Mezar taşına ismi yazılmamıştı. Aslında isminin yazılı olduğu mezar taşı hazırdı, zarar verilir endişesiyle ailesi tarafından konulmamıştı. Hadise basının gündeminden düştükten sonra, Cem'in de bir mezar taşı olacaktı.

*

"Kitap poşetini kafasına geçirip, çamaşır ipini boynuna üç tur doladığı, iki defa düğümleyip, sıktığı" açıklanmıştı. Cezaevinin kamera kayıtlarına göre, tek başına kaldığı koğuşa hiç kimse girip çıkmamıştı. Ama... Cem'in intihar etmediğini, intihar süsü verip kaçırıldığını düşünenlerin sayısı hayli fazlaydı. Yurtdışına götürüldüğü öne sürülüyordu. Münevver'in ailesi, bu iddialar üzerine savcılığa başvurdu. İnceleme başlatıldı. Cem'in annesi ve babası Adli Tıp'a doku, tükürük, kan örneği verdi, DNA analizi yapıldı. Cem'in vücudundan alınan örneklerle eşleştirildi. Uyumlu çıktı. Adli Tıp'a göre, intihar edip toprağa verilen, Cem'di.

*

Neden böylesine hunharca bir cinayet işlediğini polis çözememişti, mahkeme çözememişti, sırlarıyla gitti.

*

Doğan Güreş vefat etti. Tansu Çiller'in başbakanlığı döneminde genelkurmay başkanıydı. "Tak diye emir veriyor, şak diye selamı çakıp, emrini yerine getiriyorum" demişti. O günden sonra "tak-şak paşa" lakabıyla anılır olmuştu.

*

Ciguli aramızdan ayrıldı. "Binnaz" isimli şarkısıyla 90'lara damgasını vurmuştu, doğum yeri olan Bulgaristan Hasköy'de toprağa verildi.

*

Parçala Behçet artık yoktu.

Behçet Nacar, Yeşilçam'ın unutulmaz karakterlerindendi.

*

Dinci *Akit* gazetesinin yazarı Hüseyin Üzmez öldü. 83 yaşındaydı, 14 yaşındaki kız çocuğuna cinsel tacizde bulunmak suçundan 13 sene hapse mahkûm edilmişti, Metris cezaevinde yatıyordu, ekim ayı başında "psikolojik sorunları ve prostat rahatsızlığı" nedeniyle, infazı ertelenerek, tahliye edilmişti. 1952 senesinde, laiklik karşıtı faaliyetleri eleştiren gazeteci Ahmet Emin Yalman'a suikast girişiminde bulunmuş, ateş etmiş, yaralamış, 10 sene hapis yatmıştı. "Gazeteci vurmuş adamım" diye övünürdü.

*

HSYK seçimi yapıldı. 13 bin 994 hâkim ve savcı sandık başına gitti, cemaat kaybetti. HSYK'nın yeni yapısında, 11 üyenin AKP'li, üç üyenin MHP'li, üç üyenin CHP'li, beş üyenin cemaatçi olduğu iddia ediliyordu. Hangisinin Alevi kökenli olduğu, hangisinin sosyal demokrat olduğu, isim isim yazılıyordu.

*

Seçimden önce AKP Grup Başkanvekili Mahir Ünal açıklama yapmıştı, "hükümetin desteklediği liste kaybederse, HSYK seçimini gayrimeşru sayacaklarını" söylemişti. Seçimden sonra Tayyip Erdoğan konuştu, "millet kazandı" dedi.

*

Asıl sonuç buydu.

AKP kaybederse, gayrimeşruydu.

AKP kazanırsa, meşruydu.

*

Cumhurbaşkanlığının bütçesi 397 milyon lira oldu.

Geçen sene 266 milyon liraydı, yüzde 49 artırılmıştı.

*

Ak Saray.

Vahdettin Köşkü.

Beylerbeyi Sarayı.

Uçan saray.

E, bu kadar para anca yeterdi tabii.

*

Ve, Çankaya silindi.

*

Tayyip Erdoğan'ın ilk defa ev sahibi konumunda olacağı 29 Ekim resepsiyonu için davetiyeler dağıtıldı. Cumhuriyetimiz, tarihte ilk defa Çankaya Köşkü'nde değil, başka bir yerde, Ak Saray'da kutlanacaktı. Üstelik, davetiyelere adres olarak "Atatürk Orman Çiftliği" bile yazılmamıştı. "Beştepe" yazılmıştı.

*

Cumhuriyet bayramına bir gün kala, Ermenek'te facia yaşandı. 18 madencimiz, grizu'dan dumandan falan değil, su içinde boğularak can verdi. İhmal katliamıydı. Yeryüzüne daha yakın seviyelerdeki eski galerilerde seneler içinde tonlarca su birikmişti, neticede taban delinmiş, aşağıdaki galerilerde "sel baskını" olmuştu.

*

Facia yaşandığında öğle tatiliydi. Gel gör ki, madencilerimiz 355 metre derindeydi. Çünkü, maden ocağının sahibi "in-çık vakit kaybı oluyor, üretim azalıyor" diyerek, öğle tatilinde yüzeye çıkılmasını yasaklamıştı. Öğle yemeği de vermiyordu. Madenciler yemeklerini kendi evlerinden getiriyordu. "İsteyen bu şartlarda çalışsın, beğenmeyen defolsun gitsin" deniyordu.

*

Soma faciasından sonra maden işçilerinin haklarını artıran bi yasa çıkarılmıştı. En az iki asgari ücret şartı getirilmişti. Mesai süresi 8 saatten 6 saate indirilmişti. Ancak... Güya işçilerin haklarını artıran bu yasa, işçilerin daha da köleleşmesine sebep olmuştu. Devlet tarafından gerekli denetim ve takip yapılmadığı için, taşeron patronlar bu yasayı fırsat olarak değerlendirmişti. "Maliyetlerimiz arttı" diyerek, öğle tatilini bile yasaklamışlardı, yemek vermiyorlardı, servisleri kaldırmışlardı. İtiraz edeni kovuyorlardı. 6 saatlik mesai şartına uymuyorlar, daha fazla çalıştırıyorlar, şikâyet edeni kapının önüne koyuyorlardı.

*

Köle düzeni daha da ağırlaşmıştı.

*

Ermenek'teki maden ocağının taşeron patronu Saffet Uyar, AKP'liydi. 2004 ve 2009 seçimlerinde Güneyyurt beldesinde

AKP'nin belediye başkan adayı olmuş, kazanamamıştı. Seçimi kazanamamıştı ama, maden ocağını kazanmıştı. 18 işçiye mezar olan maden ocağını 2009'dan beri işletiyordu. Tutuklandı.

*

Attı mı mangalda kül bırakmayan "dünya lideriyiz, asrın lideriyiz" filan diyen AKP hükümeti, maden ocağına dolan suyu 38 günde zor boşalttı. Son madencimizin cenazesi çıkarıldığında, takvimler 4 Aralık'ı gösteriyordu.

*

Kadere bakın ki...
4 Aralık, Dünya Madenciler Günü'ydü!

*

Ermenek faciasının simgesi, Recep amcaydı.
Hayatını kaybeden işçilerden Tezcan Gökçe'nin babasıydı.
75 yaşındaydı.
Oğlunun cenaze törenine yırtık cızlavet'leriyle geldi.
Cızlavet'in yenisi sadece 7 liraydı, alacak durumu yoktu.

*

Recep amcanın 7 lirası bile yokken... Öbür Recep, 1,5 milyar liraya yaptırdığı sarayında 29 Ekim resepsiyonu vermeye hazırlanıyordu.

*

Hevesi kursağında kaldı.

*

Şatafatla açacaktı.
Felaketle açıldı.
Resepsiyon mesepsiyon veremedi, iptal edildi.

*

Zaten aslına bakarsanız, 29 Ekim 2014, bizim cumhuriyet bayramımızdan çok, Kürdistan bayramına benziyordu. Çünkü, Barzani'nin peşmerge birlikleri, takvimde başka gün yokmuş gibi, tam 29 Ekim'de Türkiye'den resmi geçit yaptı.

*

Tarihimizin dönüm noktalarından biriydi.

*

Bir zamanlar Türkiye Cumhuriyeti'nin verdiği pasaportla seyahat edebilen Barzani... Şimdi topuyla tüfeğiyle, Türk topraklarındaydı.

*

Erbil'den yola çıkan 80 araçlık peşmerge konvoyu, cumhuriyet bayramımızda, Habur sınır kapısından Türkiye'ye girdi. Şırnak, Mardin, Şanlıurfa güzergâhını katedip, Suriye'ye, Kobani'ye geçtiler. Bir bölümü de uçakla geldi. Şanlıurfa GAP Havalimanı'na indiler, karayoluyla gelenlere katıldılar.

*

Karadan, havadan...
Şov yapıyorlardı.
İmkân olsa, denizden de gireceklerdi.

*

Habur'dan girer girmez, Türkiye tarafında, Kürdistan bayraklarıyla, alkışlarla karşılandılar. Kurbanlar kesildi. Yüzlerce otomobil, peşmerge konvoyuna eşlik etti. Kornalar çalınıyor, havayi fişekler atılıyor, halaylar çekiliyordu.

*

Bazı peşmergelerin üniformasında ABD bayrağı vardı. Karşılayanlar "biji serok Obama" sloganları attı.

*

Silahlı peşmerge konvoyu, Mardin'den geçerken bir benzin istasyonunun dinlenme tesislerinde mola verdi, yemek yedi.
979 lira hesap geldi.
Şanlıurfa Valiliği ödedi.

*

Türk Silahlı Kuvvetleri, kışlalarına çekildi.
Milli İstihbarat Teşkilatı, eskortluk yaptı.
Hazindi.

*

17 Aralık'a takipsizlik kararı verildi.

*

İstanbul başsavcılığı, 11 ay incelemiş, dava açmaya bile gerek görmemişti. Zafer Çağlayan'ın oğlu, Muammer Güler'in oğlu, Erdoğan Bayraktar'ın oğlu, hayırsever Rıza Sarraf ve ayakkabı kutucu Halkbank genel müdürü, yırtmıştı.

*

Savcılar değiştirilmiş.
Hâkimler değiştirilmiş.
Polisler değiştirilmiş.
Yasalar değiştirilmiş.
25 Aralık'tan sonra 17 Aralık da sıfır'lanmıştı.

*

A'yakkabı K'utusunda P'ara...
Aklanmıştı.

*

Geriye sadece, TBMM'deki soruşturma komisyonu kalmıştı.

*

Aslına bakarsanız, bu komisyon teee mayıs ayında kurulmuştu ama, çalışmasına izin vermemişlerdi, allem etmişler kallem etmişler, cumhurbaşkanlığı seçiminin sonrasına atmışlardı. Tayyip Erdoğan cumhurbaşkanı seçilsin, gerisi teferruattı!

*

Unutulsun, gündemden düşsün diye o kadar oyaladılar ki, meclis soruşturma komisyonu nihayet toplandığında, 17/25 Aralık'ın üzerinden tam bir sene geçmişti.

*

İlk ifadeyi Zafer Çağlayan verdi.
Ertesi gün, kol saati manşetlerdeydi.

*

Komisyonda konuşulanlar, gazetelere sızmıştı. Rıza Sarraf tarafından İsviçre'den getirilen Patek Philippe marka kol saati için, Zafer Çağlayan'a 213 bin lira vergi cezası kesilmişti. Üstelik... Gümrük bakanlığı tarafından kesilen bu vergi cezasını Zafer Çağlayan değil, Rıza Sarraf'ın adamı ödemişti.

*

Şırrak... Yayın yasağı getirildi.

*

Meclis soruşturma komisyonundaki belgeleri ve tanık ifadelerini haber yapmak, mahkeme kararıyla yasaklandı. TBMM tarihinde ilk'ti. Çünkü, bugüne kadar pek çok bakan hakkında, hatta başbakan hakkında meclis soruşturma komisyonları kurulmuş, hiçbirine yayın yasağı getirilmemişti.

*

Yayın yasağı için mahkemeye kim başvurmuştu? Bizzat soruşturma komisyonunun başkanı AKP milletvekili Hakkı Köylü başvurmuştu. Sırf bu durum bile, komisyonun "ne kadar tarafsız" olduğunun kanıtıydı!

*

AKP devamlı "yasakları kaldırdık" diyordu ama... Musul konsolosluğu baskınına yayın yasağı getirmişti. Reyhanlı saldırısına yayın yasağı getirmişti. Uludere faciasına yayın yasağı getirmişti. MİT TIR'larına yayın yasağı getirmişti. 17/25'e yayın yasağı getirmişti. Ucu kendine dokunuyorsa, anında yasaklıyordu.

*

Egemen Bağış, komisyon toplantısına üç avukatıyla birlikte geldi. Bazı sorulara cevap vermeden önce, avukatlarıyla görüş alışverişinde bulundu. Rıza Sarraf'tan hediye aldığını kabul etti, "takım elbise, kravat, çikolata gibi hediyeler aldım, bunlar beşeri ilişkilerdir, hediye alıp vermek Türk geleneğidir" dedi.

*

"Bakara makara"yı sordular.
"Bu soruşturmayla alakası yok" dedi, cevap vermedi.

*

İfade sırası Muammer Güler'e geldi. Çok gergindi. Çocuklarına ait mallar konusunda hayli terledi. Mesela... Tapusu oğlunun üzerine olan bir ev için "rahmetli annemin halen oturmakta olduğu evdir" dedi!

*

Muammer Güler eski valiydi, milletvekili maaşı belliydi, eşi emekli öğretmendi, 8'i konut 1'i arsa 10 taşınmazı vardı, bankada 2,5 milyon lirası vardı, kızının 2 dairesi, bankada 915 bin lirası vardı, oğlunun İstanbul'da 2 dairesi, Ankara'da 2 dairesi, İzmit'te 2 dairesi, toplam 26 tarlası, 393 bin lirası, 324 bin eurosu, 93 bin doları vardı. Görünen o ki, tutumlu bi aileydi!

*

En açık sözlüleri Erdoğan Bayraktar'dı. Müteahhit Ali Ağaoğlu'yla görüşmemesi için oğlu Abdullah'ı defalarca uyardığını belirterek, "en az 20 defa görüşme şununla dedim, dinletemedim, neticede oğlum buldu belasını, gözaltına alındı, iyi oldu" dedi.

*

17/25 Aralık'ın yıldönümü gelmişti.
CHP "yolsuzluk haftası" ilan etmişti.
Yurt çapında protesto gösterileri yapılacaktı ki...
14 Aralık operasyonu patladı.

*

Cemaat medyasına baskınlar yapıldı. Samanyolu televizyonu grup başkanı Hidayet Karaca tutuklandı. Terör örgütü kurmak ve yönetmekle suçlanıyordu. *Zaman* gazetesi Genel Yayın Yönetmeni Ekrem Dumanlı gözaltına alındı, bırakıldı.

*

Samanyolu televizyonunda yayınlanan "Sungurlar", "Şefkat Tepe", "Tek Türkiye" dizilerinin yapımcısı, yönetmeni, senaristleri gözaltına alındı. İddia o ki... Fethullah Gülen, 2009 senesinde Tahşiye diye bir örgütten bahsetmiş, bu Tahşiye örgütü "Tek Türkiye" dizisinin senaryosuna monte edilmiş, cemaat gazeteleri ve televizyonları tarafından haberleştirilmiş, algı yaratılmış, neticede, 2010'da paralel polisler tarafından Tahşiyeciler denilen vatandaşlara baskınlar yapılmış, El Kaideci gibi gösterilerek, tutuklanmışlardı.

*

Cemaat'e savaş açan AKP medyası, bunu köpürtüyordu. Halbuki... Tahşiyecileri içeri tıkan dönemin emniyet genel müdürü Oğuz Kağan Köksal, şu anda AKP milletvekiliydi. Tahşiyecilere operasyon yapıldığında "El Kaide bağlantılı örgütü çökerttik" diyen içişleri bakanı, Muammer Güler'di. Nasıl olsa kimse hatırlamaz diye, şimdi çıkmış, "bizim haberimiz yoktu, cemaat kumpas kurmuş" diyorlardı.

*

Cemaate yönelik 14 Aralık operasyonunda toplam 32 kişi gözaltına alınmıştı. Medya odaklıydı ama, "paralel" tabir edilen polislerin evleri de basılmıştı. İstanbul eski terörle mücadele müdürü Tufan Ergüder, İstanbul eski asayiş müdürü Ertan Erçıktı tutuklandı. Terör örgütüne üye olmakta suçlanıyorlardı.

*

17/25 Aralık'tan sonra tutuklanan polis şefleri Ali Fuat Yılmazer, Yurt Atayün, Ömer Köse, Erol Demirhan ve Kâzım Aksoy, 14 Aralık paketine dahil edildi... Tutuklu bulundukları Silivri cezaevinden adliyeye getirildiler, 14 Aralık soruşturmasından da tutuklandılar. Casusluk, yasadışı dinleme, örgüt kurma, örgüt yönetme, hükümeti ortadan kaldırmaya teşebbüs'le suçlanıyorlardı.

*

Nerelerine denk gelirse, oralarınaydı!

*

Ergenekon, Balyoz davaları sırasında AKP tarafından el üstünde tutulan polis şefleri, AKP tarafından infaz ediliyordu.

*
Kimliği meçhul twitter fenomeni Fuat Avni, gazeteci Hüseyin Gülerce'nin "itirafçı" olduğunu, emniyete isim listesi verdiğini, bu listedeki kişilere operasyon yapılacağını iddia etti.
*
Hüseyin Gülerce twitter'dan cevap verdi, "Pensilvanya beni hedef gösteriyor, hayati tehdit altındayım, Türkiye'nin nasıl bir tehlikeyle karşı karşıya olduğunu artık daha iyi anlıyorum, Allah korkusu kalmamış paralel yapı her türlü provokasyonu yapabilir" dedi.
*
Hüseyin Gülerce'nin "Pensilvanya, paralel" filan demesi, hakikaten çok şaşırtıcıydı. Çünkü, AKP'yle cemaat kavgası başlayana kadar, Fethullah Gülen'in medyadaki sağ kolu olarak tanınıyordu. *Zaman* gazetesi yazarıydı. Köşesinde yazdıkları, Fethullah Gülen'in görüşleri olarak kabul ediliyordu. Üç ay önce *Zaman* gazetesinden istifa etmişti. Şimdi... "Pensilvanya" diyordu, "Allah korkusu kalmamış paralel yapı" diyordu.
*
17 Aralık'ta el konulan paralar, faiziyle iade edildi.
*
Rıza Sarraf'ın adamı Abdullah Happani'nin işyerinde 1 milyon lira, 800 bin euro, 60 bin dolar ve 2 kilo altın ele geçirilmişti. Geri verildi. Üstüne, 55 bin lira faiz ödendi. Happani, paralarını bavulla taşıdı, faiz gelirini Kızılay'a bağışladı.
*
Muammer Güler'in oğlu Barış'ın yatak odasındaki kasalarda, 350 bin lira, 350 bin euro, 90 bin dolar ele geçirilmişti. Geri verildi. Üstüne, 20 bin lira faiz ödendi.
*
Halkbank eski genel müdürü Süleyman Aslan, ayakkabı kutularındaki 2,5 milyon euro ve 2,5 milyon doların "hayırseverlere ait bağışlar" olduğunu söylemişti. Bu nedenle, söz konusu para İstanbul Valiliği'ne teslim edildi. Prosedür böyleydi. Süleyman Aslan valiliğe başvuracak, bağışların iadesini isteyecekti. Elbette faiziyle alacaktı. Ancak, kitabın yayınevine teslim edildiği tarihte, henüz faiz miktarı belli değildi.
*

Adli emanete teslim edilen ayakkabı kutularını kimse almadı. Bir de banyo lifi vardı. Meğer, Halkbank Genel Müdürü Süleyman Aslan sadece ayakkabı kutularına değil, banyo lifine de para sokuşturmuştu. Lifi de kimse almadı.

*

Adli emanette iki adet para sayma makinesi vardı. 17 Aralık'ta Barış Güler'in yatak odasında bir adet para sayma makinesi ele geçirildiği biliniyordu, meğer iki adet para sayma makinesi ele geçirilmişti. Onları da kimse teslim almadı. Para sayma makineleri, milli emlak müdürlüğüne gönderilecek, ihale yöntemiyle satılacak, parası hazineye verilecekti.

*

Ve, Fethullah Gülen hakkında yakalama kararı çıktı.

*

"Paralel yapı" soruşturmasını yürüten İstanbul Başsavcılığı talepte bulundu. İstanbul 1. Sulh Ceza Hâkimliği yakalama kararı verdi. Terör örgütü kurup, yönetmekle suçlanıyordu.

*

Bir zamanlar "muhterem hocaefendi" diyorlardı.
Şimdi "terörist" diyorlardı.

*

Tabii AKP'nin yakalama kararı vermesi pek bi anlam ifade etmiyordu. ABD'nin ne karar vereceği önemliydi. Türkiye'ye iade edilir mi, edilmez mi? Bunu zaman gösterecekti. Kesin olan şuydu... 12 Mart muhtırasından sonra tutuklanan, 12 Eylül darbesinden sonra yakalama kararı çıkarılan, 28 Şubat'tan sonra ABD'ye giden Fethullah Gülen, generaller tarafından değil, bizzat destek verdiği AKP tarafından "darbeci" ilan edilerek, ABD'den isteniyordu!

*

Ergenekon davasında "orduya kumpas" kurulduğu iddiasıyla soruşturma başlatılmıştı. Genelkurmay eski başkanı İlker Başbuğ, bu kapsamda ifade verdi. Tutuklanmasıyla alakalı kararlarda imzası bulunan tüm sorumlular hakkında suç duyurusunda bulundu. "Ne intikam peşindeyiz, ne de kin duyuyoruz, tek isteğimiz var, adalet... Üç sene önce benim hakkımda suç duyurusunda bulunmuşlardı, ben de bugün suç duyurusunda bulundum, Allah büyüktür" dedi.

*

Paralel'ler sayesinde TSK'yı hapse tıkan AKP...
TSK'nın şahitliğiyle paralel'leri hapse tıkıyordu.

*

17/25 Aralık'ın savcıları Zekeriya Öz, Celal Kara, Muammer Akkaş ve Mehmet Yüzgeç, haklarındaki disiplin soruşturmaları sonuçlanıncaya kadar, HSYK tarafından görevden uzaklaştırıldı. Meslekten atılmaları isteniyordu.

*

Ergenekon davasında AKP'nin bir numaralı kahramanı olan Zekeriya Öz, AKP'nin bir numaralı hedefi haline gelmişti.

*

Yandaş televizyon Kanal A'nın "Resmi Tarihten Gerçek Tarihe" isimli programında, Mustafa Kemal Atatürk'e "rüşvetçi" denildi. RTÜK'e şikâyet edildi, RTÜK ceza vermedi. AKP demokrasisinde, Atatürk'e rüşvetçi demek serbest, tarihin en büyük rüşvet yolsuzluğundan söz etmek yasaktı!

*

Tayyip Erdoğan'ı eleştiren 16 yaşındaki çocuk, tutuklandı.

*

Konyalı meslek lisesi öğrencisi Mehmet Emin, devrim şehidi Kubilay'ı anma töreninde konuşma yapmış, hem 17/25 Aralık yolsuzluklarını, hem de Ak Saray'ı eleştirmişti. Polis okulunu bastı. Mehmet Emin'i dersten çıkarıp, adliyeye götürdüler, tutuklandı. Türkiye ayağa kalktı... Bir gece yatırdılar, ertesi gün tutuksuz yargılanmak üzere serbest bıraktılar.

*

15 yaşındaki çocukları öldüren ileri demokrasi...
16 yaşındaki çocuğu tutuklamayı da başarmıştı!

*

TBMM yolsuzluk komisyonu oylama yaptı.
9 AKP'li üye, 4 CHP'li üye, 1 MHP'li üye vardı.
9'a 5 oyla "yüce divana gitmesinler" kararı çıktı.
Hiç kimse için şaşırtıcı olmadı.

*

AKP'li 9 milletvekilinin 9'u da "suç yok" demişti. Kastamonu milletvekili Hakkı Köylü, Konya milletvekili Mustafa Akış, Yozgat milletvekili Yusuf Başer, Bursa milletvekili Kemal Şerbetçioğlu, Denizli milletvekili Bilal Uçar, Aksaray milletvekili İlknur İnceöz, Konya milletvekili Ayşe

Türkmenoğlu, Bursa milletvekili İsmet Su, Bartın milletvekili Yılmaz Tunç'tu. Tarihe geçtiler!

*

Ayakkabı kutuları.
Yatak odasında para kasaları.
Para sayma makineleri.
Kol saati.
Alo babacığım.
Hem hukuken, hem siyaseten sıfır'lanmıştı.

*

Asrın yolsuzluk olayı...
Göz göre göre halının altına süpürülmüştü.

*

Komisyon başkanı Hakkı Köylü, soruşturma delili olan "tape"lerin imha edileceğini açıkladı.

*

Peki bundan sonra ne olacaktı? Komisyonun "bakanları aklama" raporu, TBMM'ye gönderilecek, genel kurulda oylanacaktı. Doğrusunu isterseniz, genel kuruldaki oylamayı beklemeden kitaba noktayı koydum. Çünkü, orada da ne olacağı elbette belliydi. Tayyip Erdoğan ne diyorsa, o olacaktı.

*

Yasama, yürütme, yargı...
Tek başına Tayyip Erdoğan haline gelmişti.

*

Ama, böyle devam edebilmesi mümkün değildi.
Bir tarafta 17/25, bir tarafta cemaat.
Bir tarafta ayakkabı kutuları, bir tarafta cızlavet.
Bir tarafta Bilal, bir tarafta Berkin.
Bir tarafta Ak Saray, örtülü ödenek, bir tarafta Soma, Ermenek.
Askeri hapse tık, polisi hapse tık.
Hâkimleri sürgün et, savcıları meslekten ihraç et.
Bir tarafta PKK, bir tarafta IŞİD.

*

Türkiye türbülansa girmişti.

*

Gövde çatır çatır çatırdıyordu.
Yürekler ağızda...
Savrula savrula Haziran 2015 seçimine doğru gidiliyordu.